INTELECTUAIS À BRASILEIRA

SERGIO MICELI

Intelectuais à brasileira

4ª reimpressão

Copyright © 2001 by Sergio Miceli

Grafia atualizada segundo o Acordo Ortográfico da Língua Portuguesa de 1990, que entrou em vigor no Brasil em 2009.

Capa
Ettore Bottini

Índices onomástico e remissivo
Miguel Said Vieira

Preparação
Carlos Alberto Inada

Revisão
Marcio Caparica Carlos
José Augusto de Abreu Nascimento
Ana Maria Barbosa
Isabel Jorge Cury
Andrea Souzedo

Dados Internacionais de Catalogação na Publicação (CIP)
(Câmara Brasileira do Livro, SP, Brasil)

Miceli, Sergio
    Intelectuais à brasileira / Sergio Miceli. — 1ª ed. — São Paulo : Companhia das Letras, 2001.

    Bibliografia.
    ISBN 978-85-359-0113-9

    1. Intelectuais 2. Intelectuais — Aspectos sociais 3. Intelectuais — Brasil I. Título.

01-1154   CDD-305.552

Índice para catálogo sistemático:
1. Intelectuais : Sociologia   305.552

Todos os direitos desta edição reservados à
EDITORA SCHWARCZ S.A.
Rua Bandeira Paulista, 702, cj. 32
04532-002 — São Paulo — SP
Telefone: (11) 3707-3500
www.companhiadasletras.com.br
www.blogdacompanhia.com.br
facebook.com/companhiadasletras
instagram.com/companhiadasletras
twitter.com/cialetras

Sumário

Nota de esclarecimento 9

ANÁLISES

PODER, SEXO E LETRAS NA REPÚBLICA VELHA
(ESTUDO CLÍNICO DOS ANATOLIANOS) 13
   1. Elementos para leitura do quadro 22
   2. Os "parentes pobres": a divisão sexual do trabalho de reprodução .. 27
   3. Tenentes e intelectuais 39
   4. Doença e carreira masculina interrompida 42
   5. O trabalho político do pai 48
   6. Imprensa e polígrafos 53
   7. Dupla dependência e posição interna 58
   8. Galomania 62
   Notas 64

INTELECTUAIS E CLASSE DIRIGENTE NO BRASIL (1920-45) 69
Prefácio — *Antonio Candido* 71
Introdução 76
    As transformações sociais e políticas 77
    As mudanças no mercado de trabalho intelectual 79
    As estratégias das famílias dos escritores 81
    As fontes 82
1. A transformação do papel político e cultural dos intelectuais da oligarquia 88
    Diferenciação política e expansão do campo de produção ideológica em São Paulo 89
    Oswald de Andrade: dândi e líder estético do Partido Republicano Paulista 96
    Monteiro Lobato: anatoliano antimodernista 98
    A derrota política da oligarquia 100
    Mário de Andrade: líder intelectual do Partido Democrático 103
    Os escritores modernistas 104
    Os "primos pobres" 105
    Os "homens sem profissão" 106
    A situação do mercado de diplomas no início da década de 1930 .. 115
    Hermes Lima: modelo de bacharel "livre" 120
    O "rearmamento" institucional da Igreja católica 127
    Os intelectuais reacionários 131
2. A expansão do mercado do livro e a gênese de um grupo de romancistas profissionais 141
    Pongetti: um editor imigrante da década de 1930 142
    As características do boom no mercado do livro 146
    A situação do mercado do livro 149
    As desigualdades regionais e o mercado editorial 151
    A hierarquia dos gêneros e as transformações do público 154
    Perfil de investimentos dos editores nos diferentes gêneros 156
    Os cronistas da "casa assassinada" 158
    As características sociais dos romancistas 160
    Nomadismo, desclassificação e feminização 166
    Nomadismo e mobilização do capital 166

O processo de feminização	169
Autodidatas e profissionais do trabalho literário	182
A situação profissional dos romancistas	187
3. Os intelectuais e o Estado	195
A constituição de um mercado central de postos públicos	199
Condições materiais e institucionais dos funcionários públicos	200
O novo estatuto das profissões liberais	204
A hierarquia salarial dos altos funcionários	206
Os domínios reservados aos intelectuais no serviço público	207
A elite intelectual e burocrática do regime	209
Os "homens de confiança"	211
Os administradores da Cultura e Cia.	212
As carreiras tradicionais	213
As novas carreiras técnicas	214
O Estado como árbitro em assuntos culturais	215
Os educadores profissionais e os pensadores autoritários	219
Joaquim Pimenta: a trajetória de um antigo militante	226
Os escritores-funcionários e os funcionários-escritores	231
Conclusões	238
Notas	247
Bibliografia	281
O CONSELHO NACIONAL DE EDUCAÇÃO: ESBOÇO DE ANÁLISE DE UM APARELHO DE ESTADO (1931-7)	293
1. Composição institucional	298
2. Móveis da luta interna	308
Autonomia do CNE versus ingerência do Poder Executivo	308
Autonomia estadual versus unificação "nacional"	318
Ensino "público" versus ensino "privado"	322
Tomadas de posição e filiação político-institucional	331
3. Anotações acerca das fontes	334
Notas	338

ARTIGOS

BIOGRAFIA E COOPTAÇÃO (O ESTADO ATUAL DAS FONTES
PARA A HISTÓRIA SOCIAL E POLÍTICA DAS ELITES NO BRASIL) 345
   Notas 355

SPHAN: REFRIGÉRIO DA CULTURA OFICIAL 357

INTELECTUAIS BRASILEIROS 369
   Notas 396
   Bibliografia sumária 397

DEPOIMENTO

A CONSTRUÇÃO DO TRABALHO INTELECTUAL 403

Índice onomástico 417
Índice remissivo 427

Nota de esclarecimento

Este livro pretendia reunir o conjunto de meus trabalhos sobre intelectuais brasileiros, objetivo alcançado apenas em parte. Por considerações de ordem prática, preferi deixar de fora os textos suscitados pela pesquisa sobre cientistas sociais: *a*) as introduções aos dois volumes da *História das ciências sociais no Brasil* sob minha coordenação (1989, 1995); *b*) "Condicionantes do desenvolvimento das ciências sociais", no volume 1; *c*) "A Fundação Ford e os cientistas sociais no Brasil, 1962-1992", no volume 2; *d*) o livreto *A desilusão americana, relações acadêmicas entre Brasil e Estados Unidos*, publicado pela Editora Sumaré em 1990 e ainda disponível no mercado. O leitor interessado poderá consultar a obra coletiva mencionada, cujo primeiro volume acaba de ser reeditado.

Também ficaram de fora alguns textos de feição acadêmica, quase sempre destinados a simpósios aqui e no exterior, inclusive um escrito provocativo sobre o mercado brasileiro de arte contemporânea, e resenhas publicadas no *Jornal de Resenhas*, encarte mensal da *Folha de S.Paulo*. Por último, um texto ainda inédito, em que analiso as obras de estreia da primeira geração de escritores modernistas paulistas, deverá ser divulgado em breve numa revista de cultura. Ainda que em medida desigual, todos os textos incluídos neste volume sofreram modificações importantes em sua forma original.

Embora os editores Luiz e Lilia Schwarcz tivessem formulado a intenção de lançar esta coletânea em dobradinha com meu livro recém-terminado sobre o modernismo artístico em São Paulo, não foi possível concluí-lo a tempo de atendê-los. Fico-lhes muitíssimo reconhecido pelas provas de amizade pessoal, bem como pelo interesse na feitura deste volume, o segundo de minha autoria sob chancela do selo dos "meios de transporte".

Quero ainda registrar minha dívida com Maria Emília Bender, companheira de etnias imaginárias, Ettore Bottini, autor da vigorosa capa gráfica, e Carlos Alberto Inada, escrutinador implacável, pelo capricho e empenho nas suas respectivas contribuições à confecção do livro.

Sergio Miceli

Análises

PODER, SEXO E LETRAS NA REPÚBLICA VELHA
(ESTUDO CLÍNICO DOS ANATOLIANOS)*

* Texto publicado originalmente em francês sob o título "Division du travail entre les sexes et division du travail de domination", *Actes de la Recherche en Sciences Sociales*, nºs 5-6. Paris, Centre de Sociologie Européenne/Maison des Sciences de l'Homme, novembro de 1977, pp. 162-82, e depois em português, em livro intitulado *Poder, sexo e letras na República Velha* (*Estudo clínico dos anatolianos*). São Paulo, Perspectiva, 1977. Coleção Elos, v. 4.

Os protetores são os piores tiranos.
Lima Barreto

Este texto examina a trajetória social de uma categoria de letrados atuantes no período da República Velha (1889-1930) no Brasil. Esse período — situado entre o desaparecimento da geração de 1870,[1] por volta de 1908-10, anos da morte de Machado de Assis e Joaquim Nabuco, e a eclosão do movimento modernista em 1922[2] — constitui aos olhos dos historiadores e críticos literários uma espécie de intermezzo que designam como o *pré-modernismo*. A história literária adotou tal expressão com vistas a englobar um conjunto de letrados que, segundo os princípios impostos pela "ruptura" levada a cabo pelos modernistas, se colocariam fora da linhagem estética que a vitória política do modernismo entronizou como dominante. Afora algumas exceções que certas capelas literárias acharam por bem recuperar em certas circunstâncias, dando-lhes o status de precursores isolados de uma tradição estética que a "vanguarda" modernista teria restaurado — gente como Augusto dos Anjos, José Albano, Adelino Magalhães, aos quais críticos tidos por "menores" acrescentaram Monteiro Lobato, Raul de Leoni, e alguns heterodoxos, até mesmo Lima Barreto, segundo as conveniências conjunturais dos embates na vida literária —, os demais passaram à vala comum sem direito a nome próprio. Encontram-se, pois, privados do aparato de celebração com que hoje se cultua o panteão modernista, cujo legado subsiste como a fonte máxima de autoridade estética.

O termo *pré-modernismo* constituiu um recurso político dos modernistas com o qual dataram os detentores da autoridade intelectual na década de 1920: seriam os epígonos das escolas dominantes no final do século XIX, os deserdados das grandes causas políticas — como, por exemplo, a Independência para os românticos, o abolicionismo e o movimento republicano para a geração naturalista —, os importadores otimistas das escolas europeias periféricas ao simbolismo, os descristianizados. Também se conseguiu eufemizar o fato de que a maioria dos autores da primeira geração modernista havia estreado em plena República Velha, alguns bem antes de 1922: escritores como Ronald de Carvalho, Manuel Bandeira, Cassiano Ricardo, Menotti del Picchia, Ribeiro Couto, Oswald de Andrade e outros que, em geral por razões extraliterárias, tiveram condições para reconverter sua trajetória intelectual na direção do modernismo.

Em vez de ser uma fase de estagnação da atividade literária, "uma fase de repouso, de empobrecimento, de esterilidade em nossas letras", nos termos da concepção corrente hoje, nessa fase se desenvolveram as condições sociais favoráveis à profissionalização do trabalho intelectual, sobretudo em sua forma literária, e à constituição de um campo intelectual relativamente autônomo, em consequência das exigências postas pela diferenciação e sofisticação do trabalho de dominação.

Expurgar esse momento de expansão da atividade intelectual no Brasil, relegar os produtores da época, tachando-os de "subliteratos", tratar suas obras segundo critérios elaborados em estados posteriores do campo, em suma, transformá-los numa espécie de lixo ideológico, como o fazem certas correntes que não obstante não têm mais quase nada em comum, é o mesmo que desconhecer as condições sócio-históricas em meio às quais se constituiu o campo intelectual sob cuja vigência estamos vivendo. E o mais lamentável é o fato de que muitos desconhecem esses letrados e invocam autores de outras eras cujas obras manifestariam rupturas que só existem na cabeça e nos interesses, esses bem determinados, de grupos que agora se enfrentam pela monopolização da autoridade de legislar em matéria estética, acobertados por adesões meramente simbólicas a valores e programas políticos que nenhuma de suas práticas culturais ou políticas poderia confirmar.

Não havendo, na República Velha, posições intelectuais autônomas em relação ao poder político, o recrutamento, as trajetórias possíveis, os mecanismos de consagração, bem como as demais condições necessárias à produção intelectual sob suas diferentes modalidades, vão depender quase que por completo das instituições e dos grupos que exercem o trabalho de dominação. Em termos concretos, toda a vida intelectual era dominada pela grande imprensa, que constituía a principal instância de produção cultural da época e que fornecia a maioria das gratificações e posições intelectuais. Os escritores profissionais viam-se forçados a ajustar-se aos gêneros havia pouco importados da imprensa francesa: a reportagem, a entrevista, o inquérito literário e, em especial, a crônica.

O estudo da vida intelectual brasileira em seu período de formação constitui uma ocasião privilegiada de compreender as modalidades com que a produção literária contribui para o trabalho de dominação, contribuição que assume formas mais complexas e dissimuladas num campo intelectual dotado de maior autonomia relativa. De outro lado, tal estudo permite captar alguns dos determinantes sociais da atividade intelectual que muitas vezes passam despercebidos num campo intelectual mais autônomo, dispondo de aparelhos de celebração cuja função básica consiste em encobrir as condições sociais que presidem à produção e à recepção das obras.

A seleção dos autores para este estudo foi determinada na prática pela existência de *memórias* publicadas e, em medida menor, pelo recurso a *biografias*. Os riscos em que tal procedimento poderia incorrer ficam bastante minimizados quando se levam em conta as propriedades sociais dos memorialistas e dos autores cujo processo de consagração incluiu a reverência biográfica. Na verdade, esses tipos de material fornecem dados e informações a respeito de categorias de escritores que ocupam momentaneamente posições diferentes no campo. Enquanto as biografias são dedicadas, via de regra, aos autores que desfrutavam de uma posição dominante ainda vivos ou, então, àqueles autores que os embates posteriores acabaram convertendo em objetos de uma consagração póstuma, o gênero memórias constitui uma estratégia a que recorrem no mais das vezes intelectuais dominados. A não ser nos casos em que as memórias são escritas por intelectuais já reconhecidos, cuja trajetória se encontra em declínio, verifi-

QUADRO 1 — TRUNFOS, HANDICAPS E CARREIRAS

ESCRITORES	Data e lugar de nascimento	Profissão do pai	Dilapidação social dos pais	Estigmas
Humberto de Campos Véras	1886, Miritiba (Maranhão)	Comerciante	Órfão de pai aos seis anos	Mulato, feio
Afonso Henriques de Lima Barreto	1881, Rio de Janeiro	Tipógrafo	Órfão de mãe aos seis anos. Pai louco aos dezenove anos	Mulato, alcoólatra, alucinações, internamento
Jônatas Archanjo da Silveira Serrano	1885, Rio de Janeiro	Capitão de mar e guerra, senador	Órfão de pais aos sete anos	Doentio, frágil, franz
Hermes Floro Bartolomeu Martins de Araújo Fontes	1888, Sergipe	Lavrador, oficial da Guarda Nacional	Órfão de mãe já rapaz, aos dezoito anos	Mulato, surdo, gago
Vivaldo Coaracy	1882, Rio de Janeiro	Jornalista, dramaturgo, tradutor, crítico teatral	Órfão de pai e mãe aos dez anos	Nenhum
Manuel Carneiro de Souza Bandeira	1886, Recife (Pernambuco)	Engenheiro		Tuberculoso aos dezoito anos
Paulo Setúbal	1893, Tatuí (São Paulo)	Comerciante	Órfão de pai aos quatro anos	Tuberculoso aos dezenove anos
Gilberto de Lima Azevedo Souza Ferreira Amado de Faria	1887, Estância (Sergipe)	Comerciante	Falência econômica do pai	Gago
José Maria Bello	1885, Barreiros (Pernambuco)	Senhor de engenho	Falência econômica do pai	Doentio, frágil
TENENTES				
Agildo da Gama Barata Ribeiro	1905, Rio de Janeiro (DF)	Tenente da Marinha Imperial, engenheiro naval	Órfão de pai aos sete meses e de mãe aos quinze anos	Nenhum
Juarez Nascimento Fernandez Távora	1898, Jaguaribe-Mirim (Ceará)	Pequeno proprietário de terras		Nenhum
João Alberto Lins de Barros	1897, Recife (Pernambuco)	Professor secundário de matemática		Nenhum
Luís Carlos Prestes	1898, Porto Alegre (Rio Grande do Sul)	Militar de carreira (capitão-engenheiro)	Falência material; órfão de pai	Nenhum

estão do capital de relações sociais	Posição na fratria e carreira dos irmãos	Curso superior	Carreira	Tipo de produção
alho de costura mãe	Primogênito do segundo casamento do pai, único filho homem	Sem diploma universitário	Balconista de armazém, jornalista, em Belém e no Rio, deputado, funcionário público	Crônicas, poesia, contos, crítica literária, folhetins, comentários políticos, humor, memórias
rinho ministro	Primogênito de quatro filhos, um irmão guarda--civil, um irmão condutor de bondes	Engenharia, interrompido no último ano	Pequeno funcionário na Secretaria da Guerra, jornalista, professor particular	Romances, contos, folhetim, crônicas, escritos políticos
do pela mãe e pela materna	Filho único	Direito	Professor de Escola Normal, professor universitário, diretor de Escola Normal, diretor de diversas organizações católicas, cargos públicos	Manuais de história, direito, poesia, ensaios, romances, biografias, obras de proselitismo católico
io irregular do irmão s velho e de benfeitor padrinho senador	Décimo segundo filho numa prole de quinze irmãos — oficial, músico, pequeno funcionário etc.	Sem diploma universitário	Pequeno funcionário dos Correios, jornalista, poeta	Poesia, crônicas, letras de canções, anúncios
tutor era professor Escola Politécnica	Filho único	Escola Militar, eletrotécnica	Jornalista, professor particular, professor no curso de eletrotécnica, engenheiro, gerente em empresa privada	Romances, escritos políticos, obras técnicas, históricas, memórias
	Primogênito de três filhos	Arquitetura, interrompido no primeiro ano	Viveu de rendas familiares e de pequenos trabalhos e encomendas literárias, professor universitário, funções públicas	Poesia, crítica, antologias, manuais de história literária, traduções
alho de costura da e	Segundo filho homem; irmão advogado	Direito	Professor secundário em um seminário e em uma escola comercial, promotor público, escritório de advocacia	Romances históricos, poesia, teatro, ensaios cívicos
prefeito da cidade e mbro militante de uma ção oligárquica	Primogênito de catorze filhos, irmãos médicos, advogados, professores, funcionários	Farmácia, direito	Jornalista, professor de direito comercial em Recife, jornalista político no Rio de Janeiro, deputado federal, senador, diplomata	Ensaios sociais e políticos, romances, poesia, crônicas, memórias, discursos
membro militante de a facção oligárquica	Primogênito de dez filhos	Direito	Funcionário na Biblioteca Nacional, redator de debates na Assembleia Nacional, jornalista político, alto funcionário, deputado, senador, governador eleito e reconhecido (não tomou posse, devido à Revolução de 30).	Crítica literária, ensaios sociais, romances, obras históricas, direito
as particulares e outros cos" da mãe (costura e caria); auxílio do meio-ão e padrinho médico	Segundo filho do segundo casamento do pai (cinco meios-irmãos)	Escolas militares do Rio Grande do Sul e do Rio de Janeiro (Realengo)	Militar	Memórias
isário Távora, tio ma-no, foi chefe de polícia Distrito Federal (ges-Hermes da Fonseca, 10-4)	Caçula de quinze filhos; irmãos engenheiros, capitão médico, funcionário dos Correios	Escola Politécnica, interrompida; Escola Militar do Rio de Janeiro (Realengo)	Militar, "vice-rei" do Nordeste no início do período Vargas (mais tarde, ministro e candidato à Presidência da República)	Escritos políticos e econômicos, memórias
	Terceiro filho do segundo casamento do pai (cinco meios-irmãos e nove irmãos)	Escola Politécnica, interrompida; Escola Militar do Rio de Janeiro (Realengo)	Militar, interventor de São Paulo durante o período Vargas etc.	Memórias
e professora mária	Único filho homem; quatro irmãos	Escola Militar do Realengo	Militar, militante político (PCB)	Escritos políticos

FONTES

1) MEMÓRIAS

Humberto de Campos, *Memórias*, 1ª parte. Rio de Janeiro, Livraria Editora Marisa, 1933; Humberto de Campos, *Memórias inacabadas*. Rio de Janeiro, José Olympio, 1935; Humberto de Campos, *Diário secreto*, 2 v. Rio de Janeiro, Ed. O Cruzeiro, 1954; Lima Barreto, *Diário íntimo*, 2ª ed. São Paulo, Brasiliense, 1961; Vivaldo Coaracy, *Todos contam sua vida (memórias da infância e adolescência)*. Rio de Janeiro, José Olympio, 1959; Vivaldo Coaracy, *Encontros com a vida*. Rio de Janeiro, José Olympio, 1962; Manuel Bandeira, *Itinerário de Pasárgada*. Rio de Janeiro, Livraria São José, 1957; Paulo Setúbal, *Confiteor*. São Paulo, Companhia Editora Nacional, 1937; Gilberto Amado, *História da minha infância*. Rio de Janeiro, José Olympio, 1954; Gilberto Amado, *Minha formação no Recife*. Rio de Janeiro, José Olympio, 1955; Gilberto Amado, *Mocidade no Rio e primeira viagem à Europa*. Rio de Janeiro, José Olympio, 1956; Gilberto Amado, *Presença na política*, 2ª ed. Rio de Janeiro, José Olympio, 1960; Gilberto Amado, *Depois da política*. Rio de Janeiro, José Olympio, 1960; José Maria Bello, *Memórias*. Rio de Janeiro, José Olympio, 1958; Agildo Barata, *Vida de um revolucionário — Memórias*. Rio de Janeiro, Ed. Melso, s. d.; Juarez Távora, *Uma vida e muitas lutas — Memórias. 1. Da planície à borda do altiplano*. Rio de Janeiro, José Olympio, 1973; João Alberto Lins de Barros, *Memórias de um revolucionário. 1. A marcha da coluna*. Rio de Janeiro, Civilização Brasileira, 1953.

2) BIOGRAFIAS

Povina Cavalcanti, *Hermes Fontes*. Rio de Janeiro, José Olympio, 1964; diversos autores, *Jonathas Serrano (In Memoriam)*. Rio de Janeiro, Federação das Academias de Letras do Brasil, 1945, suplemento nº 54 da *Revista das Academias de Letras*; Francisco de Assis Barbosa, *A vida de Lima Barreto (1881-1922)*. Rio de Janeiro, José Olympio, 1952; Jorge Amado, *Vida de Luís Carlos Prestes — O Cavaleiro da Esperança*, 4ª ed. São Paulo, Martins, 1945.

---

ca-se que os intelectuais consagrados costumam recorrer ao gênero em suas variantes mais idealizadas e eufemizadas e, ainda assim, com frequência quando as circunstâncias numa dada conjuntura do campo lhes são desfavoráveis. Então, a infância constitui o único período de sua vida que consentem em evocar, pois tal período se presta mais a um tratamento eminentemente poético e, em consequência, facilita uma apreciação das memórias com base apenas em critérios estéticos.

Entretanto, convém salientar que esses dois tipos de fonte fornecem informações diferentes. Se a celebração biográfica é uma maneira de reconstituir vidas exemplares num registro apologético, dissimulando-se os mecanismos reais que regem as trajetórias sociais e intelectuais, os memorialistas, por sua vez, não escondem o jogo de que participam, pois sua própria situação os faz enxergar melhor os móveis da luta de cujas gratificações mais importantes se veem excluídos. Por essa razão, o investimento no gênero memórias é tanto maior e mais frequente quanto mais baixo o grau de consagração relativa, fazendo com que o próprio produtor assuma ele mesmo o encargo de proceder, sem dar a perceber, à sua própria consagração. Assim, os cálculos simbólicos desesperados que o investimento nesse gênero supõe são sobremaneira visíveis no caso dos produtores mais inseguros quanto à sua consagração e que acabam por adiar post mortem a data de publicação de suas memórias ou de parte delas, em geral a parte mais "íntima" e "secreta".

1. Elementos para leitura do quadro

Afora o fato de que os letrados em questão são originários de famílias oligárquicas cuja situação material está em declínio e cujo único vínculo com as frações dirigentes é de parentesco ou de compadrio, o quadro das características pertinentes extraídas das biografias desses escritores revela duas séries de determinações, uma positiva e outra negativa: o ingresso nas carreiras intelectuais associa-se, de um lado, à posse de trunfos que resultam da posição na fratria ou na linhagem (como, por exemplo, o fato de ser filho único, de ser o primogênito, de ser o único filho homem etc.) e, de outro, aos efeitos que provocam handicaps sociais (tais como a morte do pai, a falência material da família etc.), biológicos (em especial, nos casos de tuberculose), ou, então, estigmas corporais (como, por exemplo, a surdez, a gagueira etc.).

Essas diferentes formas de mutilação social parecem substituíveis do ponto de vista dos efeitos que provocam sobre a trajetória social na medida em que todas elas tendem a bloquear o acesso às carreiras que orientam o preenchimento das posições dominantes no âmbito das frações dirigentes e, por essa razão, determinam, ainda que de maneira negativa, uma inclinação para a carreira de intelectual. A mudança de sentido da trajetória familiar desses "parentes pobres" da oligarquia ocorre na maioria dos casos durante a primeira infância ou então, em alguns poucos casos, durante a adolescência dos futuros escritores. Em outros termos, o acesso à posição de escritor aparece, nessa conjuntura, como o produto de uma estratégia de reconversão que se impõe por força do desaparecimento do capital de que a família dispunha outrora, ou ainda pela impossibilidade de herdar esse capital em toda sua extensão. Assim, o êxito maior ou menor desse gênero de estratégia depende da capacidade de utilizar a única espécie de capital disponível, a saber, o capital de relações sociais e de honorabilidade que, em certos casos e sob certas condições, os "parentes pobres" da oligarquia poderão acionar a seu favor.

Para aquelas famílias em declínio que ocupam uma posição em falso em virtude do desequilíbrio entre o capital material dilapidado e o capital social disponível, a única possibilidade de reconversão depende das possibilidades de fazer valer o capital de relações sociais — em especial em conjunturas estratégicas como a educação dos filhos, a "escolha" dos cursos superiores, o casamento, a nomeação para cargos públicos etc. —, por ser o único com que ainda podem contar para escapar a um rebaixamento social ainda maior. Não obstante, qualquer que seja a maneira como essas famílias lançam mão da rede de prestações e contraprestações que essa espécie de capital lhes proporciona, tais estratégias não conseguem devolver a essas famílias sua posição social anterior.

A prestação de diferentes tipos de serviço, desde o trabalho político do pai (apoio nas eleições, manipulação das eleições etc.) até os mais diversos trabalhos femininos (a costura, as rendas etc.), vai permitir apenas que os "parentes pobres" da oligarquia possam ocupar as novas posições criadas pela expansão do mercado de postos administrativos, políticos e culturais, a qual, por sua vez, se encontra ligada à transformação e à consolidação do modo de dominação da oligarquia. Se as famílias de "parentes pobres" tiveram êxito em fazer valer seu capital social, isso se deve ao fato de que suas estratégias de reconversão coincidiram com um momento determinado de expansão do mercado de postos disponíveis, que veio favorecer seus interesses. Vale dizer, a rentabilidade do capital de relações sociais depende, no limite, das exigências do trabalho de dominação — ou seja, de fatores externos à lógica interna do funcionamento desse mesmo capital —, que tendem a encaixar os filhos dos "parentes pobres" nos postos que estavam sendo abertos e cujo acesso estava de todo vedado aos agentes das demais classes.

Em face de uma mesma situação de declínio familiar, os "parentes pobres" poderão fazer valer seu capital de relações de maneiras diferentes. A manutenção na classe de origem mediante a reconversão às carreiras intelectuais se realiza seja em virtude dos lucros obtidos pelo trabalho feminino (Humberto de Campos Véras, Paulo Setúbal, Jônatas Serrano), seja por conta da proteção que podem propiciar substitutos do pai, tais como padrinhos e tutores (Vivaldo Coaracy, Afonso Henriques de Lima Barreto), seja por força dos rendimentos obtidos por intermédio do trabalho político do pai (Gilberto Amado, José Maria Bello). Afinal, a reconversão referida pode também suceder em consequência da interrupção pela doença de uma carreira masculina (Bandeira).[1] De maneira geral, os estigmas corporais tendem a reforçar as disposições ("recusa" das carreiras mais gratificantes, interiorização de qualidades como a "sensibilidade") adquiridas ao longo do processo de relegação mediante o qual os "parentes pobres" transmitem a seus filhos todas as modalidades de handicaps ligados à sua posição social em falso.

Essas reconversões manifestam-se por deslocamentos no espaço da classe dirigente, cuja estrutura o próprio exame das trajetórias permite captar. As posições ocupadas nesse espaço se hierarquizam quer em função do poder político ou econômico que implicam, ou seja, por conta da distância em relação à oligarquia e, de outro lado, sem que os dois princípios de hierarquização sejam de todo independentes, quer em função da predominância dos valores masculinos — associados ao poder — ou dos valores femininos. A carreira literária, socialmente definida como feminina, ocupa no espectro das carreiras dirigentes (do proprietário ao homem político) uma posição dominada, a meio caminho entre a carreira militar (a mais próxima do polo masculino dominante, embora desfrutando de uma posição inferior no campo do poder) e a carreira eclesiástica, que constitui o exemplo-limite da mais feminina das carreiras masculinas na medida em que se define negativamente, no âmbito dos agentes, pela ausência de propriedades que caracterizam as profissões viris (poder econômico, poder sexual etc.).

A carreira eclesiástica constitui o exemplo mais acabado de um trabalho contaminado pela modalidade feminizada de incorporação do habitus, a começar pela própria batina, que dissimula, no nível do corpo, a perda simbólica dos atributos masculinos (perda assumida ou vivida como "vocação", "entrega", "casamento com Deus", como se pode perceber com base no léxico matrimonial e erótico que metaforiza a vida dos santos). Pode-se perceber com nitidez tal processo na ideologia da vocação descrita em termos de um desprendimento das "servidões" temporais, como o casamento, a família etc.

Desse ângulo, a oposição entre a feminilidade mascarada da carreira eclesiástica e a virilidade declarada da carreira militar é muito menos pertinente do que à primeira vista pode parecer: o convento está para o quartel assim como a graça está para a força. Para explicar essa oposição, conviria descrever os ritos que tanto o convento como o quartel impõem aos agentes que recrutam, fazendo com que interiorizem pela manipulação do corpo a ruptura radical com o meio de origem e com o "mundo", o que não é outra coisa senão uma maneira de separar do mundo social tanto os agentes como as instituições. A batina e a censura que ela impinge ao corpo em favor do exercício espiritual e das faculdades de devoção e de piedade são homólogas à farda e às proibições e censuras em meio às quais ela encerra o pensamento em favor do treinamento, do aperfeiçoamento, do cuidado e da apresentação do corpo e das virtudes ligadas a um bom uso do corpo — como, por exemplo, a segurança, o domínio de si, a firmeza, a energia. Assim como a batina traduz a castração social de seus portadores, a farda dota seus usuários de uma espécie de virilidade oficial, ambas exprimindo os dois polos-limites da dominação.

Não é por acaso que, num estágio incipiente de formação de um campo especializado de produção de bens simbólicos, quando ainda não existe uma definição estrita do trabalho intelectual, o trabalho socialmente definido como simbólico recai sobre as mulheres e os homens que com elas se identificam e que por essa via se apropriam dessa espécie de trabalho, ainda um tanto destituído de valor econômico, mas que pode vir a adquirir um valor específico, de início indireta e depois diretamente econômico, num estado ulterior das relações entre as frações e entre as classes. Tendo em vista a dualidade dos princípios de estruturação desse espaço, constata-se que os deslocamentos nesse mesmo espaço, isto é, as trajetórias concretas que encaminham para o ofício de escritor, podem ser referidos a dois princípios: de um lado, as propriedades relativas ao grupo familiar e, na raiz, a falência econômica e/ou a perda do pai, e, de outro, as propriedades relativas à *héxis* corporal e que são propícias ao favorecimento de disposições socialmente definidas como femininas. Esses dois conjuntos de fatores tendem a orientar, por intermédio de mediações diferentes, para as regiões "femininas" no espaço da classe dirigente.

Em quaisquer dos casos, o declínio da trajetória social, ou melhor, esse deslocamento para as posições de refúgio ou para os espaços sociais de relegação, não ocorre de maneira mecânica. Ele se realiza mediante uma transformação profunda do habitus, de um processo de "feminização social" que pode resultar tanto da experiência do declínio familiar como de uma resposta à impossibilidade física de assumir papéis masculinos, todos esses fatores podendo em certos casos se acumular e se reforçar um ao outro.

Eis o corpo de hipóteses que aos poucos foram sendo estabelecidas com base na análise desse conjunto de biografias.

2. Os "parentes pobres": a divisão sexual do trabalho de reprodução

O trabalho da mãe	O trabalho do pai
	Humberto (de Campos)
	[...] Véras nasceu em 1886 numa pequena cidade no interior do estado do Maranhão. Seu pai era filho de um proprietário de terras de cana, de gado, de escravos, que, ao falecer, deixou dez filhos e duas filhas.
Sua avó casou-se com	
	um antigo empregado e amigo da casa, ao qual se atribui
a dilapidação do patrimônio familiar.	
	Não obstante, seus tios paternos enriqueceram por meio do comércio de importação e exportação, de

uma usina de beneficiamento de arroz, adquiriram terras, fazendas, propriedades. Seu pai era proprietário de um estabelecimento comercial em Miritiba que, embora acanhado ao lado dos negócios dos irmãos, lhe propiciava capital e contatos para lançar-se como intermediário na revenda de gado e cereais do interior para a capital do estado (São Luís). De sua primeira relação marital com

a filha de um fazendeiro falido ficaram-lhe três filhas.

Enviuvando, casou-se de novo com

a filha de um professor público de sua cidade.

Desse casamento nasceram seus dois filhos legítimos, primeiro Humberto e, dois anos mais tarde,

sua irmã mais moça. Há notícias de um parente, do lado materno, que teria sido autor de uma gramática. Aliás, os irmãos de sua mãe tiveram posição social bem modesta (professor primário), se os compararmos

aos irmãos de seu pai;

muitos deles viviam às custas

de um cunhado rico, justamente o segundo Véras a casar-se com

uma Campos.

O pai de Humberto morre em 1892, deixando-o com seis anos de idade.

A mãe liquida os negócios do marido, vende as propriedades, inclusive a casa nova e uma pequena fazenda de gado onde iam passar as férias, arrecadando não mais que dez contos de réis. As duas enteadas menores são entregues a famílias de Miritiba e recebem em gado sua parte na herança; a mãe destina um conto para seus dois filhos, fazendo depósito na Caixa Econômica de São Luís, e reserva sua parte para a aquisição de um terreno e construção de uma casa em Parnaíba, onde

        os tios paternos de Humberto já estavam fixados.

Instala-se aí com seus irmãos, os dois filhos e a enteada mais velha. No início, o orçamento familiar se mantém equilibrado graças às contribuições dos tios maternos e, mesmo depois que eles se estabelecem no Pará, atraídos pelo surto da borracha, continuam por algum tempo remetendo diminutas mesadas. Nessa batida, por volta de 1898, a situação material em casa era desesperadora. Todos passam a viver do trabalho de costura que envolve, a par do mutirão doméstico, a mãe, as tias e sua meia-irmã, bem como do escasso lucro que provinha da comercialização em pequena escala da lenha dos arredores. Alugam a casa que sua mãe mandara construir a fim de complementar o orçamento.

        Humberto

faz suas primeiras letras com a mãe e numa escola pública de Parnaíba onde só havia meninas. Passa em seguida para uma "outra escola de mulher", particular, que admitia meninos em número reduzido. Por essa época, tendo de oito para nove anos, sua mãe lhe arranja uma vaga como aprendiz de alfaiate e, ao cabo de alguns meses,

        seus tios paternos se dispõem a patrocinar seu retorno à escola e admitem-no como empregado no balcão de sua loja.

Humberto ingressa no colégio que acabara de inaugurar o cunhado

de um outro irmão de seu pai,

ex-seminarista, formado em humanidades, originário de "ramo senhorial ilustre" mas também empobrecido, que viera para a cidade viver encostado

a sua família paterna.

"Isolado dos homens, pelos escrúpulos que trouxera do seminário, e repelido pelas mulheres, que não viam nele propriamente um homem [...]", acaba indispondo-se com muitas famílias por causa das inovações que introduziu e, no ano seguinte, não aguenta a concorrência de um outro ex-padre que passa a acolher o mesmo público. Os pequenos furtos que Humberto fazia na loja do tio fazem-no perder o lugar, passando a auxiliar em casa no trabalho de costura, que passava por um momento de crise com o casamento de sua meia-irmã. Depois de um estágio como aprendiz numa oficina tipográfica, e de novo fora da escola,

um outro tio Véras propõe-se a levá-lo para São Luís e arranjar-lhe uma colocação estável no comércio.

A biografia construída de Humberto de Campos Véras ilustra de modo típico-ideal de que maneira a reconversão a uma carreira literária determinada, dentre outros motivos, pela falência econômica e pela morte do pai envolve um certo tipo de mobilização do capital de relações sociais. A orfandade, e, ainda mais, a morte do pai, parece constituir uma determinação essencial, uma vez que ela estabelece uma modalidade particular de dependência em face da oligarquia, qual seja, a sujeição mediada pelas relações que a mãe mantém com os parentes ricos, no caso, com a família do marido. Os inúmeros trechos em que Humberto relata o trabalho de sua mãe, de suas tias e de sua meia-irmã evidenciam uma espécie de consciência, em estado prático, dessa dependência. Os trabalhos de costura constituem a prestação essencial com que os "parentes pobres" podem contribuir para a oligarquia, que, por sua vez, se incumbe de fornecer os instrumentos de trabalho, de definir as formas de produção, as modalidades de comercialização, a margem de lucro.

> A penúria, em nossa casa, tornara-se extrema, quase desesperadora. Quatro mulheres [...] lutavam aí [...] pela subsistência de seis pessoas. Dividindo entre si as despesas, trabalhavam elas, até tarde da noite [...] Minhas duas tias maternas [...] costuravam e bordavam para algumas famílias conhecidas, assumindo, com o produto precário desse esforço, a responsabilidade da cozinha e da mesa, uma semana sim, outra não. Minha irmã mais velha, e minha mãe, tinham a seu cargo a semana que se seguia: a primeira, curvada na máquina de costura, fazendo roupa de homem, camisas e calças de tecidos grosseiros, para casas comerciais; a segunda, cortando essa costura, e fabricando meias para homens, crianças e senhoras, meias de algodão trabalhadas na sua pequena máquina manual, e que eram vendidas na rua a oito, nove e dez tostões o par. A máquina havia sido uma dádiva generosa da família Martins Ribeiro [...] Incumbia-se da venda cotidiana das meias a velha Andreza, cafuza desdentada e sem idade, que conhecia todo o mundo, penetrava em todas as casas [...] minha irmã [...] cosia as roupas de "carregação" que minha mãe cortava, recebendo, das firmas para as quais trabalhava habitualmente, trezentos réis pelo feitio de uma calça. Para ganhar 2500 réis por dia, precisava costurar, às vezes, das seis da manhã às nove da noite. Mesmo assim conseguiu reunir algumas economias e comprar, com elas, um jumento, que entregou a um caboclinho para a venda de lenha na zona urbana. O caboclinho cortava a lenha nas matas vizinhas, carregava com ela o quadrúpede, e vinha vendê-la à cidade. A carga, de sessenta achas, custava, então, oitocentos réis. Os lucros eram divididos entre o sócio de indústria e o sócio "capitalista". E como o caboclinho podia fazer duas viagens diárias, minha irmã auferia, como proprietária do jerico, oitocentos réis por dia [...] De três em três meses, às vezes mais espaçadamente, meu tio Antoninho remetia do Pará cem ou 150 mil-réis. Esse auxílio correspondia, porém, à parte nas despesas que competia à irmã mais velha, que passava a maior parte do tempo doente [...] Minha mãe não contava senão consigo mesma. Tendo, além da sua parte nas despesas de cozinha, de vestir e educar dois filhos, e de contribuir com os impostos e consertos da casa, o seu sacrifício era consideravelmente maior [...] Para

um lucro de dois mil-réis, tornava-se preciso um dia inteiro de atividade intensa e dolorosa. Um aneurisma no polegar da mão direita não só dificultava, como fazia penosa a sua operosidade.[1]

A costura possibilita aos "parentes pobres" o acesso às famílias dominantes de sua classe de origem com tudo o que tal proximidade implica em termos de prospecção de postos e de carreiras disponíveis para seus filhos e para si mesmos. Tendo em vista que o trabalho feminino e seus produtos (educação dos filhos, trabalho doméstico, trabalho de costura etc.) são desvalorizados, o capital de relações propicia lucros ainda menores quando, como no caso de Humberto, o recurso à oligarquia se faz por intermédio da mãe. A costura simboliza a própria relação em falso dos "parentes pobres" com a oligarquia, vale dizer, o "gosto" constitui o único bem que lhes sobrou de sua convivência com ela. Os bens produzidos pelo trabalho feminino manual — como, por exemplo, a costura — apresentam inúmeros traços comuns com os bens simbólicos em geral, na medida em que sua produção exige uma competência que só pode ser adquirida pela posse de um habitus de classe apropriado, isto é, por uma mesma origem de classe. O "gosto" e os contatos sociais requeridos pelo trabalho de costura encomendado pela oligarquia pressupõem o domínio prático de todo o estilo de vida dessa classe. Como atividade "artística", a costura prenuncia de certa maneira o trabalho literário; ela realiza uma forma particular de trabalho simbólico na medida em que permite marcar diferenças sociais ao retraduzi-las no plano do gosto. Por exigir muitos cuidados, minúcias e um bom acabamento, condições indispensáveis para produzir diferenças mínimas, a costura é ao mesmo tempo a mediação prática pela qual um dado agente interioriza a experiência do declínio (em especial, a perda do capital econômico) e por meio da qual um novo projeto, a vocação intelectual, pode concretizar-se pela feminização da família e da criança.

O fato de haver frequentado escolas de "mulheres", o fato de quase todos os homens do lado materno serem professores primários e os diretores dos colégios de sua cidade serem ambos ex-seminaristas, a participação de Humberto nos trabalhos de costura em sua casa, evidenciam a extensa série de eventos familiares e sociais pelos quais a perda das condições necessárias à reprodução da posição social do pai se faz acompanhar por um abandono progressivo do modelo masculino, ao cabo deles se constituindo o habitus. A maneira mais fecunda de captar o conjunto de disposições assim interiorizadas consiste em observar as modalidades socialmente determinadas de apropriação prática e simbólica do corpo.

> Mais *por gosto* do que por obrigação ou castigo, aprendi a fazer crochê, renda de almofada, e algumas outras prendas femininas e caseiras.[2]
>
> À tarde, minha mãe submetia-me à prova de leitura e, à noite, à de caligrafia. Apenas, como meu avô ensinara minha mãe a escrever apoiando a mão sobre o dedo mínimo, entendia ela que a escrita não sairia certa sem essa particularidade. O meu dedo mínimo era, porém, rebelde. Encolhia-se com os outros, fechando a mão. E isso fez com que minha mãe e mestra mo amarrasse com um barbante, puxando-o para fora toda a vez que eu o recolhia.[3]

Todas as situações a que se referem memórias e biografias em que ocorre a morte do pai, mesmo nos casos em que tal fato sucede durante a adolescência do futuro escritor, traduzem sobretudo a morte da posição social que o pai ocupava e de todas as posições homólogas no espaço da classe dirigente.

Assim, a trajetória de Lima Barreto explica-se ao mesmo tempo pela presença de um padrinho rico que patrocina seus estudos e pela loucura de seu pai ao fim de sua adolescência. O pai e a mãe de Afonso Henriques de Lima Barreto eram filhos naturais de escravos. Tendo realizado estudos de humanidades no Instituto Comercial da Corte e seu aprendizado de tipógrafo no Imperial Instituto Artístico — na época, o estabelecimento-modelo no ramo —, seu pai tencionava estudar medicina e esteve mesmo prestes a fazer alguns dos exames preparatórios. Aos vinte anos, já trabalhava como tipógrafo em um jornal carioca; seu desempenho eficiente lhe garante não apenas diversas promoções mas também a proteção de Afonso Celso, visconde de Ouro Preto, então ministro da Fazenda. Por intermédio deste consegue um cargo na Imprensa Nacional às vésperas de seu casamento, que teve como padrinho o próprio visconde. Em 1888, o pai de Afonso publica a tradução do *Manual do aprendiz compositor*, de autoria de Jules Claye, e no final do mesmo ano é chamado para trabalhar na *Tribuna Liberal*, jornal que defendia os interesses políticos do visconde, compadre, agora chefe do último gabinete imperial. Em 1889, com a queda do Império, o pai de Afonso demite-se da Imprensa Nacional antes que o demitam. Em seguida, com o apoio do ministro da Justiça Cesário Alvim, que era ligado a Ouro Preto, é nomeado escriturário das Colônias de Alienados da Ilha do Governador, sendo logo promovido a almoxarife.

Apesar de ter sido um dos inúmeros agregados de uma família senhorial decadente, a mãe de Afonso recebeu a "melhor" educação "que seria possível às mocinhas de sua condição, chegando mesmo a tirar diploma de professora pública". Após seu casamento, abre uma escola primária para meninas, falecendo em 1887. De volta de seu primeiro exílio, Ouro Preto dispõe-se a financiar os estudos de seu afilhado Afonso. Tendo feito suas primeiras letras com a mãe, Afonso ingressa no Liceu Popular Niteroiense, de "gente rica", dirigido por um professor inglês, onde completou o secundário e parte do suplementar. Obtendo aprovação nos exames preparatórios, que prestou no então Ginásio Nacional, matricula-se no curso anexo ao Colégio Paula Freitas, que preparava os candidatos ao curso de engenharia; é aprovado no concurso de ingresso para a Escola Politécnica. A perda da proteção financeira de seu padrinho e a doença do pai se fazem acompanhar por inúmeros fracassos escolares; quando seu pai enlouquece, Afonso acaba abandonando a Escola Politécnica quando já estava prestes a conseguir o diploma. Em seguida, é aprovado num concurso público e obtém uma vaga de amanuense na Secretaria da Guerra; aproxima-se de círculos literários marginais, começa a dar aulas particulares e a colaborar na imprensa carioca.

Desse modo, a presença do padrinho permite a Lima Barreto orientar-se num primeiro momento para uma carreira relativamente distante do polo intelectual, a profissão de engenheiro. Embora venha compensar a escassez de meios materiais de que dispunha sua família, fato que em princípio deveria facilitar seu acesso às carreiras burguesas às quais seu pai foi obrigado a renunciar (por exemplo, sua exclusão da Escola de Medicina), a presença de Ouro Preto consegue assegurar apenas uma adesão precária às carreiras (masculinas) dominantes. Lima Barreto acaba por desistir do projeto paterno de convertê-lo em um "júnior da classe dominante", "um homem enérgico, inacessível a tudo isso, engenheiro, talvez, a construir pontes, máquinas, cais ou coisas semelhantes". Ao contrário, Humberto de Campos, atraído pelas carreiras burguesas de seus tios negociantes ("espírito mercantil"), estava como que destinado às carreiras que, no âmbito da divisão do trabalho de dominação, eram as mais afastadas do polo do poder econômico, quais sejam, as carreiras eclesiástica e militar.

Entre os castigos que eu mais temia, estava a internação na Escola de Aprendizes Marinheiros, que funcionava, então, em Parnaíba [...] Esse menino precisa de seminário [...] A família deve ter um padre [...] E essa ideia me revoltava [...] Certa vez, porém, uma senhora que alimentava paixão pela farda [...] abriu diante dos meus olhos espantados o futuro que me aguardava, e que se tornaria realidade se eu seguisse a carreira militar [...] E já me imaginava embainhado no meu uniforme vistoso, marchando à frente das minhas tropas [...] No princípio do ano que vem vou a Teresina tirar os preparatórios [...] Depois, sigo para o Rio de Janeiro, e me matriculo na Escola Militar [...] Com que dinheiro, meu filho? [...] Convém assinalar, talvez, aqui, o domínio absoluto que exercia, então, sobre mim, o espírito mercantil. Eu gostava de ler. Eu amava os livros, e acentuara esse gosto na passagem pelas tipografias. Eles constituíam, todavia, para mim, um passatempo amável, um delicado recreio da imaginação. Não me passava, mesmo vagamente, pela ideia, tornar-me um homem de letras. Nunca me ocorreu escrever um verso. Nunca pensei em uma frase bonita. O lugar que, no meu coração e no meu cérebro, devia ser ocupado, tiranicamente, mais tarde, pelos nomes de Homero [...] estava repleto de firmas comerciais [...] Uma firma comercial dava tal expressão de força aos homens que a constituíam, que eles eram, aos meus olhos, como semideuses de nova espécie.[4]

O princípio subjacente à experiência social de Lima Barreto (bem como às tomadas de posição estéticas e políticas que dela resultam) reside na convergência de dois movimentos opostos, a saber, a familiarização com o universo da classe dirigente mediante a educação singular que recebeu por intermédio de seu padrinho, com todas as implicações que tal fato teve no tocante à percepção das alternativas de carreira, das amizades, das leituras, e, de outro lado, a permanência do vínculo à sua classe de origem. Essa dupla experiência permite-lhe apropriar-se das maneiras de pensar e sentir estranhas ao seu meio de origem e, ao mesmo tempo, permite-lhe assumir um ponto de vista objetivo acerca do mundo social a partir de sua primeira experiência desse mundo.

A uma família que se junta uma outra, de educação, instrução, inteligência inferior, dá-se o que se dá com um corpo quente [...] Foi o que se deu conosco. Eu, entretanto, penso me ter salvo. Eu tenho muita simpatia pela gente pobre do Brasil, especialmente pelos de cor, mas não me é possível transformar essa simpatia literária, artística, por assim dizer, em vida comum com eles [...] A minha vida de família tem sido uma atroz desgraça. Entre eu e ela há tanta dessemelhança, tanta cisão, que eu não sei como adaptar-me. Será o meu "bovarismo"? [...] Desgraçado nascimento tive eu! Cheio de aptidões, de boas qualidades, de grandes e poderosos defeitos, vai morrer sem nada ter feito [...]

Há de ser difícil explicar esse sentimento doloroso que eu tenho de minha casa, do desacordo profundo entre mim e ela; é de tal forma nuançosa a razão de ser disso [...] A minha melancolia, a mobilidade do meu espírito, o ceticismo que me corrói [...] nasceu da minha adolescência feita nesse sentimento da minha vergonha doméstica.[5]

A ambiguidade desse relato assume seu pleno sentido porque Lima Barreto viveu tal experiência como mulato, estigma a que vai atribuir em larga medida sua exclusão social, sua infelicidade, sua decadência física, as alucinações, o alcoolismo, o celibato forçado.

Se, nos casos de Humberto de Campos, Lima Barreto e Hermes Fontes, estigmas como a gagueira, a feiura, a surdez, e o fato de serem os três mulatos, reforçaram os efeitos provocados pela falência do pai (no duplo sentido de falência material e falência biológica) e a interiorização das disposições exigidas dos agentes predestinados às carreiras intelectuais, a trajetória de Vivaldo Coaracy, cujos trunfos posicionais (filho único) não sofriam o contrapeso de estigmas, constitui um caso em que os efeitos da falência do pai são postergados e, por conseguinte, a reconversão a uma carreira intelectual manifesta-se tardiamente. Além disso, sua biografia é a que melhor permite evidenciar os traços sociais característicos da trajetória dos agentes relegados à carreira militar.

Vivaldo Coaracy, filho único de um casal de jornalistas cariocas, fica órfão de pai e mãe aos dez anos, sendo adotado por um tio cuja esposa era paralítica. Até a idade de dezesseis anos permanece como aluno interno num seminário. Desentendimentos com seu tio, com quem nunca se dera bem, levam-no a deixá-lo, indo morar com Licínio Cardoso, professor da Escola Politécnica e da Escola Militar, filósofo e autor de diversos ensaios a respeito da sociedade brasileira. A família de Licínio, em especial sua mulher, era íntima de seus pais. Sendo obrigado a deixar a Escola Militar por ocasião da revolta dos cadetes, em 1904, vai para Porto Alegre, onde começa a trabalhar num pequeno jornal destinado ao interior do estado. Despedido desse emprego, torna-se em seguida professor particular, professor secundário e, graças às suas economias, consegue ingressar no curso de eletrotécnica da Escola de Engenharia, um curso intermediário entre os cursos do Instituto Profissional e o curso acadêmico de engenharia civil, que exigia estudos mais longos; acaba tornando-se professor de matemática no mesmo instituto e, ao mesmo tempo, passa a colaborar regularmente num jornal de Porto Alegre. Em 1911, conclui o curso de engenheiro eletrotécnico, sendo mandado aos Estados Unidos para aperfeiçoar-se. De volta em 1913, escreve um livro sobre o ensino técnico norte-americano e integra-se ao corpo docente do Instituto de Eletrotécnica, galgando todos os degraus da hierarquia acadêmica e política nesse estabelecimento. Se em certa medida tanto sua passagem pela Escola Militar como o ingresso na Escola de Engenharia eram "escolhas" que se inspiravam no modelo de seu tutor Licínio Cardoso, é ainda por intermédio deste que vai obter um cargo numa empresa de eletricidade em São Paulo, para onde se transfere em 1920.

Terá então condições de constituir sua própria rede de relações sociais junto à burguesia local. Até esse momento havia escrito apenas alguns versos e um romance que passou despercebido; em 1924, publica outro romance. A partir daí, estará cada vez mais envolvido nas tarefas políticas e ideológicas de que se incumbiam os principais integrantes do estado-maior intelectual da burguesia paulista. Muito embora, ao longo de suas memórias, faça inúmeras referências à sua "veia" literária, sua atividade como escriba se consolidará com sua inserção nos quadros intelectuais a serviço do projeto político revanchista que essa mesma burguesia assume.[6] Mesmo em Porto Alegre, antes de entrar no curso de eletrotécnica, a anistia dos cadetes revoltosos e a instalação de uma escola militar na capital gaúcha fazem-no repensar a carreira militar como alternativa capaz de livrá-lo de uma relegação social que, durante certo período, supôs definitiva. A despeito dos desmentidos que apresenta — "a carreira militar não me atraía", "a disciplina era muito rígida" etc. —, percebe-se com nitidez que preservava essa possibilidade como posição social de reserva, caso lhe fosse bloqueado o acesso a um curso superior.

> Repugnava-me a ideia de que conhecidos meus me vissem a trabalhar como caixeiro de armazém [...] Estava disposto a aceitar qualquer trabalho. Como recurso extremo, em último caso admitia a possibilidade de assentar praça no pequeno exército estadual que era a Brigada Militar, a força pública do Estado. Supunha que

a qualidade de ex-cadete, com a instrução recebida no Realengo e na Praia Vermelha, me facilitaria o ingresso na tropa [...] Não quis me aproveitar da anistia votada pelo Congresso em benefício dos alunos excluídos do Exército em consequência do levante da Praia Vermelha [...] Ia estudar engenharia; formar-me; habilitar-me a uma profissão séria e conceituada ante os padrões burgueses. Licínio era engenheiro e professor da Politécnica, no Rio [...] Desprendi-me assim, aos poucos, daquelas presunçosas aspirações literárias que antes alimentara.[7]

Sem dúvida, não é por acaso que a reconversão ao trabalho intelectual em bases regulares só tenha ocorrido muito mais tarde, após o suicídio de seu segundo tutor.

3. Tenentes e intelectuais

Muito embora não sejam exatamente contemporâneos em termos de conjuntura política, parece importante esboçar uma comparação entre a trajetória dos escritores da República Velha de que estamos tratando e a dos tenentes, cuja participação política nas décadas de 1920 e 1930 está ligada às principais mudanças por que passou o sistema político brasileiro. Ao passo que Vivaldo Coaracy compensava de algum modo a perda do pai e de seu segundo tutor com os trunfos que lhe advinham do fato de ser filho único, os tenentes, mesmo tendo que enfrentar situações semelhantes — nas quais, todavia, a perda do pai sucede, como veremos, de maneira muito mais branda e atenuada —, não contam, por outro lado, com as condições próprias a reforçar as disposições que o trabalho literário exige, nem dispõem de nenhum trunfo compensatório. Por todas essas razões, os tenentes constituem o produto de um processo distinto de relegação que tende a orientá-los para a carreira militar.

Os tenentes sobre os quais existem informações biográficas bastante detalhadas, sendo que alguns deles também escreveram livros de memórias — como, por exemplo, Juarez Távora, João Alberto e Agildo Barata —, têm em comum com os letrados a origem oligárquica e a trajetória em declínio de suas famílias. Deixando de lado a questão ritual de saber se os tenentes devem e/ou podem ser identificados à classe média da qual teriam sido os porta-vozes na conjuntura política que precede a queda da República Velha, tampouco se consegue dar conta do papel político que desempenharam ao privilegiar os traços que os vinculam à oligarquia. Na verdade, o que mais distingue os tenentes dos letrados é a distância muito maior entre as famílias de origem dos primeiros e o polo intelectual da classe dirigente. Além disso, os tenentes não dispõem de condições idênticas, que lhes permitam acionar seu capital de relações sociais nas mesmas proporções com que o fazem os escritores; em consequência, não dispõem da condição básica capaz de permitir um investimento escolar prolongado e o acesso a postos na divisão do trabalho de dominação que desfrutem de maior autonomia em face das demandas políticas e simbólicas da classe dirigente.

Frequentemente integrantes de proles numerosas e muitas vezes marcados pela condição de filhos de um segundo casamento do pai, os tenentes acumulam os handicaps ligados à sua posição de caçulas em famílias numerosas com os que resultam da decadência da família tanto do ponto de vista da posição ocupada pelo pai como da perda do capital econômico. Juarez Távora era o décimo quinto e último filho de um pequeno proprietário agrário no Nordeste. Quando Juarez deixa a casa dos pais para estudar, acompanhado de dois irmãos da mesma faixa de idade, o irmão mais velho já era médico e farmacêutico. Dois outros irmãos dentre os mais velhos haviam partido em busca de uma situação melhor na corrida provocada pela expansão da borracha; outros já estavam casados e tinham filhos com a mesma idade que Juarez. Um outro irmão era tenente na Bahia, casado, e estava prestes a concluir o curso de engenharia civil; um outro havia deixado o seminário por um emprego nos Correios. Tudo se passa como se, no interior da família de Juarez, tivesse havido uma deterioração progressiva das possibilidades objetivas de fazer carreira. Juarez e Fernando, o penúltimo dos irmãos, encontravam-se de algum modo na mesma situação que os tenentes originários de um segundo casamento, na medida em que nenhum deles pôde contar com um capital econômico e social familiar que se esgotara com a educação e o encaminhamento dos mais velhos. Tentam seguir o mesmo modelo de seus irmãos mais velhos, tendo no entanto que enfrentar aqueles obstáculos que se devem ao fato de não poderem mais contar com o patrimônio intato. Por conta de tudo isso, acabam ficando a reboque de seus irmãos mais velhos, numa condição semelhante àquela de que se ressentem irmãos "de criação".

De fato, o montante (e as espécies) de capital de que dispõe uma família de "parentes pobres" não se distribui por igual entre todos os irmãos, que se distinguem por traços ligados à conjuntura em que nasceram e às propriedades posicionais que lhes são inerentes. Nessas condições, cada um dos irmãos poderá acionar estratégias de mobilização do capital familiar capazes de proporcionar vantagens desiguais. Não podendo, pelas razões indicadas, orientar-se para uma carreira intelectual ou para uma carreira (masculina) dominante, como a de engenheiro (tanto Juarez como João Alberto se viram obrigados a desistir no meio do curso de engenharia), os tenentes, que muitas vezes eram filhos e/ou parentes de militares, fazem valer esse trunfo familiar de difícil conversão e que, no limite, constitui a única "vantagem" capaz de atenuar os efeitos da relegação a que foram sujeitos no interior de suas famílias de origem.

4. Doença e carreira masculina interrompida

Minha mãe
Era a melhor de todas as mulheres
E me queria mais que aos meus irmãos
Porque eu era fraquinho...
E um dia a minha mãe morreu [...]
[...]

E eu fiquei, desde aí, com os pulmões atacados,
Por não dormir, a pensar na mãe que me queria.
Tenho uma suave irmã que não me foge,
Que me adora com loucura,
E que, depois que fiquei chupado e doente,
Cuida de mim com muito mais ternura
[...]

E até meu pai, esse homem triste e estranho,
Que eu jamais compreendi, estará soluçando,
Numa angústia quase igual a que lhe veio,
Quando mamãe se foi numa tarde comprida...

Rodrigues de Abreu, *Versos à bondade de minha irmã*

A doença, e em particular, em fins do século XIX e começos do século XX, a tuberculose e as afecções respiratórias como a bronquectasia, provoca efeitos sociais semelhantes àqueles produzidos pela perda do pai.[1] Pode ocorrer que a doença venha juntar-se à orfandade, como no caso de Paulo Setúbal, segundo filho de um comerciante do interior do estado de São Paulo, órfão de pai aos quatro anos, tuberculoso aos dezenove, e prensado entre a batina e a carreira jurídica.

Manuel Bandeira representa o caso típico-ideal de reconversão provocada pela doença. Nascido em Recife em 1886, acompanha sua família para o Rio dez anos mais tarde. Descendente de famílias tradicionais, filho de um engenheiro cuja situação material era remediada, muito embora possuísse um amplo círculo de relações sociais, que incluía escritores, médicos, professores do Colégio Pedro II, cientistas do Museu Nacional etc. Desde cedo, o pai cultivou nele uma "inclinação" pela arquitetura, incutindo-lhe a ideia de que o arquiteto estaria, na hierarquia das profissões, acima do politécnico:

> Mas eu não me destinava à literatura e não tratei de suprir por mim mesmo as deficiências dos meus professores [...] Não era minha ambição ser poeta e sim arquiteto, gosto que me foi muito jeitosamente incutido por meu pai, sempre a me interessar no desenho, dando-me a ler os livros de Viollet-le-Duc (*L'art du dessin, Comment on construit une maison*), mostrando-me reproduções das grandes obras-primas arquitetônicas do passado, criticando com zombaria os aleijões dos mestres de obras do Rio. Se eu escrevia versos, era com o mesmo espírito desportivo com que me equilibrava sobre um barril.[2]

Depois de concluir o bacharelato em ciências e letras no Ginásio Nacional, no Rio de Janeiro, Manuel Bandeira matricula-se no curso de engenheiro-arquiteto da Escola Politécnica de São Paulo e no Liceu de Artes e Ofícios. No Liceu, "[...] desenhava a mão livre e fazia aquarelas, porque eu desejava ser um arquiteto como Viollet-le-Duc, [...] que soubesse desenhar [...] Tinha aspirações excessivas [...] construir casas, remodelar cidades, encher o Rio ou o Recife de edifícios bonitos como Ramos de Azevedo fizera em São Paulo".[3]

No final do ano letivo de 1904, fica tuberculoso, sendo obrigado a largar os estudos. É desse momento que se pode datar sua reconversão à literatura; até a publicação de sua primeira coletânea de versos (*A cinza das horas*), atravessa "quinze anos de crises, melhoras, recaídas, mudanças constantes de clima e até de país", período que lhe permite um investimento propriamente intelectual que constitui o fundamento de seu imenso domínio prático e simbólico do "ofício" de poeta e que mais tarde vai lhe permitir produzir, ao lado de sua obra poética, um amplo trabalho de celebração das grandes figuras da poesia brasileira. É de tal ordem o montante de capital acumulado no campo literário em geral, e poético em particular, que o próprio título de seu livro de memórias — *Itinerário de Pasárgada* — remete a um de seus poemas mais célebres, em vez de aludir metaforicamente à infância, como é de praxe entre os autores mais consagrados. Aliás, capítulos inteiros dessas memórias giram em torno das proezas que sua erudição propicia e que atestam seu domínio técnico do ofício de poeta, segundo os parâmetros das mais diversas tradições. Não é propriamente a doença que o converte em poeta, mas as condições de vida que a doença impõe, cortando-lhe a possibilidade de cumprir a carreira prevista pelo pai, bem como de assumir qualquer outra trajetória homóloga.

Em certa medida a doença atua de maneira muito mais radical do que a orfandade, uma vez que sua existência se faz acompanhar por um processo mais acabado de mutilação social, que começa pelo celibato forçado e por uma situação de dependência no interior do universo familiar. Embora seja obrigada a admitir os efeitos provocados pela doença na trajetória do futuro poeta, a crítica literária não pode admitir o papel decisivo que ela desempenhou na definição de seu projeto intelectual, preferindo justificá-lo invocando os pequenos feitos literários da infância e/ou da adolescência. Após diversos períodos de cura por todo o país, Bandeira permanece um ano num sanatório suíço. De volta ao Brasil, perde, sucessivamente, a irmã que o havia ajudado no momento mais difícil, a mãe, o pai, o irmão.

> Falta a morte chegar... Ela me espia
> Neste instante talvez, mal suspeitando
> Que já morri quando o que eu fui morria.[4]

Assim, para aquele que está morto para a posição social que lhe fora destinada, o objeto do trabalho literário propicia a objetivação de sua experiência da mutilação social. Seu discurso revela as disposições que poderiam ter sido as suas ou, então, que por um tempo efetivamente o foram, e que a doença não lhe permitiu incorporar, a de ser "belo como Davi, forte como Golias".

> *E como farei ginástica*
> *Andarei de bicicleta*
> *Montarei em burro brabo*
> *Subirei no pau de sebo*
> *Tomarei banhos de mar!*[5]

Manuel Bandeira faz o balanço de "toda uma vida que poderia ter sido e que não foi":

> *Sim, já perdi pai, mãe, irmãos.*
> *Perdi a saúde também.*
> *É por isso que sinto como ninguém o ritmo do jazz-band[,]*[6]

passa em revista as alternativas tangíveis de carreira, a trajetória que poderia ter sido sua:

> *Arquiteto falhado, músico*
> *falhado [...]*
> *sem família,*
> *Religião ou filosofia;*
> *Mas tendo a inquietação de espírito*
> *Que vem do sobrenatural,*
> *E em matéria de profissão*
> *Um tísico profissional.*[7]

E expressa a recusa simbólica de modelos em que reconhece sinais de uma trajetória semelhante à sua:

> *[...]*
> *Mas o cálculo de probabilidade é uma pilhéria...*
> *Abaixo Amiel!*
> *E nunca lerei o diário de Maria Bashkirtseff.*[8]

Bandeira constitui o caso-limite em que as condições de vida impostas pela doença tenderam, na ausência de outras mutilações sociais, a anular todos os trunfos ao seu alcance — como, por exemplo, a ampla rede de relações sociais de seu pai, o êxito escolar nos melhores colégios da época etc. —, que o encaminhariam para as carreiras (masculinas) dominantes, fazendo com que se reconvertesse ao gênero literário de maior prestígio e de menor retorno econômico. No caso de Paulo Setúbal, a tuberculose não faz outra coisa senão reforçar os efeitos provocados pela perda do pai.

Após realizar os estudos secundários numa escola dirigida pelos irmãos maristas, que, por conta de seu bom desempenho, convidaram-no a tornar-se irmão do Carmo, Paulo Setúbal decide matricular-se na Faculdade de Direito de São Paulo. Entretanto, cindido entre as influências anticlericais de um grupo de amigos de seu irmão mais velho, estudante de direito, e o catolicismo de sua mãe, que possuía muitas amizades no alto clero, acaba desistindo dos estudos de direito para entrar no seminário. Ao cabo de algumas entrevistas com o reitor do Seminário Diocesano e com o então arcebispo de São Paulo (também conhecidos de sua mãe), acerta seu ingresso mas, antes mesmo de iniciar o retiro espiritual, acaba também desistindo do seminário e da irmandade do Carmo. Aos dezenove anos fica tuberculoso e, aos 22, consegue entrar no segundo ano da Faculdade de Direito.

> Trate de ser advogado, isso sim, trate de casar-se, de ser homem, de dar gente na vida [...] O que é um padre? Um castrado [...] porque há castrados que assim nasceram do ventre de sua mãe; há castrados que foram castrados pelos homens; mas há castrados [...] que a si mesmos se castram por amor a mim. Quem pode ser capaz disso, seja.[9]

> No entanto, eis uma bem dura verdade, todos temos fundamento em nós, congenitamente em nós, eu já não digo a *paixão* do dinheiro, mas pelo menos o amor da riqueza.[10]

Enquanto no caso de Humberto de Campos o trabalho de costura da mãe constitui a mediação que lhe permite mobilizar o capital de relações sociais (em especial, o apoio de seus tios paternos), o capital de relações de que sua mãe desfruta junto ao clero permite a Paulo Setúbal vislumbrar a via eclesiástica, até que a tuberculose faça com que se volte para a carreira literária. Embora consiga livrar-se da batina, na expectativa de seguir, cursando a Faculdade de Direito, o modelo masculino de seu irmão mais velho, a doença o recoloca numa posição que se distancia, tal como a carreira religiosa, das posições dominantes e masculinas. Além disso, a relegação de que é vítima deriva em ampla medida do fato de que, por não ser o primogênito, não pôde contar com os trunfos de que outros escritores (por exemplo, Gilberto Amado, Lima Barreto) puderam valer-se a fim de empreender uma carreira intelectual autônoma. Na verdade, Paulo Setúbal nunca conseguiu extinguir por completo as marcas que nele deixou a Igreja, tampouco livrar-se das demandas que o transformaram, no limite, numa espécie de letrado clerical. Depois de haver enriquecido como advogado a serviço de empresas paulistas e de ter desenvolvido toda sua produção literária com romances históricos que não passam de uma narrativa apologética dos "grandes" feitos de seus ancestrais junto à oligarquia de São Paulo, da qual se orgulha de descender, às vésperas de sua morte ele proclama publicamente, já acadêmico, sua volta ao catolicismo. Seu livro de memórias (*Confiteor*) foi publicado como obra póstuma com prefácio de um jesuíta (Leonel Franca) que era o líder dos intelectuais católicos.

5. O trabalho político do pai

A loja era o centro da vila. Ali se processava não só o comércio em grosso e a retalho, como a política. Era o foco do espírito local, onde se começou a fazer por Itaporanga o que nunca se fizera antes e de onde a política veio arrancar meu pai do comércio [...] Era na loja que se reuniam os políticos e amigos, era na loja que se passava debaixo dos meus olhos a situação do país. Foi aí que as palavras Monarquia, República, militarismo, estado de sítio, governo, oposição, encilhamento, inflação, soaram pela primeira vez aos meus ouvidos [...] A loja alargava o meu círculo de conhecimentos gerais e me fazia conhecer não só a população da vila propriamente dita como a das redondezas, dos povoados, arruados e engenhos, roças, léguas e léguas em derredor [...] A política girou em torno do teatro, chefes adversários conciliavam-se, mudavam de partido, votavam nas eleições com meu pai em troca de uma parte num drama ou comédia [...] A vila girava em torno do teatro de seu Melk [...] Loja a liquidar-se, caixeiros reduzidos a um, tive de ir vender nas feiras, nos engenhos, montado em cangalha, no meio de caçuás cheios de mercadoria.[1]

A loja desenvolvera-se a tal ponto que em Aracaju não havia maior. [...] A casa tinha várias portas, à direita da loja, propriamente dita, fazendas e armarinho, e à esquerda o armazém de secos e molhados, charque, bacalhau, conservas, querosene, manteiga etc. [...] Nossa casa era um "hotel" como se proclamava no estado. Raro o dia em que o número de pessoas hospedadas para dormir e à mesa não excedia os de casa, contando-se meninos e criados. O número destes teve que ser multiplicado. Quem passava para Aracaju ou de Aracaju arranchava-se conosco [...] Gente de Aracaju, da Bahia e do sertão, e até por último, na derradeira fase, gente do Rio, caixeiros-viajantes, comissários de açúcar [...] A maior hospedagem de meu pai a esse tempo custou-lhe tanto [...] Foi a de general Savaget e toda a oficialidade da expedição de Canudos."[2]

Gilberto de Lima Azevedo Souza Ferreira Amado de Faria era filho de um grande comerciante numa cidade do interior do estado de Sergipe, que havia enriquecido como intermediário na comercialização da cana-de-açúcar. Envolvido nas lutas políticas regionais, este tornou-se a "pessoa mais importante" da cidade, da qual chegou a ser prefeito. Primogênito de catorze filhos, Gilberto, depois de ter sido aluno interno em um colégio da capital do estado, informa idade falsa e matricula-se no curso de farmácia da Faculdade de Medicina da Bahia, num momento em que seu pai entra em falência, sendo obrigado a aceitar um lugar de empreiteiro nas obras de uma estrada de ferro. Filho mais velho e depositário das expectativas de seu pai, só "escolhe" o curso de farmácia (era o curso superior de menor duração e que ocupava a posição mais baixa na hierarquia das profissões superiores na época) porque a falência econômica do pai coincide com a perda temporária de seus apoios políticos. Tendo concluído seus estudos de farmácia aos catorze anos, Gilberto planeja retornar à Bahia para realizar o curso de medicina, que alguns de seus professores se dispunham a patrocinar. Nesse meio-tempo, um amigo de seu pai torna-se governador do estado e consegue do chefe do partido local que a Assembleia Legislativa lhe conceda uma bolsa de estudo para realizar o curso de direito em Recife. "Eu não tinha vontade nenhuma de 'subir'. Sonhava com a grande cultura, com aprender grego, latim, as altas matemáticas, a fundo [...] a responsabilidade de que ele me investia de chefe e esperança da família [...] Para ele, 'dar-lhe gosto' era, quanto a mim, ser deputado, escrever nos jornais, fazer discursos, brilhar, 'mostrar como se tem talento', fazer como os homens que ele admirava, aparecer, ocupar lugar importante."[3]

Nos casos em que a falência econômica do pai não provoca um processo completo de relegação e a família logra mobilizar a curto prazo seu capital de relações, os filhos de "parentes pobres" podem ter acesso a posições de mando, criadas pela expansão das instituições administrativas e políticas. Tal reconversão viabiliza-se ao contar com a garantia do trabalho político do pai a serviço dos interesses de sua classe de origem. Todavia, a exemplo dos casos em que a sobrevivência dos "parentes pobres" depende das diferentes formas de trabalho feminino, parece impossível o retorno à posição oligárquica dominante.

Se as "escolhas" de Gilberto — farmácia, medicina, direito — correspondem às variações do prestígio de seu pai na oligarquia, ou melhor, do prestígio e do poder de que desfruta a facção oligárquica a que pertence seu pai, a passagem pela Faculdade de Direito determina uma mudança importante no sentido de sua trajetória. Aliás, sua trajetória será mais elevada que a de todos os seus irmãos, cujas carreiras vão depender em larga medida da amortização dos investimentos de que Gilberto se beneficiou. Aos vinte anos, ele obtém um lugar num jornal de Recife que defendia os interesses políticos da facção política paterna; escreve crônicas políticas inspiradas pelo chefe do partido, notas de leitura e elogios a respeito das grandes figuras literárias e políticas do Rio de Janeiro; assume a seção de crítica teatral. Após a queda do grupo político que o protegia, o pai foge com a família para a Bahia, e Gilberto, que tinha então 23 anos, vai para o Rio de Janeiro. Consegue aí um cargo no serviço público de estatística e, no ano seguinte, é nomeado para a cadeira de direito comercial da Faculdade de Recife; passa a responder por uma seção no jornal da facção dominante no plano federal (*O País*), escreve os editoriais políticos em um outro jornal importante do Rio e passa a colaborar em um jornal paulista. Com 27 anos, faz sua primeira viagem à Europa, designado em missão oficial pelo ministro das Relações Exteriores, que assim quis recompensá-lo pelos elogios a seu respeito que Gilberto publicara em *O País*. Dois anos mais tarde, é eleito deputado por Pernambuco com o apoio de Pinheiro Machado. Com a morte de Pinheiro, não consegue reeleger-se, mas logo depois é outra vez indicado para deputado e, em 1924, elege-se senador.

Enquanto os escritores cujo capital de relações sociais depende do trabalho feminino não conseguem enxergar nenhuma carreira política (como, por exemplo, a possibilidade de ser cooptado numa chapa de candidatos a deputado), os filhos dos "parentes pobres", cujo capital de relações sociais recebe a garantia do trabalho político do pai, não conseguem de início vislumbrar as carreiras simbólicas, como, por exemplo, a do clero. Em outras palavras, no curso da extensa série de eventos e práticas mediante os quais eles se apropriam do habitus de sua classe de origem, os filhos dos "parentes pobres" incorporam também os estereótipos e a definição do espaço social, vale dizer, aprendem a reconhecer o que é um trabalho ou uma carreira de "homem" (as posições dirigentes que se vinculam à grande propriedade, ou seja, as de proprietários, comerciantes, engenheiros, advogados, os quais se incumbem do trabalho de valorizar os produtos das atividades econômicas dominantes) e a distingui-los de um trabalho ou de uma carreira de relegação (as posições dominadas que se associam à dissimulação das relações de força, como, por exemplo, as de letrados, militares, padres, os quais se incumbem do trabalho de eufemização da dominação), em que o acesso está reservado àqueles cuja trajetória se realiza por intermédio das mulheres e de seus trabalhos.

Originário de uma antiga família de grandes proprietários de terras, José Maria Bello, o primogênito de dez filhos, consegue entrar na Faculdade de Direito, obtém um cargo público na Biblioteca Nacional, além de vários outros cargos, até tornar-se alto funcionário da Câmara dos Deputados; por último, enceta uma carreira política (de início, como deputado e, depois, como senador e governador de seu estado, às vésperas da Revolução de 1930), a despeito da falência econômica de seu pai e da maioria de seus tios paternos. Sua carreira política deve-se ao apoio político que lhe prestou seu primo e chefe Estácio Coimbra, cujo pai havia comprado a propriedade do pai de José Maria Bello. Sua ascensão política dependerá inteiramente, nos bons e maus momentos, do destino político de seu primo.

Embora a modalidade inicial de inserção nos quadros dirigentes seja a atividade jornalística e/ou um cargo público, a carreira dominante, para a qual convergem as esperanças dos escritores, continua sendo o ingresso nos quadros políticos que assumem a representação da oligarquia na Câmara e no Senado ou então, raras vezes, um mandato de ministro. Tal fato não impede, todavia, que inúmeros escritores, sobretudo aqueles que não dispõem dos trunfos sociais e políticos exigidos para a carreira política, mostrem certa inclinação para transmutar o fracasso político em vocação irresistível para ser letrado, professor ou jornalista. De outro lado, a Câmara e o Senado, nas condições da divisão do trabalho de dominação da época, em vez de interromperem uma trajetória intelectual, constituíam instâncias importantes de produção ideológica no campo intelectual. Não obstante, ao menos nos casos de

José Maria Bello e Gilberto Amado, o período de "presença na política", segundo a expressão do próprio Gilberto Amado, corresponde à fase em que a produção intelectual é mais esparsa (tomando-se quaisquer indicadores de produção), ao passo que a fase de declínio político — "depois da política", segundo a expressão do mesmo autor — mobiliza as disposições exigidas para o trabalho intelectual em bases regulares, fazendo-se acompanhar em geral pela retomada da carreira no magistério e/ou no jornalismo profissional e militante. Os cinco volumes das memórias de Gilberto Amado — seu maior investimento estritamente intelectual — são bem posteriores ao período de seu apogeu político, assim como boa parte da produção historiográfica de José Maria Bello aparece após seu declínio político.

6. Imprensa e polígrafos

O êxito relativo das estratégias de reconversão dos filhos de "parentes pobres" que se encaminharam para as carreiras intelectuais se deve ao fato de essas estratégias terem coincidido com o desenvolvimento das burocracias intelectuais: a grande imprensa, as instituições políticas (Assembleias locais e nacionais), as organizações partidárias (os partidos republicanos). A possibilidade de ocuparem essas novas posições dependeu não dos títulos e diplomas que por acaso tivessem, mas muito mais do capital de relações sociais que lograram mobilizar. Na ausência de uma definição estrita da atividade intelectual como tal, bem como das "vias" que a ela conduzam, a posição em falso em relação à oligarquia constituiu decerto o trunfo mais seguro para que pudessem se inserir nesse mercado em expansão. O sentido de sua trajetória profissional depende, no essencial, dos apoios oligárquicos que conseguem mobilizar no começo da carreira e que determinam, entre outras coisas, o tipo de posto ou de cargo então ocupado, sua posição na hierarquia interna dessas burocracias, as condições materiais propiciadas pela função conquistada (e das quais vão depender, por sua vez, a escolha de um determinado gênero literário e, ainda, o valor relativo de sua produção). Em outros termos, os ganhos materiais e simbólicos serão distintos para um escritor que começou sua carreira como pequeno funcionário ou como vendedor (respectivamente, Hermes Fontes e Humberto de Campos), comparados aos de um escritor cuja carreira se inicia como alto funcionário ou com um mandato parlamentar (casos de José Maria Bello e Gilberto Amado).

Na verdade, os escritores em questão não podem seguir nenhum dos modelos disponíveis de excelência: nem o modelo dos grandes "mandarins" dos fins do Império, mistura de grão-senhor da burocracia, de diplomata e de homem mundano,[1] nem o dos altos dirigentes políticos da oligarquia, bacharéis que devem todo seu prestígio e sua autoridade aos cargos de governadores dos estados mais importantes e de presidente da nação,[2] e muito menos o modelo dos porta-vozes políticos das oligarquias dos estados menos importantes, espécie de "coronéis" treinados nos meios cosmopolitas da capital e fiadores reconhecidos do pacto de força entre as facções oligárquicas.[3]

O grupo dos "anatolianos" não se enquadra em nenhuma das categorias existentes na época, pois constituem o produto de uma primeira forma de diversificação de papéis no âmbito do trabalho de dominação. Os integrantes desse grupo prefiguram um tipo novo de intelectual profissional, assalariado ou pequeno produtor independente, vivendo dos rendimentos que lhes propiciam as diversas modalidades de sua produção, desde a assessoria jurídica, as conferências, passando pelas colaborações na imprensa, até a participação nos acontecimentos mundanos e nas campanhas de mobilização em favor do serviço militar, da alfabetização, do ensino primário etc.[4]

No início do século xx, o jornalismo tornara-se um ofício compatível com o status de escritor. O *Jornal do Comércio* pagava trinta, cinquenta e até sessenta mil-réis pela colaboração literária, o mesmo fazia o *Correio da Manhã*; em 1907, Bilac e Medeiros e Albuquerque recebiam salários mensais "decentes" pelas crônicas que publicavam, respectivamente, na *Gazeta de Notícias* e em *O País*. O que fora para alguns autores românticos (por exemplo, Alencar e Macedo) uma atividade e uma prática "tolerada", tornando-se depois para certos escritores da geração de 1870 (por exemplo, Machado de Assis) uma atividade regular, que lhes propiciava uma renda suplementar cada vez mais indispensável, torna-se a atividade central do grupo dos "anatolianos". De fato, o aparecimento de diversos jornais na capital e na província, as inovações técnicas que transformavam os métodos de impressão, o crescimento das tiragens, a rapidez da distribuição, o surgimento de uma nova categoria de jornalistas profissionais — em especial, os caricaturistas e ilustradores —, a introdução de novas seções de "entretenimento" e de novas fórmulas no tratamento da informação, ilustram um processo de expansão que convertera o jornal em grande empresa industrial, cuja sobrevivência dependia da mobilização de estratégias comerciais inovadoras.

O controle dos jornais constituía um dos principais móveis da luta em que estavam envolvidas as diversas facções oligárquicas. Um jornal era forçosamente o porta-voz de grupos oligárquicos, seja daqueles que estavam no poder (a "situação"), seja dos que estavam momentaneamente excluídos do poder. Tal vínculo aparece de modo explícito nos inúmeros relatos que mostram presidentes da República envolvidos em manobras visando submeter a imprensa aos interesses políticos da facção a que pertenciam: negociatas para a aquisição de jornais, utilização de "testas de ferro", concessão de subvenções especiais, favores e prebendas de toda ordem, que eram concedidos aos polígrafos mais apreciados pelo público etc. Esse trabalho de celebração das oligarquias materializa-se em toda uma série de rubricas, comentários políticos, notas apologéticas e biográficas acerca das grandes figuras da oligarquia, "artigos de fundo", "tópicos", "ecos" e, sobretudo, os editoriais. O posto de editorialista era muito cobiçado, e para muitos escritores significou a ponte para iniciar uma carreira política.[5] Os escritores engajados nessas tarefas viam-se obrigados a identificar-se com os interesses políticos do jornal para o qual trabalhavam; o êxito que alcançavam por meio de sua pena poderia lhes trazer salários melhores, sinecuras burocráticas e favores diversos.

Afora o trabalho de celebração política, os escritores tinham que realizar ainda tarefas menos prestigiadas, como a elaboração de textos para publicidade, que assinavam à maneira do que hoje fazem uma agência de propaganda ou um costureiro. Por exemplo, uma quadrinha de Bilac para a promoção de uma marca de fósforos lhe rendeu cem mil-réis; os versos de Emilio de Menezes para uma fábrica de cerveja, os sonetos de Hermes Fontes exaltando as virtudes de um xarope etc. Um outro letrado abriu "o primeiro escritório especializado em anúncios, servindo confeitarias, magazines de modas, sabonetes, cigarros, restaurantes",[6] redigia almanaques para os fabricantes de produtos farmacêuticos e bolava slogans.

Por volta de 1910, a situação desses escritores encontra-se definida nos seguintes termos:

[...] a tendência ao declínio do folhetim, substituído pelo colunismo e, pouco a pouco, pela reportagem; a tendência para a entrevista, substituindo o simples artigo político; [...] o aparecimento de temas antes tratados como secundários, avultando agora, e ocupando espaço cada vez maior, os policiais com destaque, mas também os esportivos e até os mundanos. Aos homens de letras, a imprensa impõe, agora, que escrevam menos colaborações assinadas sobre assuntos de interesse restrito do que o esforço para se colocarem em condições de redigir objetivamente reportagens, entrevistas, notícias [...] As colaborações literárias, aliás, começam a ser separadas, na paginação dos jornais: constituem matéria à parte, pois o jornal não pretende mais ser, todo ele, literário. Aparecem seções de crítica em rodapé, e o esboço do que mais tarde serão os suplementos literários. Divisão da matéria, sem dúvida, mas intimamente ligada à [...] divisão do trabalho, que começa a impor suas inexoráveis normas.[7]

Ao mesmo tempo que se desenvolve a imprensa operária de orientação "anarquista", na qual trabalham de modo regular os intelectuais mais distantes das vias de consagração dominantes, como, por exemplo, Lima Barreto, verifica-se o surgimento das revistas ilustradas, nas quais os "anatolianos" trabalham de maneira bem mais regular do que nos jornais. Essas revistas resultam de uma dosagem de crônicas mundanas, seções de humor, crítica literária, promoção de figurões da política e das letras, publicação de contos, versos e romances de aventura, variedades, crítica teatral, crítica de arte, coluna de modas, entrevistas, reportagens, inquéritos, uma pitada de estudos e ensaios sociais; a receita de base mistura o mundanismo com todos os tipos de fórmulas literárias. Recorre-se à fotografia bem como às demais técnicas de ilustração, a litografia e a xilogravura, empregam-se a rodo charges e caricaturas, multiplicando-se com isso as ilustrações coloridas. A maioria destas revistas — a *Revista da Semana*, *Kosmos*, *A Rua do Ouvidor*, *Fon-Fon*, *Careta* etc. — visa atingir um público predominantemente feminino.

Para compreender o perfil característico dos escritos de um polígrafo, é preciso saber que tal produção responde a demandas precisas, a encomendas que lhe fazem as instâncias dominantes da vida cultural. A expansão da imprensa modifica a relação que os escritores mantêm com suas obras, uma vez que ela expropria os produtores do monopólio que detinham sobre seus instrumentos de produção e, ao mesmo tempo, modifica a própria estrutura das instâncias de consagração e o volume e as espécies de ganho daí derivados. O êxito e a consagração não são mais concedidos às obras "raras" de um autor individual, mas sim aos grupos de escritores associados em empreendimentos intelectuais coletivos (jornais etc.), que tendem a se tornar ao mesmo tempo as principais instâncias de consagração. Ao consagrar os escritores que a elas se dedicam, essas instâncias se autoconsagram, vale dizer, pretendem impor o primado da instância em detrimento do produtor. No interior dessa nova hierarquia de legitimidades, os "grandes" cronistas — Paulo Barreto, Humberto de Campos, Medeiros e Albuquerque etc. — tomam o lugar dos "grandes" críticos literários da geração anterior e assumem o encargo de selecionar e consagrar os novos pretendentes.

O protótipo do *anatoliano* é aquele para cujo êxito têm o mesmo peso a figura do "dândi", manequim intelectualizado responsável pela importação simbólica em país periférico, e uma obra poética que registra "estados d'alma", ambos os planos marcados pela contrafacção dos modelos parisienses. A tal ponto encontram-se fundidos "criador" e obra que o sucesso e a rentabilidade da segunda será tanto maior quanto mais consumado o mundanismo do primeiro: "Em pleno esplendor dos quarenta anos, com tudo daquela mocidade concreta de todos os seus atrativos [...] a explicar instantaneamente a crônica das suas vitórias femininas, toda aquela irresistível fascinação que se desprendia de sua presença, na perfeita ambivalência de gestos e de versos".[8] Na verdade, a figura de Olegário Mariano, a que se refere a citação, encarna o tipo-ideal do polígrafo anatoliano: cronista, poeta, declamador, letrista, escritor de revistas de music hall, eminência parda na concessão dos prêmios de viagens do Salão de Artes Plásticas, astro dos salões mundanos, conferencista, acadêmico, dramaturgo, afora o rendoso emprego na administração da ilha das Cobras, que perdeu com a Revolução de 1930, a sinecura de inspetor escolar, assíduo colaborador das revistas ilustradas, e colunista social do *Correio da Manhã*.[9]

7. Dupla dependência e posição interna

Eu queria conhecer os segredos da Natureza e arrancar aos filósofos as verdades colhidas por eles no estudo e na meditação. Li, para começar, Luiz Figuier, n'*O homem primitivo*. Peregrinei com Eliseu Reclus, tomando conhecimento das particularidades geográficas das cinco partes do mundo. Oito ou dez volumes da *Biblioteca das maravilhas* deram-me o gosto da ciência. Atravessei o continente africano com Capello e Ivens [...] entrei em contato com Samuel Smiles [...] os seus livros, ricos de exemplos, coloridos com a vida de homens eminentes que haviam, pelo próprio esforço e pela tenacidade, subido do anonimato mais escuro aos esplendores da glória mais límpida, constituíram o maior incentivo do meu espírito e da minha vontade. Ao ler a história daqueles inventores, daqueles poetas, daqueles homens de Estado que haviam marchado para a notoriedade [...] *O dever*, *O poder da vontade*, *O caráter*, *Ajuda-te*, *A vida e o trabalho*, tornaram-se a minha Bíblia [...] uma coleção de capa vermelha, em que figuravam Nordau, Luiz Buchner, Spencer, Haeckel, e alguns outros ingleses e alemães. E eu me atirei a eles [...] O evolucionismo que doutrinavam, deu-me a consciência de um lugar definido no Universo.[1]

Quase todo rapaz do meu tempo em Pernambuco era agnóstico, darwinista, spencerista, monista. Quando apareceu no primeiro ano um MacDowell do Pará, que tinha passado pelos colégios de Paris, demonstrando a existência de Deus pelas belezas da criação, canto de pássaros etc., provocou riso, foi ridicularizado. Havia, porém, uma minoria [...] que refugava o fenomenismo, o mecanicismo, e afirmava-se espiritualista, teleologista [...] Para simplificar, todo o mundo era positivista, isto é, darwinista, monista, fenomenista, evolucionista, mas ninguém propriamente prosélito de Augusto Comte. Nenhum dos meus contemporâneos queria ser positivista de Igreja, nenhum queria adorar o Grande Ser e Clotilde de Vaux [...] Não sei até que ponto a minha relutância em enfileirar-me entre os adeptos do puro individualismo liberal britânico, troado tão belamente na boca dos mais brilhantes oradores do Brasil, não se origina dessa primeira pancada recebida, na minha cabeça de menino, dos conceitos e demonstrações de Augusto Comte.

[...] Depois a experiência me mostrou que como toda boa filosofia, ela era obra política, criada por grandes espíritos para servir a sua própria comunidade [...] Karl Marx ensinou-me os princípios do materialismo histórico, a importância do econômico na gênese dos fatos sociais, mas não me tornou marxista [...] Guyau, Fouillée, Ribot, Gobineau, Topinard, Romanes, Bouglé, Boutroux, Le Bon, Serggi, Espinas e... Durkheim, a quem tornei anos depois, com frequência [...] em Nietzsche jamais me entusiasmei pela hipótese do Super-Homem, pela "Eterna Volta", pelo anticristianismo [...].[2]

Dominados nas relações de força internas em virtude da posição em falso que ocupam perante a oligarquia, os letrados "anatolianos" também pertencem a um campo dominado do ponto de vista da posição que ocupam no sistema das relações intelectuais internacionais. Por serem obrigados a importar sistemas de pensamento capazes de legitimar sua posição interna, encontram-se por essa razão numa situação de dupla dependência. A melhor maneira de captar as "servidões" inerentes a essa situação consiste em comparar as leituras de Humberto de Campos com as de Gilberto Amado. Enquanto Humberto, cuja carreira não se escorava num investimento escolar legítimo, pois não contava com nenhum diploma superior, teve que se apropriar da cultura metropolitana (sobretudo europeia) por meio dos almanaques, dos manuais de viver, dos relatos de viagem, dos romances de aventura, das biografias edificantes, da história em sua forma literária ou épica, da "etnografia" à Kipling, o modo de aquisição de Gilberto Amado passa pela retradução efetuada pela economia, pela filosofia e pela sociologia europeias, tarefa de que se incumbiam na época as faculdades de direito. Em consequência, cada escritor desfruta de uma situação distinta perante a produção intelectual importada, sempre dominante, segundo a posição que ocupa no campo de produção interno.

Todavia, o grau de sujeição varia conforme a posição do conjunto dos intelectuais no âmbito da divisão do trabalho de dominação em cada estágio do campo. Para a geração de 1870, o trabalho intelectual era indissociável do trabalho político, a que se juntava a atração pelo modelo político inglês, pelo romance inglês etc. Essa "anglomania", forma particular de dependência, encontra sua explicação na posição mais autônoma que os escritores dessa geração ocupavam no campo do poder, no qual eram ao mesmo tempo intelectuais e homens públicos. No caso dos "anatolianos", a marca da literatura francesa, em especial de seus expoentes mais mundanos, bem como a importação de novos gêneros afrancesados e o efeito de fascinação que Paris provocava, tudo isso era o produto da inversão simbólica de sua posição objetiva: assalariados da grande imprensa não dispõem mais das condições necessárias à elaboração de uma obra "pessoal" que seja a "criação" única de um produtor individual; de outro lado, o próprio estado do campo não permite que eles se liberem das determinações políticas mais palpáveis e mais brutais. Não podendo ajustar-se de todo a nenhum dos modelos de excelência intelectual, permanecem a meio caminho entre os modelos fornecidos pela geração de 1870 e aqueles oferecidos pela vanguarda europeia da época, aos quais acabam por renunciar, pois não dispõem do capital cultural necessário, a fim de proceder à sua importação.

Anatole France representa o modelo intelectual ao qual se referem de modo mais insistente tais letrados — e, num outro registro, também Jules Laforgue, uruguaio que se tornou um poeta simbolista famoso em Paris. Os "anatolianos" ficarão sempre caudatários, tanto em suas práticas profissionais como em todas as suas tomadas de posição estéticas e políticas, do "atraso" que tal "escolha" implica, se a compararmos à "escolha" que os modernistas farão alguns anos mais tarde, qual seja, a de se tornarem os importadores do programa estético, ético e político das vanguardas europeias.[3]

Quando se pretende analisar os mecanismos de importação dos bens culturais, a teoria da dependência deve se empenhar em desvendar as funções internas de legitimação que a importação de "ideias" e de "escolas" cumpre em favor dos intelectuais que a exercem. Não é por acaso que os intelectuais que ocupam uma posição dominante no campo de produção interno sempre tenham tentado, pelo menos — desde os figurões da geração de 1870 —, transmitir a imagem de uma intelligentzia nacional unificada, cuja missão mais urgente seria enfrentar os grandes demônios externos, que podem tomar os nomes mais diversos, como, por exemplo, "o imperialismo", "as corporações multinacionais", "o capitalismo" etc. Sem minimizar o alcance dessas determinações e dos conceitos com que se costuma nomeá-las, convém lembrar que a invocação encantatória da "ameaça" externa muitas vezes despista as próprias lutas internas, e com isso preserva-se a posição dos intelectuais dominantes, aliás os mais interessados em negar a existência de um campo intelectual cujos ocupantes estão em luta pela apropriação das espécies de capital disponíveis, ou seja, por tudo o que conta de fato na vida cultural.

8. Galomania

Pelo que posso recordar, era geral a paixão pela França e pelas coisas francesas [...] A Prússia era um motivo de ódios, e malditos os manes de Bismarck e Crispi [...] Lembro-me dos meus primeiros entusiasmos pela Revolução Francesa e pela epopeia napoleônica, e da emoção provocada pelos contos de Afonso Daudet sobre a guerra de 1870 [...] Realizara algumas grandes aspirações: um terno de fraque e outro de smoking, roupa branca na Casa Raunier ou na Madame Coulon, tudo de procedência francesa [...] Frequentava nas torrinhas do Teatro Lírico as grandes companhias francesas, de Sarah Bernhardt, Réjane, Brulé etc. Adquirira alguns livros preciosos: o *Père Goriot* e *Eugénie Grandet*, *Madame Bovary* e *L'éducation sentimentale*, *Le rouge et le noir* e *La chartreuse de Parme*, e maior proeza: *Les origines de la France contemporaine*, de Taine, catorze volumes encadernados, *tranche dorée*, cujo preço [...] 58 mil-réis [...] a França, a nossa pátria espiritual, a mestra do mundo [...] Que seria da civilização ocidental sem os dois grandes focos que a iluminavam? [...] As nossas melhores esperanças voltavam-se para os Estados Unidos [...] Em literatura, ainda não se abalara o culto do realismo, do naturalismo e do parnasianismo [...] Anatole France, que pouco depois tanto me inebriaria, era a grande revelação literária da época.[1]

A minha educação sentimental partiu toda do século XIX, daquele fim do século XIX, com naturalismo, parnasianismo, simbolismo, e ainda romântico [...] A geração do *Fon-Fon* era tida por simbolista [...] Cada um dos iniciadores e dos incorporados, sem nenhuma combinação, adorava o Outono, o Poente, o Incenso, Polaire, Napierkowska, Monna Delza, os *Pierrots* de Willette, a *Boêmia* de Puccini, os *Noturnos* de Chopin, Bruges com todos os canais, Paris com todas as canções... Geração estrangeira. Estávamos exilados no Brasil. Achávamos tudo ruim aqui. Vivíamos de cor [...] A geração da guerra antes da guerra [...] E a ansiedade de ir embora [...] Em 1913, saciei uns desejos românticos: ir à Europa, ver Bruges, morar em Paris. Sendo eu absolutamente do "outro tempo", nunca mais voltei dessa viagem [...] Foi Anatole France, com oitenta anos, que deixou a excelente lição: "Faço o possível para evitar na vida tudo que me parece feio...". Amou a vida, e nos mostrou que a vida é bela [...] Jules Laforgue partiu da terra um ano e três meses antes de eu chegar debaixo do mesmo céu [...] Porque nasci em Porto Alegre, e ele nasceu em Montevidéu, sempre pensei que fez isso de propósito [...] Foi na Europa que nasceu a minha mocidade. Fiz 25 anos em Paris [...] Ninguém embarcava para os Estados Unidos. Sentia-se o gosto de viver.[2]

Notas

1. Trata-se de um grupo de letrados e políticos que introduziram o realismo, o naturalismo, o parnasianismo, e cujas figuras mais consagradas — a começar por Machado de Assis, "o primeiro e o mais acabado modelo do homem de letras autêntico" — passaram a constituir os paradigmas da produção intelectual no país; controlavam as principais instâncias de consagração como as principais editoras — Livrarias Garnier, Laemmert e Francisco Alves, por intermédio das quais foram lançados alguns de seus protegidos — e a Academia Brasileira de Letras, que eles mesmos fundaram em 1896-7; também monopolizavam o acesso às sinecuras mais importantes e, em especial, às prebendas distribuídas aos integrantes do grupo de intelectuais que girava em torno de Rio Branco no Itamaraty. Ver, em especial, a obra de Brito Broca, *A vida literária no Brasil, 1900*. Rio de Janeiro, Ministério da Educação e Cultura, 1956.

2. O movimento modernista de 1922 constituiu, de fato, uma ruptura política no campo intelectual brasileiro. Tendo surgido num momento de crise da hegemonia oligárquica, sua compreensão exige a referência à formação de um estado-maior intelectual da burguesia paulista, estando estreitamente ligado às cisões internas desses grupos sociais. Não é por mera coincidência que o movimento modernista aparece no mesmo ano em que eclode a insurreição dos escalões médios militares, os tenentes, em que sucede a reorganização política da Igreja, com a fundação do Centro Dom Vital e da revista *A Ordem* — núcleos de mobilização da intelectualidade leiga —, e em que se funda o Partido Comunista Brasileiro. Embora tenha surgido em reação aos epígonos do parnasianismo e, em medida menor, ao simbolismo, que na verdade jamais conseguiu firmar-se no campo literário, o alcance político do movimento modernista não se esgota de modo algum pela análise dos padrões formais de "criação" que introduziu e impôs como dominantes.

1. ELEMENTOS PARA LEITURA DO QUADRO (PP. 22-6)

1. Este trabalho apresenta, sob forma provisória, um conjunto de hipóteses que foram estabelecidas progressivamente com base no estudo comparativo de biografias construídas de escritores. Sem dúvida, a construção de um modelo coletivo fundado na análise das variações das trajetórias individuais apresenta certos riscos que, em certa medida, derivam dos limites impostos pelo material disponível. Em outros termos, a seleção dos casos para uma análise mais detida não consegue furtar-se de todo às leis que regem a produção intelectual, fazendo com que determinadas categorias de escritores tenham uma predisposição para escrever suas memórias, e outros para tornar-se o objeto de um culto póstumo mediante biografias. Ademais, não existem levantamentos estatísticos que permitam comparar as propriedades sociais dos escritores analisados à população total dos escritores brasileiros do período estudado, ou mesmo a uma amostra representativa dessa população. Evidentemente, o número de casos compulsados é maior do que leva a crer o número dos casos arrolados no quadro. Todavia, se muitos escritores — como, por exemplo, Afrânio Peixoto, Adelino Magalhães, Monteiro Lobato, Martins Fontes, Agripino Grieco, Olegário Mariano, Raul de Leoni, Álvaro Moreyra, José Albano etc. — não constam do quadro, tal se deve ao fato de que suas trajetórias não acrescentariam nenhum elemento relevante àquelas variantes que o quadro retém, isto é, seriam redundantes.

2. OS "PARENTES POBRES": A DIVISÃO SEXUAL DO TRABALHO DE REPRODUÇÃO (PP. 27-38)

1. Humberto de Campos, *Memórias*, 1ª parte. Rio de Janeiro, Livraria Editora Marisa, 1933, pp. 264-6.
2. Ibid., p. 328.
3. Ibid., p. 165.
4. Ibid., pp. 214, 262-3, 310-2; *Memórias inacabadas*. Rio de Janeiro, José Olympio, 1935, pp. 10-1.
5. Lima Barreto, trechos de seu *Diário íntimo*, 2ª ed. São Paulo, Brasiliense, 1961.
6. Após a derrota política em 1930, as frações dominantes de São Paulo se esforçam por retomar o poder com a revolução de 1932, visando derrubar o governo de Vargas, que na verdade jamais deixara de atender a seus interesses econômicos. O fracasso dessa tentativa constitui a base de modificações importantes no programa político dessas frações e, em particular, traduz-se no projeto explícito de formação de quadros políticos e intelectuais que se concretiza com a fundação da Escola de Sociologia e Política de São Paulo e da primeira faculdade de filosofia, ciências e letras, ambas na década de 1930.
7. Vivaldo Coaracy, *Encontros com a vida*. Rio de Janeiro, José Olympio, 1962, v. 2 das *Memórias*, pp. 11, 13, 79, 82, 104.

4. DOENÇA E CARREIRA MASCULINA INTERROMPIDA (PP. 42-7)

1. Ver, em especial, o levantamento exaustivo realizado por Tulo Hostilio Montenegro, *Tuberculose e literatura* (*notas de pesquisa*), 2ª ed. revista e aumentada. Rio de Janeiro, A Casa do Livro, 1971, abrangendo desde o romantismo até o modernismo. Essa obra contém no frontispício a seguinte dedicatória: "À memória de minha mãe, meu pai e Nilo — também tuberculosos". Informações esparsas sobre a questão da doença podem ser encontradas nas curtas biografias constantes da obra de Andrade Muricy, *Panorama do movimento simbolista brasileiro*, 2ª ed. Rio de Janeiro, Ministério da Educação e Cultura/Instituto Nacional do Livro, 1973, 2 v.

2. Manuel Bandeira, *Itinerário de Pasárgada*. Rio de Janeiro, Livraria São José, 1957, p. 19.

3. Homero Senna, *República das Letras* (*20 entrevistas com escritores*), 2ª ed. revista e ampliada. Rio de Janeiro, Gráfica Olímpia Editora, p. 54.

4. Manuel Bandeira, "Noturno do Morro do Encanto", poema do livro *Opus 10*, *Poesia e prosa*, v. 1, *Poesia*. Rio de Janeiro, Aguilar, 1958, p. 402.

5. Manuel Bandeira, "Vou-me embora pra Pasárgada", poema do livro *Libertinagem*, op. cit., pp. 221-2.

6. Manuel Bandeira, "Não sei dançar", ibid., pp. 179-80.

7. Manuel Bandeira, "Autorretrato", poema do livro *Mafuá do malungo*, op. cit., p. 515.

8. Manuel Bandeira, "Não sei dançar", op. cit., pp. 179-80.

9. Paulo Setúbal, *Confiteor* (Obra póstuma). 7ª ed. São Paulo, Livraria Carlos Pereira Editora, s.d., pp. 133-4.

10. Ibid., p. 209.

5. O TRABALHO POLÍTICO DO PAI (PP. 48-52)

1. Gilberto Amado, *História da minha infância*. Rio de Janeiro, José Olympio, 1954, "Memórias", v. 1, pp. 151, 157, 159, 194, 195.

2. Ibid., pp. 150, 152, 153.

3. Gilberto Amado, *Minha formação no Recife*. Rio de Janeiro, José Olympio, 1955, pp. 184-5.

6. IMPRENSA E POLÍGRAFOS (PP. 53-7)

1. Basta lembrar a figura típico-ideal de Joaquim Nabuco, cujo máximo empreendimento intelectual consistiu em escrever a biografia "pública" de seu pai — *Um estadista do Império, Nabuco de Araújo, sua vida, suas opiniões, sua época* —, prosseguindo com o relato exemplar de seu adestramento para vir a ser o político letrado de sua classe — *Minha formação*. O traço mais específico de sua aprendizagem estava no fato de nunca poder distinguir o trabalho político do trabalho intelectual, na época definidos socialmente como indissociáveis.

2. Tomemos o exemplo-limite de Rodrigues Alves, convertido pela historiografia apologética numa espécie de Luís da Baviera nativo, cercado de homens ilustres.

3. Por exemplo, as figuras de Rosa e Silva e Pinheiro Machado.

4. Outras figuras da geração de Nabuco como que antecipam o tipo social do anatoliano da República Velha, como, por exemplo, Rui Barbosa e Olavo Bilac. Gerados no bojo das crises de hegemonia por que passa o pacto oligárquico — Campanha Civilista, Reação Republicana etc. —, momentos em que a legitimidade do aparato institucional parece prestes a romper-se, introduzem um novo tipo de discurso capaz de mobilizar segmentos da oligarquia — a "mocidade acadêmica", por exemplo — em torno de ideais e campanhas que visam reavivar a significação "nacional" da dominação oligárquica, as campanhas pelo serviço militar obrigatório, pela "renovação escolar" etc. Não é por acaso que Rui Barbosa teve direito às honras de chefe de Estado por ocasião de sua morte, pois ele de fato representou o papel de chefe moral da oligarquia, prestando-lhe serviços de monta no que diz respeito à restauração de sua unidade intelectual e ética.

5. Como diz Nelson Werneck Sodré, "a pequena imprensa exemplificada na *Cidade do Rio*, sem estrutura de empresa, exigia a compra da opinião do indivíduo em que o jornal se resumia; a empresa jornalística que é *O País* demanda um passo *à* frente: é preciso comprar o próprio jornal e de forma estável, institucional por assim dizer. Patrocínio recebia dinheiro; Laje recebe negócios que proporcionam dinheiro — negócios do Estado"; em *História da imprensa no Brasil* (Rio de Janeiro, Civilização Brasileira, p. 318), obra que contém uma análise circunstanciada a respeito da expansão da imprensa na República Velha e da qual extraímos a maior parte dos indicadores a esse respeito aqui utilizados.

6. Ibid., p. 322.

7. Ibid., p. 340.

8. Herman Lima, *Poeira do tempo — Memórias*. Rio de Janeiro, José Olympio, 1967, p. 236.

9. Além do perfil de Olegário Mariano constante de suas memórias, pode-se consultar ainda o depoimento que prestou a respeito de seu pai no inquérito realizado por Francisco de Assis Barbosa, *Retratos de Família*, 2ª ed. Rio de Janeiro, José Olympio, 1968, pp. 49-57.

7. DUPLA DEPENDÊNCIA E POSIÇÃO INTERNA (PP. 58-61)

1. Humberto de Campos, *Memórias inacabadas*. Rio de Janeiro, José Olympio, 1935, pp. 156-8.

2. Gilberto Amado, *História da minha infância*. Rio de Janeiro, José Olympio, 1954, pp. 60-3, 127, 132, 152.

3. Embora tenham sido os responsáveis pela importação das vanguardas europeias depois da Primeira Guerra — o surrealismo, o futurismo etc. —, tal fato por si só não dá conta da vitória política com que consolidaram sua posição no campo intelectual. A nova hierarquia de legitimidades que acabaram por fazer prevalecer teve, de início, o respaldo do trabalho político-ideológico que desenvolveram em favor da burguesia paulista e, em seguida, por força de seu envolvimento nos aparelhos do Estado durante o período Vargas. Não fosse tal papel político, o "destino" social e intelectual dos modernistas poderia ter sido semelhante ao dos simbolistas brasileiros, relegados no campo intelectual a despeito da importação de um novo paradigma poético.

8. GALOMANIA (PP. 62-3)

1. José Maria Bello, *Memórias*. Rio de Janeiro, José Olympio, 1958.
2. Álvaro Moreyra, *As amargas não-lembranças*. Rio de Janeiro, Editora Lux, 1954, pp. 44, 46, 52-3.

INTELECTUAIS E CLASSE DIRIGENTE NO BRASIL
(1920-45)*

---

* Livro publicado originalmente em português pela Difel (São Paulo, 1979. Coleção Corpo e Alma do Brasil), e numa versão compacta em francês, sob o título *Les intellectuels et le pouvoir au Brésil (1920-1945)*. Paris, Presses Universitaires de Grenoble/Maison des Sciences de l'Homme, 1981.

Prefácio

O que caracteriza a maioria dos prefácios é a falta de necessidade. Ou o prefaciador resume o livro, ou produz um ensaio marginal a partir dele. Em ambos os casos pouco pode fazer pelo texto, que vale ou não por si mesmo. O de Sergio Miceli vale muito, e por isso torna o prefácio mais do que inútil.

Eu o li agora pela segunda vez numa versão bastante retocada e tive a mesma impressão favorável, a mesma ideia de que está abrindo caminho novo na interpretação do papel dos intelectuais na sociedade brasileira contemporânea. De certo modo, em continuação ao pequeno estudo do autor sobre os "anatolianos", designação feliz que na sua extrema condensação semântica vale por um golpe de vista em profundidade.

Tanto lá como aqui estamos diante de um investigador tenso e honesto, que procura levar a verdade o mais longe possível, num terreno escorregadio e cheio de armadilhas. Digo isso porque nesse caso o autor acaba sendo também objeto do estudo; pelo menos na medida em que pertence ao que um proustiano poderia por extensão talvez indevida mas sugestiva chamar a "grande e lamentável família" dos intelectuais, todos mais ou menos mandarins quando se relacionam com as instituições, sobretudo públicas; e inoperantes se não o fazem.

Sergio Miceli sabe disso muito bem e passa o devido recibo, inclusive na conclusão do livro. Daí o seu inquérito ser tenso, e quem sabe algo punitivo em relação à sua categoria.

Este estudo se filia à arriscada tendência contemporânea para a desmistificação e as explicações por meio daquilo que está por baixo, escondido da consciência e da observação imediata. Autodesmistificação, no caso, porque tenta mostrar como os intelectuais (isto é, ele e nós) correspondem a expectativas ditadas pelos interesses do poder e das classes dirigentes. Em geral filhos dos grupos dominantes nos vários níveis, ou da classe média pobre e abastada, eles recebem na maioria uma vantagem de berço que lhes facilita singularmente a vida e que eles procuram manter, ampliar ou recuperar. Por outro lado, como são objeto de uma certa sacralização, reivindicam para si critérios especiais de avaliação, que são aceitos tacitamente como uma espécie de pacto ideológico (que Miceli procura denunciar). Segundo esse pacto, são tratados como representantes do "espírito" e por isso até certo ponto imunes de julgamentos que comprometam a "nobreza" da sua ação. Eles próprios não querem ser apenas desfrutadores, porque quase sempre acreditam com sinceridade no seu estatuto peculiar; e assim se plasmam personalidades e categorias extremamente curiosas. O intelectual parece servir sem servir, fugir mas ficando, obedecer negando, ser fiel traindo. Um panorama deveras complicado.

Se pensarmos na biografia de cada um, caímos na singularidade dos casos e chegamos à conclusão inoperante de que nenhum é igual ao outro; e, ao respeitar a integridade do indivíduo, desistimos de entender. Se subirmos ao raciocínio genérico, dissolvendo os indivíduos na categoria, podemos manipular a realidade total com certo êxito, mas atropelamos demais a verdade singular. Esse pecado não deixa de raspar no estudo de Miceli, e é interessante observar como ele se sai ou procura se sair.

A sua maneira de trabalhar depende do que se poderia chamar a formação da perspectiva histórica, no suceder de uma geração pela outra. Ele fala de homens catalogados, quase sempre remotos para ele, autores de livros que leu sem associá-los à figura e ao gesto de quem os escreveu; que se tornaram objeto de informação contra ou a favor, e que ele avalia por comparação, por redução aos conceitos, conforme as necessidades de argumentar. Numa palavra, Miceli já dispõe de uma perspectiva temporal, que permite certo afastamento e, portanto, o olhar sem paixão e quem sabe sem "piedade". Mais uns anos e quase todos esses homens serão vinte linhas esquematizadas e arbitrárias numa enciclopédia, sem sopro nem movimento.

Mas eu não os vejo assim, porque me formei olhando-os na rua, nas fotografias de jornal, nas salas, no noticiário e na referência viva de terceiros. Tomei partido, julguei os seus atos em função dos meus, orientei os meus pelos deles. Portanto não consigo vê-los de longe e, às vezes, nem aceitar como verdade manipulável intelectualmente os dados das suas biografias e autobiografias. Não é raro eu sorrir quando Miceli se funda para argumentar em informações desse tipo, cujo grau de alteração eu *ainda* posso sentir, mas ele *já* não. Como quando menciona que um pôde fazer bons estudos devido à situação folgada de sua família mais ou menos aristocrática, e eu penso logo no protetor que na verdade os custeou.

Quero dizer que a falta de perspectiva ainda não me permite superar o miúdo, que atrapalha as generalizações; atrapalha, porque frequentemente o detalhe não altera a explicação do conjunto. Miceli já pode fruir do distanciamento e dar forma inteligível ao varejo, enquadrando-o nas categorias explicadoras do atacado. Para dizer melhor, ele ao mesmo tempo se beneficia da perspectiva e contribui para defini-la. O seu trabalho funciona sob esse aspecto (e é um dos seus méritos) como estabelecimento de nexos históricos explicativos.

Nessa batalha das interpretações ele nem sempre escapa ao risco de condenar em vez de compreender, embora o faça o mais das vezes de maneira implícita ou lateral, como quando alude aos "patrões" dos intelectuais, deslizando com certa dureza sobre a palavra mais cabível que seria *patrono*. Ou quando reduz certo tipo de produção intelectual a um "álibi quase perfeito", por meio do qual eles se submetiam aos critérios da cooptação oficial e tudo o que daí decorre, fingindo trabalhar num nível alto de generalidade desinteressada. É que no fundo a atitude de Miceli é polêmica, e talvez ele "julgue" mais do que seria preciso.

A respeito caberia uma observação sobre o perigo das análises desse tipo, que podem ser qualificadas para simplificar de "ideológicas". Falo do perigo de misturar desde o começo do raciocínio a instância de verificação com a instância de avaliação. O papel social, a situação de classe, a dependência burocrática, a tonalidade política — tudo entra de modo decisivo na constituição do ato e do texto de um intelectual. Mas nem por isso vale como critério absoluto para os avaliar. A avaliação é uma segunda etapa e não pode decorrer mecanicamente da primeira. Apesar da cautela metodológica e do esforço para ver com clareza, Miceli incorre por vezes nessa contaminação hermenêutica. Talvez porque eu não tenha a devida perspectiva, que só se forma de uma geração para outra, como disse, sinto falta de distinção mais categórica, e sobretudo teoricamente fundamentada, entre os intelectuais que "servem" e os que "se vendem".

Com efeito são duas modalidades de dependência (e há graus de combinação entre elas); não separá-las com clareza pode projetar injustamente o plano da verificação sobre o plano da avaliação. Talvez, repito, não seja grave se pensarmos apenas no resultado final e só focalizarmos o processo. Mas o fato é que no processo estão envolvidos os homens, com a sua carne e a sua alma, de modo que conviria acentuar mais que um Carlos Drummond de Andrade "serviu" o Estado Novo como funcionário que já era antes dele, mas não alienou por isso a menor parcela da sua dignidade ou autonomia mental. Tanto assim que as suas ideias contrárias eram patentes e foi como membro do gabinete do ministro Capanema que publicou os versos políticos revolucionários de *Sentimento do mundo* e compôs os de *Rosa do povo*. Já um Cassiano Ricardo se enquadrou ideologicamente e apoiou pela palavra e pela ação, porque o regime correspondia à sua noção de democracia autoritária e nacionalista, devido a motivos que Miceli aponta muito bem no capítulo 1. Outros que nem vale a pena nomear, para poderem repousar com menos infelicidade no seio de Deus, eram pura e simplesmente escribas vendidos, sem alma nem fé.

Dou esse exemplo não apenas para dizer que Miceli às vezes dá realce excessivo à generalização simplificadora, mas para reconhecer que essa tendência está em todos nós, quando tentamos a operação difícil de conciliar a descrição do destino de cada um com o significado que ele acaba adquirindo realmente no processo histórico. Quem sabe o que de fato significamos entre os dois infinitos? Seja como for, Miceli tem agulhas finas para remexer o nervo da questão.

Esse problema foi talvez o que me prendeu mais durante a leitura, porque de algum modo ele se articula com as posições teóricas do livro e decorre delas. Mas há muita coisa mais, mostrando que o autor conseguiu fazer um estudo inovador, ao focalizar de que modo a procedência social se engrena com as necessidades emergentes de racionalização burocrática nas décadas de 1930 e 1940 (a era das siglas que surgem), para configurar um novo tipo de dominação com auxílio do intelectual. E ao descrever esse processo esclarece alguns aspectos fundamentais, como a correlação entre decadência social e recrutamento dos quadros de servidores do poder. Mas com isso chega a algo ainda mais interessante: a correlação entre a referida decadência e a produção cultural, inclusive literária.

Sempre me intrigou o fato de num país novo como o Brasil, e num século como o nosso, a ficção, a poesia, o teatro produzirem a maioria das obras de valor no tema da decadência — social, familiar, pessoal. Assim vemos em Graciliano Ramos, José Lins do Rego, Érico Veríssimo, Ciro dos Anjos, Lúcio Cardoso, Nelson Rodrigues, Jorge Andrade, Manuel Bandeira, Carlos Drummond de Andrade. Cheguei a pensar que esse "estigma" (para usar uma palavra prezada por Miceli) seria quase requisito para produzir obras valiosas, e que portanto os rebentos das famílias mais velhas estariam no caso em situação favorável.

Miceli sente coisa parecida e efetua a respeito uma análise interessante, não tanto no plano literário, que entra de esguelha, mas no do destino social e mental (digamos assim), mostrando como do declínio social se nutriram os quadros governamentais depois de 1930, quando o abalo das estruturas tradicionais e o predomínio do ritmo urbano suscitam novos tipos de clientela, patronato, dependência e concepção do trabalho.

Dentro do terreno propriamente literário me interessou muito o capítulo 2, engenhoso, original e bem fundamentado, que mostra como nos decênios de 1930 e 1940 houve uma convergência de fatores que fez do romance o gênero privilegiado, com profissionalização (relativa) do escritor graças à indústria do livro e ao que ele chama de "substituição de importações" no tipo de leitura, no momento da entrada maciça dos padrões norte-americanos. Essa visão modifica substancialmente as visões costumeiras e algo mecanizadas, que giram quase sempre em torno da "vocação" ou de um "condicionamento social" indiscriminado, desaguando, quando críticas, em diagnósticos sumários de "imitação" ou "alienação". Miceli propõe um tipo novo de explicação, como novos são também diversos outros pontos de vista, em vários momentos deste livro lúcido, corajoso e meio angustiado.

Antonio Candido

Introdução

Este trabalho trata das relações entre os intelectuais e a classe dirigente no Brasil e das estratégias de que lançaram mão para se alçarem às posições criadas nos setores público e privado do mercado de postos entre 1920 e 1945.[1] Os três capítulos do livro cobrem os principais setores em expansão no âmbito do mercado de trabalho no qual concorriam os postulantes às carreiras intelectuais: 1) as organizações partidárias e as instituições culturais dependentes dos grupos dirigentes de São Paulo, bem como as frentes de mobilização política e ideológica em que se refugiaram inúmeros intelectuais até então vinculados à oligarquia (o movimento integralista e o circuito de entidades filiadas à Igreja católica); 2) o mercado do livro, cujo florescimento resultou da constituição de um novo público composto de funcionários, profissionais liberais, efetivos das carreiras docentes, empregados do setor privado etc., grupos cujo tamanho e importância tendiam a aumentar cada vez mais em função da industrialização e da urbanização; 3) por fim, o serviço público, no qual uma quantidade apreciável de postos foi entregue aos intelectuais, escritores e artistas.

O desenvolvimento das instituições culturais, das organizações políticas e da máquina burocrática traduz, em ampla medida, as transformações por que passavam então as relações entre os diversos grupos dirigentes e, de outro lado, reflete as demandas dos produtores e consumidores de bens culturais, cujo mercado estava em vias de se consolidar. Assim, se é verdade que as principais frações da classe dirigente (a elite burocrática, o pessoal político associado às frações econômicas dominantes, a cúpula eclesiástica etc.) se empenharam em preservar e ampliar sua presença tanto nas instituições políticas como na produção cultural, não resta dúvida de que as transformações ocorridas no mercado de bens culturais são indissociáveis da situação material e social das famílias da classe dirigente em que eram recrutadas as diversas categorias de intelectuais.

AS TRANSFORMAÇÕES SOCIAIS E POLÍTICAS

O período coberto por este trabalho vai desde a época dos primeiros movimentos de contestação ao regime oligárquico, passando pela crise de hegemonia no início da década de 1930, quando se defrontam diversas organizações "radicais", até o final do regime Vargas, que inaugura a supremacia política da elite burocrática. As décadas de 1920, 1930 e 1940 assinalam transformações decisivas nos planos econômico (crise do setor agrícola voltado para a exportação, aceleração dos processos de industrialização e urbanização, crescente intervenção do Estado em setores-chaves da economia etc.), social (consolidação da classe operária e da fração de empresários industriais, expansão das profissões de nível superior, de técnicos especializados e de pessoal administrativo nos setores público e privado etc.), político (revoltas militares, declínio político da oligarquia agrária, abertura de novas organizações partidárias, expansão dos aparelhos do Estado etc.) e cultural (criação de novos cursos superiores, expansão da rede de instituições culturais públicas, surto editorial etc.).

Os últimos dez anos do antigo sistema republicano foram um período de crise aguda em que o poder oligárquico esteve a braços com numerosas facções dissidentes que tentaram se organizar em partidos "oposicionistas", com insurreições lideradas pelos tenentes que contestavam a legitimidade do regime, e com movimentos reivindicativos dos trabalhadores. É nesse contexto de crise social e política que se desenvolveu o campo de produção cultural em São Paulo, processo que se intensificou após a derrota política da oligarquia em 1930. Aproveitando-se dessa conjuntura adversa no plano interno, que se agravou ainda mais com os reflexos da crise de 1929, as dissidências oligárquicas dos estados do Rio Grande do Sul e de Minas Gerais, aliando-se a militares descontentes e contando com o apoio de outros grupos dominantes regionais empenhados em liquidar a supremacia paulista, constituíram uma frente única e lograram derrubar os dirigentes do antigo regime. Não obstante, as lutas políticas e ideológicas do início da década de 1930 tiveram como pano de fundo as tentativas de reunificação e de reação a que se lançaram os antigos grupos dirigentes. Embora tivesse sido vencida em 1932 pelos militares fiéis à nova coalizão que se apoderara do governo central, a frente única paulista tenta repetidas vezes reassumir o controle do Estado por vias eleitorais.

Assim como as cisões políticas surgidas no interior da oligarquia haviam alterado drasticamente as modalidades de colaboração dos intelectuais com o poder mesmo antes de 1930, não há dúvida de que as tentativas da oligarquia no início dessa década com vistas a recuperar o poder central estão na raiz de uma série de empreendimentos culturais em âmbito regional e do surto de organizações "radicais" de direita a que se filiaram diversos jovens políticos e intelectuais desejosos de escapar por essa via ao destino de seus antigos patrões da oligarquia. Nesse sentido, não se podem dissociar o "rearmamento" institucional da Igreja católica e a criação de um partido nacional de direita (a AIB, Ação Integralista Brasileira) das ameaças que passou a representar a crescente intervenção do Estado em domínios de atividade cuja gestão fora até então reservada em regime de exclusividade aos políticos e intelectuais designados pelos grupos dirigentes do antigo regime.

Diversamente dos partidos republicanos que cingiam sua jurisdição ao âmbito estadual, o partido "integralista" e a Liga Eleitoral Católica (LEC) se destacam entre as primeiras organizações políticas que ampliaram sua escala de operação a um nível nacional, mobilizando categorias sociais que os grupos dirigentes do antigo regime haviam excluído da representação política. Nesses termos, a sobrevivência política da Igreja como "partido" e do partido integralista dependia, em última instância, do destino reservado aos antigos grupos dirigentes. O golpe de Estado perpetrado por Vargas e pelos militares dá cabo das esperanças revanchistas da oligarquia, desmantela suas bases político-partidárias e aniquila as pretensões de suas "extensões" radicais (o partido integralista e o "partido" da Igreja). A nova coalizão de forças à frente do Estado procura, de um lado, guardar distância em relação aos antigos grupos dirigentes e, de outro, imprimir suas marcas em todos os domínios de atividade ligados ao trabalho de dominação, em especial nos diversos níveis do sistema de ensino e no campo da produção e difusão cultural.

Aliás, os mesmos grupos sociais em expansão nos grandes centros industriais e administrativos do país (os funcionários públicos, os trabalhadores etc.), de cujo apoio passou a depender a nova coalizão de forças que detinha o controle do Estado, favoreceram a constituição de um mercado de bens culturais dotado de maior autonomia tanto em relação aos antigos grupos dirigentes e aos seus mecenas privados (como os que haviam subsidiado o movimento modernista em São Paulo) como em relação às instâncias políticas e religiosas (o Estado, a Igreja, os principais órgãos de imprensa etc.) interessadas em impor suas diretrizes à produção cultural. A despeito dos crescentes investimentos dessas instâncias no campo da produção cultural e do papel decisivo que as autoridades públicas passaram a desempenhar em relação às atividades culturais e artísticas, quer como "patrões" quer como promotoras de canais próprios de difusão e consagração da produção intelectual, nada disso impediu a expansão do mercado do livro, que propiciou a formação de uma categoria de romancistas profissionais.

Em suma, a abertura de novas frentes de colaboração com o sistema de poder que então se firmava, as feições institucionais que assumiu a tutela da produção intelectual e o fato de o Estado ter se destacado como o principal investidor e a principal instância de difusão e consagração da produção cultural, são alguns dos processos que fazem do estudo desse período um passo importante para esclarecer os dilemas que hoje enfrentamos como herdeiros de uma tradição que pesa tanto mais enquanto não nos dispusermos a encará-la de frente e a refrear a dosagem de clichês na apreciação de seu legado.

AS MUDANÇAS NO MERCADO DE TRABALHO INTELECTUAL

Se na Primeira República o recrutamento dos intelectuais se realizava em função da rede de relações sociais que eles estavam em condições de mobilizar e as diversas tarefas de que se incumbiam estavam quase por completo a reboque das demandas privadas ou das instituições e organizações da classe dominante, a cooptação das novas categorias de intelectuais continua dependente do capital de relações sociais mas passa cada vez mais a sofrer a mediação de trunfos escolares e culturais, cujo peso é tanto maior quanto mais se acentua a concorrência no interior do campo intelectual.[2]

Do momento em que outros grupos sociais começam a fazer valer suas demandas por bens culturais e à medida que a elite burocrática passa a dispor de recursos financeiros e institucionais que lhe permitem subsidiar uma cultura e uma arte oficiais, as possibilidades de acesso ao mercado de trabalho intelectual não se restringem mais às exigências ditadas pelas preferências e opções das antigas classes dirigentes em matéria de importação cultural. Daí em diante, as instituições e os grupos cujas decisões repercutem na "substituição de importações" no plano cultural se diversificam de maneira considerável, envolvendo os mecenas (as famílias cultas, as autoridades públicas, as editoras, a Igreja, os executivos e administradores das instituições culturais etc.), as diferentes faixas do público (os estudantes dos novos cursos superiores, os integrantes das novas carreiras docentes) e os produtores (os romancistas profissionais, os autores de romances femininos, de livros infantis e de outros gêneros de importação recente, os escritores e artistas oficiais etc.), além de sofrer o impacto causado pela difusão maciça de artigos culturais de origem norte-americana no âmbito do mercado internacional. Não obstante, certos mecanismos de regulação, como, por exemplo, a situação do mercado de diplomas escolares, as demandas do público pelos gêneros de maior êxito comercial, a expansão ou a obstrução de determinadas carreiras profissionais, também condicionam a proporção de lugares disponíveis no mercado de postos administrativos, técnicos e intelectuais, em relação à quantidade de postulantes que dispõem dos trunfos de toda ordem (sociais, escolares e culturais) capazes de viabilizar suas pretensões a esses cargos.

As tarefas cumpridas nas organizações políticas e nas instituições culturais em São Paulo, os encargos assumidos no serviço público e as atividades desenvolvidas no mercado editorial correspondiam a modalidades distintas de mecenato que implicavam, por sua vez, formas diferentes de retribuição. Os escritores participantes do movimento modernista em São Paulo foram beneficiados pelo mecenato burguês exercido por famílias abastadas e cultas, ao passo que os intelectuais cooptados para o serviço público acabavam se filiando às "panelas" comandadas pelos dirigentes da elite burocrática. Os romancistas foram os únicos a negociar a venda de suas obras no mercado do livro, embora alguns deles tivessem tirado proveito, ao menos durante certo período, da reserva de mercado que a filiação a organizações políticas de direita ou de esquerda tende a garantir. De qualquer modo, as possibilidades de acionar o capital de relações sociais ao alcance dos intelectuais são tanto maiores quando o acesso à produção cultural fica mais a critério das famílias (o mecenato paulistano) do que das instituições (os funcionários-escritores), e tanto menores quando a produção intelectual é mais especializada e não se presta à diversidade das áreas de aplicação característica dos polígrafos anatolianos.[3]

Embora a expansão da atividade editorial e a ampliação das oportunidades de ingresso no serviço público tenham influído de modo considerável para a transformação das condições do trabalho intelectual vigentes na República Velha, as possibilidades de acesso às profissões intelectuais continuam a depender, em medida significativa, das estratégias de reconversão das famílias que estão em condições de transmitir aos filhos um certo montante de capital social e cultural, variável conforme o grau de proximidade entre essas famílias e a fração culta da classe dominante.

AS ESTRATÉGIAS DAS FAMÍLIAS DOS ESCRITORES

A maioria dos intelectuais desse período pertencia a famílias de "parentes pobres" da oligarquia ou, então, a famílias de longa data especializadas no desempenho dos encargos políticos e culturais de maior prestígio. Assim, as disposições manifestadas pelos diferentes tipos de intelectuais em termos de carreira parecem indissociáveis da história social de suas famílias. Enquanto os escritores pertencentes aos ramos destituídos, às voltas com penosas experiências de "desclassificação" social, parecem bastante propensos a investir nas áreas e gêneros mais arriscados da produção intelectual (o romance social e/ou introspectivo, as ciências sociais etc.), os herdeiros da fração intelectual da classe dominante orientam-se para as modalidades de trabalho intelectual mais rentáveis e gratificantes no campo do poder (pensamento político, arrazoados e pareceres jurídicos etc.). A distribuição dos agentes propensos a uma carreira intelectual pelas diferentes carreiras possíveis nessa conjuntura vai depender, de um lado, da posição em que se encontram as famílias desses futuros intelectuais em relação ao polo dominante da classe dirigente e, de outro, do montante e dos tipos de capital escolar e cultural disponível conforme o setor da classe dirigente a que pertencem. Nessas condições, alguns deles (os "parentes pobres") parecem mais inclinados a barganhar seus trunfos exíguos em troca de refúgios profissionais, ao passo que os demais buscam reproduzir as posições de suas famílias no interior da própria fração intelectual (os "herdeiros").[4]

Ademais, tais condicionamentos estendem-se às modalidades de iniciação no trabalho intelectual. Os "parentes pobres" da oligarquia se familiarizam com o trabalho simbólico à medida que se veem relegados ao universo das práticas e dos valores femininos de sua classe, no qual se sujeitam à aprendizagem do trato com os princípios do estilo de vida e do gosto dos grupos dirigentes. Os "herdeiros" da fração intelectual, por sua vez, entram em contato com as profissões intelectuais por intermédio das instituições que se incumbem, em bases profissionais, da formação das novas gerações de assessores e homens políticos (os estabelecimentos de ensino superior nos ramos liberais, as organizações político-partidárias etc.).

Como os intelectuais nessa conjuntura são quase todos recrutados num círculo de famílias vinculadas à classe dominante a títulos diversos, a definição da atividade intelectual só assume plena significação quando contraposta às diferentes carreiras dirigentes (desde os proprietários, passando pelos profissionais liberais, até os políticos profissionais) e às demais carreiras ligadas ao trabalho de dominação (as carreiras militar e eclesiástica), que também atraem às suas fileiras agentes relegados de forma ainda mais intensa no ramo dos "parentes pobres". Em outras palavras, as profissões intelectuais constituem um terreno de refúgio reservado aos herdeiros das famílias pertencentes à fração intelectual e, em particular, aos filhos das famílias em declínio. Esses últimos, tendo podido se livrar das ameaças de rebaixamento social que rondavam os seus, tiveram a oportunidade de se desgarrar de seu ambiente de origem e, ao mesmo tempo, de objetivar com seus escritos essa experiência peculiar de distanciamento em relação à sua classe. Em suma, não se podem dissociar as disposições favoráveis ao trabalho intelectual das experiências sociais que moldaram tais disposições.

AS FONTES

No intuito de vincular o espaço das oportunidades que então se abriam no âmbito das instituições culturais, no serviço público, no mercado editorial etc.

ao círculo das famílias da classe dirigente que, por dispor de um mínimo de capital social, escolar e cultural, estavam em condições de reivindicar tais oportunidades em favor de seus filhos, utilizei, como fontes privilegiadas, as memórias, os diários íntimos, os volumes de correspondência, as biografias etc., dos diferentes tipos de intelectuais.[5] Tais gêneros possibilitam apreender tanto as relações objetivas entre as posições ocupadas pelas diversas categorias de intelectuais no interior do campo de produção cultural, e as determinações sociais, escolares e culturais a que estão expostas, como as representações que os intelectuais mantêm com seu trabalho e, por essa via, com as demandas que lhes fazem seus mecenas e seu público.

Além dos dados biográficos relativos à origem social, à escolaridade, à trajetória profissional e à produção intelectual, materiais também encontradiços, de maneira dispersa, em outras fontes da história e da crítica literária (manuais, antologias, dicionários biográficos, volumes de homenagem, preitos de reconhecimento póstumo etc.), as *memórias* e as *biografias* revelam certas experiências mediante as quais os intelectuais, mesmo sem o saber, buscam justificar sua "vocação", ou melhor, se empenham em reconstituir as circunstâncias sociais que, no seu entender, se colocam na raiz de suas inclinações para as profissões intelectuais. Se os intelectuais insistem tanto em descrever as circunstâncias em que se sentiram atraídos pelo trabalho simbólico, quase sempre evocando personagens (um parente, um professor de primeiras letras, um padre, um letrado amigo da família) que pela primeira vez lhes teriam profetizado um futuro como artistas ou escritores, dedicando páginas sem conta ao relato de suas experiências de iniciação cultural (na escola, na igreja, nas brincadeiras etc.), como se tais "façanhas" fossem indícios daquilo que viriam a ser, é porque não conseguem ocultar de todo os rastos que possibilitam reconstruir as determinações sociais de sua existência.

Sem dúvida, a construção de um modelo coletivo com base na análise das variações de trajetórias individuais envolve alguns riscos que resultam, em ampla medida, dos limites impostos pelo material disponível. Vale dizer, a seleção prévia dos casos para análise não consegue desvencilhar-se por completo das leis inerentes à produção intelectual, fazendo com que certas categorias de escritores sejam propensas a escrever suas memórias e que outras se prestem como objetos de um culto póstumo por meio de biografias. Como já tive oportunidade de salientar,[6] o viés que a utilização dos materiais coligidos nessas fontes pode infundir na análise é tanto maior quando não se consegue discernir os princípios que disciplinam a prática de tais gêneros. Trata-se, na verdade, de dois tipos de instrumento que oferecem informações a respeito de categorias de escritores que ocupam momentaneamente posições diferentes no campo intelectual, quer em função do nível de consagração de que desfrutam os praticantes desses gêneros ou do montante de gratificações que proporciona a prática dos mesmos, quer em função do grau de eufemização que permeia o relato autobiográfico ou a apologia biográfica.

Seja como for, a prática desses gêneros obedece aos mesmos princípios em que se funda a divisão do trabalho intelectual, cabendo aos autores consagrados a parte do leão e aos epígonos a sina de verem suas obras rebaixadas como fontes para documentação da vida intelectual. As biografias tratam quase sempre de escritores que se consagraram ainda em vida ou, então, de autores relegados em vida e que são repostos em circulação por conta das estratégias de combate a que recorrem certas igrejas literárias em conjunturas posteriores da vida intelectual. As memórias, por sua vez, constituem um gênero de investimento praticado por diversas categorias de escritores.

O grupo dos memorialistas abrange, numa primeira leva, alguns autores bissextos, não profissionais, cuja aura de escritores "malditos" ou "difíceis" lhes garante uma reputação inatacável, de liquidez restrita ao próprio ambiente intelectual e que se nutre dos juízos proferidos por seus pares, e mais uns poucos polígrafos e políticos profissionais para os quais a elaboração das memórias constitui o empreendimento máximo em termos de carreira intelectual. Essas categorias de escritores dividiram suas memórias em inúmeros volumes, que exigem dos leitores uma disposição semelhante àquela que preside ao consumo dos romances em folhetim. Em geral, esses escritores se aproveitaram do gênero para escrever sua obra-prima, que pudesse firmar uma posição de prestígio que não estavam seguros de haver logrado com sua produção anterior. Correram esse risco, entre outros, Gilberto Amado, Afonso Arinos de Melo Franco, Pedro Nava, Paulo Duarte etc., todos eles empenhados em conferir às suas memórias o valor de documento histórico e testemunho de uma época. Quase todos se lançaram nessa empreitada de um grande afresco no qual o itinerário autobiográfico faz as vezes de um ponto de vista sereno e objetivo a respeito dos "destinos" paralelos de uma família, de uma geração, de uma classe, de uma nação e, por essa via, de toda a sociedade. Tendo como alvo a reconstituição da história social, política e cultural de toda uma época, o relato autobiográfico assume os contornos de trajetória exemplar, às voltas com os dilemas morais, intelectuais e políticos com que se defrontaram os companheiros dos bancos escolares, das primeiras lides políticas, e os contemporâneos de geração de seus autores.

Os intelectuais consagrados em vida praticam o gênero apenas em circunstâncias especiais, seja aos primeiros sintomas de uma baixa na cotação de seu prestígio ou de sua autoridade "espiritual", seja pela oportunidade de converter sua história de vida em matéria-prima de um tratamento estético, seja enfim porque desejam exibir seu virtuosismo no ofício de escritor. Quanto aos primeiros, em geral intelectuais que fizeram uma carreira política bem-sucedida, a redação das memórias coincide com seu afastamento do cenário político, o que ocorre quase sempre muito tempo depois de se verem no ostracismo intelectual. José Maria Bello, Fernando de Azevedo, Cândido Motta Filho, José Américo de Almeida, Cassiano Ricardo etc. se situam entre os praticantes dessa variante nostálgica, espécie de canto de cisne com que pretendem dar o fecho de "uma vida inteira dedicada à causa pública".

Para uma outra categoria de escritores consagrados, em geral romancistas ou poetas, a elaboração das memórias constitui a oportunidade de reafirmar o domínio completo do ofício de escritor. Nos casos de Graciliano Ramos, José Lins do Rego, Augusto Meyer, Ciro dos Anjos, Gilberto Freyre etc., a infância ou, então, os primeiros anos da mocidade são os únicos períodos na vida que se dispõem a rememorar. Decerto porque a impossibilidade de suprir as lacunas desses períodos favorece um tratamento eminentemente poético dos episódios e das figuras que pontuam a trama. E, dado que essa modalidade narrativa os dispensa de restituir as determinações prosaicas do ambiente familiar de quando eram crianças, esses escritores sentem-se à vontade ao reivindicar para suas memórias uma apreciação fundada apenas em critérios estéticos. Se, por um lado, os procedimentos de eufemização a que sujeitam sua história de vida dificultam o rastreamento das mediações práticas que se colocam na raiz de sua habilitação para o trabalho intelectual, por outro lado, tendem a privilegiar certos eventos que prenunciam a gênese social de uma "sensibilidade" de escritor. Ainda nessa categoria se incluem alguns escritores consagrados, quase sempre romancistas ou críticos literários, que investiram bastante na elaboração de diários e jornais íntimos, mediante os quais procedem a uma espécie de fenomenologia do ofício de escritor, acentuando aqueles episódios premonitórios que, no seu entender, repercutiram a fundo nas características de seu estilo (Lúcio Cardoso etc.).

Contudo, uma parcela importante dentre os memorialistas são os epígonos de uma época, de uma escola literária, de um gênero, escritores que se viram quase alijados dos preitos usuais de reconhecimento e das formas mínimas de gratificação que propicia a vida intelectual. Essa condição de intelectuais fracassados lhes espicaça o projeto de reconstituir a "face oculta" da vida literária, desvendando os móveis em torno dos quais se alicerça a concorrência no campo intelectual. Aqueles que conseguem pelo menos compensar o insucesso de seus empreendimentos literários com uma carreira bem-sucedida em atividades como o jornalismo, a jurisprudência, a assessoria, a política profissional, se exercitam no gênero em tom "realista" mas comedido; outros, que não têm nada a perder nem profissional nem intelectualmente, recorrem em suas memórias a todo tipo de insultos, apelam para a indiscrição, o achincalhe, o cinismo, e se deixam levar pelo ressentimento para acertar contas com as injustiças e os desacertos de que se sentem vítimas. Quanto mais se sentem preteridos, tanto maiores seus investimentos no gênero, tanto mais desesperados seus cálculos em termos de vingança e revide, a tal ponto que alguns decidem adiar post mortem a publicação de uma parte de suas memórias, em geral o que consideram a parte "íntima" e "comprometedora". Procuram, dessa maneira, manter a esperança de que ainda possam vir a exercer influência em conjunturas futuras da vida intelectual ou, então, de acabarem logrando mais tarde o reconhecimento de seu mérito intelectual. Aliás, inúmeros dentre os memorialistas desse último grupo também redigiram biografias de escritores célebres, o que não deixa de ser uma maneira de tentar impor sua "presença" por procuração.

Os procedimentos aqui adotados parecem afastar das malhas da investigação aqueles autores consagrados que não devem sua reputação às memórias e tampouco à reverência biográfica. Ao contrário dos memorialistas típicos, que assumem em pessoa o trabalho de autoconsagração, as grandes figuras do mundo intelectual deixam a cargo de intelectuais subalternos a tarefa de decifrar suas obras, silenciando, tanto quanto possível, a respeito de seus condicionamentos sociais. A relação que eles mantêm com o gênero memórias é idêntica à "recusa consciente" de concorrerem às eleições para a Academia Brasileira de Letras, vale dizer, podem se dar ao luxo de desprezar comendas institucionais que por vezes são concedidas como paga de serviços políticos. Estando dispensados de recorrer ao gênero a não ser nas circunstâncias já mencionadas, os autores consagrados, tornados clássicos ainda em vida, constituem o objeto de narrativas biográficas em que tudo se passa como se fossem os beneficiários de um processo de adensamento de "espiritualidade" ao cabo do qual o "criador" suplanta a "criatura". Não obstante, os comentaristas, os organizadores de antologias dos "melhores" e "maiores", os compiladores, os resenhistas, os autores de repertórios, os jornalistas e outras categorias de cronistas da vida intelectual acabam de algum modo divulgando as informações pertinentes que permitem recompor os claros do retrato oficial feito por acólitos, hagiógrafos e outros profissionais da apologia.

1. A transformação do papel político e cultural dos intelectuais da oligarquia

E tudo damos por vendido ao compadre e nosso amigo o snr.
[Raimundo Procópio
e a d. Maria Narcisa sua mulher, e o q não for vendido, por alborque
de nossa mão passará, e trocaremos lavras por matas,
lavras por títulos, lavras por mulas, lavras por mulatas e arriatas,
que trocar é nosso fraco e lucrar é nosso forte. Mas fique esclarecido:
somos levados menos por gosto do sempre negócio q no sentido
de nossa remota descendência ainda mal debuxada no longe dos
[serros.
De nossa mente lavamos o ouro como de nossa alma um dia os erros
se lavarão na pia da penitência. E filhos netos bisnetos
tataranetos despojados dos bens mais sólidos e rutilantes
[portanto os mais completos
irão tomando a pouco e pouco desapego de toda fortuna
e concentrando seu fervor numa riqueza só, abstrata e una.

Carlos Drummond de Andrade, trecho de "Os bens e o sangue", in "IV. Selo de Minas", in *Claro enigma, Obra completa*. Rio de Janeiro, Aguilar, 1964, pp. 259-60

Tive ouro, tive gado, tive fazendas.
hoje sou funcionário público.
Itabira é apenas uma fotografia na parede.
Mas como dói.

Carlos Drummond de Andrade, "Confidência do itabirano", in *Sentimento do mundo, Obra completa*. Rio de Janeiro, Aguilar, 1964, pp. 101-2

Se meu verso não deu certo, foi seu ouvido que entortou.
Eu não disse ao senhor que não sou senão poeta?

Carlos Drummond de Andrade, versos do poema "Explicação", in *Alguma poesia, Obra completa*. Rio de Janeiro, Aguilar, 1964, pp. 76-7

DIFERENCIAÇÃO POLÍTICA E EXPANSÃO DO CAMPO DE PRODUÇÃO IDEOLÓGICA EM SÃO PAULO

Do início da República até o golpe de 1937, que marca o fim da dominação dos proprietários rurais ligados à produção e à exportação de produtos agrícolas, o projeto de hegemonia política no plano nacional constitui o móvel central da luta em torno do qual se batem a oligarquia dos estados dominantes (São Paulo, Minas Gerais etc.) e os demais grupos dirigentes regionais.[1]

A expansão das organizações políticas (a criação das ligas nacionalistas, a fundação de um partido de "oposição") e das instâncias de produção cultural e ideológica no estado de São Paulo[2] ao longo das décadas de 1920 e 1930 prende-se à história das transformações políticas e à história das transformações das relações de força no interior do circuito dirigente oligárquico. Desse prisma, três momentos decisivos dariam as chaves para a compreensão dos rumos que tomaram os grupos dirigentes estaduais perante situações de crise, ora tendendo à segmentação de suas forças, ora dispostos à conciliação de seus interesses: a fundação de um partido de "oposição" em 1926, a derrota da oligarquia regional em 1930 e o revide insurrecional ao governo provisório de Vargas em 1932.

Entre 1901 e 1926, a concorrência política entre os grupos dirigentes em São Paulo resume-se aos conflitos e às cisões em torno da direção do único partido oligárquico então existente (o PRP, Partido Republicano Paulista). As dissidências que, em diversas ocasiões, passam a contestar o situacionismo perrepista estavam ancoradas, por sua vez, no peso político crescente que foram adquirindo determinadas instâncias de produção ideológica, em especial o grupo vinculado à família Mesquita, que detinha desde 1897 o controle acionário do jornal "independente" *O Estado de S. Paulo*. O êxito comercial desse órgão está na raiz da diversificação das atividades do grupo Mesquita,[3] que, tendo-se pois convertido numa facção partidária, pôde assumir a liderança das sucessivas frentes de oposição ao comando perrepista.[4] A posição de força relativa de que o chamado "grupo do *Estado*" dispunha como baluarte do "liberalismo" oligárquico é, portanto, indissociável de sua condição de empresários culturais.

Além da introdução de uma série de inovações técnicas e mercadológicas (aquisição de rotativas, novos modelos de composição, contratos com agências internacionais de notícias, expansão da rede de sucursais no interior do estado e do país etc.) que tornam *O Estado de S. Paulo* um órgão de relevo na grande imprensa da época, o grupo Mesquita resolve lançar em 1915 uma edição noturna (o *Estadinho*) e publicar a *Revista do Brasil* ("mensário de alta cultura"), contratando inúmeros escritores consagrados e outros jovens promissores que teriam destacada participação no estado-maior intelectual dos grupos dirigentes paulistas.[5]

Fundada em 1916, a *Revista do Brasil* pretendia restaurar a tradição inaugurada pela *Revista Brasileira*, porta-voz estético e principal instância de difusão e consagração da geração de 1870. A *Revista do Brasil* se propunha a suscitar uma tomada de consciência por parte da nova geração de intelectuais e políticos da oligarquia. Pouco tempo após seu lançamento, "tornara-se mesmo o mais lido, o mais importante veículo cultural do país [...] possuía intensa penetração nos meios intelectuais, e aparecer em suas páginas constituiu, por muitos anos, o sonho de todo estreante, de todo candidato à glória no país das letras".[6] Seria difícil dar conta da composição intelectual e ideológica dos autores divulgados pela *Revista do Brasil* sem deixar de salientar seu caráter de veículo de informação destinado à circulação comercial e, por isso mesmo, tendo que atender às exigências heterogêneas do público que pretendia atingir. Além das grandes figuras da geração de 1870 (Machado de Assis, José de Alencar), de inúmeros escritores pertencentes à Academia Brasileira de Letras e ao

Instituto Histórico e Geográfico Brasileiro (Basílio de Magalhães, Capistrano de Abreu, Hélio Lobo), dos anatolianos de maior êxito mundano e artístico (Olegário Mariano, Afrânio Peixoto, Paulo Setúbal etc.), a *Revista do Brasil* também acolheu os pensadores autoritários que então estreavam (Oliveira Viana, José Maria Bello), os líderes intelectuais do renascimento católico (Alceu Amoroso Lima, Jackson de Figueiredo), os primeiros educadores profissionais (Sampaio Dória, Mário Pinto Serva) e outros valores jovens que logo em seguida iriam se filiar às correntes da vanguarda modernista (Sérgio Buarque de Holanda, Gilberto Freyre, Plínio Salgado, Mário de Andrade). O cosmopolitismo intelectual, a coexistência de autores provenientes de conjunturas intelectuais distintas, a diversidade de áreas e gêneros, o empenho em dar cobertura aos principais tópicos em torno dos quais se articulava o debate político e intelectual da época, evidenciam os alvos comerciais que permeavam a política editorial seguida por Lobato. Assim, os responsáveis pela linha editorial buscaram em outras e novas formas de produção erudita um contrapeso às matérias literárias e mundanas até então predominantes, e puderam comprovar a existência de um público disposto a consumir algo distinto das revistas ilustradas que então floresciam. O sucesso comercial e intelectual da *Revista do Brasil* possibilitou a criação de uma editora com o mesmo nome, a mais importante da Primeira República.[7] Aumentando o volume das tiragens, instalando um amplo circuito de comercialização com pontos de venda para distribuição dos livros da casa e de outras editoras nacionais, abrindo um serviço de importação de livros estrangeiros, a *Revista do Brasil* tornou-se o empreendimento editorial de maior prestígio antes de 1930 e constitui um marco na história da hegemonia paulista no campo intelectual.

Dispondo dessa base de operações, o chamado grupo do *Estado* tem todo interesse em desancar os jornais partidários, em fazer constantes referências às épocas em que os órgãos de imprensa "viviam dos partidos e para os partidos e cada um para o seu", em denunciar a venalidade, o suborno e as subvenções oficiais de que dependia a imprensa.[8] Nas condições da época, a atuação do grupo é, de fato, o exemplo contundente das margens de manobra de que poderia dispor uma facção da classe dirigente cujos trunfos políticos provinham do mando exercido em instâncias de produção cultural.[9]

A criação do Partido Democrático (PD), em 1926, serviu para congregar a maioria dos grupos dissidentes em torno de um programa de reformas de "moralização" eleitoral (voto secreto, verificação dos resultados e outras medidas que visavam restringir a manipulação dos coronéis) e de "modernização" (reformas do sistema de ensino), mantendo-se a ausência de representação política da classe operária. Ora, tanto a Liga Nacionalista como o Partido Democrático pretendiam transformar-se em porta-vozes da fração dominante especializada no trabalho político, técnico e cultural, e não das "classes superiores" de forma genérica: "o magistrado e o general, o jurista e o médico, o engenheiro e o jornalista e, sobre todos, a ardorosa classe dos estudantes [...]",[10] vale dizer, os diversos grupos profissionais em condições de fazer valer seus interesses no interior da classe dirigente.

Embora se possa alegar que a composição social quase idêntica nas hostes do situacionismo e das dissidências impediria a formação de grupos de pressão com interesses específicos, penso que a Liga Nacionalista, a consolidação da facção Mesquita e, por fim, a oposição democrática constituem passos de um mesmo processo de diversificação de interesses por força da posição que tais frações ocupam no espaço da classe dirigente e do tipo de contribuição que trazem à divisão do trabalho de dominação. O empenho com que as diversas facções buscavam domar as iniciativas da Liga Nacionalista e auferir os dividendos que rendiam suas campanhas traduz o embate entre programas distintos de ação política em face da crise de poder com que se defrontava o regime oligárquico. Em outros termos, tais programas visualizavam estratégias diferentes no tocante ao perfil das alianças de classe que melhor conviriam à "salvação", ou melhor, ao remanejamento do pacto oligárquico.

Foi nessa conjuntura que sucedeu a mobilização dos integrantes da frente modernista e dos demais intelectuais que iriam militar nas organizações políticas e culturais dominantes, cujas perspectivas de atuação política se moviam num terreno demarcado pelo despertar ideológico provocado pela Primeira Guerra Mundial e, no plano interno, pelas lutas acadêmicas e pelos reptos em prol da regeneração moral e pública com que as campanhas das ligas haviam arregimentado a nova geração oligárquica. Doravante seria mesmo inviável restaurar o momento de coesão que significou a realização do Congresso da Mocidade Brasileira em São Paulo (1917), cuja organização esteve sob responsabilidade de um grupo de jovens que pertenciam, ao mesmo tempo, à Liga Nacionalista, à facção Mesquita e, como não poderia deixar de ser, com fortes vinculações perrepistas.

Até o início da década de 1920, tão logo tivessem cumprido os estágios de praxe como militantes da Liga Nacionalista ou das diversas facções acadêmicas em concorrência na Faculdade de Direito, os herdeiros das famílias dirigentes com veleidades de fazer carreira política viam-se obrigados a galgar todos os escalões do perrepismo. Os que porventura acabassem desistindo de tais pretensões tinham pelo menos a certeza de se saírem bem seja no plano profissional, seja em termos do apreço social a que faziam jus.

As mudanças ocorridas tanto no nível das organizações políticas como no nível das instâncias de produção cultural (que resultaram, por sua vez, da transformação da estrutura de classes) se fizeram acompanhar por uma transformação radical das modalidades de acesso às carreiras dirigentes. De agora em diante não era mais possível valer-se das prerrogativas inerentes ao sistema de reprodução direta que fazia com que a passagem pela Faculdade de Direito constituísse apenas um simples estágio de iniciação ao conjunto dos modelos masculinos da classe dirigente e de integração na rede de relações de suas famílias. Em vez de terem que lidar apenas com professores que eram ao mesmo tempo parentes, amigos da família, figuras eminentes da política e da magistratura, sócios dos escritórios de advocacia — em suma, membros do mesmo círculo social —, esses herdeiros deveriam também envolver-se na concorrência política e intelectual e assumir tarefas cada vez mais especializadas nos jornais partidários, nas organizações políticas, nas instituições culturais. A diferenciação da esfera política e do campo de produção ideológica tornara praticamente inviável a passagem quase automática da situação de estudante à condição de membro por inteiro da classe dirigente, que, pelo simples fato de possuir um diploma, até então raro e cobiçado, se fazia merecedor das mais altas funções públicas e dos cargos políticos de responsabilidade, afazeres que se completavam com a gestão dos negócios familiares.

Para os "burguesinhos abastados ou bem arrimados em seus estudos [...] eleitos do destino para o governo do Centro XI de Agosto, da sociedade paulista inteira, do estado e da nação [...], prepotentes e egocêntricos [...], onipotentes, vestais, senhores de todas as virtudes [...], onicientes [...], inexcedíveis na perfeição humana [...] filhos de distintas famílias, honradas e patriotas [...] insuperáveis",[11] estavam começando a se afrouxar os laços orgânicos entre os espaços de sociabilidade do universo homogêneo no interior do qual se moviam: entre o ingresso na Faculdade de Direito e o acesso às corporações acadêmicas (o Grêmio, o Centro, a República Destruidora, a Catacumba),[12] entre a pertinência aos grupos por cooptação (o grupo dos filhos de Júlio Mesquita, o grupo dos Prado, a ralé, a ala que se incumbia da Festa da Chave)[13] e o trânsito nos clubes e salões (Paulista, Harmonia), nos "assustados" familiares (arrasta-pés em casas de família), entre os jantares no Salão Amarelo do Automóvel Club, as festas em restaurantes em Santo Amaro e as recepções de formatura, de fraque e cartola, entre a abertura de uma banca de advocacia e o estágio de rotina no escritório do pai, de um parente ou amigo da família, entre o casamento endogâmico e a gestão dos negócios familiares.

As reformas programadas por certas facções do perrepismo, o trabalho de mobilização e arregimentação dos jovens que se tornariam militantes do Partido Democrático, o acirramento da concorrência por ocasião das campanhas eleitorais, a criação de novas instâncias de produção ideológica e cultural, tudo isso contribuiu para transformar o espaço de oportunidades abertas à colaboração dos intelectuais. Decerto o novo partido atraiu elementos jovens que, desde os bancos acadêmicos, estavam a par das clivagens ideológicas e sociais de que se nutria a concorrência entre o situacionismo perrepista e os movimentos dissidentes. Estavam familiarizados com as bandeiras "liberais" de que era porta-voz a facção Mesquita, vários deles haviam conseguido empregos em órgãos dirigidos pelo grupo, mas, de outro lado, havia também o apelo de se juntarem às igrejinhas da vanguarda literária e artística que se abrigavam sob a égide perrepista. Nessas condições, a adesão ao Partido Democrático tomou o sentido de uma alternativa viável de fazer carreira fora do situacionismo dominante, que, por força de suas tradições de militância, reservava o direito de uma participação política direta aos seus quadros mais antigos. No caso da nova agremiação, carente de pessoal, esses jovens intelectuais têm o ensejo de se infiltrar por todos os escalões partidários. Estão presentes no diretório central, no conselho consultivo, no serviço de imprensa, nas equipes engajadas na mobilização eleitoral, nas escaramuças com os perrepistas, nos tratos de vida e morte.[14] Em face dos empecilhos que enrijeciam a máquina situacionista e que, como se verá adiante, esfriaram os ânimos reformistas de inúmeros de seus jovens aderentes, que acabaram preferindo outras alternativas radicais de ação política,[15] os recrutas recém-convertidos ao programa democrático encontraram por essa via a oportunidade de lidar com uma variante das demandas políticas dominantes e de fazer a experiência concreta de um trabalho político. As missões de que foram incumbidos, os contatos que entabularam com outras forças políticas, lhes permitiram enfrentar os dilemas políticos e ideológicos da ordem do dia. E o principal deles era, sem dúvida, a extensão em que deveria ocorrer a cooptação do elemento militar. No que diz respeito à inserção dos intelectuais nas frentes políticas da oligarquia, o Partido Democrático incorporou muitos daqueles que, por uma série de injunções sociais, se sentiam despejados do situacionismo perrepista. Enquanto os elementos jovens do PRP acabaram se filiando a outras organizações e movimentos políticos (integralismo, Partido Comunista) em seguida à derrota da oligarquia paulista em 1930, os jovens militantes "democráticos" envidaram esforços em favor da reunificação das forças oligárquicas após 1930. E nem poderia ter sido diferente, na medida em que o futuro profissional e intelectual dos "democráticos" continuava amarrado aos empreendimentos culturais e, no limite, ao destino político que tivessem os grupos dirigentes com que os quais colaboravam.

O envolvimento dos intelectuais com os grupos dirigentes não se manifestava apenas em termos de adesão a alguma facção partidária. Tanto aqueles vinculados ao situacionismo perrepista como os elementos identificados com as causas políticas dissidentes ou com a oposição democrática prestaram sua colaboração na administração pública estadual, na imprensa, no setor editorial, na Câmara dos Deputados. Entre os intelectuais do PRP, Menotti del Picchia foi diretor do Monte de Socorro do Estado, convidado por Carlos de Campos; Cassiano Ricardo foi auxiliar de censor teatral e cinematográfico e, depois de 1930, requisitado para novas funções no Palácio do Governo, onde se manteve à testa da diretoria do expediente ao longo de sucessivas administrações; entre os filiados ao PD, Mário de Andrade era, desde 1913, professor de história da música no Conservatório Dramático e Musical de São Paulo, passando em 1922 ao posto de catedrático de dicção, história do teatro e estética.[16] A essas atribuições juntavam os serviços que prestavam aos diversos órgãos da imprensa, fosse ela situacionista (*Correio Paulistano*), "independente" (*O Estado de S. Paulo*), "democrática" (*Diário Nacional*): Menotti del Picchia foi cronista social (assinando com o pseudônimo de Hélios) e redator político do *Correio Paulistano*, no qual também trabalharam Cassiano Ricardo, responsável pela seção judiciária, Plínio Salgado, Oswald de Andrade e muitos outros do então estado-maior intelectual do comando perrepista;[17] Paulo Duarte ingressou em *O Estado de S. Paulo* em 1919, passando de revisor a repórter incumbido de fazer a cobertura do Palácio do Governo e das secretarias e, enfim, a redator; Mário de Andrade colaborou amiúde com o *Diário Nacional*, a exemplo de Paulo Duarte, Vicente Ráo, Sergio Milliet, Rubens Borba Alves de Morais e tantos outros "democráticos". Alguns deles tiveram cargos na representação parlamentar: Menotti del Picchia e Plínio Salgado foram deputados estaduais pelo PRP, além de haverem militado no interior do próprio partido no intuito de reformá-lo; Paulo Duarte foi deputado pelo Partido Constitucionalista em 1934; Alcântara Machado e Cândido Motta Filho prestaram serviços como assessores da bancada paulista à Constituinte; o pai de Alcântara Machado foi deputado federal à primeira legislatura ordinária, em 1934. Sem falar dos inúmeros empreendimentos em que esses modernistas se engajaram na área literária e editorial, com a fundação de sucessivas revistas destinadas a divulgar o ideário das diversas alas e cisões do movimento e até mesmo com a abertura de editoras para difusão de suas obras, como foi o caso da Editora Hélios Ltda., fundada pelo pessoal do movimento verde-amarelo.

Ao mesmo tempo que os intelectuais dessa última geração oligárquica assumiam diversas tarefas políticas e ideológicas, também se lançaram a fundo nas lutas literárias, no intuito de impor os princípios e modelos estéticos da arte "moderna" (futurismo, cubismo, surrealismo). Os acontecimentos mundanos de que participavam esses escritores nos primeiros tempos do movimento modernista (recepções, espetáculos, vernissages, concertos), e que lhes davam ocasião de divulgar suas doutrinas e suas obras, permitem compreender o mecenato que então exercia a fração intelectualizada e "europeizada" dos grupos dirigentes paulistas.

OSWALD DE ANDRADE: DÂNDI E LÍDER ESTÉTICO DO PARTIDO REPUBLICANO PAULISTA

O casal formado pelo poeta Oswald de Andrade e pela pintora Tarsila do Amaral é a encarnação mais perfeita e acabada do estilo de vida dos integrantes dos círculos modernistas, obcecados ao mesmo tempo pela ambição de brilho social e pela pretensão de supremacia intelectual. O fato de ambos pertencerem a famílias abastadas da oligarquia e de poderem viver às custas das rendas provenientes da especulação imobiliária com terrenos onde se edificariam os futuros bairros elegantes da cidade de São Paulo e dos lucros derivados da exportação de café lhes assegurou o capital necessário para que pudessem se impor como modelos requintados de importadores tanto no âmbito do consumo de luxo como no tocante a investimentos culturais. Por ocasião das sucessivas viagens que fizeram à Europa ao longo da década de 1920, levaram às últimas consequências um estilo de vida ostentatório onde mal se consegue discernir o que é empenho intelectual daquilo que diz respeito à importação de símbolos de prestígio social: frequentavam os espetáculos de teatro de vanguarda, dos balés russos, as noitadas dos círculos diplomáticos, as conferências da Sorbonne, os cursos ministrados pelos pintores modernos, as corridas de cavalos e de automóveis, as lutas de boxe; aprendiam a nadar, a dançar o charleston; adquiriam quadros de Léger, objetos art déco, sapatos Perugia, camisas Sulka, "pijamas de apartamento", perfumes Rosine, móveis Martine, vestidos de Poiret; tinham audiências com o papa etc.[18]

Os "feitos" dos escritores modernistas em matéria de decoração, de vestuário, de ética sexual etc. inscrevem-se com maior acerto na história da importação dos padrões de gosto da classe dirigente ligada à expansão do café do que na história da produção intelectual. As viagens à Europa, o aprendizado dos modelos estéticos e éticos de vanguarda, as formas requintadas de consumo, tudo isso impregna as obras dos escritores modernistas que dependiam das prodigalidades dos mecenas que mantinham salões na capital do estado. Embora alguns dentre os escritores modernistas tenham se tornado mais tarde semiprofissionais da produção literária e artística, as obras da primeira leva se destinavam a um círculo bastante reduzido de iniciados, pertencentes a famílias abastadas da oligarquia local, e que detinham as chaves para decifrar tais obras.

A primeira edição de quinhentos exemplares do *Juca Mulato*, de Menotti del Picchia, a primeira edição de oitocentos exemplares de *Losango cáqui*, de Mário de Andrade, a edição parisiense de *Pau-brasil*, de Oswald de Andrade, são empreendimentos editoriais financiados pelos próprios autores ou por seus mecenas, e ostentam as características de uma produção artesanal de luxo.[19] Tratava-se, pois, de obras que estavam virtualmente "excluídas" do mercado mais amplo, no qual os livros dos anatolianos alcançavam vendagem expressiva em sucessivas edições. Enquanto os profissionais por excelência da República Velha viviam dos rendimentos que lhes proporcionava o ofício de escritor,[20] os modernistas derivavam suas condições materiais de existência seja de rendimentos pessoais e/ou familiares, seja de empregos e tarefas que exerciam nas instituições políticas e culturais da oligarquia.

O acesso dos modernistas às frentes de vanguarda europeias por força de sua proximidade social dos círculos intelectualizados da oligarquia foi, paradoxalmente, a condição que lhes permitiu assumir o papel de inovadores culturais e estéticos no campo literário local, tomando a dianteira no processo de "substituição de importações" de bens culturais e desbancando seus principais concorrentes, os polígrafos anatolianos. Na medida em que as principais instâncias de produção cultural, a começar pela imprensa, não detinham o monopólio dos instrumentos de consagração, os escritores modernistas procuraram impor modelos estéticos estrangeiros (Cendrars, Marinetti etc.) como a principal instância de reconhecimento de suas obras. Assim, pode-se afirmar que as mudanças por eles introduzidas no campo intelectual interno — em especial no que diz respeito à definição do trabalho intelectual, dos modelos estéticos e das áreas de colaboração com o poder político — se fizeram de maneira bastante independente das demandas que abrigava o incipiente mercado do livro durante a República Velha.

MONTEIRO LOBATO: ANATOLIANO ANTIMODERNISTA

José Bento Monteiro Lobato foi o anatoliano de maior sucesso comercial e intelectual na década de 1920 em São Paulo. Filho e neto de grandes proprietários de terras na região paulista do Vale do Paraíba, teve a educação esmerada que em geral recebiam os jovens dessa fração da classe dominante. A morte de seu pai ocorre no momento em que cursava os preparatórios então exigidos para matrícula no curso superior. Como para seu avô, o visconde de Tremembé, não houvesse outro caminho possível a não ser torná-lo um bacharel, nem mesmo lhe permitiria tentar o ingresso na Escola de Belas-Artes ou na Escola de Engenharia, as duas outras alternativas entre as quais podia se dar ao luxo de hesitar um herdeiro de quase 2 mil alqueires. De posse do título de bacharel em direito, retorna a Taubaté, de onde passa a colaborar em diversos jornais do estado, aguardando o momento de assumir a herança familiar. Na mesma época obtém uma promotoria interina em Taubaté mas o avô o convence de que seria preciso obter um posto com garantias de estabilidade caso quisesse se casar; percorre o Oeste do estado mas não consegue ser nomeado para nenhuma cidade importante, contentando-se com o lugar de promotor em Areias.

"[...] Preocupado em ganhar dinheiro, economizar dinheiro, juntar dinheiro", Lobato faz muitos projetos de investimento tanto na área econômica como no setor de produção cultural:

> [...] trata-se de fundar uma indústria, uma fábrica de doces em vidros, geleias tipo inglês. Tem um amigo que entra como sócio, de nome Paiva, de maneira que imagina constituir a firma Lobato & Paiva [...] Tem muitos planos: ir para o Oeste, fundar uma revista, espécie de *Le Rire*, escrever um livro coletando mentiras de caçadores [...] anda às voltas com o *Bocatorta*, que passa a considerar o seu conto número um. Cogita de repassar as narrativas do Minarete [...] pensa mesmo em transformá-lo num romance, até que convidado a colaborar na *Tribuna de Santos*, resolve publicá-lo. Engrena uma colaboração mais assídua para o jornal santista, que lhe paga alguma coisa [...] envia artigos políticos para Santos, remete desenhos e caricaturas que o *Fon-Fon*, do Rio, publica. E não contente, traduz bastante do *Weekly Times*, pinta projetos de cartazes para um concurso, ao qual, arrojadamente, concorre [...] agora é a *Gazeta de Notícias* do Rio, que aceita suas colaborações [...] Quando lhe pedem artigos, quer logo saber quanto pagam [...] E novamente procura uma saída: pensa em indústrias [...] pensa em desistir da literatura para cuidar de algo científico — uma gramática, histórica e filosófica, ou então um vocabulário brasileiro [...] quer ganhar dinheiro, quer sair de Areias.[21]

Não fosse a perspectiva de herdar a fortuna familiar, esse período não se caracterizaria pelo movimento pendular entre planos de investimentos econômicos e projetos típicos de um empresário cultural. A tal ponto se encontra identificado com a posição de empresário que mesmo a maioria de seus projetos intelectuais não apenas cobrem uma extensa variedade de áreas produtivas como nem poderiam se concretizar nas condições artesanais de trabalho intelectual que eram as suas. Afora a pintura, as ilustrações, os cartazes e as caricaturas ou, então, os gêneros tradicionais, o conto, o romance, os gêneros recém-importados que estavam na moda, como, por exemplo, a crônica, os comentários políticos, iniciativas como a elaboração de uma gramática, de um vocabulário, a criação de uma revista, requereriam escalas de produção que envolveriam o trabalho assalariado de equipes e cujo porte exigiria uma estrutura produtiva em moldes industriais, que somente a grande imprensa da época lhe poderia propiciar. A morte do avô liquida essa situação instável, dando-lhe posse da imensa fortuna em terras de que se valeu para tornar-se empresário cultural. Num primeiro momento, enquanto não consegue vender suas propriedades, entusiasma-se com o projeto de um colégio de elite: "Acaba fundando, num casarão em Taubaté [...] um colégio só para meninos ricos onde só se ensinem coisas de ricos — esporte, pôquer, bridge, danças, línguas vivas faladas, elegâncias, pedantismos, etiquetas e as tinturas de literatura, ciência e arte necessárias para as conversas de salão. Algo como Eton ou Cambridge [...]".[22] Mas em 1916 transfere-se com mulher e quatro filhos para São Paulo, depois de ter vendido a fazenda. Passa a colaborar com regularidade em *O Estado de S. Paulo* e acaba sendo convidado para dirigir a *Revista do Brasil*, cujo controle acionário adquire do grupo Mesquita dois anos mais tarde. Tais dimensões foi tomando esse empreendimento editorial que decidiu montar uma gráfica própria, encomendando nos Estados Unidos o equipamento necessário. Jeca-Tatu, o herói de seu primeiro livro, o símbolo dos caboclos sem terra, explorados e maltrapilhos, lhe assegurou um sucesso comercial sem precedentes. Entre 1918 e 1923, o livro de contos *Urupês* teve nove edições, *Cidades mortas* e *Ideias de Jeca Tatu* tiveram quatro edições, *Onda verde* teve duas edições, afora as sucessivas tiragens de seus livros infantis, sob o selo da *Revista do Brasil* e, depois, de sua própria editora, Monteiro Lobato & Cia. A partir de 1924 e até fins da década de 1930, não só continua a produzir nos mais diversos gêneros mas supera a marca de cinquenta títulos, editados pela Companhia Editora Nacional. Em 1937, *O escândalo do petróleo* alcança cinco edições em dois anos, *Urupês* chega à 11ª edição, *Fábulas* à sétima edição, *História do mundo para crianças* e *O saci* à sexta edição. Até o ano de 1935, a Companhia Editora Nacional e a Editora Brasiliense teriam lançado por volta de 1 520 000 exemplares de seus livros, aos que se podem acrescentar os 5 mil exemplares de cada volume de suas obras completas em trinta volumes e as reedições de seus livros infantis, perfazendo um total superior a 1 800 000 exemplares.[23]

A DERROTA POLÍTICA DA OLIGARQUIA

Em 1930, as oligarquias dissidentes naqueles estados situados fora do circuito de exportação e cuja produção se destinava ao mercado interno, aliadas a certas facções oligárquicas dos estados nordestinos, aos movimentos oposicionistas em São Paulo e Minas Gerais e a certas alas do tenentismo, deflagram uma insurreição armada e assumem o controle do governo central. O desfecho da Revolução de 30 e, sobretudo, o fato de a própria dissidência "democrática" que apoiara a coalizão de forças vitoriosa ter sido alijada do mando político no plano estadual tornaram irreversível a derrota política da oligarquia paulista.[24] Ao longo dos primeiros anos do governo provisório de Vargas, a nova coalizão que detinha o controle do aparelho do Estado procurou, de um lado, assegurar um mínimo de condições econômicas com vistas a debelar a recessão econômica no setor exportador em seguida à crise internacional de 1929 e, de outro, minar as bases políticas da oligarquia tradicional. Nesse sentido, o governo Vargas nomeou para o estado de São Paulo "interventores" militares que não tinham nenhum vínculo com os dois partidos oligárquicos locais nem pertenciam às famílias dirigentes do estado, estimulou a criação de organizações políticas que pudessem competir e porventura até mesmo substituir os partidos oligárquicos, afora outras tantas estratégias e expedientes para desbancar a antiga classe dirigente.

Tais desdobramentos levaram as forças políticas da oligarquia a tentar se recompor por meio de uma frente única paulista (PRP e PD), cujo programa em defesa da constitucionalização recebe a adesão de diversas entidades representativas dos profissionais liberais (médicos, engenheiros, advogados). Em 1932, essa mesma frente única desencadeia um movimento armado com o objetivo de derrubar a coalizão vitoriosa em 1930. Após a derrota ante as forças militares fiéis ao novo regime, a frente única recobra ânimo com a montagem de uma chapa única eleitoral intitulada "Por São Paulo Unido", vitoriosa em maio de 1933. Às custas da antiga máquina partidária e lançando mão dos expedientes usuais da República Velha, a frente oligárquica obteve a maioria dos votos nas eleições de 1933 e 1934. Na expectativa de tais resultados, o governo central reservara um certo número de vagas parlamentares para representantes corporativos que seriam eleitos conforme as diretrizes oficiais. Por fim, o golpe de 1937 instaurou um regime ditatorial e liquidou com as esperanças da oligarquia de recuperar o controle do poder central.

São os herdeiros das antigas dissidências — em especial, Armando de Sales Oliveira, genro do velho Mesquita e principal responsável pela reunificação das forças políticas oligárquicas — que tomam a dianteira da frente única paulista e patrocinam vários empreendimentos culturais na década de 1930.[25] Em vez de se dar conta da emergência de demandas sociais que haviam sido represadas por falta de canais de expressão e participação, os dirigentes da oligarquia paulista atribuem as derrotas sofridas em 1930 e 1932 à carência de quadros especializados para o trabalho político e cultural e, escorados nesse diagnóstico, passam a condicionar suas pretensões de mando no plano federal à criação de inesperados instrumentos de luta: a Escola de Sociologia e Política, a Faculdade de Filosofia, Ciências e Letras, no contexto da nova Universidade de São Paulo, e o Departamento Municipal de Cultura são iniciativas que se inscrevem nesse projeto.

A Escola Livre de Sociologia e Política foi criada em 1933 sob os auspícios de um grupo de empresários, professores e jornalistas. A Faculdade de Filosofia, Ciências e Letras e a Universidade de São Paulo foram criadas em 1934, com apoio do grupo Mesquita, durante a gestão Armando de Sales Oliveira no governo do estado. A primeira procurou adotar um modelo de ensino e de pesquisa de inspiração norte-americana e a segunda deu preferência aos modelos europeus. A contratação de professores estrangeiros visava à formação de "quadros técnicos, especializados em ciências sociais [...] de uma elite 'numerosa e organizada', instruída sob métodos científicos, a par das instituições e conquistas do mundo civilizado, capaz de compreender, antes de agir, o meio social em que vivemos [...], personalidades capazes de colaborar eficaz e conscientemente na direção da vida social".[26]

As derrotas de 1930 e 1932 exerceram influência decisiva na carreira dos membros do estado-maior intelectual dos grupos dirigentes paulistas. Aqueles que faziam parte da ala perrepista passaram às fileiras dos movimentos radicais à direita e à esquerda,[27] enquanto alguns de seus antigos companheiros foram cooptados para cargos de cúpula da administração pública federal. Por sua vez, a maioria dos intelectuais que militavam junto à oposição "democrática" permaneceu em São Paulo, dando sua colaboração ao projeto de reunificação das forças oligárquicas em âmbito regional. Diversamente dos intelectuais "perrepistas", cujos anseios de fazer carreira política nos moldes daquela seguida por seus pais ruíram por terra com as derrotas de 30 e 32, os integrantes do estado-maior intelectual do Partido Democrático tiveram a oportunidade de continuar prestando sua colaboração política à oligarquia. Contudo, o fato de os políticos filiados ao Partido Democrático e os herdeiros das antigas dissidências terem liderado o projeto de reunificação das forças oligárquicas protelou a tomada de consciência dos intelectuais "democráticos" quanto às probabilidades de sobrevivência política deles mesmos, dos grupos dirigentes do antigo regime e da própria classe a que pertenciam. Entre 1930 e 1937, os intelectuais "democráticos" participaram na linha de frente dos diversos empreendimentos culturais suscitados pelas derrotas sofridas no início da década de 1930.[28]

As cisões e querelas ocorridas no interior do movimento modernista se devem sobretudo a razões políticas. Enquanto os escritores vinculados ao perrepismo buscaram colocar suas obras a serviço de uma ideologia "nacionalista" da qual poderiam se utilizar os grupos dirigentes, ou, então, dos intentos reformistas que tencionavam impor à direção partidária, o grupo de intelectuais "democráticos" sob a liderança de Mário de Andrade se empenhou em não deixar que suas tomadas de posição no terreno político-partidário pudessem comprometer o conteúdo de sua produção literária e estética. Os intelectuais associados ao PRP acabam cindidos — a "direita" e a "esquerda" literárias — por terem posições divergentes quanto ao grau e às modalidades de engajamento dos intelectuais com o trabalho político. O "racha" interno aos perrepistas, seguindo-se à publicação do "Manifesto pau-brasil" (1924), de Oswald de Andrade, e dando origem aos movimentos "verde-amarelo" e "Anta", explica-se em grande parte como revide ao esteticismo que impregnava a postura intelectual assumida pelos escritores filiados à "oposição democrática". Enquanto os "perrepistas" procuravam não dissociar suas tomadas de posição no terreno estético de sua atuação política, a maioria dos intelectuais "democráticos" buscava resguardar a problemática de sua produção intelectual das conveniências impostas pelas lutas políticas de que participava.[29]

MÁRIO DE ANDRADE: LÍDER INTELECTUAL DO PARTIDO DEMOCRÁTICO

Ao contrário do "homem sem profissão" Oswald de Andrade, que pôde assumir o papel de vanguarda literária às custas de imensa fortuna pessoal, Mário de Andrade constitui o protótipo do "primo pobre" que também chegou a exercer uma liderança intelectual mas por vias distintas, propiciadas, de um lado, por seus amplos investimentos em capital cultural e, de outro, pela expansão das instituições culturais da oligarquia. Na verdade, Mário só podia contar com o capital social do ramo materno de sua família para contrabalançar outras desvantagens familiares e escolares. Ele era uma espécie de caçula indesejado, de uma feiura singular, com "tremores nas mãos"; seu pai e outros membros da família não conseguiam conter o ímpeto de culpabilizá-lo, de modo meio arrevesado, pela morte de seu irmão mais moço, que era o rebento favorito e cheio de dotes, bonito, louro, "inteligente" e "sensível". Além disso, Mário foi o único escritor modernista a não ter realizado o curso de direito, relegado à contabilidade, que não chegou a completar, e, adiante, ao Conservatório Dramático e Musical. Em relação a Oswald, que procurava se impor tanto por suas façanhas intelectuais como pela sua "superioridade" social, Mário de Andrade só poderia levar a melhor na competição em torno da liderança do movimento modernista pelo empenho com que buscou diversificar os setores de aplicação de sua competência cultural polivalente.[30] Sendo autodidata, Mário teve de fazer investimentos intelectuais de tal monta que acabou cobrindo quase todos os domínios literários, artísticos e científicos da época (da literatura às belas-artes e à música, do folclore à etnografia e à história), ao preço de permanecer solteiro e misógino toda sua vida, em companhia da mãe, da madrinha, da irmã mais moça e da preta Sebastiana, que trabalhava para a família. Mesmo tendo se engajado desde cedo nas fileiras do Partido Democrático, Mário jamais deixou de ser uma espécie de assessor intelectual de prestígio, sem conseguir, a exemplo de seu irmão mais velho, encetar uma carreira política. São essas algumas das condições que lhe permitiram levar a cabo o projeto de ser um intelectual total nas condições da época.[31]

OS ESCRITORES MODERNISTAS

Embora quase todos os escritores modernistas sejam originários de antigas famílias dirigentes, eles se distinguem entre si não tanto pelo volume de capital econômico ou escolar, mas pela proximidade relativa de suas famílias em relação à fração intelectual e política da classe dominante e, por conseguinte, pelo grau de conservação ou de dilapidação de seu capital de relações sociais. Os irmãos Almeida (Guilherme e Tácito), os irmãos Alcântara Machado (Antônio e Brasílio) e Cândido Motta Filho pertenciam a importantes famílias especializadas havia diversas gerações em funções culturais, eram filhos de advogados e magistrados ilustres que juntaram à posição de professores titulares da Faculdade de Direito de São Paulo o desempenho dos mais altos cargos públicos em nível regional, ao passo que Mário de Andrade, Paulo Duarte, Cassiano Ricardo etc.

eram "primos pobres" cujos pais tiveram de enfrentar uma situação material mais modesta e que só puderam tirar partido do minguado capital social que lhes restou.

OS "PRIMOS POBRES"

Com exceção de Mário de Andrade, cujos trunfos sociais e culturais são consideráveis, os "primos pobres" da oligarquia são, em sua maioria, frutos de casamentos "para baixo" de seus pais, que, coagidos pelas ameaças de "desclassificação" social e pela falência material, tiveram de negociar seus ilustres nomes de família no mercado matrimonial, tornando-se muitas vezes os responsáveis pela gestão dos bens materiais da esposa.[32]

As famílias dos "primos pobres" encontravam-se relativamente afastadas, tanto social como geograficamente, da fração política e intelectual da classe dirigente a que pertenciam seus contemporâneos do movimento modernista, os "homens sem profissão". Os "primos pobres" cresceram e foram educados em cidades do interior e só vieram para a capital ao final da adolescência. Não dispondo das vantagens resultantes de posições privilegiadas no espaço da linhagem e da fratria, ao que muitas vezes vem se aliar a presença de estigmas, esses futuros intelectuais encontram-se como que impossibilitados de acionar a seu favor as últimas reservas familiares do capital de relações sociais, a exemplo do que puderam fazer seus irmãos mais velhos. E, mesmo quando o fazem em alguma medida, o "atraso" relativo de seus investimentos escolares acarreta dividendos decrescentes: Mário de Andrade não chegou a realizar nenhum curso superior, Fernando de Azevedo só chega ao curso de direito após um estágio prolongado como noviço na ordem dos jesuítas e ao cabo de inúmeras peripécias profissionais, e Paulo Duarte só consegue o mesmo tardiamente. Sendo originários de famílias com proles numerosas, os "primos pobres" devem o mínimo de vantagens escolares e culturais com que se beneficiaram aos favores e ao amparo que a oligarquia dispensa a seus ramos empobrecidos. Nessas condições, a carreira eclesiástica aparece aos olhos desses intelectuais não apenas como válvula de escape à "degradação social" mas também como estratégia dissimulada de acumulação de capital cultural. O ingresso no seminário lhes permite não apenas escapar ao rebaixamento social ou, então, protelar a relegação de classe, mas também lhes proporciona oportunidades de acumular um tipo de capital cultural (a filosofia escolástica, a filologia etc.) difícil de aplicar em domínios leigos da produção cultural. Por conseguinte, a iniciação literária e erudita que Fernando de Azevedo recebeu no seminário (o latim e outras línguas clássicas etc.) constituiu sem dúvida a condição indispensável para que pudesse levar a bom termo seu tortuoso caminho de reconversão às profissões intelectuais.

OS "HOMENS SEM PROFISSÃO"

"Mais do que bacharel, eu queria ser livre. Não ter títulos. Não ter profissão. Não ser doutor. Mas ser um homem capaz de ser homem! O que eu não desejava era ser bacharel sem ser."[33] Os "homens sem profissão" eram herdeiros nascidos em famílias que monopolizavam havia muito tempo as posições de prestígio no interior da classe dirigente. Sendo originários de famílias de estirpe abastada, cujos sobrenomes de boa cepa lhes garantiam por si só livre trânsito nos círculos dirigentes, e que estavam ligadas de diversas maneiras (casamentos, amizades, negócios em comum, comitês partidários) aos ramos econômicos dominantes, o fato de terem se encaminhado para as profissões intelectuais tem muito mais a ver com as estratégias de reprodução dessas famílias do que com os efeitos provocados pelo declínio social e econômico de que foram vítimas os "primos pobres". Por não serem os primogênitos, acabaram sendo orientados para as posições dirigentes ligadas ao trabalho intelectual e/ou político e mantidos a distância das posições envolvidas de frente com a gestão dos negócios familiares.

A biografia de Cândido Motta Filho permite reconstruir a trajetória de um herdeiro da fração intelectual da classe dirigente em São Paulo em meio à conjuntura de crise do poder oligárquico. Seu pai, Cândido Nanzianzeno Nogueira da Motta, era um advogado de grande reputação, que dispunha de escritório próprio na capital paulista, professor de direito penal na Faculdade de Direito de São Paulo e um político profissional ligado às hostes perrepistas, tendo ocupado os postos de deputado, senador e secretário de Agricultura no estado. Seu avô materno era fazendeiro em Capivari e o avô paterno era professor secundário, sem contar as diversas figuras ilustres entre seus parentes e antepassados: do lado paterno, Cândido José da Motta, tio do avô paterno e secretário do padre Feijó durante a Revolução de 1842, e Cesário Motta Jr., político de prestígio, ambos presentes na Convenção de Itu; do lado materno, Júlio César Ribeiro Vaughan, professor e escritor naturalista, casado com uma tia. O círculo de amizades do pai incluía políticos eminentes: Washington Luís e Altino Arantes, colegas no mesmo escritório de advocacia; Carlos de Campos e Carlos Garcia (o primeiro, diretor do *Correio Paulistano,* ambos deputados), Prudente de Morais, o senador Rodolfo Miranda, Júlio Prestes, todos pertencentes à cúpula do PRP; membros do alto clero, como o monsenhor Francisco de Paula Rodrigues, d. Duarte Leopoldo e Silva, arcebispo de São Paulo, que realizou o batismo do autor, quando sua família morava no bairro de Santa Cecília, onde fora vigário; seus colegas professores na Faculdade de Direito, entre eles José de Alcântara Machado d'Oliveira, pai dos melhores colegas de infância de Cândido.

As comparações que Cândido estabelece com os filhos de Alcântara Machado têm como pano de fundo a posição semelhante de suas respectivas famílias no espaço da classe dirigente.[34] Ele se identifica com o irmão mais moço de Brasílio (que também se tornaria um escritor modernista) porque tem consciência, em certa medida, das estratégias das famílias dirigentes, que excluem alguns de seus herdeiros da gestão econômica do patrimônio, reservando-lhes os encargos do trabalho intelectual.

> Mas entre os poucos que tive como companheiros toda a vida encontrava-se Brasílio Machado Neto. Brincamos na mesma rua, frequentávamos a mesma faculdade, fizemos a mesma política, juntos frequentamos os livros, os salões de baile e as casas de diversões. Ele era rico. Eu era pobre. E essa diferença poderia nos separar, mas não nos separou [...] Um pouco mais moço do que eu, fazia-me um sinal para que o esperasse com o seu irmão Antônio, para bater bola. Desde menino era um comandante, inventando brinquedos e determinando os jogos que iríamos jogar [...] Esse menino voluntarioso, que parecia ter nascido para dar ordens sem ser rís-

QUADRO 1 — ORIGEM SOCIAL, TRUNFOS, HANDICAPS E CARREIRAS

MODERNISTAS ETC.	Data e lugar de nascimento	Profissão do pai	Dilapidação social dos pais	Estigmas/ handicaps	Gestão do capital de relações sociais	Posição na fra carreira dos ir
José Oswald de Souza Andrade	1890, São Paulo	Grande especulador urbano; rentista, vereador; gestão dos bens da esposa	Pai doente (espinha)	"Gordinho refratário"	Lado materno = ramo ilustre	Filho único
Mário Raul de Moraes Andrade	1893, São Paulo	Jornalista, pequeno co-merciante, guarda-livros, tesoureiro administrador do Conservatório Dramático e Musical	Órfão de pai aos vinte anos	Tremor nas mãos	Lado materno = ramo ilustre	Segundo filh mem; irmão a gado e deput
Cândido Motta Filho	1897, São Paulo	Advogado com banca; professor de direito, político		"Saúde precária", "tímido", canhoto	Trabalho político do pai	Filho único
Antônio Castilho de Alcântara Machado d'Oliveira	1901, São Paulo	Professor de direito, político, deputado, advogado com banca			Trabalho político do pai	Segundo filho homem; irmã empresário
Guilherme de Andrade Almeida	1890, Campinas (São Paulo)	Advogado com banca; professor de direito		Internato (Ginásio Diocesano São José)	Trabalho político do pai	
Fernando de Azevedo	1894, São Gonçalo do Sapucaí (Minas Gerais)	Filho de um "industrial" falido, dono de uma companhia de bondes no Rio	Falência material	"De constituição franzina", pneumonia; internato (Ginásio Diocesano São José, Pouso Alegre)		Terceiro filho de uma prole de quinze
Cassiano Ricardo	1895, São José dos Campos (São Paulo)	Pequeno proprietário de terras (Várzea Grande); pequeno fazendeiro	Falência material			Segundo filho mem; um ir médico e pr sor de medici
Paulo Duarte	1899, São Paulo	Pequeno funcionário público; comerciário; administrador da fazenda da mulher; pequeno comerciante; coletor federal	Falência material		Lado materno = ramo ilustre	Primogênito
Menotti del Picchia	1892, São Paulo (origem imigrante)	Pequeno empreiteiro, pintor, arquiteto	Falência material; órfão de mãe já moço	Hérnia inguinal; internato (Ginásio Diocesano São José, Pouso Alegre)	Trabalho de costura da irmã	Caçula; um irr macrocéfalo, outro levado p a Europa, outr fotógrafo
Plínio Salgado	1895, São Bento do Sapucaí (São Paulo) (origem imigrante)	Farmacêutico e político local	Órfão de pai aos quinze anos	Internato (idem)		Único filho hor

FONTES: Memórias e biografias

Curso superior	Data de estreia e gênero em livro	Academia Brasileira de Letras (ano de ingresso)	Carreira	Tipo de produção
eito	1916, teatro	Não	Jornalista (*Diário Popular, Jornal do Comércio*); livre-docente; cadeira de literatura brasileira na Faculdade de Filosofia da Universidade de São Paulo	Crônicas, crítica teatral, poesias, manifestos estéticos, teatro, ensaios, romances, memórias
ntabilidade (incompleto); Conservatório Dramático Musical (piano)	1917, poesia	Não	Professor catedrático do Conservatório Dramático e Musical de São Paulo; diretor do Departamento de Cultura da Prefeitura de São Paulo; diretor do Instituto de Artes da Universidade do Distrito Federal e seu catedrático (história e filosofia da arte); funcionário; colaborador do jornal *O Estado de S. Paulo*	Crítica de arte, poesia, ensaios, crítica musical, ficção, romances e contos, obras históricas, etnografia, folclore, crônicas, correspondência
eito	1926, ensaio político	1960	Juiz de paz em São Paulo; advogado do estado e da prefeitura; professor catedrático da Faculdade de Direito; diretor do Instituto de Educação de Menores de São Paulo; deputado estadual; jornalista; carreira política e judiciária	Direito, crítica literária, traduções, ensaios, biografia, memórias
eito	1926, crônicas	Não	Assessor da bancada paulista na Assembleia Nacional Constituinte (1933-4)	Contos, novelas
eito	1916, teatro	1930	Advogado; secretário da Escola Normal Padre Anchieta, chefe da Divisão de Expansão Cultural da Prefeitura de São Paulo, diretor-fundador da Sociedade de Instrução Artística do Brasil, secretário do Conselho Estadual de Bibliotecas e Museus; jornalista, presidente da Associação Paulista de Imprensa	Poesia, traduções, prosa, ensaios, depoimentos políticos
minário dos uítas (cinco os); direito	1926, ensaios	1968	Professor de latim e psicologia em Belo Horizonte; bibliotecário de um colégio; conferente do Lloyd Brasileiro; diretor-geral de Instrução Pública no Distrito Federal; jornalista; magistério superior; cargos públicos de cúpula	Ensaios, crítica literária, sociologia, estudos culturais, memórias
eito	1915, poesia	1937	Cargos políticos de confiança (antes e durante o governo Vargas)	Poesia, escritos políticos, crítica, memórias
eito	1927	Não	Jornalista (*O Estado de S. Paulo, Diário Nacional*); membro do PD; assessor do prefeito de São Paulo Fábio Prado, deputado (Partido Constitucionalista); trabalhos em órgãos culturais (Anhembi etc.)	Depoimentos políticos, obras de documentação histórica, ensaios e biografias, memórias
eito	1917, ficção	1943	Emprego na Secretaria do Seminário; administrador de fazenda; escritório de advocacia e inspetor escolar em Itapira; redator político do governador Washington Luís; deputado estadual pelo PRP; diretor de órgãos culturais (período Vargas)	Crônicas, escritos políticos, poesias, romances, memórias
eito	1926, romance	Não	Político profissional	Romances, ensaios e estudos políticos

pido, incapaz de tolerar discussões por muito tempo [...] Considerava-se meu amigo e, com isso, encontrava em mim as virtudes que eu não tinha. Nunca travamos uma discussão. Nunca nos separou uma divergência. Carinhoso e meigo nas conversas que entabulávamos, procurava persuadir-me como se não comandasse. Depois, nos separamos. Ele ingressou no Colégio São Bento, e eu, que tinha ido para o Rio, me matriculei no Colégio Santo Inácio [...] Quando o reencontrei, já estava taludo, patinando, jogando tênis, conhecedor de todas as notícias desportivas. Quem o visse assim, ao lado de seu irmão Antônio, concluiria que este, sempre aferrado aos livros, é que estaria na posse das virtudes intelectuais e políticas da família. Eu também gostava dos livros e gostava de ouvir Antônio.[35]

O gosto de Brasílio pelo esporte expressa sua identificação com o universo de valores masculinos, ao passo que os pendores literários de Cândido e de Antônio servem para familiarizá-los com as matérias-primas do ofício intelectual e enredá-los no clima de "encantamento" com que se acoberta a triagem de "vocações" para os trabalhos do "espírito". Vale dizer, o interesse pelos esportes e a crença de que a prática esportiva poderia despertar as "qualidades" que ele atribui a Brasílio — "um comandante", "menino voluntarioso", "nascido para dar ordens", "seguro de si mesmo" — estão para os futuros homens de negócios assim como a "saúde precária" e a "timidez" estão para os futuros ocupantes de posições culturais.

[...] As minhas relações com Brasílio tornaram-se mais frequentes quando éramos alunos da Faculdade de Direito [...] Eu, com as minhas pueris inquietações literárias ou minhas ingênuas opções filosóficas, e ele, seguro de si mesmo, pondo fora as minhas dúvidas, como se fossem objetos inúteis. Falava com entusiasmo de seus planos desportivos, do jogo a que assistira, dos campeões do boxe, de golfe, de vôlei ou polo... Contei-lhe que estava frequentando, aos sábados, o Clube de Regatas Tietê, onde remava até Vila Maria. Gostou. Disse-me que era uma boa notícia que lhe dava, porque sem o exercício físico, sem o encontro com a vida, como ela é, o homem perde suas defesas. Com o decorrer do tempo, mais uma vez o destino nos separou. Ele foi para o comércio e eu para a advocacia e para o jornalismo. Aos poucos Brasílio foi-se revelando o empresário, o homem de negócios sempre a enfrentar, com uma intuição incomum, os temas e os problemas das classes produtoras, prevendo, numa civilização de máquina, o relevante papel do comércio [...] Chegava aos trinta anos, com as habilitações de um capitão de longo curso. Tinha incorporado à sua maneira de agir a experiência de seus ancestrais [...] Brasílio ficara em São Paulo, na direção de seus negócios e de certas organizações de classe.[36]

O trecho a seguir permite reconstituir as posições que o autor consegue mapear no espaço da classe dirigente, desde a carreira (masculina) dominante no mundo dos negócios, passando pelas diversas carreiras políticas e intelectuais (advogado, professor, jornalista, letrado, pintor), até a carreira militar, que enxerga como o confim da "degradação" social a que podem chegar os "parentes pobres" da oligarquia. Tais oscilações quanto à escolha de um caminho profissional também se devem, é claro, às novas demandas políticas e ideológicas da oligarquia.

[...] Que é que você vai ser? Brecheret, que fora meu colega de grupo escolar, queria ser índio. Eu, um dia, saí fora de meus moldes e ambicionei ter uma leiteria, igualzinha à que possuía um meu primo, na rua Jaguaribe, perto da Santa Casa de Misericórdia, ambição que durou o espaço de uma manhã [...] Quando alcancei os quinze anos, os projetos se tornaram impossíveis. A minha saúde fizera-se precária, e eu invejava um colega, filho de um coronel da Força Pública, que ia gloriosamente seguir a carreira das armas [...] Tentou animar-me, dizendo que eu era antes de tudo, pela curiosidade que revelava a todo instante, pela inconstância das minhas leituras, um jornalista, e o jornalismo é um curso complementar ao curso de direito, porque o jornal é uma tribuna do direito e da justiça (palavras que atribui a Carlos de Campos) [...] Porque, se eu não tinha, propriamente, aspiração a ser pintor, tinha certas inclinações pela pintura. Vivia rabiscando, e muitos me diziam que eu tinha bons traços. Frequentava as exposições e procurava estar a par dos movimentos artísticos da Europa e da América [...] Depois de pensar em ser uma porção de coisas acabei por concluir que, para mim, a melhor carreira era a de professor [...] Sou filho de professor e neto de professor. Seguindo a meu pai e a meu avô, eu contornava o problema da minha timidez [...] [refere-se a seguir a Guilherme de Almeida, seu amigo]. Disse-me, numa dessas conversas, que todos os professores têm um horizonte muito limitado [...] que os professores não são homens que sabem, mas homens que, quando muito, ensinam a saber. Não passam de estudantes que terminaram seu curso e que continuam estudantes em outro curso [...] Dentro dessa medida eu podia ser um bom professor. Além do exemplo de casa, eu tinha o do *Correio Paulistano*, que teve a dirigi-lo professores de direito... [...] eis senão quando leio nos jornais que estava aberto o concurso para a cadeira de literatura no Ginásio do Estado. Era sopa no mel [...] e tratei de escrever minha tese. Intitulei-a "O romantismo e o pensamento brasileiro". Terminei-a, e quando a terminei já tinha desistido do concurso. Transformei a tese num ensaio, que publiquei. E isso aconteceu quando tive notícia de que teria como concorrente Guilherme de Almeida [...] era meu amigo, desde os tempos em que frequentávamos a Faculdade de Direito [...] já viu um professor alegre? [palavras que atribui a Guilherme]. Veja, por exemplo, meu pai. É um encorujado. Os que são alegres o são porque são professores e mais alguma coisa [...] Estávamos no escritório de seu pai, onde o poeta fingia ser advogado. Era ele pequenino, com os olhos ligeiramente mongoloides, dotado de uma delicadeza quase incômoda. Achava, talvez por essa delicadeza, brutal a profissão de advogado. O advogado vivia, para ele, entre o furor da clientela de pagar ou não pagar... [...]³⁷

Enquanto Rodolfo Miranda e Ataliba Leonel representavam modelos complementares dos políticos bem-sucedidos pertencentes à geração do pai de Cândido — quer dizer, o político interiorano e o político cosmopolita que é ao mesmo tempo um letrado diletante —, Alcântara Machado e Guilherme de Almeida prenunciam a impossibilidade de reproduzir a carreira e o itinerário político de seus pais.

Atravessei um período em que se sustentava que o divórcio entre a literatura e a política se dava por incompatibilidade de gênios. Citava-se o exemplo de José de Alencar, que almejando ser ao mesmo tempo político e homem de letras, sofreu como político e como homem de letras. O senador Rodolfo Miranda era dessa opinião [...] E eu o admirava porque possuía um cavalo branco, majestoso como um cavalo de estátua. E eu sonhava ser, um dia, Rodolfo Miranda, para ter um cavalo branco... Desde que me encontrou, já estudante de direito, achou que era dever seu falar-me das tradições republicanas [...] "Você precisa, menino, seguir seu pai, que está seguindo os passos do grande Cesário Motta Jr. Falo isso porque tenho visto no *Correio Paulistano* seus artigos e vejo que você gosta muito mais de poesia do que de política. Se isso continuar assim, o que acontece?... A República vai parar nas mãos de cafajestes e aventureiros [...]." A verdadeira glória se conquista na luta política [...] Nesse despertar da minha mocidade, ao querer abarcar o mundo com as pernas, eu me inclinava a manter os dois amores [...] Até que me aproximei de Alcântara Machado [...] encontrava nele um intelectual, típico, fazendo política [...] Ataliba Leonel foi um dos homens mais singulares que conheci. Em tudo e por tudo, oposto a Alcântara Machado e mesmo a Rodolfo Miranda. Nele se podia ver o homem do interior longínquo de São Paulo [...] enquanto que Alcântara Machado era um homem urbano e amigo dos livros [...] Apesar de formado em ciências sociais pela Faculdade de Direito, o dr. Ataliba deixava que o chamassem de "general". Ocultava os títulos, as homenagens que recebia, como disfarçava o que sabia, porque, como costumava dizer, preferia os homens inteligentes aos demasiadamente lidos [...] De outro lado estava Alcântara Machado, vendo os homens e os acontecimentos de modo diverso. Era um homem culto e viajado. Não havia novidade literária que não conhecesse. E sabia a Europa de cor e salteado [...].[38]

Em 1919, Cândido Motta Filho inicia sua atividade jornalística como repórter do *Correio Paulistano*, sendo também responsável pela página literária; logo depois de formado, é eleito juiz de paz no bairro de Santa Cecília, onde residia sua família; em seguida, torna-se advogado da prefeitura e do estado, participa de diretórios do Partido Republicano, ensina em ginásios da capital; depois de 1930, funda com Alcântara Machado, Abelardo César e Alarico Caiuby a Ação Nacional do PRP, inspirado no ideário político de Alberto Tôrres; derrotado junto com Guilherme de Almeida como candidatos a deputado federal pelo Partido Republicano, consegue eleger-se deputado estadual no governo Armando de Sales Oliveira pelo Partido Constitucionalista e, em 1934, trabalha, com Antônio de Alcântara Machado, para o escritório técnico da bancada paulista na Constituinte. Suas atividades intelectuais incluem a direção da revista *Política* e a participação no movimento modernista, no qual se alia à cisão direitista composta de Cassiano Ricardo e Menotti del Picchia, responsáveis pelo movimento verde-amarelo; aproxima-se de Plínio Salgado, com quem colabora na fundação da Sociedade de Estudos Políticos, da qual se desliga com a consolidação do movimento integralista; durante o Estado Novo, toma o lugar de Cassiano Ricardo no Departamento de Imprensa e Propaganda e, em 1942, presta o concurso para catedrático da Faculdade de Direito com a tese "O Poder Executivo e as ditaduras constitucionais". Tendo iniciado sua carreira política no âmbito do perrepismo, que era quase um prolongamento de seus interesses familiares e a cujo imobilismo tentou contrapor-se, engajando-se nas tentativas de renovação partidária, permanece nele mesmo após a derrota, em 1932. Durante o Estado Novo, ingressa na cúpula do estamento burocrático, em que escalou os mais altos cargos — ministro do Trabalho, ministro da Educação e Cultura, presidente nacional do Partido Republicano, presidente do Tribunal Superior Eleitoral —, encerrando sua carreira com a nomeação para ministro do Supremo Tribunal Federal, do qual foi também presidente.

Diante das mudanças por que passa o mercado de postos políticos e culturais no qual seus pais desfrutavam de posições estáveis e bem remuneradas, o trunfo decisivo com que contam os herdeiros das famílias cultas, esses "homens sem profissão", como eles próprios se denominam, reside na formação polivalente que adquiriram na Faculdade de Direito e cuja rentabilidade profissional é tanto mais apreciável quando se faz acompanhar de um capital de relações sociais que apenas as famílias de maior prestígio da classe dominante possuem. Lançando mão de uma espécie de faro social que lhes permite discernir antes de seus "primos pobres" os cargos mais bem pagos e as carreiras mais atraentes, esses "homens sem profissão" dispõem de condições excepcionais para uma prospecção criteriosa de ganhos e oportunidades, estando por isso mesmo dispensados quer dos investimentos arriscados a que se lançaram Mário e Oswald, quer da relegação momentânea a tarefas subalternas a que sucumbiram seus "primos pobres" da oposição "democrática". Por todas essas razões, os "homens sem profissão" imprimem maior velocidade às suas carreiras, ou seja, auferem de imediato os preitos de consagração e reconhecimento que os demais só conseguirão muito mais tarde ou postumamente.[39]

A SITUAÇÃO DO MERCADO DE DIPLOMAS NO INÍCIO DA DÉCADA
DE 1930

Até meados da República Velha, a Faculdade de Direito era a instância suprema em termos de produção ideológica, concentrando inúmeras funções políticas e culturais. No interior do sistema de ensino destinado à reprodução da classe dominante, ocupava posição hegemônica por força de sua contribuição à integração intelectual, política e moral dos herdeiros de uma classe dispersa de proprietários rurais aos quais conferia uma legitimidade escolar. A Faculdade de Direito atuava ainda como intermediária na importação e difusão da produção intelectual europeia, centralizando o movimento editorial de revistas e jornais literários; fazia as vezes de celeiro que supria a demanda por indivíduos treinados e aptos a assumir os postos parlamentares e os cargos de cúpula dos órgãos administrativos, além de contribuir com o pessoal especializado para as demais burocracias, o magistério superior e a magistratura.[40]

A vitalidade da política acadêmica — as lutas entre facções estudantis em torno da presidência do diretório, a segmentação da mocidade em igrejinhas que operavam como extensões das dissidências oligárquicas, as inúmeras agremiações internas, cuja sociabilidade congregava herdeiros com aspirações e possibilidades idênticas de fazer carreira — constitui um indicador seguro da relativa autonomia de que dispunha a Faculdade de Direito para que pudesse cumprir a contento essa série de funções de que foi se incumbindo.

No início da década de 1930, a situação prevalecente no mercado de diplomas superiores espelha as mudanças provocadas pelas sucessivas reformas do ensino empreendidas ao longo da República Velha. Ao permitir que "qualquer indivíduo ou associação particular pudesse abrir cursos ou estabelecimentos de ensino jurídico", contanto que as condições de matrícula, o sistema de exames, o regime disciplinar e o programa das disciplinas seguissem os padrões vigentes nos estabelecimentos federais, a reforma Benjamin Constant (decreto nº 1232, de 2 de janeiro de 1891) extinguiu o monopólio que o poder público exercia nessa área, restringindo a ingerência do poder central aos encargos de inspeção e reconhecimento pelo Conselho de Instrução Superior. No ano seguinte, esse regime de equiparação passou a ser aplicado aos demais cursos superiores; e, por fim, a reforma Rivadávia (1911), "ao instituir a liberdade de ensino" com vistas a "eliminar os privilégios acadêmicos, estabelecer a competição livre, tudo isso com o objetivo de aperfeiçoar os padrões de ensino então vigentes",[41] veio consolidar tais disposições. Como era de se esperar, esse conjunto de medidas legais propiciou "uma desenfreada disseminação de escolas superiores" mantidas por particulares ou por instituições religiosas, e cuja principal consequência consistiu em liquidar com a supremacia das faculdades oficiais de São Paulo e do Recife na área do direito, do Rio de Janeiro e da Bahia na área da medicina, da Escola Politécnica do Rio de Janeiro e da Escola de Minas de Ouro Preto na área da engenharia.

Em 1932, as escolas superiores nos ramos tradicionais haviam se multiplicado em virtude da ampliação da rede de estabelecimentos privados, bem como em consequência da extensão do conjunto de estabelecimentos públicos.[42] Havia, nesse ano, nove faculdades politécnicas (quatro faculdades públicas — duas financiadas por governos estaduais e duas pelo governo federal — e cinco particulares), das quais oito haviam sido reconhecidas oficialmente; onze faculdades de medicina (seis faculdades públicas — três financiadas por governos estaduais e três pelo governo federal — e cinco particulares) sendo que apenas uma não havia alcançado reconhecimento oficial; e 21 faculdades de direito (oito faculdades públicas — cinco financiadas por governos estaduais e três pelo governo federal — e treze particulares), das quais catorze haviam logrado aprovação oficial.[43] Dessa maneira, as entidades particulares acabaram sobrepujando a iniciativa pública, fazendo com que as corporações religiosas e os empresários particulares se tornassem os principais investidores nessa área.

Embora a reforma João Luís Alves (decreto nº 16 782-A, de 1º de janeiro de 1925) tivesse o intuito de brecar esse surto de "academias elétricas", fixando "a limitação das matrículas" para buscar restabelecer o equilíbrio entre a oferta de bacharéis e a quantidade de postos disponíveis, tais gestões se revelaram inócuas diante do desenvolvimento incipiente de outras profissões que pudessem "atrair inteligências que delas, inexplicavelmente, se desviam".[44] A essa altura, contudo, já se faziam sentir os efeitos da situação inflacionária no mercado de diplomas superiores, em especial nas profissões liberais tradicionais, de tal maneira que o acirramento da concorrência entre os efetivos dos diversos ramos das profissões liberais atingiu inclusive áreas do mercado de trabalho em vias de expansão, como no caso dos postos de gestão em instituições escolares.

A desvalorização do título universitário nos ramos que habilitam ao desempenho das profissões liberais agravou-se ainda mais, porque os portadores desses títulos de repente se viram obrigados a enfrentar a concorrência movida tanto pela nova geração de especialistas em áreas em vias de expansão (cientistas sociais, educadores, psicólogos, economistas, estatísticos etc.) como pelos profissionais de outros ramos do ensino superior que passaram a disputar as mesmas vagas nas novas frentes de expansão do mercado de postos. Logo, a baixa cotação do título de bacharel tendia a se firmar em virtude da incipiente diferenciação que a formação escolar adquirida nesses institutos superiores imprimia à competência técnica e cultural de seus respectivos públicos.

Em resumo, a proliferação de faculdades livres, particulares ou estaduais, afetou em cheio as reservas do mercado de postos, até então monopolizadas pelos detentores de diplomas concedidos pelos cursos superiores oficiais.

"Entre nós, ela [a década de 1920] se caracterizou pela presença do engenheiro no domínio dos estudos sociais. Por muito tempo, esses estudos normalmente estiveram reservados aos juristas. Houve neles depois uma incursão dos médicos, através da medicina social. A era dos 20 assinalou a presença dos engenheiros não chamados ainda a resolver problemas estritamente tecnológicos, como agora, mas atraídos pelo desejo de estudar e explicar os problemas sociais em todo o seu conjunto."[45] Mas a concorrência que os engenheiros passaram a fazer aos bacharéis em direito também se fez sentir por ocasião das primeiras reformas e campanhas educacionais ao longo da década de 1920: Francisco Venâncio Filho, um dos fundadores da Associação Brasileira de Educação, era engenheiro e professor de física; Vicente Licínio Cardoso, partidário da Escola Nova e responsável pelo inquérito "O problema universitário brasileiro" durante sua gestão como presidente da mesma associação, fundador da Federação Nacional das Sociedades de Educação, era engenheiro e professor da Escola Politécnica; J. G. Frota Pessoa, outro militante das campanhas educacionais e autor de diversas obras pedagógicas, havia feito parte do curso de engenharia na Escola Politécnica antes de ingressar na academia de direito.[46]

A presença dos engenheiros nas áreas de estudos sociais, do pensamento político, da produção de obras pedagógicas, no exercício de cargos administrativos em instituições escolares ou entidades e associações corporativas ou, então, assumindo o trabalho executivo de implementar as reformas da instrução em curso explica-se, de um lado, pela formação humanista e letrada que subsistia nas escolas politécnicas desde os tempos do Império e, de outro, pelas transformações por que passava o mercado de postos destinados aos detentores de diplomas superiores. Ante as resistências que vinham encontrando os projetos que visavam introduzir as ciências sociais no currículo dos cursos jurídicos,[47] os engenheiros dispunham de um mínimo de aptidões culturais para se lançar em novas especializações do trabalho intelectual, tidas como carreiras subalternas, incapazes de atrair os bacharéis em direito e desviá-los das carreiras tradicionais (a representação parlamentar, a magistratura, o magistério superior, o jornalismo).[48]

Ao longo da República Velha, os estudantes dos cursos jurídicos tinham não apenas a pretensão mas também a possibilidade objetiva de ingressar nas carreiras ligadas ao trabalho político e intelectual ou, então, de ser convocados para os escalões superiores do serviço público, no âmbito seja das administrações estaduais, seja do governo central. Ainda que pudessem mobilizar o capital de relações e conhecimentos que facilita o acesso a esses setores do mercado de trabalho reservado às famílias dirigentes, nem por isso deixavam de sentir na pele os efeitos da inflação reinante no mercado de títulos em virtude do crescimento do número de bacharéis "livres" (egressos de faculdades abertas nas duas décadas anteriores). Mas também não estavam insensíveis à concorrência que lhes faziam os detentores de diplomas habilitados ao desempenho de novas especialidades (os recém-formados pelas faculdades de filosofia, educação, ciências e letras ou, então, a minoria de privilegiados que havia realizado estudos no exterior), cuja competência poderia pôr em risco e até mesmo fazer periclitar a legitimidade do saber jurídico para o desempenho dos encargos e mandatos políticos mais gratificantes e de maior prestígio.

Na impossibilidade de se saber ao certo, no início da década de 1930, a amplitude considerável a que chegaria o mercado de postos públicos no decênio seguinte, as ameaças de "desclassificação" social e profissional com que se defrontavam os detentores de títulos universitários (a começar pelos que haviam cursado os chamados estabelecimentos "livres") desencadearam a concorrência ideológica entre os intelectuais e favoreceram a adesão de muitos deles aos empreendimentos de "salvação" política que então surgiram (o partido integralista, a Igreja, as organizações de esquerda). O "desemprego" conjuntural que afetou os "bacharéis" coincidiu com a derrocada do sistema de poder oligárquico e com a montagem de organizações políticas que vislumbraram a oportunidade de substituir os antigos grupos dirigentes apoderando-se do Estado. Não é de estranhar, portanto, que a criação de um partido de direita (a AIB) e que a mobilização suscitada pela Igreja tenham recebido alento decisivo em 1932, após se terem confirmado os prognósticos de derrota política da oligarquia.[49] Um número significativo de intelectuais que acabaram se filiando ao partido integralista só tomaram esse rumo quando se deram conta de que a derrota das facções dirigentes com as quais colaboravam havia truncado por um momento suas expectativas de carreira política; outros se engajaram nas instituições patrocinadas pela Igreja; os demais foram cooptados para cargos públicos ou, então, tentaram conciliar o emprego público com essas filiações partidárias. O futuro social e profissional desses bacharéis teria sido muitíssimo diferente caso as pressões que então passaram a exercer em favor da ampliação dos espaços e dos mecanismos de cooptação não tivessem sido absorvidas por uma conjuntura bastante favorável à expansão da aparelhagem burocrática do poder central. Vendo-se impedidos de retomar os passos da trajetória social e profissional de outras gerações de herdeiros da oligarquia, os intelectuais filiados ao partido integralista ou às instituições de domesticação ideológica mantidas pela Igreja tiveram que ajustar suas estratégias de sobrevivência no espaço da classe dirigente à necessidade de minorar os efeitos da concorrência que lhes faziam grupos sociais cujos interesses não eram os mesmos da oligarquia.

Seja como for, no início da década de 1930 o diploma superior deixara de ser um símbolo de apreço social como o fora para os proprietários de terras ou, ainda, um sinal de distinção capaz de validar ganhos provenientes de outras atividades econômicas das famílias dirigentes. Deixara também de ser garantia segura para os aspirantes ao exercício de funções políticas, administrativas e intelectuais. O contingente de bacharéis que pressionava o mercado de postos nessa época começou a utilizar o diploma como uma prerrogativa da qual só se podiam esperar vantagens de caráter profissional. Assim, o futuro de classe dessa leva avultada de "parentes pobres" que dispunham de um título universitário, adquirido em condições adversas que o haviam desvalorizado brutalmente, passou a depender, cada vez mais, da ampliação das oportunidades de serem cooptados pelo serviço público.

HERMES LIMA: MODELO DE BACHAREL "LIVRE"

Hermes Lima foi um desses bacharéis "livres" bem-sucedidos cujo itinerário algo "errático" acompanha as oscilações da oferta em diferentes setores do mercado de postos. Filho de um coletor público do sertão baiano, representa o exemplo cabal de integrante dessa geração de bacharéis "livres" em busca de um lugar ao sol em meio às transformações por que passava a divisão do trabalho político e cultural nas décadas de 1920 e 1930. A análise de seu caso revela-se particularmente fecunda na medida em que permite evidenciar as estratégias que uma determinada conjuntura no mercado de postos intelectuais tende a suscitar naqueles agentes que não dispõem de nenhum trunfo social senão a posse de um diploma superior e de uma competência em ciências sociais, ferramentas com que se lançam a uma intensa competição intelectual.

Embora as fontes disponíveis não tragam indicações precisas quanto à condição social e material de sua família e menos ainda a respeito de quem teria arcado com o ônus financeiro de seus estudos, talvez o pai ou um padrinho rico ao qual se refere,[50] o fato é que acaba interno no Colégio Antônio Vieira, mantido pelos jesuítas em Salvador. Sabe-se ainda que teve a oportunidade de tomar aulas particulares de filosofia e sociologia antes de prestar o vestibular para a Faculdade de Direito na Bahia. Conclui o curso jurídico em 1924, tendo antes realizado a terceira série no Rio de Janeiro; a respeito de sua estada carioca, não se fica sabendo quais os motivos que teriam sido responsáveis por essa decisão e muito menos pelo retorno à Bahia. Decerto encontrou dificuldades em arranjar emprego, a exemplo de tantos outros de sua geração.

> Faltavam-me quatro preparatórios e eu decidira estudar direito, nunca pensei mesmo em estudar outra coisa. Nascido e criado no meio de conversas políticas, admirando os que sobressaíam na vida pública, lendo romances que meu pai alguma vez tentava esconder de meus olhos, como esse então infernal *História de um beijo*, de

Pérez Escrich, eu sonhava com a auréola de acadêmico e bacharel [...]. A sedução do jornalismo era poderosa e, certo dia, logo no primeiro ano jurídico, armado de uma crônica, procurei Homero Pires, sertanejo, como eu, professor da faculdade [...] Nosso feudalismo agrário e a incipiente indústria do tempo ofereciam escassas oportunidades aos homens de talento literário, na gama de suas modalidades. O jornalismo era o destino mais acessível. Talvez tenha sido a boêmia que salvou talentos dessa época do completo servilismo político e intelectual [...] No horizonte provinciano, as perspectivas de trabalho intelectual resumiam-se ao jornalismo e professorado e, quanto a possibilidades editoriais, mínima ou nenhuma. Editar livro era façanha pessoal e rara [...] Leitores, escassos; editores raramente se arriscavam. Além disso, na tarefa dispersiva de ganhar o pão de cada dia, perdia-se o melhor de cada um.[51]

A concorrência no âmbito do mercado local devia lhe parecer bastante acirrada, a ponto de sentir-se motivado a prestar concurso de livre-docência em direito constitucional e sociologia no Ginásio da Bahia. "Num ambiente em que o saber se ligava mais a pessoas que a instituições", apresenta-se com a tese "Conceito contemporâneo de sociologia", que se inspirava em Durkheim. A atenção com que esmiúça o conteúdo de suas leituras de juventude e o espaço inusitado que lhes concede em suas memórias atestam o vulto dos investimentos culturais a que se via obrigado um bacharel novato, destituído de "pistolões" familiares mas desejoso de lograr uma reputação intelectual que lhe permitisse encetar uma carreira pública e, se calhasse, política.

Virgílio [seu professor particular] ensinava a pensar e a escrever. Na base de minha visão do mundo está a semente que ele plantou. Evolucionista (tinha um filho chamado Haeckel), sua posição filosófica nutria-se do pensamento que, colocando a ciência na base da explicação do cosmos, procurava abrir clareiras na vida do universo para que o homem aí se situasse como integrante dele e conhecedor de suas leis. Banindo qualquer explicação sobrenatural ou metafísica para os fenômenos da vida física, psíquica e social, no vazio da crença antiga, o professor construía um mundo novo em que [...] o método científico, experimental, é mais importante que as teorias. Por isso mesmo, ensinava o sentido melhor da tolerância, que não repele firmeza na ação, mas exige cabeça aberta ao exame do contrário e do novo [...]

Em nosso tempo de faculdade já repercutiam correntes, tendências e reflexos do após-guerra turbulento de 1918. À geração precedente nos ligavam mais os clássicos da literatura francesa e portuguesa do século XIX que as inquietações, ainda que teóricas, das doutrinas políticas e sociais que iam surgindo [...] Era Pareto que eu mastigava desde o colégio, era Maurras, era Daudet, era Barrès, chegamos na Bahia a ler a *Action française* [...] Certamente outras leituras e exemplos contemporâneos, em que o equilíbrio cético de Anatole France foi importante e mais a lição viva de Rui Barbosa, a influência abrasileirante de Alberto Torres impediram que o veneno autoritário afogasse meu pensamento na abstração sectária dos conceitos. O sentido pragmático da organização política dominava, entretanto, meu espírito. A formação intelectual de minha geração [...] recebia contribuições e influências que as distinguiam da geração anterior. Além do choque da Primeira Grande Guerra, de sua literatura inspirada em costumes e audácias novas, luziam revérberos da Revolução Russa que coloriam conversas e debates de estudantes, abstratamente divididos em maximalistas e minimalistas [...] A teoria política bebia nas fontes tradicionais do direito americano [...] Eu levava para a faculdade pelo menos um nome que não fazia parte do elenco de autoridades de trânsito conhecido entre os catedráticos. O nome de Alberto Torres, sob cuja invocação organizamos um centro de estudos.[52]

Assim, em 1925, Hermes Lima candidata-se ao concurso de direito constitucional na Faculdade de Direito de São Paulo, quando tinha apenas 24 anos. O relato dessa experiência revela quão extraordinário deve ter sido o fato de que um jovem recém-formado, carente de apoio político e de amparo social, decerto alheio às tradições universitárias num estado que nem era o seu, pudesse ter a pretensão de prestar um concurso cujo desfecho já se sabia de antemão. Seja como for, os riscos que implicava essa "jogada" foram cobertos adiante pelos dividendos que sua "derrota" lhe proporcionou. Ainda que não tivesse plena consciência do alcance de suas pretensões, jamais poderia ter feito o cálculo de ganhar o concurso.

"Deseja alguma coisa?" "Inscrever-me no concurso de direito constitucional." Reparou bem minha figura, eu tinha exatamente 24 anos [...] "O senhor tem casaca?" [...] Indaguei se os documentos que trazia deviam ter reconhecidas em São

Paulo as firmas dos tabeliães da Bahia [...] Era de estilo que o candidato visitasse os professores, entregando-lhes as teses [...] Naquele tempo, a congregação toda, comportadamente enfileirada numa bancada, participava do julgamento, não havia prova escrita e, após a arguição do candidato por quatro examinadores, realizava-se, com intervalo de 24 horas, a prova oral. Éramos dois os candidatos. O dr. Sampaio Dória, livre-docente, autoridade em direito constitucional e em assuntos de educação pública, que já dirigira no estado [...] Minha tese pessoal versava sobre "Direito de revolução" [...] A tônica da minha tese frisava a utilidade social da ordem, o primeiro dos bens experimentais na vida humana de relação [...] De Augusto Comte socorria-me, e dele aprendera que revoluções amam o absoluto e "o absoluto na teoria conduz necessariamente ao arbitrário na prática" [...] Maurras entrava com seu veneno autoritário pregando que o governo legítimo seria o governo útil. Mas em meu pensamento pesava sobretudo a mão de Vilfredo Pareto: "A estabilidade social é tão útil que para mantê-la é vantajoso recorrer a fins imaginários, a teologias diversas, entre as quais a do sufrágio universal pode encontrar aplicação" [...] Se a política era arte de governar, urgiam instituições adequadas para transformar em energia legal "a quantidade dinâmica de violência que é a seiva perpetuamente renovada das reivindicações sociais". Este o sumo da tese [...] Na segunda tese — "Quais os princípios constitucionais da União a cuja obediência estão obrigados os estados" [...] mantinha-me fiel ao pensamento de Alberto Torres que assim resumia: "Onde houver problemas, cuja solução importe à terra e ao homem, seja de ordem pública, seja de ensino, seja de saúde, seja de comunicação, seja enfim de civilização, problemas gerais, problemas nacionais, aí deve estar a União realizando com o estado ou sem o estado a obra de interesse comum".[53]

Decerto Hermes Lima quisera granjear em tempo recorde um prestígio intelectual que dificilmente um jovem forasteiro, provinciano, conseguiria obter em condições normais de concorrência. E o próprio Hermes Lima admite as vantagens laterais que a livre-docência lhe trouxera a título de consolo. Começou a lecionar e a participar de bancas examinadoras, ampliou o círculo de suas relações e amizades entre os professores, vale dizer, a melhoria de sua posição junto à fração intelectual lhe assegurou novas oportunidades de emprego.

Em 1933, publica *Introdução à ciência do direito* pela Companhia Editora Nacional, primeiro manual brasileiro a ostentar o título da cadeira havia pouco incorporada à seriação de matérias do curso jurídico. Nas condições do mercado intelectual da época, trata-se, sem dúvida, de um lance acertado, o qual lhe permitiu validar de antemão suas pretensões a essa mesma cátedra quando se abriu o concurso na Faculdade de Direito da Universidade do Brasil, no ano seguinte. Os concursos acadêmicos que pontuam sua "travessia" pelo mercado de postos evidenciam as estratégias de risco de que lançaram mão aqueles postulantes à cooptação que, numa conjuntura bastante competitiva, buscavam compensar a carência de um sólido capital de relações sociais pela prospecção das oportunidades de trabalho em que podiam fazer valer sua competência propriamente intelectual.

Os concursos havidos na Faculdade de Direito do Rio de Janeiro no início da década de 1930 revelam, por outro lado, os móveis centrais das lutas no campo intelectual da época na medida em que permitem aferir o valor social atribuído aos postos intelectuais e o estado da concorrência em relação às posições mais cobiçadas. O móvel da concorrência entre os candidatos às cátedras deslocou-se do terreno estritamente jurídico para a esfera das teorias políticas e sociais acerca do papel do Estado. O confronto entre os defensores de uma posição materialista e os porta-vozes de uma postura espiritualista que se manifesta por ocasião do concurso para a cátedra de economia política, ao qual se apresentaram Leônidas de Rezende (com a tese "A formação do capital e seu desenvolvimento") e Alceu Amoroso Lima (com a tese "Ensaio sobre a economia pré-política"), ressurge no momento do concurso para a cátedra de introdução à ciência do direito, ao qual se apresentaram dez candidatos, entre os quais Hermes Lima, o vencedor, com a tese "Material para um conceito de direito", de 34 páginas, e Alceu Amoroso Lima, com a tese "O materialismo jurídico e suas fontes", de 313 páginas.

> [...] a tese de Alceu [...] entendia a expressão "materialismo jurídico" em dois sentidos — em sentido lato: "exprimindo a supressão de todo fundamento absoluto à ideia de direito"; e em sentido estrito: "exprimindo propriamente o resultado final dessa evolução não só pelo desconhecimento de qualquer valor absoluto ao direito, mas ainda pela subordinação necessária à organização dos diferentes regimes políticos e especialmente econômicos da humanidade". Concluía que a opção [...] era — ou restaurar o direito em sua integralidade pura,

prendendo-o de novo à fonte eterna e imutável de toda Justiça; ou aniquilar o direito pelo predomínio do egoísmo individual ou coletivo [...] Minha tese [...] Nela se condensava a orientação sociológica e filosófica que inspirara o manual por mim publicado naquele mesmo ano de 1933. Partindo da constatação de que direito é fato social, logo advertia, usando da terminologia de Vilfredo Pareto, que sobre as causas explicativas da origem do direito se levantam duas sortes de teorias — as lógico-experimentais e as não-lógico-experimentais. Nas primeiras, os princípios "condensam os caracteres comuns de numerosos fatos", enquanto nas últimas "os princípios não dependem dos fatos, porém os regem". Estas acomodam sentimentos à realidade, ao passo que aquelas procuram melhor imagem dos fatos. Rejeitava como fonte do direito, a consciência social, o sentimento jurídico, o psicologismo, o racionalismo que, embora aspectos da realidade, não detinham nenhuma capacidade criadora de regras jurídicas de conduta e organização. Repelia, enfim, qualquer fonte metafísica do direito [...] dizia não consistir o direito num ideal, numa categoria do espírito, ou noção que a atividade psíquica de um grupo ou de um povo houvesse elaborado como síntese de múltiplos elementos sociais livremente combinados, pois o direito aparece sempre acompanhando, refletindo a estrutura social [...] O homem não estabelece ou molda a constituição social, pois esta é que dá sentido e direção a seus pensamentos e desejos, sem considerar fins últimos, supremos [...] A evolução social, os sistemas de cultura, os sistemas de relações, formam-se, desenvolvem-se e desaparecem em função das variações dos elementos estruturais da sociedade: terra, densidade de população, produção e instrumentos de trabalho [...] censurava Rumpf porque, ao analisar as categorias do pensamento organizador, não assinalara a influência das classes sociais, as pressões das relações econômicas de domínio sobre o raciocínio organizador. Isso era importante para explicar por que os sistemas jurídicos são a couraça legal dos sistemas econômicos.[54]

As disputas entre os defensores das doutrinas materialistas e os porta-vozes dos princípios espiritualistas permearam as lutas em torno das posições docentes, mas também se estenderam às organizações estudantis (de um lado, a Liga dos Estudantes Ateus, a Federação dos Estudantes Vermelhos e, de outro, o pessoal católico do CAJU, Centro Acadêmico Jurídico Utilitário). Na verdade, o que estava em jogo era o controle ideológico e de gestão da Faculdade de Direito, que continuava sendo uma das principais instâncias de recrutamento e formação dos futuros quadros políticos e intelectuais da classe dirigente.

Os desafios políticos e doutrinários com que se defrontavam os candidatos estavam a exigir sistemas de pensamento menos permeáveis ao receituário jurídico e à influência das diversas correntes de filosofia social em voga. Em ambos os concursos, as vitórias de Leônidas de Rezende e de Hermes Lima não dependeram apenas dos conchavos que os catedráticos e professores de orientação socialista haviam acertado, tal como consta dos depoimentos de contemporâneos;[55] resultaram sobretudo das atitudes de intelectuais que, pela primeira vez, tiveram condições de invocar sistemas de pensamento leigos que reproduziam aqui um debate filosófico idêntico àquele em curso na Europa desde o início do século XX.

> Passei do evolucionismo naturalista spenceriano ao evolucionismo criador bergsoniano [...] A grande novidade de Bergson era conceder a primazia ao espírito [...] Através de Bergson evoluí para o vitalismo e o espiritualismo, contra o ceticismo e o materialismo anterior [...] [Sílvio Romero me deu a conhecer a cultura brasileira filosófica, a filosofia da cultura jurídica e a filosofia ligada à sociologia [...] em sociologia estava ligado a uma escola católica, a École de Science Sociale, que vinha de Frederico Le Play, e tinha como discípulo Henri de Tourville. Lembro-me que nunca nos disse que Tourville era padre [...] Entre 1930 e 1934 passei a me interessar particularmente pelos estudos de economia e de sociologia [...] Foi precisamente por essa ocasião que retornei à leitura da obra de Maritain, que me revelava a democracia cristã, a democracia social, com o seu humanismo integral. Iniciei com ele uma correspondência regular, buscando novas fontes para os meus estudos de sociologia e de economia, autores católicos que me revelassem o ponto de vista cristão a respeito desses problemas.[56]

O contraponto das leituras e influências a que estiveram sujeitos Hermes Lima e Alceu Amoroso Lima comprova a situação de dupla sujeição dessa geração de bacharéis "livres", que se encontram dominados seja no campo das relações de forças internas, seja porque pertencem à periferia do sistema internacional das relações intelectuais. Embora Hermes Lima e Alceu Amoroso Lima fossem intelectuais dependentes em relação aos centros europeus de produção cultural, o fato de ocuparem posições distintas no campo intelectual interno levou-os a importar sistemas de pensamento que melhor se ajustavam às características de suas posições e às demandas a que deviam responder por intermédio de suas obras. As doutrinas de Le Play harmonizam-se com a orientação ideológica que Alceu é levado a imprimir às suas obras e práticas, da mesma forma que o ideário político de Durkheim e Pareto coincide com os interesses de Hermes Lima, adepto fervoroso da "hierarquia do saber" e, portanto, como diz Marx, da posse pela burocracia do "ser do Estado".[57] A ideia de que a família constitui a célula básica de cada sociedade, a crença de que a sociedade poderia ser reformada pela inculcação de um novo sistema de valores nas crianças da elite em vez de se alterarem os padrões de transmissão da herança, o respeito pela autoridade patriarcal, a correlação positiva entre estabilidade familiar e prosperidade econômica, são inerentes ao modelo de explicação adotado por Le Play, que, no mais das vezes, recorre a fatores não sociais para eximir-se de uma explicação de fato sociológica. Por sua vez, as propostas éticas e os modelos teóricos de Durkheim e Pareto poderiam tornar-se instrumentos eficazes para aqueles que, a exemplo de Hermes Lima, atribuíam "à ordem uma primazia feita de autoridade e manipulação política de elementos sociais, inclusive da religião".[58]

O "REARMAMENTO" INSTITUCIONAL DA IGREJA CATÓLICA

Desde o início da década de 1920, a Igreja católica aferra-se ao projeto de ampliar suas esferas de influência política mediante a criação de uma rede de organizações paralelas à hierarquia eclesiástica e geridas por intelectuais leigos. A amplitude desse projeto resultava não apenas das diretrizes do Vaticano, então preocupado em sustar o florescimento dos movimentos operários de esquerda na Europa, mas também da tomada de consciência por parte do episcopado brasileiro da crise com que se defrontavam os grupos dirigentes oligárquicos.[59]

Ao mesmo tempo que procuravam reformar as obras tradicionais de caridade, as associações leigas, as ligas destinadas ao culto e à oração, os círculos e as congregações votados ao recrutamento de "vocações", os altos dignitários do clero empenharam-se em preservar e expandir a presença da Igreja em áreas estratégicas como o sistema de ensino, a produção cultural, o enquadramento institucional dos intelectuais etc. Em troca da manutenção de seus interesses em setores em que a intervenção do Estado se fazia sentir de modo palpável (o sistema educacional, o controle dos sindicatos etc.), a Igreja assumiu o trabalho de encenar grandes cerimônias religiosas das quais os dirigentes políticos podiam extrair generosos dividendos em termos de popularidade.

"A união da cruz e da espada", expressão recorrente na imprensa da época, toma corpo em congressos (o Congresso Arquidiocesano, em 1931), banquetes (Bernardes oferece um jantar no Itamaraty em homenagem ao cardeal Arcoverde), procissões solenes (em homenagem a Nossa Senhora Aparecida, "padroeira oficial do Brasil", em 1931), solenidades (inauguração do monumento ao Cristo Redentor, no Corcovado), bem como por ocasião das páscoas especiais para os militares, os intelectuais, os estudantes, os operários, com farta distribuição de sacramentos nas ruas da capital, em presença do episcopado, das grandes figuras da elite política e burocrática, civil e militar, do corpo diplomático e do próprio presidente da República.[60]

No tocante às relações entre a Igreja e o campo intelectual, duas instituições de enquadramento ideológico receberam a incumbência de congregar o núcleo de intelectuais leigos que passariam a atuar como porta-vozes orgânicos dos interesses da corporação religiosa: a revista *A Ordem* (1921) e o Centro Dom Vital (1922).[61] Tendo sido criadas como centros de reunião e de difusão das doutrinas e tomadas de posição de intelectuais católicos acerca de inúmeras questões temporais, essas instituições acabaram assumindo um elenco cada vez mais diversificado de tarefas e funções. Sob sua égide foram organizados os retiros para intelectuais onde se promovia o encontro dos aspirantes às carreiras intelectuais com os mestres do clero em matéria de doutrina, a Ação Universitária Católica (1929), que mobilizava os estudantes das grandes cidades, o Instituto Católico de Estudos Superiores (embrião da futura Pontifícia Universidade Católica), editoras (Agir, entre outras) etc. O saldo mais importante do trabalho desenvolvido por tais agremiações foi o surto de "vocações" entre jovens intelectuais originários de antigas famílias (Almeida Prado, Penido etc.), que decidiram ingressar nas ordens religiosas de maior prestígio (os beneditinos, os jesuítas, os dominicanos).[62] A influência da Igreja católica também se estendeu ao campo literário, por intermédio do grupo de escritores católicos reunidos em torno da revista *Festa* (publicada no Rio em 1927-8 e 1934-5); eles se diziam caudatários do "modernismo" mas procuravam se distinguir das correntes paulistas iniciadoras desse movimento invocando uma estética espiritualista que estaria na raiz de uma "tradição brasileira autêntica".[63]

Sentindo-se ameaçadas pelas reformas governamentais, pela importação dos métodos pedagógicos norte-americanos (inspirados pelo "pragmatismo" de Dewey e outros) e pela "infiltração" dos educadores profissionais nos cargos de gestão em todos os níveis do sistema de ensino, as autoridades eclesiásticas empenharam-se em defender seus interesses mediante a criação de um circuito de instituições — a Associação dos Professores Católicos, a *Revista Brasileira de Pedagogia*, entre outras — capazes de fazer frente à concorrência movida pelos educadores profissionais recrutados pelo Estado, cujas pretensões hegemônicas em matéria de doutrina pedagógica tiveram a contrapartida de uma prolixa literatura de proselitismo subsidiada pela Igreja.[64]

Após 1930, o trabalho de mobilização e arregimentação levado a cabo pela Igreja assumiu proporções consideráveis. A nova orientação política do Vaticano vinha insistindo quanto à necessidade de reagrupar as diversas instituições católicas em torno de uma direção central, à maneira da Ação Católica, recém-implantada em alguns países europeus. Em junho de 1935, os bispos brasileiros promulgavam os estatutos da Ação Católica, moldada segundo os padrões italianos, com seus quatro grandes organismos de base (que guardavam certa semelhança com a organização política fascista): "os Homens de Ação Católica (HAC), para os maiores de trinta anos e os casados de qualquer idade; a Liga Feminina da Ação Católica (LFAC), para as maiores de trinta anos e as casadas de qualquer idade; a Juventude Católica Brasileira (JCB) e a Juventude Feminina Católica (JFC)", tendo como órgão centralizador a Confederação das Associações Católicas (antiga Confederação Católica).

> O quadro oficial da Ação Católica Brasileira, formado pelas organizações fundamentais e pelas associações confederadas, ramificava-se através do país, por meio de órgãos diretores e coordenadores. O primeiro e mais elevado desses órgãos era a Comissão Episcopal da Ação Católica [...] entregue ao arcebispo do Rio de Janeiro a incumbência de representar os demais bispos brasileiros e de resolver nos casos comuns e urgentes [...] Cria-se ainda a Junta Nacional da Ação Católica, aparelho diretor da mesma, que incluía entre suas atribuições "executar as diretrizes e resoluções que o episcopado assentar, através da Comissão Episcopal, da qual é órgão executivo" e "acompanhar, estimular, e coordenar as atividades da Ação Católica por meio dos Conselhos Diocesanos e Paroquiais". Completava-lhe a atuação o Conselho Nacional de Ação Católica [...] Acrescentem-se a este as Juntas e Conselhos Diocesanos, os Conselhos Paroquiais e os Conselhos

Provinciais (de caráter facultativo, a juízo dos diferentes metropolitas e de seus sufragâneos) [...]⁶⁵

O feitio institucional pelo qual se norteava a Ação Católica conferia à cúpula da hierarquia eclesiástica um poder análogo àquele de que dispunha o chefe integralista, além de prover as linhas de autoridade e gestão que uma implantação por todo o território parecia exigir, a começar pelas paróquias, passando pelas dioceses, até chegar às arquidioceses e, por fim, ao centro político sediado no Rio de Janeiro e sob a liderança do cardeal Leme.

Por ocasião da campanha eleitoral de 1933 a intelligentzia leiga voltou a pressionar em favor da organização de um partido político calcado no modelo da "democracia cristã" italiana, encontrando fortes resistências por parte da hierarquia eclesiástica. Temendo os efeitos desastrosos que poderia acarretar um resultado eleitoral desfavorável, e sem querer pôr em risco os dividendos políticos derivados da postura de "neutralidade" que a Igreja deveria continuar mantendo em relação aos detentores do poder temporal, os altos dirigentes católicos preferiram adotar uma solução de compromisso (segundo eles, "uma fórmula extrapartidária, que tornasse os católicos capazes de atuação indireta, mas eficaz, na política"). Dessa maneira, os católicos não interviriam como facção nas lutas partidárias nem desgastariam a autoridade moral e política da única corporação da sociedade civil em condições de ombrear-se com o Estado. A Liga Eleitoral Católica deveria divulgar as diretrizes e as tomadas de posição da Igreja entre os fiéis e canalizar os votos dos eleitores católicos em favor dos candidatos dos diferentes partidos que estivessem prontos a sustentar as posições católicas em questões delicadas e controversas, como, por exemplo, a indissolubilidade do casamento, o ensino religioso nas escolas públicas, a assistência eclesiástica às classes armadas etc. Como a LEC não dispunha de uma lista explícita de candidatos, limitando-se a recomendar aqueles que se comprometiam a apoiar o elenco de exigências mínimas da Igreja, fica difícil avaliar o peso político efetivo que suas indicações tiveram na composição da futura Assembleia Constituinte. Sabe-se, contudo, que grande parte das reivindicações constantes do programa católico foi incorporada à Constituição de 1934. Na medida em que concedeu seu apoio a quase todos os partidos concorrentes, atuando como concessionária de fiança ideológica, "o pleito de maio de 33 levou à Assembleia Constituinte a maior parte dos candidatos e partidos eleitos pela Liga". Segundo a mesma fonte, haveria ao certo trinta católicos práticos ao lado de uma maioria de confessionais indiferentes entre os deputados eleitos, fincando-se as bases parlamentares católicas junto às bancadas pernambucana e paulista.

Assim como se dispuseram a apoiar o poder oligárquico na década de 1920 com vistas a recuperar o status de sócios privilegiados do poder político de que haviam desfrutado até a queda do Império, as autoridades eclesiásticas preferem adotar atitude semelhante em relação ao regime Vargas, antes e após o golpe de 37, em troca da caução oficial à criação de novas instituições educacionais e culturais (em especial, a Universidade Católica do Rio de Janeiro, sob a direção dos jesuítas). Em todas as circunstâncias mencionadas, o "realismo" inerente à política de acomodação da Igreja com o Estado se inspirava na orientação preconizada por Leão XIII em fins do século XIX, segundo a qual era preciso "aceitar a situação pública, tal como se apresentava, sem discutir-lhe praticamente a legitimidade", a fim de assegurar "a existência biológica e empírica da Igreja no mundo".[66]

OS INTELECTUAIS REACIONÁRIOS

Eu via em Paris, centro da Europa, que acabava um mundo. Era o fim da euforia [...] Terminava o diletantismo, a disponibilidade. Começava a vida dura, a opção, a obrigação de escolher entre os extremos, entre o pecado e o dogma [...] A partir desse decênio de 1920 e 1930, produziu-se uma inversão de alianças, uma reversão em relação a Anatole France, Machado de Assis e Sílvio Romero. É que eles haviam inoculado em nossos espíritos um ceticismo e um diletantismo que nos levariam a um choque diante da catástrofe da guerra. Fomos todos, sobretudo a partir de 1918, levados a rever as nossas ideias e tudo aquilo que para nós passou a representar a configuração do que hoje chamamos belle époque *[...] Acabara para mim, como para tantos outros companheiros, a fase da disponibilidade, do absenteísmo, da indiferença, do ceticismo e do intelectualismo puro [...] A chamada campanha civilista ficou marcada em nosso espírito. Mas a derrota que a ela se seguiu, com a vitória do militarismo realista daquele tempo, deixou-nos profundamente decepcionados [...] O ceticismo*

> *filosófico, aliado à decepção política provocada pela derrota do civilismo, fazia-nos crer que nada existia que merecesse o nosso sacrifício, o nosso interesse* [...] *Não havia nada por que lutar* [...] *Éramos displicentes filhos do fim do século, em busca de uma vida agradável, cosmopolita, voltados para o estrangeiro. A guerra é que nos fez despertar* [...] *Em 1918 a canção que cantávamos era a canção dos fuzileiros navais norte-americanos. Os Estados Unidos eram para nós os salvadores da civilização e da democracia* [...] *Com o choque da guerra, com a redescoberta do Brasil, nos libertaríamos do ceticismo, da ironia, da gratuidade intelectual, e iniciamos uma fase de revisão, de participação, de criação* [...] *Era nesse ambiente de uma vida nova, displicente e conformista, que se ia formando a minha geração, aqueles que como Ronald de Carvalho, Mário de Andrade, Leonel Franca, Jorge de Lima, Leonídio Ribeiro, Sobral Pinto e eu, haviam nascido em 1893* [...] *Éramos todos nostálgicos do passado, à procura de grandes coisas, da Grécia, de Roma, da Idade Média.*
>
> Alceu Amoroso Lima, *Memórias improvisadas*. Petrópolis, Vozes, 1973, pp. 49, 57, 61, 66-7

Valendo-se de formas organizacionais de inspiração corporativa e alardeando um programa de "reformas" que levavam em conta os interesses de grupos sociais desatendidos pela oligarquia do antigo regime, as organizações políticas "radicais" (a Ação Integralista Brasileira, o circuito de instituições patrocinadas pela Igreja católica etc.)[67] que passaram a concorrer na arena política entre 1930 e 1937 conseguiram atrair um contingente elevado de quadros políticos e intelectuais egressos dos partidos republicanos da República Velha, cujas carreiras haviam sido truncadas de repente pela derrota da oligarquia.

Diante dos reveses sofridos em 1930 e 1932 e sentindo-se preteridos pela coalizão de forças que passara a deter o controle do Estado, os intelectuais engajados nessas organizações "radicais" não se contentaram apenas em reagir às mudanças políticas dando seu apoio às tentativas de reunificação dos antigos grupos dirigentes por ocasião das campanhas eleitorais de 1933 e 1934. Tendo como alvo alçar-se a qualquer preço à dupla condição de políticos profissionais e intelectuais em organizações que não se cingiam ao terreno em que operavam os partidos a serviço da oligarquia, a cujas derrotas atribuíam o fato de terem sido alijados das carreiras políticas de maior prestígio, esses intelectuais não hesitaram em trocar de protetor, substituindo seus patrões oligárquicos por líderes "radicais" desejosos de restaurar, por vias autoritárias, as relações de força vigentes antes de 1930. Sem poder assegurar de outro modo sua sobrevivência no espaço da classe dirigente, deixaram-se enredar pelos "reformadores" de direita que lhes acenavam com um projeto idêntico — a ampliação das oportunidades no mercado de trabalho político e cultural — ao que a elite burocrática estava em vias de implantar. Os jovens aspirantes às carreiras intelectuais e políticas cooptados pela cúpula das novas organizações políticas, os mesmos que alguns anos mais tarde galgariam os altos escalões do serviço público federal, pertenciam, em sua maioria, a clientelas "destituídas" da oligarquia, cujas estratégias de reconversão estão na raiz da consolidação do poder emergente de uma fração "não econômica" da classe dominante, que vem se especializando, desde os tempos do Império, no desempenho de funções políticas e intelectuais.

Descendentes de famílias que ostentavam um passado político prestigioso no âmbito local, nascidos e criados em cidades afastadas dos principais centros da vida política e cultural, muitos deles tendo estudado em faculdades "livres", os líderes do partido integralista foram dos que mais se ressentiram com a derrota dos grupos oligárquicos. As expectativas e os projetos intelectuais de Plínio Salgado, Olbiano de Mello e Gustavo Barroso, três dos principais dirigentes do movimento integralista, todos eles órfãos de pai e carentes de "protetor" político, delineiam-se em função dos serviços que vinham prestando aos grupos dirigentes na década de 1920.[68] A receptividade aos apelos do integralismo foi proporcional ao clima de desânimo e decepção que se abateu sobre certas alas que vinham colaborando com o velho regime. Por força de uma série cumulativa de desvantagens, esses intelectuais não se deram conta em tempo oportuno das mudanças que acarretaria a derrota da oligarquia porque, sendo ao mesmo tempo intelectuais e militantes, não conseguiam dissociar a representação de sua trajetória individual da representação do destino político de seu partido. Em outras palavras, os intelectuais mais dependentes dos partidos oligárquicos não se encontravam próximos das posições sociais capazes de proporcionar um mapeamento "realista" do estado das relações de força no interior da classe dominante. Não fora a derrota infligida às pretensões hegemônicas dos grupos dirigentes paulistas, podando as veleidades políticas de inúmeros quadros que então se destacavam no plano estadual (Plínio Salgado, Cândido Motta Filho, Menotti del Picchia etc.),[69] esses jovens não teriam se sensibilizado a ponto de se engajar como porta-vozes de programas de "redenção" da ordem burguesa. A mudança radical em matéria de lealdade e filiação doutrinária, passando do devotamento integral aos partidos e facções da oligarquia à adesão sem reservas às organizações radicais de direita, resultou em grande medida do fracasso político da classe e do partido de classe a que pertenciam, processos que eles vivenciaram como seu próprio fracasso.

Entretanto, alguns dos intelectuais que ingressaram no partido integralista e nos grupos católicos eram anatolianos cujos romances regionalistas alcançavam elevados índices de venda no correr da República Velha. Diversamente dos jovens aspirantes intelectuais que iniciavam sua carreira no interior dos partidos republicanos às vésperas da Revolução de 30, esses polígrafos já eram a esta altura, na primeira metade da década de 1930, figuras políticas e culturais de prestígio desde o antigo regime. Eram interioranos, pertencentes a famílias tradicionais em seus respectivos estados, que haviam conseguido se inserir nos círculos dirigentes do Rio de Janeiro graças ao casamento e a outros expedientes, todos eles tendo se destacado como profissionais liberais, com acesso assegurado às instituições políticas da oligarquia e aos mais altos escalões da administração central, juntando a todos esses trunfos o fato de terem sido eleitos ainda bastante jovens para a Academia Brasileira de Letras.

Gustavo Dodt Barroso (que se tornou depois de 1930 um dos dirigentes do partido integralista), nascido em Fortaleza (1888), era um bacharel "livre" originário de uma antiga família em decadência cujo prestígio vinha dos tempos do Império, e ainda muito jovem participara das lutas políticas em seu estado; em 1910, transfere-se para o Rio de Janeiro e graças às colaborações que envia às revistas ilustradas (*Fon-Fon*, *Careta* etc.) e aos temas de suas conferências mundanas ("A guerra", "A dança" etc.), transforma-se numa espécie de vedete literária, alvo dos caricaturistas e retratistas, e objeto de "perfis biográficos" com seu retrato emoldurado em página inteira dos almanaques e álbuns da época. Em trajeto paralelo às suas atividades de letrado, galga os mais altos escalões do serviço público, sem abandonar sua carreira parlamentar: em 1913, é nomeado secretário-geral da Superintendência da Defesa da Borracha; entre 1915 e 1918, é eleito deputado federal na bancada cearense; na mesma época, é nomeado inspetor escolar no Rio de Janeiro; em 1919, é designado secretário da delegação brasileira à Conferência de Paz; em 1922, é designado como diretor do Museu Histórico Nacional, cargo que continua ocupando até sua morte.[70]

Afrânio Peixoto (um dos líderes da intelligentzia leiga a serviço da Igreja), filho de um negociante de diamantes no estado da Bahia, era um médico de grande reputação que, pelo casamento com uma das filhas de Alberto de Faria (abastado homem de negócios, político, publicista, embaixador, autor da biografia de Mauá, acadêmico), se integra aos círculos refinados em que serão recrutados dois dos principais líderes da reação católica, Alceu Amoroso Lima, que se casara com uma de suas cunhadas, e Octavio de Faria, seu cunhado.[71] Após ter cumprido as praxes de uma trajetória bem-sucedida tanto na Faculdade de Medicina do Rio de Janeiro como em diversas instituições públicas de saúde, incumbiu-se de implantar a reforma dos serviços médico-legais da capital federal e elegeu-se deputado federal pela Bahia em duas legislaturas (1925, 1928), tendo sido eleito para a Academia Brasileira de Letras antes mesmo de publicar seu primeiro livro em circuito comercial. Sua produção intelectual abrange todos os gêneros aos quais se dedicavam os polígrafos anatolianos de maior prestígio: romances, crítica e história literárias, biografias, crônicas etc.[72]

A maioria dos jovens intelectuais que se tornaram militantes nas organizações "radicais" de direita durante a década de 1930 eram bacharéis "livres" e letrados que estavam desnorteados, carentes de apoio político e sem perspectiva de enquadramento profissional e ideológico. Tendo permanecido durante a infância e a adolescência segregados geográfica e socialmente dos principais centros políticos e culturais, a exemplo de seus correligionários anatolianos, os futuros quadros intelectuais das organizações "radicais" de direita chegaram à capital federal no início da década de 1930, em seguida ao ostracismo político a que foram relegadas as frações oligárquicas com as quais colaboravam e em cuja continuidade haviam depositado suas expectativas de carreira. Tiveram, por conseguinte, que enfrentar toda sorte de obstáculos que se interpõem à escalada profissional dos migrantes egressos de setores em declínio dos grupos dominantes. Jorge de Lima e Demósthenes Madureira de Pinho enquadram-se nessa leva de jovens intelectuais em busca de uma posição no novo regime.

Jorge Mateus de Lima era o primogênito e primeiro filho homem de um comerciante abastado do interior alagoano.[73] Essa situação material lhe permitira desde cedo familiarizar-se com os grandes órgãos de imprensa e as revistas literárias de que seu pai era assinante, com as novelas de Conan Doyle, os romances de Dumas e Victor Hugo, e apurar seus pendores artísticos no "salão de arte" da casa paterna, onde se promoviam recitais de piano e de poesia. Teve, pois, a melhor formação a que podia aspirar um jovem da mesma condição social nessa região do país: depois de haver frequentado os colégios de elite da capital estadual, ingressa na Faculdade de Medicina da Bahia, da qual se transfere no terceiro ano para o Rio de Janeiro, onde conclui o curso em 1914. Apesar de suas disposições favoráveis em relação aos afazeres intelectuais, para o que decerto contribuiu significativamente o fato de ser asmático, Jorge de Lima se aferra, pelo menos até 1930, ao projeto de dedicar-se com seriedade à medicina. Daí seu empenho em publicar a tese de doutoramento, a constância com que se dedica às atividades de sua clínica em Maceió, e a frequência com que se refere à honrosa classificação que obteve no concurso para médico do Hospital Central do Exército. Procura, ao mesmo tempo, tirar partido de sua competência diversificando seus interesses com a abertura de uma indústria de produtos farmacêuticos. No correr da década de 1920, ao que tudo indica, confina suas ambições à medicina. E mesmo o fato de ter sido indicado para compor a chapa de deputados estaduais era uma recompensa do governador pela assistência médica que vinha prestando à sua família. Suas atividades como clínico particular lhe proporcionam recursos suficientes a ponto de poder saldar as dívidas que contraiu em empreendimentos malogrados, de início como sócio de uma refinaria, depois de uma loja comercial, ambos em Maceió e, mais tarde, no Rio de Janeiro, onde tentou abrir com o cunhado uma espécie de farmácia-laboratório. Ao lado de suas atividades clínicas, dedica-se ao magistério em Maceió, primeiro lecionando higiene na Escola Normal, em seguida dando aulas de ciências físicas e naturais no ginásio estadual. Não é de estranhar, portanto, que esse período corresponda à sua produção intelectual "bissexta", quer dizer, o produto de uma atividade extemporânea e errática, quase um lazer em meio aos seus múltiplos encargos como médico, político, empresário e professor. Após a Revolução de 1930, sentindo-se alvo de perseguições políticas e tendo sido vítima de um atentado, fecha seu consultório, vende sua casa em Maceió e transfere-se para o Rio de Janeiro, onde logo retoma com êxito seu trabalho clínico. Em seus primeiros tempos na capital federal, frequenta círculos intelectuais de esquerda e, nos intervalos, liga-se a escritores e artistas de orientação espiritualista. De parceria com Murilo Mendes publica um livro de poemas, *Tempo e eternidade*, com o qual proclamam sua adesão às doutrinas da Igreja.[74] Essa ambivalência não se restringe ao plano da sociabilidade, transparece no conteúdo das obras desse período e, ainda mais, manifesta-se nos gêneros pelos quais reparte seus investimentos: escreve romances sociais à maneira de seus contemporâneos que vinham alcançando êxito no gênero — *O anjo* (1934), *Calunga* (1935) — e, com igual empenho, dedica-se à poesia de inspiração cristã e à produção hagiográfica (biografia de *Anchieta*, 1934).[75] O fortalecimento de seus laços com o Centro Dom Vital e com os beneditinos cariocas, que se tornam seus confessores, e, por fim, o convite que lhe faz Alceu Amoroso Lima para lecionar como assistente na cadeira de literatura na recém-fundada Faculdade de Filosofia acabam minando seus projetos intelectuais de tinturas socializantes. Apesar do esteio institucional da Igreja e do apreço intelectual que diversas correntes críticas concedem às suas obras, as sucessivas derrotas que barram seu ingresso na Academia Brasileira de Letras evidenciam a posição em falso a que foi relegado desde os tempos em que atuava como livre atirador intelectual.[76]

Demósthenes dos Santos Madureira de Pinho, nascido na cidade de Salvador em 1911, e descendente dos Sena Madureira, família de "políticos, militares e brasonados do Império", era o caçula e o terceiro filho homem de um promotor público que enviuvara cedo, deixando a educação dos filhos a cargo da avó e das tias maternas. Tendo em vista as posições subalternas que vinham sendo confiadas ao pai desde a época em que se bandeara para as hostes oposicionistas da oligarquia local, Demósthenes e seu irmão Péricles teriam possibilidades remotas de alçar-se aos postos mais cobiçados. Entretanto, no momento em que as perspectivas profissionais de ambos se resumiam à carreira eclesiástica — "Durante muito tempo, cultivei a ideia de me fazer irmão marista, naquele recolhimento em que fugiria do mundo das tentações, da corrida sem freios que a vida oferece [...]"[77] — e às ocupações liberais (direito e medicina), modifica-se a relação de forças no âmbito regional. A retomada do poder estadual pela oposição, com a eleição de Góes Calmon, repercute em casa com a nomeação do pai para o cargo de chefe de polícia. O fastígio político do pai coincidiu com um período decisivo para o encaminhamento escolar e profissional dos filhos, que passaram a vislumbrar a oportunidade de encetar uma carreira política. "Era um estímulo para dois rapazes que, sem saber e sem propósito, se estavam preparando para a vida pública. Sim, porque as nossas preocupações, as próprias leituras, a que Péricles misturava a sua forte inclinação literária, eram de quem sentia que o destino lhes apontava a vida política, como uma espécie de fatalidade."[78] O que admitem como "fatalidade" para si mesmos não é senão a aceitação de um futuro social que por essa época lhes pressagiou o senador Miguel Calmon: "[...] foi desfiando o que lhe parecia dever ser a minha futura carreira política. Na altura do Flamengo, eu já era deputado estadual; em Botafogo, líder da Assembleia do estado; e quando o carro enveredou por São Clemente, coincidindo com as eleições federais, eu estaria na chapa de deputados integrando a bancada da Bahia".[79] Em junho de 1930, o pai recebe do governador Vital Soares o que seria sua derradeira missão política, teria de vir ao Rio para reunir os chefes da política baiana e acertar a escolha do sucessor para a governança estadual. O candidato vitorioso, Pedro Lago, convida Demósthenes para o cargo de secretário particular, enquanto o pai permaneceria à testa da Secretaria de Segurança, onde recebera a alcunha de "Mussolini". A vitória da Revolução de 30 sustou tais planos, pai e filhos iriam engrossar as fileiras dos "sem trabalho" da política.[80] Embora procure justificar sua desistência de uma carreira política pelas desilusões que lhe causou o envolvimento com o movimento integralista — sua prisão, as perseguições políticas de que seu pai foi vítima —, as razões determinantes para tanto se prendem ao ostracismo político a que foram condenados seus protetores. Tendo concluído o curso de direito em 1932, transfere-se para o Rio de Janeiro, onde arranja um lugar no escritório de advocacia de Levi Carneiro, na mesma época em que ingressa no movimento integralista. Nesse mesmo ano, inscreve-se para o doutorado na Faculdade do Catete, dando sequência ao projeto paterno de torná-lo professor universitário, "o grande objetivo a ser atingido no tempo".[81] Depois de um período como professor de direito em escolas secundárias técnicas vinculadas à Prefeitura do Distrito Federal, e de ser alçado à posição de promotor público adjunto da Justiça do Distrito Federal, é nomeado como substituto interino de Evaristo de Morais na Faculdade Nacional de Direito da Universidade do Brasil; em 1939, prestou concurso para livre-docência em direito penal com a tese "Das medidas de segurança" e, no ano seguinte, submete-se ao concurso para a mesma cátedra com a tese "O valor do perigo no direito penal". Daí em diante, incumbiu-se de diversos trabalhos de consultoria jurídica para órgãos do Estado e, ao mesmo tempo, assumiu postos de direção na área empresarial privada.

Outros militantes "integralistas" seguiram uma trajetória profissional semelhante àquela de Demósthenes Madureira de Pinho: Thiers Martins Moreira foi professor de direito administrativo na Faculdade Nacional de Direito da Universidade do Brasil e diretor do Centro de Pesquisas da Casa Rui Barbosa; San Tiago Dantas foi catedrático na Faculdade de Arquitetura (1932), catedrático de direito civil e comercial na Faculdade de Ciências Econômicas (1939) e catedrático de direito civil da Faculdade Nacional de Direito (1940), todas da Universidade do Brasil, onde também ocupou o cargo de diretor da Faculdade Nacional de Filosofia (1941-4), antes de iniciar sua carreira política; Ulysses Paranhos, Belmiro de Lima Valverde e Juvenil da Rocha Vaz, todos formados em medicina, cumpriram em seu domínio de atuação o mesmo tipo de arranjo profissional, ou seja, acoplaram posições docentes no ensino superior aos cargos de cúpula que vieram a ocupar nas instituições do sistema médico sob tutela do Estado.[82]

As fontes disponíveis apontam o predomínio, nos órgãos de direção nacional e regional do integralismo, da média burguesia intelectual, proveniente das profissões liberais, e de uma parcela menor de jovens oficiais das Forças Armadas. Com a criação da Câmara dos Quarenta e da Câmara dos Quatrocentos, confirma-se a hegemonia da média burguesia intelectual urbana, havendo 57,1% de dirigentes que são profissionais liberais (em especial, médicos e advogados), embora se possa verificar a incorporação de elementos da burguesia comercial e industrial (13,3%), cuja presença é maior do que a fração de oficiais (8,7%). "Dois terços, portanto, dos dirigentes integralistas, se recrutam no seio da burguesia e da média burguesia. Resta à pequena burguesia não intelectual e às camadas populares uma participação bastante marginal: 15,2% do total dos dirigentes."[83] Mas não basta caracterizá-los como profissionais "liberais", pois quase a metade deles já se encontrava abrigada nos aparelhos de Estado ao tempo em que aderem ao movimento integralista, ocupando cargos de cúpula na administração e nas instituições culturais: Archimedes Memória, professor catedrático e diretor, desde 1931, da Escola Nacional de Belas-Artes da Universidade do Rio de Janeiro; Othon Leonardos, professor catedrático de geologia e paleontologia da Faculdade Nacional de Filosofia da Universidade do Brasil e, a partir de 1942, professor catedrático substituto de geologia econômica e noções de metalurgia da Escola Nacional de Engenharia da Universidade do Brasil; Guilherme Fontainha, professor catedrático e diretor, desde 1931, do Instituto Nacional de Música da Universidade do Rio de Janeiro; Belisario Penna, ministro da Educação e Saúde; Mansueto Bernardi, diretor da Casa da Moeda, entre outros.

Assim, é bastante provável que inúmeros membros da liderança integralista tenham passado a manejar sua filiação ao movimento em termos de uma pauta de identidade que servia à sustentação de interesses do que seriam então incipientes anéis burocráticos em formação.[84]

> Nos anos 30, aos rapazes de minha geração, o dilema fascismo-comunismo esmagava qualquer capacidade de raciocínio, a não ser dos que, herdeiros de uma situação diluída pelo tempo, sonhavam manhosamente em prosseguir naquele jogo vazio e falso que se apelidava de liberal-democracia [...] Creio que nenhuma prisão terá sido mais justificada que a minha. Estávamos em plena ditadura e eu conspirei com um punhado de idealistas [...] Não era uma conspiração puramente integra-

lista, havia de tudo [...] desempenhei um papel muito secundário, condizente com a minha idade e a minha posição.[85]

Em vez de mero acidente de percurso, tal como os próprios agentes o minimizam a posteriori, o envolvimento com o integralismo expressou a reação de jovens bacharéis que se sentiram acuados com a derrota paulista e o consequente avanço do poder central. Em sua condição de postulantes à cooptação pelo Estado, ao se verem ameaçados pela concorrência que lhes moviam os detentores de novas espécies de competência para o trabalho político e cultural, revidaram à exclusão e à desvalorização momentâneas de que eram objeto empunhando as palavras de ordem que congregavam muitos daqueles que se sentiam lesados pela derrocada do antigo regime e, ainda mais pesarosos, pelos rumos que ia tomando a composição dos centros efetivos de poder.

2. A expansão do mercado do livro e a gênese de um grupo de romancistas profissionais

Em fins do Império e ao longo da primeira década republicana, uma parcela considerável das obras de escritores brasileiros era impressa na França e em Portugal. Não obstante, a crescente relevância do mercado sul-americano motivou a instalação de filiais de editoras francesas no Brasil e na Argentina, como, por exemplo, as livrarias Garnier, no Rio de Janeiro, e Garraux e Hildebrand, em São Paulo. Segundo Brito Broca, "os principais editores da década 1900-1910, no Rio, eram os Laemmerts, o Garnier, Francisco Alves, o Jacinto e o Quaresma. Na província, o movimento editorial continua a ser muito pequeno. Em São Paulo, ainda existe a Livraria Teixeira, que no século XIX lançou dois best-sellers: *Poesias*, de Bilac, e *A Carne*, de Júlio Ribeiro".[1]

Laemmert, Briguiet e Francisco Alves são imigrantes que, tendo se familiarizado com o comércio livreiro, em que começaram a trabalhar como balconistas, conseguem instalar-se no ramo por conta própria. Tendo chegado ao Brasil com dezessete anos, em seguida à proclamação da República, Ferdinand Briguiet empregou-se como lavador de garrafas, indo depois trabalhar na loja do sr. Lachaud, que trouxera da França uma exposição de material escolar; dali se transferiu para a Livraria Garnier, onde se empregou como caixeiro. Graças a um empréstimo de dez contos de réis, torna-se proprietário da casa do velho Lachaud, que acabara de requerer falência, montando então sua primeira livraria. Em 1893, inicia suas atividades como editor, publicando o *Tratado de direito penal*, de Von Liszt, e *O fogo*, de D'Annunzio. Após seu falecimento, em 1934, a livraria passa às mãos de um sobrinho que, dois anos mais tarde, procede à fusão das duas tradicionais editoras com o nome de Livraria Briguiet-Garnier. É idêntico o caso do galego Francisco Alves, "um português ignorante, que vendia livros, como poderia vender carne-seca ou batatas, e que deixou a sua fortuna à Academia Brasileira".[2] Com exceção da Livraria Quaresma, precursora das edições populares e pioneira da literatura infantil, os grandes best-sellers do início do século XX tiveram o selo da Garnier — editor de Machado de Assis e de *Canaã*, de Graça Aranha (1902) —, da Laemmert & Cia. — que arriscou com êxito retumbante na publicação de *Os sertões*, de Euclides da Cunha (1902) — e da Francisco Alves — que editou *A esfinge*, de Afrânio Peixoto (1911).[3]

PONGETTI: UM EDITOR IMIGRANTE DA DÉCADA DE 1930

A exemplo de seus antecessores do início do século XX, muitos dentre os novos empresários do setor editorial eram imigrantes que estavam de alguma maneira enfronhados nos negócios de importação: alguns deles começaram investindo no comércio de livros estrangeiros, outros se lançaram à montagem de oficinas gráficas para imprimir as revistas mundanas e de vulgarização que então se multiplicavam. Vários comerciantes especializados na importação de livros resolvem ampliar suas atividades no ramo com a abertura de um departamento editorial: Pongetti, Vecchi, Petraccone, Garavini, Bertaso, Zagari etc.[4] foram sensíveis às mudanças que então se operavam e passaram a traduzir para o mercado interno as obras que antes eles mesmos importavam.

> Nossa primeira casa de modas instalou-se na avenida Quinze de Novembro, perto da rua Paulo Barbosa. Tínhamos somente artigos finos importados, pois a incipiente indústria nacional mal chegava para a produção de riscados, zefires, chitas, morins e algodõezinhos de qualidade inferior e preço relativamente caro [...] Nos-

sa residência era em cima da loja [...] Começamos fazendo bons negócios com os veranistas [...] Quase tudo quanto tínhamos era exclusivo, escolhido pessoalmente por meu pai nas suas frequentes viagens à Europa ou recebido diretamente de firmas estrangeiras, das quais tínhamos representação. A elite percebeu logo a originalidade e alta qualidade da nossa mercadoria e fez da nossa loja seu ponto diário de reunião, sobretudo quando a primeira-dama da República passou a vir quase todas as manhãs, às vezes apenas para uma conversinha com mme. Pongetti, pela qual demonstrava grande simpatia como tantas outras senhoras socialmente importantes [...] Vendíamos também perfumes e produtos de beleza. Roger et Gallet, Houbigant, Piver, Coty, Guerlain, Lubin, dominavam o mercado. Estava ainda longe de surgir o costureiro perfumista para as mulheres de classe, fora de série, identificáveis pela linha do vestido e pelo aroma. Certa vez Roger et Gallet tentou sair da modéstia de suas embalagens e lançou Souvenir de la Cour, numa caixa com a tampa em relevo imitando cerâmica. Era luxuosa, mas não seduziu as nossas freguesas sofisticadas, fiéis aos aromas e às apresentações sóbrias de Guerlain, o eterno [...] A loja de meu pai ficava no centro da mesma avenida e não tinha o espaço nem o estoque da anterior. Observava-se uma mudança no gosto do público: as fábricas de móveis começavam a combater o mobiliário importado, as camonas de ferro francesas, os grupos austríacos de madeira vergada ou os ingleses de couro [...] Com o desenvolvimento rápido dos negócios mudamos para outra loja muito maior, no centro da avenida Quinze de Novembro, bem próximo da nossa loja de móveis. Abria a loja às sete da manhã; fazia a limpeza de tudo, até da calçada; passava pano com álcool nos vidros das vitrinas; renovava os mostruários das portas dando caprichosos panejamentos aos tecidos; e botava o troco do dia na caixa registradora... Às oito da manhã minha mãe descia para começarmos a dura luta no balcão e no ateliê de chapéus [...] As lojas abriam às sete da manhã e fechavam às dez da noite, quando chegava o último trem do Rio [...] No verão, passávamos parte do domingo marcando o novo estoque, coisa exaustiva porque tínhamos também armarinho e era incontável o número de unidades cujo preço tínhamos de calcular e de escrever nas etiquetas. Nossa loja ficava semivazia dias e dias; só as poucas famílias da elite residente nos davam a honra de sua presença e de sua estima. Éramos considerados um feudo inexpugnável do capitalismo veranista [...] Tínhamos a solidariedade dos outros negociantes de artigos finos [...] Olá, Eppinghaus! Olá, Baldner! Olá, Falconi!...[5]

O caso dos irmãos Pongetti revela as disposições sociais necessárias àqueles agentes que na década de 1930, no início do processo de "substituição de importações" no setor editorial, se lançaram como empresários nesse ramo do mercado de bens culturais. A essa altura, havia se constituído nos principais centros urbanos do país, em especial no eixo Rio-São Paulo, uma categoria de importadores cujo êxito comercial dependia de seu faro e de sua capacidade de pressentir e satisfazer a demanda por artigos de luxo.[6] Eram imigrantes dotados de qualificações profissionais para os requintes do trabalho artesanal e de padrões de "gosto" que haviam adquirido em seus países de origem. Estavam, portanto, habilitados a contribuir para o trabalho de reprodução do estilo de vida da classe dirigente local, ou seja, em condições de atender às demandas dessa clientela nas áreas do mobiliário e da decoração, do vestuário, dos artigos de toucador etc.

Diversas circunstâncias que favoreceram o envolvimento de importadores com a atividade industrial em São Paulo também contribuíram para a reconversão de vários comerciantes de artigos "finos" em empresários de bens culturais.[7] Não bastava vender produtos acabados, "*cachepots* monumentais, *biscuits* delicadíssimos, quadralhaços acadêmicos de Paris",[8] era preciso conhecer a tecnologia, dispor das habilidades e dos segredos do ofício de decorador e de outros especialistas na confecção de reposteiros de brocado ou veludo, de brise-bises de renda vaporosa, e de encomendas similares. A perícia e o acabamento no reparo de "móveis embutidos de madrepérola e debruados de bronze" ou os cuidados exigidos na douração de toda sorte de utensílios constituíam requisitos tão importantes para o êxito nesse ramo como o conhecimento dos materiais nobres, dos estilos, das revistas de moda e de outros periódicos de divulgação, dos fornecedores, das "dicas" e "bocas" que os contatos com os grandes centros metropolitanos lhes asseguravam.

> Tinha minhas freguesas preferidas para as quais escondia, quando chegavam, as novidades que iriam encantá-las. Minha mãe fingia não perceber essa parcialidade um pouco anticomercial, mas tolerava-a certamente em homenagem à beleza e alta posição social das minhas eleitas [...] Retirava do esconderijo o *imprimé* de crepe da china ou de tafetá e mostrava-o [...] Sim, usava minha lista branca e minha lista negra. Mas como tínhamos criaturas bonitas e agradáveis na nossa fidelíssima

clientela! As Vidal, filhas dos barões de Santa Margarida, irmãs do famoso craque do Fluminense e meu companheiro de colégio, eram, como diria o colunista Figueiredo Pimentel, "um *bouquet* de flores humanas". Os olhos azuis de Lulu Honold [...] Uma das irmãs Filgueiras, a do narizinho arrebitado [...] As Sá Pereira eram louras e esguias, uma tinha nome de grega, Eucaris [...] As Nolasco, as Quartim, as Vilar, as Costa Motta, as Bento Coelho, as Proença, as Graça Aranha, as Alberto Faria, Eliane Gomes, as Leitão da Cunha, as Maya Monteiro [...][9]

Afora os contratos de representação que esses importadores firmavam com fabricantes e distribuidores europeus, a posição estratégica de importador de bens de luxo lhes facultava um conhecimento íntimo das características de sua clientela de privilegiados. Não é de estranhar, portanto, que esse trânsito entre as famílias dirigentes lhes permitisse identificar os ramos do comércio e dos serviços de luxo em que a expansão da demanda encorajou os importadores a diversificar seus investimentos.

Muitos italianos seguiram o mesmo itinerário, foram estabelecendo posições nas montanhas salubres antes da conquista da metrópole saneada [...] Mas meu pai, ainda desconfiado, tratou de comprar para nós administrarmos um hotel de veraneio e de turismo no Alto da Boa Vista, entre florestas e cascatas [...] na hora da decisão final fraquejaram como duas crianças à porta de um quarto escuro: permaneceram na serra dirigindo um outro hotel, o Modern, comprado do Fioretti já velho [...] Repentinamente viravamos hoteleiros, depois de uma longa experiência na feira de ostentações de uma casa de modas e na feira de intimidades de uma casa de móveis. Nos sairíamos bem desse negócio complexo e delicado como o ter de lidar com pessoas [...]? Meu pai permaneceu uma semana conosco para nos dar instruções e organizar a criadagem [...] tínhamos poucos hóspedes, mas o restaurante era procuradíssimo pelos turistas e passageiros de navios com tempo suficiente para a clássica "volta da Tijuca". Nossa adega gabava-se de um sortimento de vinhos das melhores marcas e safras [...] Gostava de tudo, do novo campo de observação do comportamento humano, das paisagens, do clima ameno no inverno e no verão, das famílias eminentes que aos primeiros calores ocupavam seus palacetes e *bungalows* na pracinha próxima e no caminho do Lampião, das Furnas e da Gávea Pequena.[10]

O sucesso alcançado no ramo hoteleiro comprova a extensão do domínio de aplicação do "gosto" burguês, que pode ser usado como uma espécie de capital pronto a se tornar conversível num espectro diversificado de atividades economicamente rentáveis. De fato, a experiência como modistas, decoradores, chapeleiros, hoteleiros — em suma, como difusores e intermediários do estilo de vida importado da Europa — constituiu uma iniciação prática na produção de bens simbólicos que substitui a primeira educação na classe dominante ou, então, a aquisição de capital cultural por meio do sistema de ensino. A familiarização "prática" com o gosto burguês que se realiza por intermédio de encomendas, da escolha dos modelos, das cores etc. é uma das condições para o êxito econômico de uma empresa familiar num ramo em que os irmãos Pongetti não dispunham de nenhuma outra vantagem e no qual não podiam mobilizar nenhum capital de relações sociais. Sendo originários de uma família especializada na prestação de serviços na área do "gosto" e do lazer, os irmãos Pongetti dispunham das aptidões profissionais necessárias para se aproveitar das oportunidades lucrativas de emprego da competência refinada que haviam adquirido em seus empreendimentos anteriores. Não é de estranhar, pois, que acabassem se tornando coproprietários de uma gráfica que logo passou a operar como editora autônoma.

AS CARACTERÍSTICAS DO BOOM NO MERCADO DO LIVRO

Monteiro Lobato foi o maior best-seller de 1937, com 1,2 milhão de exemplares de livros e traduções sob sua responsabilidade, ou seja, mais de metade dos 2,3 milhões de exemplares impressos pela Companhia Editora Nacional e sua sucursal, a Editora Civilização Brasileira.[11] Tal cifra corresponde a praticamente um terço da produção total brasileira nesse ano. Outros autores contribuíram para o sucesso comercial das principais editoras (Humberto de Campos [José Olympio], Machado de Assis [Jackson], Afrânio Peixoto [Guanabara], Joaquim Nabuco [Civilização Brasileira], Aluísio Azevedo e Graça Aranha [Briguiet-Garnier], Agripino Grieco [Companhia Brasil Editora]), ou seja, algumas das figuras de maior prestígio intelectual da geração de 1870 ao lado dos polígrafos anatolianos em evidência na República Velha.[12]

Contudo, esses escritores nacionais com êxito comercial assegurado não eram a única fonte importante de lucro para os editores ao longo das décadas de 1930 e 1940. A lista de autores estrangeiros que ostentam os recordes de vendas em 1937[13] inclui figuras consagradas em companhia de expoentes nos chamados gêneros "menores", segundo os padrões de legitimidade literária então dominantes. Esse consórcio encontra sua razão de ser tanto nas demandas que fazem as novas categorias de leitores, e que nem sempre se pautam pelos princípios de legitimidade vigentes, como nas mudanças dos critérios que passam a informar as decisões dos editores quanto às obras a serem importadas e traduzidas.

Os livros de aventuras, os romances policiais, os idílios de amor improvável no estilo "flor de laranjeiras" e as biografias romanceadas eram os gêneros de maior vendagem: as obras do criador de Tarzan, os romances épico-históricos de Alexandre Dumas e Rafael Sabatini, os folhetins de Charlie Chan, as obras de Disney, Lee Falk, as novelas açucaradas de M. Delly, Bertha Ruck, as biografias edificantes de Maurois, Emil Ludwig, Paul Frischauer, as histórias de detetive de E. Wallace, Horler, Rohmer, os manuais de viver que difundiam as receitas norte-americanas em todos os domínios do estilo de vida concentraram boa parcela dos investimentos editoriais numa conjuntura bastante favorável à substituição de importações no mercado interno de bens simbólicos e, em especial, no setor editorial.

Em meio às novas condições resultantes da crise de 1929 e, mais adiante, em virtude da impossibilidade de continuar importando livros portugueses e franceses com o início da Segunda Guerra Mundial, afrouxam-se os laços da sujeição cultural. A nova correlação de forças no plano internacional ensejou nas condições de dependência dos países periféricos mudanças de peso, que não se limitaram à troca da sede hegemônica, os Estados Unidos em lugar da Europa. A importação de bens culturais subsistiu, mas com feições distintas do que ocorria na República Velha. Doravante, em vez de venderem as edições originais de obras estrangeiras, os editores adquirem os direitos de tradução das obras, vale dizer, a produção destinada ao mercado interno acaba suplantando a produção estrangeira diretamente importada na língua original.

Conforme se depreende do quadro a seguir, a quantidade de títulos novos e reedições nacionais foi sempre maior do que a de traduções, apesar da mudança que se observa nessa relação sobretudo a partir de 1942, nas circunstâncias da guerra: para cada 2,5 livros de autores estrangeiros eram lançados em média 7,5 livros de autores nacionais. Embora se possa registrar um aumento na participação dos autores brasileiros no mercado do livro, não se pode afirmar que tenha havido uma autonomização no plano cultural seja em relação à Europa, seja em relação aos Estados Unidos, uma vez que a produção nacional nesse período era insuficiente para cobrir a demanda relativa aos principais gêneros em ascensão, como, por exemplo, os manuais de viver, os policiais, os livros técnicos etc., ou então era bastante incipiente, no caso dos romances femininos. Tais mudanças em relação ao mercado internacional acabaram provocando transformações importantes no plano interno, desmentindo hipóteses correntes acerca do imobilismo que permearia as relações de dependência no âmbito cultural. Assim, em lugar de subsistir a importação do produto acabado, como ocorria na República Velha com os livros estrangeiros, os novos gêneros de origem norte-americana tornam-se objeto de adaptação por parte dos autores brasileiros.

O surto editorial da década de 1930 é marcado pelo estabelecimento de inúmeras editoras, por fusões e outros processos de incorporação que ocorrem no mercado editorial e, ainda, por um conjunto significativo de transformações que acabaram afetando a própria definição do trabalho intelectual: aquisição de rotativas para impressão, diversificação dos investimentos e programas editoriais, recrutamento de especialistas para os diferentes encargos de produção e acabamento, inovações mercadológicas nas estratégias de vendas — implantação do serviço de reembolso postal, contratação de representantes e viajantes etc. —, mudanças na feição gráfica dos livros, com o intento de ajustar o acabamento das edições às diferentes camadas do público, e, sobretudo, empenho das principais editoras em verticalizar o processo produtivo e diversificar suas atividades. As tarefas de composição e impressão autonomizam-se das atividades a cargo das diversas seções de que se compõe o departamento editorial. Este, por sua vez, passa a abrigar setores especializados de revisão, tradução e ilustração, motivando a contratação de especialistas, como, por exemplo, consultores e leitores, paginadores, capistas, e também propiciando a formação de um pequeno grupo de escritores profissionais, os romancistas.

A SITUAÇÃO DO MERCADO DO LIVRO

A repartição da produção (em número de títulos publicados) segundo o porte das editoras era a seguinte:[14] os pequenos empreendimentos gráficos, as edições avulsas de tipografias, mais as edições patrocinadas pelos próprios autores e aquelas sem indicação de editor detinham 24% do mercado; as editoras menores, cujo programa de lançamentos variava entre 21 e sessenta títulos,[15] cobriam apenas 5% do mercado; os nove empreendimentos editoriais de porte médio (Alba, Panamericana, Jacinto, Antunes, Guanabara, Coelho Branco, Briguiet, Getulio Costa, Martins),[16] cujo pacote de lançamentos oscilava entre 61 e 150 títulos, tinham 11% do mercado; as seis editoras de grande porte (Saraiva, Empresa Editora Brasileira, Vecchi, Freitas Bastos, Zelio Valverde e Edições e Publicações Brasil),[17] cuja meta de lançamentos oscilava entre 151 e 250 obras, cobriam 13% do mercado; as seis maiores editoras independentes concentravam 36% dos lançamentos, sendo que apenas as três primeiras detinham a parcela de 25% do mercado, que se distribuía entre os 14% da Companhia Editora Nacional/Civilização Brasileira, os 6% da Editora Globo e os 5% da José Olympio. Por fim, as edições financiadas por entidades religiosas, as publicações de iniciativa oficial e aquelas patrocinadas por órgãos da grande imprensa correspondiam a 11% do mercado. Essa segmentação deriva, em parte, das inúmeras iniciativas nessa área que eram um tanto impermeáveis aos veredictos do mercado, seja no caso daquelas obras financiadas pelos próprios autores, seja no caso das edições que dispunham de algum tipo de cobertura institucional. De qualquer modo, ao longo da década de 1930, ainda não se pode falar em diferenciação funcional entre instâncias de produção, difusão e legitimação.

Os percentuais do quadro 3 que correspondem às iniciativas editoriais com algum tipo de chancela oficial não dão conta da presença efetiva do Estado, das instituições religiosas e dos grandes órgãos de imprensa no mercado do livro. Talvez se possa atribuir esse resultado a um viés da fonte aqui utilizada, que só

QUADRO 2 — PROPORÇÃO DE AUTORES NACIONAIS E DE AUTORES
ESTRANGEIROS NA PRODUÇÃO DE LIVROS (1939-43)

Anos	Publicações novas nacionais	Reedições nacionais	Autores nacionais (total/%)	Publicações novas em diversos idiomas e traduções	Reedições em diversos idiomas e traduções	Autores estrangeiros (total/%)	Nacionais e estrangeiros (total geral)
1939	976	316	1292 (80%)	231	90	321 (20%)	1613
1940	940	359	1299 (77%)	280	99	379 (23%)	1678
1941	976	331	1307 (74%)	330	119	449 (26%)	1756
1942	774	308	1082 (69%)	392	88	480 (31%)	1562
1943	1063	417	1480 (70%)	514	109	623 (30%)	2105
Totais	4729	1731	6460 (74%)	1747	505	2252 (26%)	8714

FONTE: Anuário Brasileiro de Literatura (1943-1944), nos 7-8. Rio de Janeiro, Livraria Editora Zelio Valverde, 1944, p. 476.

dispunha de informações mais completas e confiáveis em relação às editoras particulares.[18] Tendo em vista seu caráter de instrumento de propaganda e difusão comercial a serviço das editoras particulares, é bastante provável que não tenha sido contabilizada, ou, então, tenha sido subestimada, uma parcela considerável das publicações financiadas pelo Estado, pelos grandes órgãos de imprensa, por outras instituições externas ao campo intelectual — como, por exemplo, as entidades religiosas[19] — e pelas editoras sediadas em estados relativamente marginais ao eixo dominante (Rio-São Paulo) do mercado de bens culturais. Não obstante, as indicações disponíveis sugerem a relativa amplitude da ingerência de instâncias políticas, que devem parte de seu poder e de sua influência à presença como empresários no âmbito da produção cultural. Por outro lado, a existência de uma quantidade considerável de pequenos produtores que operam com base em encomendas que lhes fazem certas instituições ou que atendem às demandas de um público diminuto, que não comporta tiragens em escala comercial, ou, então, a de autores que arcam eles mesmos com as despesas de impressão e difusão de suas obras, constituem indicadores seguros dos obstáculos que ainda dificultavam a comercialização do livro e a diferenciação do mercado em questão.

AS DESIGUALDADES REGIONAIS E O MERCADO EDITORIAL

As instâncias de produção de bens culturais tendem a se concentrar fortemente na região Centro-Sul: em 1937, os estados de Minas Gerais, São Paulo e a então capital do país (Rio de Janeiro) detêm 59% das gráficas, sendo que o estado de São Paulo dispõe sozinho de 32%. Pode-se observar uma tendência semelhante no setor editorial, sendo que três estados (São Paulo, Rio de Janeiro e Rio Grande do Sul) reúnem 61% das editoras. Seis em cada dez livros editados no país em 1929 provinham da capital federal, dois de São Paulo e um do Rio Grande do Sul. No tocante às tiragens, o Distrito Federal e os estados de São Paulo e do Rio Grande do Sul detinham 94% do total de exemplares. O conjunto das editoras publicava aproximadamente 4,5 milhões de exemplares em 1929, quantidade que menos de dez anos depois (1937) corresponde apenas à produção das três maiores editoras.[20]

Tal crescimento se fez acompanhar de modificações importantes na repartição das obras segundo o número de exemplares: a quantidade de obras com tiragens superiores a 5 mil (bem como aquelas cujas tiragens variavam entre 2 e 5 mil) aumentou de modo palpável em relação a 1929. Nesse ano, o número de edições com menos de quinhentos exemplares cobria 54% do conjunto das obras publicadas, ao passo que as obras com mais de 5 mil exemplares por edição representavam apenas 21% do conjunto de livros publicados.[21] Em 1937, as cifras anuais das editoras de porte médio oscilam entre 50 e 100 mil: a Athena Editora alcançou uma tiragem de cerca de 70 mil volumes, a Companhia Brasil Editora atingiu o escore de 68 mil, ao passo que uma pequena editora, a Casa Mandarino, chegou no mesmo ano a uma tiragem global de 30 mil exemplares. A Livraria Briguiet-Garnier, situada no grupo das grandes, contou 60 mil volumes, sem incluir a edição de livros escolares. Por sua vez, a Livraria Francisco Alves, especializada em livros didáticos, atingiu o montante de 1,5 milhões de exemplares,

QUADRO 3 — A PRODUÇÃO DE LIVROS SEGUNDO O GÊNERO E AS EDITORAS (1938-43)

EMPREENDIMENTOS EDITORIAIS/GÊNEROS	Seis maiores editoras (%)	Conjuntos das pequenas gráficas (%)	Conjunto das seis editoras de grande porte (%)	Conjunto das nove editoras de porte médio (%)	Conjunto das pequenas editoras (%)	Conjunto das editoras religiosas (%)	Edições financiadas pela grande imprensa (%)	Edições financiadas pelo Estado (%)	Edições financiadas pelos autores (%)	CONJUNTO
Ficção (1527 obras)	23,0	9,7	20,0	17,0	20,0	11,0	11,0	1,3	3,5	17,0
Didáticos (1240)	22,0	8,5	11,5	16,0	5,7	5,0	4,5	3,5	4,6	14,0
Direito (829)	2,5	9,4	24,2	14,5	8,5	0,6	9,8	15,0	7,9	9,0
Variedades (735)	5,5	12,0	7,0	4,9	6,6	9,0	9,8	11,0	24,0	8,0
Infantis (557)	8,0	7,0	4,0	2,0	1,3	10,0	10,0	2,5	1,5	6,0
História (521)	7,0	5,0	2,7	6,6	6,0	1,3	4,5	14,0	7,0	5,6
Biografias (499)	5,5	5,5	5,8	6,5	5,0	2,8	6,0	5,0	4,0	5,5
Medicina (439)	2,5	8,7	2,2	8,0	6,0	0,4	7,6	3,8	7,0	5,0
Crítica e história literárias (405)	4,0	4,6	2,8	5,0	4,0	3,5	7,0	9,0	6,5	4,5
Poesia (382)	4,5	6,7	2,0	2,3	3,0	0,6	6,8	3,0	5,8	4,0
Obras religiosas (382)	1,5	2,4	0,5	1,7	4,2	52,5	1,5	0,7	2,9	4,0
Ciências sociais (323)	4,5	3,7	2,0	3,9	2,0	0,8	4,0	7,0	3,2	3,5
Política (319)	3,0	5,0	3,2	2,5	5,3	1,0	4,9	3,8	3,5	3,5
Obras militares (224)	0,5	2,5	5,5	2,0	2,0	—	4,9	11,0	6,0	2,5
Livros técnicos (165)	1,5	2,8	1,5	1,4	1,5	—	1,2	2,5	4,6	2,0
Filosofia (154)	1,2	1,4	2,0	2,0	7,2	0,5	0,9	0,3	0,7	1,5
Teatro (101)	0,2	1,6	0,9	0,5	6,8	—	1,9	2,5	1,4	1,0
Ciências naturais (91)	1,5	0,8	0,5	1,4	0,6	0,3	0,3	0,4	2,5	1,0
Pedagogia (88)	1,5	0,9	0,5	0,1	0,8	0,4	0,9	1,3	1,0	1,0
Psicologia (62)	0,6	0,6	0,3	0,6	2,5	0,3	0,7	0,4	0,7	0,6
Belas-artes (46)	0,2	0,7	0,7	0,4	0,4	—	1,8	1,7	1,0	0,5
Matemática, estatística (33)	0,3	0,5	0,2	0,7	0,6	—	—	0,3	0,7	0,3
Total geral (9122)	100	100	100	100	100	100	100	100	100	100

FONTE: Anuário Brasileiro de Literatura. Rio de Janeiro, Irmãos Pongetti e Livraria Editora Zelio Valverde, 1939, 1940, 1941, 1942-3.

QUADRO 4 — A PRODUÇÃO DAS MAIORES EDITORAS SEGUNDO O GÊNERO (1938-43)

SEIS MAIORES EDITORAS/ GÊNEROS	Companhia Editora Nacional/Civilização Brasileira (São Paulo/ Rio de Janeiro) (%)	Editora Globo (Porto Alegre) (%)	Editora José Olympio (Rio de Janeiro) (%)	Editora Irmãos Pongetti (Rio de Janeiro) (%)	Editora Francisco Alves (Rio de Janeiro) (%)	Editora Melhoramentos (São Paulo) (%)	Conjunto das seis maiores editoras (%)
Ficção (748 obras)	22,0	36,0	33,5	28,0	2,5	7,0	23,0
Didáticos (702)	26,0	11,0	1,5	4,0	65,0	28,0	22,0
Infantis (261)	5,0	8,9	0,5	5,2	4,0	38,0	8,0
História (218)	10,0	5,0	5,5	7,5	1,8	1,6	7,0
Biografias (181)	6,0	6,7	9,6	6,0	0,6	0,6	5,5
Variedades (172)	4,0	9,0	6,5	5,0	4,0	4,0	5,5
Poesia (141)	3,0	1,0	9,0	16,0	0,6	0,4	4,5
Ciências sociais (140)	5,0	3,2	6,0	5,7	1,8	1,3	4,5
Crítica e história literárias (132)	3,5	3,9	5,5	5,5	4,5	3,0	4,0
Política (95)	2,0	2,3	9,0	3,5	0,3	—	3,0
Direito (83)	2,9	4,0	1,0	3,1	2,8	—	2,5
Medicina (81)	2,0	2,3	1,5	1,0	3,0	7,5	2,5
Livros técnicos (48)	1,7	1,0	0,2	2,3	1,0	2,6	1,5
Pedagogia (48)	2,0	0,7	1,3	0,5	2,1	1,3	1,5
Ciências naturais (43)	1,0	1,6	1,7	1,8	0,9	1,3	1,5
Obras religiosas (43)	1,0	0,3	2,8	2,0	0,6	1,6	1,5
Filosofia (42)	1,6	0,7	1,5	1,5	1,2	0,4	1,2
Psicologia (22)	0,5	0,2	1,3	0,5	1,5	0,4	0,6
Obras militares (18)	0,2	1,6	—	0,5	1,5	—	0,5
Matemática, estatística (9)	0,3	0,3	—	0,3	0,3	0,6	0,3
Teatro (6)	0,2	—	0,8	—	—	—	0,2
Belas-artes (6)	0,1	0,3	0,4	—	—	0,4	0,2
Total geral (3239)	100	100	100	100	100	100	100

FONTE: Anuário Brasileiro de Literatura. Rio de Janeiro, Irmãos Pongetti e Livraria Editora Zelio Valverde, 1939, 1940, 1941, 1942-3.

superando a marca de toda a produção paulista em 1929, enquanto os Irmãos Pongetti, cujo departamento editorial só começou a funcionar em 1935, alcançou nesse mesmo ano a cifra de 400 mil exemplares.[22]

Houve, portanto, uma extensão significativa dos circuitos de comercialização do livro no correr da década de 1930 e, em consequência, uma diminuição do número de obras financiadas pelos próprios autores ou por instituições dotadas de redes próprias de distribuição (o Estado, a Igreja, os grandes órgãos de imprensa etc.).

A HIERARQUIA DOS GÊNEROS E AS TRANSFORMAÇÕES DO PÚBLICO

Dentre todos os gêneros editados de 1938 a 1943, a literatura de ficção ocupa o primeiro posto em virtude dos elevados índices de venda que alcançam os chamados gêneros "menores", isto é, os romances das coleções "menina-moça", os policiais e os livros de aventuras, aos quais se podem acrescentar as biografias romanceadas, gênero que detém a sétima posição no ranking, e mais uma parcela das obras infantis.[23] Quando se considera o conjunto dos gêneros literários (ensaio, crítica, história literária, poesia, teatro etc.), a produção nessa área chega a cobrir 38% dos títulos.

Um terço dos romances — 52 títulos entre 156 publicados em 1942, sendo 62% de traduções e 38% de obras de autores nacionais — foi veiculado pelas diversas coleções endereçadas ao público feminino (Biblioteca das Moças, da Companhia Editora Nacional; Menina e Moça, da José Olympio; Biblioteca das Senhorinhas, da Empresa Editora Brasileira; Romance para Moças, da Anchieta).[24]

Os outros romances publicados nesse mesmo ano eram, em sua maioria, obras de clássicos europeus, antigos e modernos (Cervantes, Goethe, Stendhal, Gautier, Flaubert, Dickens, Tolstoi, Dostoievski, Voltaire, Thomas Mann, Gide etc.), de romancistas norte-americanos em vias de consagração (Steinbeck, Sinclair Lewis, Hemingway etc.) ou, então, best-sellers (Stefan Zweig, Somerset Maughan, Margaret Kennedy etc.), incluindo inúmeros livros de autores com êxito assegurado desde a República Velha (Perez Escrich, Anatole France, Dumas etc.). Tais obras eram publicadas em coleções que se firmavam às custas de uma dosagem equilibrada de autores consagrados e escritores de grande público. Quanto aos romances de autores nacionais, a maior parte dos títulos se enquadrava nos moldes do romance social, os autores "relegados" pela crítica (Fran Martins, Cecilio Carneiro etc.) junto às figuras em vias de consagração (Graciliano Ramos, Lúcio Cardoso, Ciro dos Anjos etc.). (Havia ainda alguns títulos, cinco ou seis, publicados em língua estrangeira.)

Sem dúvida, a extensão do contingente de leitores exerceu influência sobre os gêneros que acabaram se firmando de um ponto de vista estritamente comercial. O primeiro posto da literatura de ficção — e, nessa categoria, a predominância dos romances de amor, de histórias policiais e de livros de aventuras — deve-se em ampla medida à expansão da parcela de leitores recrutada nas novas camadas médias, que redundou no aumento da demanda por obras de mero entretenimento. Esse novo público constituiu-se por força das mudanças ocorridas na hierarquia de ocupações do setor terciário dos principais centros urbanos, impulsionado pelo aumento dos postos técnicos e de gestão nos setores público e privado e pela expansão considerável do número de portadores de diplomas superiores na área das profissões liberais. Dessa maneira, o volume significativo das obras de ficção, dos manuais de viver, de livros de conselhos para o "lar", para "vencer na vida", para "emagrecer", de livros infantis etc. comprova a existência de um público de leitores cujas preferências e escolhas em matéria de leitura são um tanto independentes dos juízos externados pelos detentores da autoridade intelectual.

As transformações do panorama editorial se devem, de outro lado, às mudanças por que passava o sistema de ensino. A abertura das primeiras faculdades de educação, de filosofia, ciências e letras, a criação de novos cursos superiores, a reforma dos currículos, com a introdução de disciplinas recém-consolidadas, os impulsos que recebeu o ensino técnico e profissionalizante, decerto moldaram o ritmo e as feições que assumiu o surto editorial.[25] A farta produção de obras pedagógicas acompanhou de perto os lances do enfrentamento entre as diversas correntes de educadores profissionais que buscavam firmar suas posições diante das reformas empreendidas pelo Estado.

A área de "humanidades", incluindo o direito, a filosofia, as ciências sociais, a história, a política, a psicologia, a educação, a matemática e a estatística e as belas-artes, representa apenas 14% dos títulos; as obras constantes das rubricas ciências físicas e naturais, medicina, livros técnicos, correspondem a 8% dos títulos; as obras religiosas e militares representam 7%, cabendo outros 7% aos manuais de viver.

Observa-se também um aumento significativo das tiragens nos gêneros eruditos, cujo consumo se prende sem dúvida à expansão das instituições de ensino superior nas áreas das ciências sociais e da educação. Em vez de serem traduções dos clássicos ou de monografias conhecidas, quase todos os títulos em ciências sociais são ensaios, depoimentos e relatos jornalísticos que marcaram o debate político a respeito dos contornos que deveria assumir a nova organização do Estado em face da experiência por que estavam passando os regimes autoritários europeus; em direito, a maioria das obras, suscitadas pela intervenção crescente do Estado na área das "questões sociais", lidava com as reformas institucionais em curso, que envolviam os instrumentos de controle da classe operária, a previdência social, a justiça do trabalho etc.

PERFIL DE INVESTIMENTOS DOS EDITORES NOS DIFERENTES GÊNEROS

A poesia, a crítica e a história literárias são os gêneros mais publicados pelas pequenas editoras ou pelos próprios autores, ao passo que os livros didáticos e as obras de ficção são os gêneros que propiciam os maiores índices de lucratividade e que por isso mesmo favorecem, nem que seja de modo indireto, a concentração de recursos no setor editorial. A meio caminho entre os volumes de poesia e os romances, a publicação de obras de medicina e direito assegura a sobrevivência de editoras especializadas de porte médio.

As três maiores editoras — pela ordem, Companhia Editora Nacional/Civilização Brasileira, Editora Globo e Livraria José Olympio Editora — são os principais investidores na publicação de obras de ficção, nacionais e estrangeiras, embora cada uma delas aplique seus recursos segundo estratégias distintas. A Companhia Editora Nacional concentra seus investimentos na produção dos gêneros de maior rentabilidade no mercado (a saber, ficção e didáticos), enquanto a Editora Globo, não podendo contar com um público especializado de leitores fiéis, se empenha em repartir seus investimentos entre diversos gêneros (a saber, livros infantis, manuais de viver, livros didáticos etc.), com taxas de lucro bastante desiguais, buscando assim compensar sua relativa distância geográfica dos principais centros internos de produção e consumo cultural. O terceiro posto da José Olympio se deve, de um lado, aos investimentos seguros no gênero mais rentável (romances) e, de outro, à sua proximidade das instituições que detinham o poder intelectual (Academia Brasileira de Letras) e o poder político: inúmeros escritores pertencentes à "casa" ocupavam postos de relevo nos conselhos, institutos e outras instâncias decisórias do governo central.[26] As posições das editoras Melhoramentos, Francisco Alves e Freitas Bastos resultaram de sua especialização, respectivamente, nas áreas do livro infantil, das obras didáticas e das obras jurídicas. Aliás, como já foi observado, o direito e a medicina constituem domínios reservados às editoras especializadas, como, por exemplo, a Coelho Branco, Edições e Publicações Brasil, Saraiva, Jacinto e Guanabara.

Os editores cuja posição no mercado de livros dependia da venda de obras de ficção são aqueles que acolhem os maiores contingentes de autores estrangeiros;[27] por sua vez, os que se arriscam de preferência em gêneros que atendem às demandas do sistema de ensino (obras didáticas e jurídicas) priorizam as obras de autores nacionais.[28] Assim como a sustentação comercial dos primeiros repousa nos veredictos bem tangíveis que se fazem sentir no nível do mercado, as editoras especializadas se veem instadas a negociar a aceitação das obras que publicam junto às diversas categorias do corpo docente e aos demais especialistas, que passam a operar como intermediários na difusão das obras voltadas para o trabalho pedagógico. Desse ângulo, a produção e o consumo dessas obras destinadas aos diversos segmentos do público escolar são reguladas, em medida significativa, pelos critérios de legitimidade invocados por grupos de agentes cujos interesses em preservar as posições de que desfrutam exigem a manutenção de uma reserva de mercado para as obras que produzem e a comercialização da autoridade intelectual de que se revestem os juízos que externam.

OS CRONISTAS DA "CASA ASSASSINADA"[29]

> *Eu era ainda muito novo para compreender que a fazenda lhe pertencia. Notava diferenças entre os indivíduos que se sentavam nas redes e os que se acocoravam no alpendre. O gibão de meu pai tinha diversos enfeites; no de Amaro havia numerosos buracos e remendos [...] Os caboclos se estazavam, suavam, prendiam arame farpado nas estacas. Meu pai vigiava-os, exigia que se mexessem desta ou daquela forma, e nunca estava satisfeito, reprovava tudo, com insultos e desconchavos [...] Meu pai era terrivelmente poderoso, e essencialmente poderoso. Não me ocorria que o poder estivesse fora dele, de repente o abandonasse, deixando-o fraco e normal, um gibão roto sobre a camisa curta [...] Hoje acho naturais as violências que o cegavam. Se estivesse embaixo, livre de ambições, ou em cima, na prosperidade, eu e o moleque José teríamos vivido em sossego. Mas no meio, receando cair, avançando a custo, perseguido pelo verão, arruinado pela epizootia, indeciso, obediente ao chefe político, à justiça e ao fisco, precisava desabafar [...] Temia vantagens, desconfiava dos lucros rápidos e fáceis, que exigiam capital e coragem — e após o desastre na fazenda [...] tornara-se precavido em excesso. Realmente era ambicioso, mas a sua ambição voava curto [...] Tomava todas as precauções, estudava o freguês pelo direito e pelo avesso, duplicava o preço da mercadoria, e se a fatura se elevava um pouco, suava numa angústia verdadeira. Findos os noventa dias de prazo, esfolava o devedor com juro de dois por cento ao mês. [...] continuava na faina de subir, nivelar-se aos parentes enraizados na lavoura.*
>
> Graciliano Ramos, *Infância*, 3ª ed. Rio de Janeiro, José Olympio, 1953, pp. 28, 153, 165

De maneira geral, nem os escritores da geração de 1870 (exceto alguns casos como José de Alencar e Bernardo Guimarães, cujos romances alcançaram expressivo êxito comercial), que forneceu os modelos de excelência nos diferentes gêneros literários (inclusive Machado de Assis, no caso do romance), nem os anatolianos, que eram a rigor polígrafos profissionais, nem mesmo os modernistas, consideravam o romance um gênero digno de amplos investimentos. Os casos excepcionais de Machado de Assis e Lima Barreto, romancistas negros que tiveram acesso à classe dominante em condições muitíssimo singulares, devem-se muito mais a razões de ordem sociológica do que aos padrões de legitimidade então vigentes no campo literário. Embora o alvo preferido dos ataques modernistas fosse o tipo de poesia praticado pelos parnasianos, decadentistas e outros círculos simbolistas, os escritores modernistas de São Paulo e Minas nunca conseguiram se desvencilhar por completo das normas intelectuais vigentes na década de 1920, segundo as quais a poesia era tida como o gênero social e intelectualmente mais rentável.[30]

Não é de estranhar, portanto, que a "carreira" de romancista tenha se configurado em sua plenitude apenas na década de 1930, num momento em que o desenvolvimento do mercado do livro se alicerçava na literatura de ficção, então o gênero de maior aceitação e de comercialização mais segura. Os escritores que então investiram nesse gênero desde o começo de suas carreiras eram, em sua maioria, letrados da província que estavam afastados dos centros da vida intelectual e literária, autodidatas impregnados pelas novas formas narrativas e em voga no mercado internacional e que não dispunham dos recursos e meios técnicos a essa altura necessários aos que tivessem pretensões de sobressair na prática dos gêneros de maior prestígio da época (poesia e crítica literária).

Num período de intensa concorrência ideológica e intelectual entre diversas organizações políticas (integralismo, Igreja, forças de esquerda), o romance converteu-se em móvel importante da luta em torno da imposição de uma interpretação do mundo social a um público emergente: os grupos de esquerda classificavam as obras dos romancistas identificados com a Igreja de romances "introspectivos" ou "psicológicos", os críticos de direita ou de tendências espiritualistas rotulavam as obras dos militantes de esquerda de romances políticos em sentido pejorativo, ou seja, como obras de propaganda e proselitismo.

AS CARACTERÍSTICAS SOCIAIS DOS ROMANCISTAS

Acaso se estabeleça um balanço a respeito da condição social que caracteriza alguns dos personagens-chaves dos romances da década de 1930, poder-se-á verificar que muitos deles condensam, no espaço ficcional, a ambiguidade da trajetória de seus autores e realizam em registro negativo a experiência de vida desses autores. Tanto Belmiro Borba, o bacharel Carlos Melo, como João Valério e Luís da Silva realizam as diversas potencialidades objetivas das quais seus próprios autores conseguiram se livrar.[31] Pertencendo quase sempre a famílias de proprietários rurais que se arruinaram, os romancistas e seus heróis não têm outra possibilidade senão a de sobreviver às custas de empregos no serviço público, na imprensa e nos demais ofícios que se "prestam às divagações do espírito". Dessa posição em falso entre dois mundos, os heróis desses romances extraem a matéria-prima de que se nutrem suas veleidades literárias, quase sempre exteriorizadas seja sob a forma de diários mantidos em segredo, seja sob a modalidade de escritos encomendados por jornais e políticos venais. No limite, viram-se expropriados inclusive de sua identidade social: Luís da Silva era filho de Camilo Pereira da Silva e neto de Trajano Pereira de Aquino Cavalcante e Silva, como se o encolhimento dos sobrenomes evidenciasse o descenso do portador na hierarquia social. Esses "romances de antiquário", segundo a expressão cunhada por Mário de Andrade para dar conta das obras de Cornélio Pena, relatam a trajetória de grupos sociais que moldaram a visão de mundo dos cronistas da "casa assassinada".

É curioso observar, no entanto, que esses escritores, os mais visados em princípio por tais injunções, tiveram a oportunidade de objetivar sua experiência do mundo social por meio do trabalho literário, ao passo que outros intelectuais da mesma geração levaram às últimas consequências o destino de classe que sua condição de "parentes pobres" lhes reservara. Quais seriam, pois, os fatores capazes de explicar, mediados antes de tudo pelas disposições culturais que foram adquirindo desde a primeira infância, o fato de estarem em condições de produzir uma reconstrução do mundo social — no caso, o romance — que se pautava por exigências mínimas de objetividade de que estavam dispensados outros gêneros literários?

Seria descabido atribuir o surto do romance social à força do "talento" e da "vocação" artística de produtores que começaram por vezes a escrever nos tempos de folga que suas atividades costumeiras lhes propiciavam ou, então, que na prática escreviam sob o regime de encomendas a que os sujeitavam as grandes editoras. Também não parece convincente explicar essas obras invocando a tomada de consciência da situação "nacional" por parte de escritores cujas obras de estreia eram, sem rebuço, uma transposição literária de sua experiência pessoal. Ademais, seria inviável dar conta do gênero emergente apenas em função dos padrões de fatura então em voga na metrópole, ainda que muitos dos futuros romancistas tivessem se familiarizado com a produção cultural difundida pelos Estados Unidos. As histórias em quadrinhos, os romances lacrimogêneos, o cinema, os romances policiais, exerceram influência tanto no que diz respeito à eleição de determinados temas ou de certos pontos de vista como no tocante aos procedimentos narrativos e às inovações formais de que se valiam os romancistas norte-americanos (Dreiser, John dos Passos etc.).

Sem querer minimizar as determinações inescapáveis da dependência cultural, às quais nenhuma categoria de intelectuais periféricos consegue furtar-se — e que se revelam na importação de autores, de escolas de pensamento, de modelos de explicação, de paradigmas estéticos, e de uma série de técnicas de composição e estruturação do discurso literário —, convém salientar as condições sociais que contribuíram de modo decisivo para as estratégias de reconversão a que recorreram os romancistas e que lhes permitiram se apropriar em chaves simbólicas do mundo social em que se viram colocados à margem da classe dirigente.

Salientaria aquelas características sociais que, em outras conjunturas do campo intelectual, teriam decerto bloqueado o acesso à condição de escritor profissional. Com exceção de Octavio de Faria e José Geraldo Vieira, originários de famílias cultas da burguesia carioca[32] e cuja estreia no gênero é bastante tardia, os demais escritores que se consagraram como romancistas não provinham dos grandes centros urbanos. Muitos deles seguiram uma trajetória escolar um tanto precária segundo os padrões da época, outros nem mesmo chegaram a frequentar uma faculdade, embora buscassem compensar tal carência por uma formação de autodidatas que, em geral, constitui o trunfo dos pequenos produtores intelectuais destituídos de quaisquer chances de obter uma competência cultural por intermédio do sistema escolar. E o autodidatismo revelou-se tanto mais importante quanto mais distante o futuro romancista se encontrava dos principais centros de produção cultural interna.

A maioria dos romancistas começou a produzir numa situação de relativa independência em face de demandas políticas, tendo firmado sua posição intelectual com base nas sanções positivas (vendas, tiragens, prêmios etc.) que recebiam das editoras e do público leitor. Mesmo aqueles escritores que se filiaram às claras a um determinado credo político — Jorge Amado, Graciliano Ramos e Rachel de Queiroz foram, durante certo período, militantes em organizações de esquerda, Octavio de Faria, Cornélio Pena e Lúcio Cardoso pertenciam de algum modo à intelligentzia católica, sendo que todos eles procuraram justificar suas obras em função de suas tomadas de posição ideológicas — só puderam conservar suas posições no mercado graças à boa acolhida do público e da crítica, e não apenas como resultado de sua atuação política ou de momentâneas sintonias doutrinárias.

Tem-se por vezes a impressão de que constituiriam o paradigma dos intelectuais do período na medida em que, na determinação complexa de suas trajetórias, se superpõem aquelas propriedades — positivas e negativas — que em outras categorias aparecem de maneira dispersa. Além de terem nascido em famílias às voltas com um estado adiantado de falência material, tiveram ainda que enfrentar situações extremamente penosas que bloqueavam as possibilidades de herdar a posição social dos pais. Mesmo quando não eram órfãos nem filhos de pais separados, foram os caçulas de famílias extensas, ou melhor, os "temporões", segundo uma terminologia de parentesco que encobre o mal-estar que sua existência podia provocar no espaço familiar. Tais situações de relegação punham fora de seu alcance os investimentos com que são brindados os primogênitos e os ocupantes das demais posições privilegiadas no espaço da fratria e da linhagem. Todas essas determinações surtiram seus efeitos mais brutais em conjunturas marcadas por um processo de intensa feminização, afastando-os de vez dos nichos da classe dirigente em que poderiam acionar o capital de relações sociais em favor de carreiras objetivamente definidas como masculinas, tanto aquelas cujo trabalho consiste em alguma forma de assessoria técnica aos proprietários — engenharia, medicina, direito — como aquelas incumbidas do trabalho de representação política dos grupos dominantes.

Se no caso de Lima Barreto a experiência social determinante que permeia sua produção literária residiu na convergência de dois movimentos opostos — a saber, a familiarização com o universo de valores da classe dirigente por meio da educação singular que recebeu e a continuidade dos laços com sua classe de origem —, no caso dos romancistas, o elemento decisivo foi a diversidade de experiências de "degradação" social que o declínio familiar veio propiciar, dando-lhes a oportunidade de vasculhar as diferentes posições de que se constitui o espaço da classe dirigente. A posição em falso dos "parentes pobres" acelera o trânsito entre as carreiras subalternas desse espaço e multiplica as ameaças objetivas de desclassificação social. No mais das vezes, as reiteradas migrações geográficas (inúmeras mudanças de domicílio, de cidade, de estado, de região) e a intensa rotatividade ocupacional dos pais se inscrevem no itinerário desses ramos "destituídos", sendo quase sempre os transes dos "caminhos cruzados" pelos quais esses grupos buscam livrar-se de um processo irreversível de declínio social. Do ponto de vista da produção intelectual, esses deslocamentos bruscos no espaço da classe dirigente e, sobretudo, os riscos de a família ser daí desalojada em definitivo tendem a enfraquecer os laços com que seus filhos se prendem à classe de origem e repercutem nos veios expressivos com que apreendem o mundo social.

Essas experiências de intimidação social a que estão expostos os ramos declinantes — e que não têm nada a ver com os percursos lineares que o léxico da mobilidade descreve — são de molde não apenas a desgastar as relações que esses futuros escritores mantêm com seu ambiente de origem mas também a suscitar uma tomada de consciência da heterogeneidade de interesses e da diversidade dos móveis de luta no interior de sua própria classe, primeira condição para que se possam objetivar as relações de sentido e as relações de força entre os grupos sociais. Em tais condições, os romancistas veem-se confrontados com todo tipo de situações de crise de que são poupados os detentores de uma posição estável na hierarquia social, os quais não conseguem vivenciar, nem mesmo no plano simbólico, a condição das classes dominadas.

Por conseguinte, não há chance de obter nenhuma garantia de objetividade acerca do mundo social a menos que os produtores dessa reconstrução simbólica — sejam eles artistas, escritores ou cientistas — tenham vivido a experiência dramática de serem desalojados da posição social que os seus vinham ocupando, a única maneira de se familiarizarem com outros pontos de vista sem que por isso consigam se desvencilhar do setor da classe dirigente de que são originários.

QUADRO 5 — ORIGEM SOCIAL, TRUNFOS, HANDICAPS E CARREIRA

ROMANCISTAS	Data e lugar de nascimento	Profissão do pai	Dilapidação social dos pais	Estigmas/ handicaps	Gestão do capital de relações sociais	Posição na fratria/ carreira dos irmãos
Ciro Versiani dos Anjos	1906, Montes Claros (Minas Gerais)	Comerciante, carreira política local, pequeno fazendeiro de gado	Falência material, pais muito velhos	Colégio de freiras		Caçula; treze irmãos o penúltimo recebeu o nome de Benjamin filho temporão
Cornélio Pena	1896, Petrópolis (Rio de Janeiro)	Médico	Falência material, órfão de pai aos dois anos	Cego da vista direita (acidente)	Apoio do ramo materno	Caçula; quatro irmãos (três irmãos e uma irmã)
Eddy Dias da Cruz (Marques Rebelo)	1907, Rio de Janeiro	Químico, professor da Escola Nacional de Química		Acidente com dezenove anos		
Érico Veríssimo	1905, Cruz Alta (Rio Grande do Sul)	Farmacêutico, funcionário	Falência material, pais separados em 1922	Internato	Trabalho de costura da mãe	Primogênito; um irmão
Graciliano Ramos	1892, Quebrangulo (Alagoas)	Comerciante; juiz substituto	Falência material	Oftalmia (cegueira periódica)		Primogênito; uma irmã natural e uma irmã legítima (a primeira mais velha e a segunda mais nova), um irmão falecido quando criança
Joaquim Lúcio Cardoso	1912, Curvelo (Minas Gerais)	Fazendeiro, comprador de gado, pequeno industrial etc.	Falência material, absenteísmo paterno	Internato	Trabalho de costura de mãe e tias	Caçula; três irmãos (terceiro homem); filho temporão
Jorge Amado	1912, Itabuna (Bahia)	Fazendeiro (cacau) (antes comerciante de secos e molhados)		Internato		Primogênito; dois irmãos (um escritor e um médico)
José Geraldo Manuel Germano Vieira	1897, Rio de Janeiro	Funcionário diplomático	Órfão de pai e mãe aos doze anos	Internato	Educado por um tio materno (grande industrial têxtil)	Filho único
José Lins do Rego	1901, Pernambuco	Senhor de engenho	Falência material, órfão de mãe, segundo casamento do pai	Asmático	Ramo materno dominante; educado pelo avô	Filho único
Octavio de Faria	1908, Rio de Janeiro	Empresário, político, embaixador				Único filho homem
Orígenes Lessa	1903, Lençóis Paulista (São Paulo)	Pastor protestante, jornalista, professor de teologia	Órfão de mãe aos sete anos	Internato; doenças		Cinco irmãos
Rachel de Queiroz	1910, Fortaleza (Ceará)	Juiz em Quixadá, promotor em Fortaleza, professor secundário, dono de curtume, fazendeiro		Internato		Primogênita; três irmãos, uma irmã

FONTES: Memórias e biografias.

Curso superior	Data de estreia e gênero em livro	Academia Brasileira de Letras (ano de ingresso)	Carreira	Tipo de produção
reito	1937, romance	1969	Ajuda o pai na fazenda; depois trabalha na loja; em 1922, é auxiliar de agrimensor; carreira no serviço público	Romances, memórias
reito	1935, romance	Não	Jornalista em *O Jornal*; pintor; em 1925 ou 1926, terceiro-oficial no Ministério da Justiça; 1936, diretor do Instituto de Artes da Universidade do Distrito Federal; 1938, vice-presidente da Sociedade Brasileira de Belas-Artes (1938-9) etc.	Romances; 1928, primeira exposição de quadros
edicina terrompido), reito	1931, novelas	1964	Dedicou-se ao comércio, nos mais variados ramos, durante doze anos; dirigiu a revista *Atlântico*; tradutor; colunista; inspetor federal de ensino etc.	Romances, biografias, contos, literatura infantil, crônicas etc.
enhum	1932, romance	Não	Empregado no armazém do tio; bancário; farmacêutico; professor particular de inglês e literatura; 1930, serviços editoriais (*Revista da Globo*); em 1936, faz na Rádio Farroupilha um programa dedicado às crianças; 1943, professor visitante de literatura brasileira em Berkeley; 1952, diretor do Departamento de Assuntos Culturais da União Pan-Americana, em Washington	Romances, literatura infantil, memórias, traduções, variedades etc.
enhum	1933, romance	Não	1914, suplente de revisor no *Correio da Manhã* e em *O Século*; 1915, proprietário de uma loja de fazendas em Palmeira dos Índios; 1929-30, prefeito; 1930, diretor da Imprensa Oficial do estado de Alagoas; 1933, diretor da Instrução Pública; inspetor do Ensino Secundário; jornalista	Romances, memórias etc.
enhum	1934, romance	Não	Em 1929, redige um jornalzinho com uma história folhetinesca; 1930, trabalha na Companhia Equitativa de Seguros; 1932, funda uma revista de literatura, com duração efêmera; 1946, jornalista profissional em *A Noite*; outras atividades artísticas (cinema, teatro etc.)	Romances, teatro, cinema, memórias, pintura
reito	1931, romance	1961	Redator no *Diário da Bahia*; 1935, publicitário na Livraria José Olympio; redator em *A Manhã*; 1938-9, redator-chefe em *Diretrizes* e *Dom Casmurro*.	Romances
edicina (especialização em radiologia na Europa)	1922, contos	Não	Colaborou em *O Jornal*; em 1922, monta consultório de radiologia no Rio e trabalha também na Beneficência Portuguesa e na Associação de Empregados no Comércio até 1941; tradutor etc.	Romances, poesias, contos, traduções, crítica literária e de artes plásticas
reito (Recife)	1932, romance	1955	Funcionário do Ministério da Fazenda; outras tarefas no serviço público (Conselho Nacional de Desportos); atividades na imprensa	Romances, memórias, literatura infantil, crônicas
reito (Rio de Janeiro); Faculdade acional de Direito	1931, ensaio político	1972	1927, colaborador em *A Ordem* e em *Literatura*, publicação dirigida por Augusto Frederico Schmidt; 1936, diretor da Escola de Filosofia e Letras da Universidade do Distrito Federal	Escritos políticos, romances
eminário protestante; Faculdade de losofia (não completou). Em 1928, atriculou-se na scola Dramática ursou durante um no)	1929, contos	Não	Jornalista, colaborou no *Imparcial* e na *Tribuna Social Operária* (dirigida por Joaquim Pimenta, no Rio); em fins de 1928, trabalha na General Motors, em São Paulo, como tradutor; jornalista no *Diário da Noite* e na *Folha da Manhã*; trabalho na Rádio Record; de 1941 a 1942, dirige *O Planalto*, revista literária; março de 1942, segue para os Estados Unidos, contratado pelo coordenador de assuntos interamericanos; redator em agências de publicidade desde 1931	Novelas, contos, contos infantis, romances, traduções
scola Normal ortaleza)	1930, romance	1977	1930, professora da Escola Normal; 1944, colaboradora nos jornais *Correio da Manhã*, *O Jornal* e no *Diário de Notícias*	Romances, crônicas, poesias, teatro

NOMADISMO, DESCLASSIFICAÇÃO E FEMINIZAÇÃO

Na escuridão percebi o valor enorme das palavras.

Graciliano Ramos, *Infância*, 3ª ed. Rio de Janeiro, José Olympio, 1953, p. 134

Os casos de nomadismo familiar desvendam estratégias típicas mediante as quais os "parentes pobres" da classe dirigente acionam o capital de relações sociais que lhes restou. Uma vez afrouxadas as ligações com o universo dos proprietários, o itinerário domiciliar da família acompanha os passos da iniciativa paterna em busca de um refúgio em outros domínios de atividade, à altura de suas expectativas. Não se pode, contudo, atribuir a relegação dos parentes pobres à instabilidade profissional, que, no mais das vezes, é a consequência direta da perda do patrimônio material. Caso se pudessem projetar num gráfico as variações sucessivas do itinerário cumprido pelos "parentes pobres", poder-se-ia constatar que o sentido da trajetória (quer em termos de reconversão, quer em termos de relegação) depende muito mais das exigências do trabalho de dominação que do número de membros da classe dominante que, tendo perdido seu lastro material, se encontram à procura de uma posição de "consolo" na periferia dos grupos dirigentes. Nos casos de Graciliano Ramos, Rachel de Queiroz, Orígenes Lessa etc., o sentido da trajetória ocupacional do pai, oscilando entre as posições de pequenos proprietários no comércio e/ou na agricultura e as posições burocráticas de relegação, contribuiu em medida muito mais significativa para o encaminhamento dos filhos em direção ao trabalho intelectual do que as injunções ligadas à mera dilapidação da fortuna.

NOMADISMO E MOBILIZAÇÃO DO CAPITAL

Entre 1892, ano de seu nascimento em Quebrangulo, de onde sai com um ano de idade, e 1915, quando, já casado, se instala como dono de uma loja de tecidos em Palmeira dos Índios, no interior de Alagoas, Graciliano Ramos acompanha sua família em sucessivas mudanças de residência: de Buíque, zona pastoril no interior de Pernambuco, onde seu pai possuía uma fazenda de gado, a família transfere-se para Viçosa, zona açucareira no interior alagoano, onde o pai abre uma sociedade comercial e consegue ainda ser nomeado juiz substituto: daí Graciliano se desloca para Maceió a fim de prosseguir os estudos secundários e, em 1914, realiza sua primeira viagem à capital federal, sem chegar a conseguir o que desejava, uma inserção estável na imprensa carioca.

Se do lado paterno também descendia de proprietários de engenho, Rachel de Queiroz acabou cumprindo itinerário de efeitos semelhantes aos de Graciliano e bastante diverso da estabilidade que tiveram seus ilustres parentes maternos, por força dos inúmeros deslocamentos que marcaram a história ocupacional de seu pai. De Quixadá, no interior cearense, com casa na cidade e na fazenda, sua família transfere-se para Fortaleza, onde o pai fora nomeado promotor, cargo que abandona em troca de um posto no magistério secundário; em 1917, depois de falharem as tentativas de se fixar no Rio de Janeiro, o pai desloca-se para Belém do Pará, onde resolve abrir um curtume, em vez de aceitar um posto na magistratura local; dois anos depois, a família retorna ao Ceará, com rápidas passagens por Fortaleza e Guaramiranga; ao cabo dessa errância, de novo em Quixadá, reorganiza as atividades na fazenda, em torno da pecuária. A partir de 1921, Rachel estuda quatro anos num colégio de freiras em Fortaleza até diplomar-se como normalista; tendo passado mais dois anos no interior, volta com sua família para Fortaleza até transferir-se para o Rio e São Paulo no início da década de 1930.

Naquelas situações em que o declínio resulta do desaparecimento da figura paterna (falecimentos, absenteísmo, separação dos pais) — como nos casos de Cornélio Pena, Érico Veríssimo etc. —, o nomadismo familiar traduz os esforços da mãe em busca do apoio e dos recursos dos parentes abonados que possam complementar os rendimentos que aufere mediante trabalhos de baixa rentabilidade (costura, doçaria, bordados, flores de papel etc.), com vistas a propiciar aos filhos oportunidades de escolarização capazes de sustar o processo de "desclassificação" social. Lúcio Cardoso constitui um caso-limite em que os dissabores provocados pela falência econômica, social e afetiva do pai se associam aos efeitos produzidos pelo nomadismo da família.

Era o velho Joaquim Lúcio Cardoso natural de Valença e filho de fazendeiros daquela cidade fluminense. Estudou até o terceiro ano da Escola de Engenharia de

Ouro Preto, mas, com a morte do pai, abandonou os estudos. Foi então para Curvelo, acompanhando a turma de engenheiros encarregada de construir até ali a Estrada de Ferro Central do Brasil. Ficou no lugar, onde acabou por se casar com d. Regina [...] que morreria cinco anos depois, tuberculosa. Casou-se então [1899] com uma amiga íntima da mulher [...] que lhe deu seis filhos [...] Foi o velho Joaquim, na verdade, quem fundou Pirapora, civilizou-a e a fez prosperar. E chegou a ser proprietário de toda a cidade, e a possuir 8 mil cabeças de gado [...] acabou perdendo tudo. Desta vez, porque devia cem contos à Cia. de Fiação de Tecidos, de que era representante em Pirapora, e entregou todos os bens. Voltou então para Curvelo, onde nasceram os dois primeiros filhos [...] e onde fundou uma fábrica de sabão — a primeira do lugar. Mas acabando por se indispor com o comércio local, este, em represália, passou a adquirir a mercadoria no Rio e a vender mais barato à cidade. Teve ainda Joaquim inúmeras profissões e atividades em dezenas de lugares diferentes. Depois dessa segunda temporada em Curvelo vai para Diamantina, onde fica um ano e monta um restaurante.[33]

Em vista do malogro de todos os seus empreendimentos, seu pai "decidiu ser fazendeiro e ir cultivar as terras que possuía nas bandas de Várzea da Palma", onde passa a produzir derivados de cana: rapadura, melado, cachaça. Sérias dificuldades financeiras fazem-no vender a fazenda e retornar com a família a Curvelo, onde passa a morar num sobradinho alugado. Depois de algum tempo, o pai vai dirigir uma pequena firma ligada ao comércio de automóveis em Belo Horizonte, fixando-se adiante na profissão de agrimensor em Pirapora. A mobilidade geográfica da família — de Curvelo para a fazenda, volta a Curvelo, dali para Belo Horizonte, o traslado para o Rio de Janeiro em 1923, as constantes mudanças de residência na capital federal — resulta, via de regra, de fracassos econômicos que comprometem a sobrevivência familiar e que repercutem na trajetória dos irmãos mais jovens, que acabam sendo preteridos de alguma maneira. Quando advém a crise, a família trata às pressas de buscar um novo domicílio, na expectativa de que isso possa trazer melhores oportunidades de explorar fontes intatas do capital remanescente de relações sociais — parentes afastados, conhecidos e relações de amizade. A instalação da família num subúrbio carioca traz como dividendos um emprego de repórter para o irmão Adauto e, adiante, por intermédio de um amigo do pai que era na época um dos diretores do Lloyd Brasileiro, um posto de conferente de cargas; a transferência para Belo

Horizonte possibilita um casamento "para cima" de uma das irmãs e permite a Lúcio entrar em contato com a roda intelectualizada de seu tio materno.

O que distinguia ambas as famílias dominantes na cidade natal de Lúcio era o peso relativo das espécies de capital. Enquanto os Mascarenhas dispunham de um sólido patrimônio em terras e outras modalidades de imobilização do capital econômico, os Vianna constituem um típico exemplo de antigas famílias dominantes empobrecidas, cuja sobrevida no espaço da classe dirigente se deve, antes de mais nada, à possibilidade de fazer valer seu cabedal de prestígio para que possam reorientar suas aspirações de mando e assumir as tarefas de dominação em âmbito local (comando do partido oligárquico e do jornal da cidade).[34]

O PROCESSO DE FEMINIZAÇÃO

> *Eram três as "filipas": Júlia, mãe de vovó, Filomena e Ritinha; a mãe de Babita, da qual não me recordo o nome, e Matilde, conhecida em Curvelo como Sá Bicota, delas a única que se casara, mas que não tinha nenhum filho. Mulheres inteligentes, espirituosas, de inclinação artística acentuada, eram filhas de um viúvo português que, obrigado pelo trabalho a que se dedicava, se ausentava da casa por períodos grandes, deixando-as completamente sós. Bem-dotadas e dispostas para o trabalho, ganhavam a vida como costureiras de fama na cidade e a casa, apesar de pobre, era muito frequentada, não havendo quem não as apreciasse pela inteligência e espírito; era uma espécie de salão literário do Curvelo naquela época [...] Com a ausência prolongada do pai e não tendo mãe ou qualquer parenta mais idosa para aconselhá-las, cedo se perderam, seduzidas pelos filhos das famílias mais importantes da terra que, vindos da Corte, buscavam sua casa como o lugar mais interessante da cidade e mais tarde se casavam com outras, herdeiras de nome, deixando-as com filhos. Morreram moças, com exceção de Matilde: Júlia deixou cinco ou seis filhos que tinham sido perfilhados pelo amante, que os criou e educou à sua custa [...].*
>
> Maria Helena Cardoso, *Por onde andou meu coração*, 2ª ed. Rio de Janeiro, José Olympio, 1968, p. 283

Ao cabo desse processo de "desclassificação" social do ramo materno, as mulheres passam a se dedicar em bases profissionais ao trabalho de costura, derradeira fonte de renda para uma família de "parentes pobres" que já haviam esgarçado um bocado os laços com seu ambiente de origem, vizinhas de "todo um correr de casinhas baixas, residência das 'mulheres de vida airada' da cidade".[35]

De sua remota origem oligárquica, a família preserva quando muito alguns objetos desemparelhados, atavismos, trejeitos, maneiras de ser e de se comportar, e um repertório de lembranças, com os quais mantém acesa a esperança de restabelecer a antiga situação de fausto e prestígio. O licoreiro é o remanescente de ligações remotas com a oligarquia e de todo o estilo de vida dessa classe. O fato de que a família de Lúcio ainda possa exibir objetos de luxo, deslocados de seu ambiente original, e utilizá-los em ocasiões especiais expressa a aptidão de que dispõem os "parentes pobres" para relembrar ou reviver a condição social perdida pelo recurso a rituais do passado.

> [...] um guarda-louça, o móvel de mais luxo da casa, de madeira amarelo-escura, envernizada, portas de vidro e uns ganchinhos onde se penduravam as xícaras [...] O aniversário de Tidoce era sempre festejado. Muitos dias antes eu e Zizina começávamos os preparativos: lavávamos a louça do guarda-louça, retirando com o máximo cuidado as xícaras penduradas nos ganchos, o licoreiro de vidro azul, bordado com florinhas brancas e seus minúsculos copos, que mais pareciam de bonecas. Sentia-me feliz em poder pegar com minhas mãos aquela joia que contemplava o ano todo através dos vidros [...] Fazia questão de lavá-lo com o maior cuidado, repondo-o em seguida em sua armação de metal.[36]

A avó fazia roupas de homem, a mãe e a tia cosiam para freguesas ricas da região, aceitavam encomendas para enxovais de batizado, vestidos de noite, fantasias. A instabilidade profissional do pai, os longos períodos em que sumia de casa, fizeram com que o sustento da família passasse a depender quase por completo do trabalho de costura realizado em mutirão pelas mulheres. Elas haviam granjeado fama pela "perfeição" do acabamento e pelo "bom gosto", que lhes permitia confeccionar os modelos sofisticados dos figurinos parisienses. Assim, o saber lidar com os princípios do gosto dominante constitui, ao mesmo tempo, o requisito mais "natural" dessa competência e a própria condição de êxito na prestação de serviços que se valem desse saber.

O melhor do Carnaval era o baile a fantasia que naquele ano se realizaria no Cinema Oreon. Prometia ser de arromba. Tidoce já não podia mais aceitar encomendas e cosia até tarde da noite para poder dar conta. Toda a cidade ia ao baile e não se falava de outra coisa. As lojas viviam cheias de gente, comprando sedas, veludos, lantejoulas, vidrilhos, miçangas, rendas prateadas, douradas, plumas. A casa de vovó, um vaivém de moças e senhoras que entravam e saíam: umas para experimentar vestido, outras à espera e, finalmente, as que não tinham conseguido que Tidoce tomasse a encomenda escolhiam nos seus figurinos, os melhores que havia na cidade, modelos para as fantasias; junto às senhoras assentadas nos bancos da sala de costura, conversando, amontoavam-se confusamente as capas coloridas de *La Mode Illustrée, Chic Parisien, La Femme Chic* e outros.[37]

Segundo o relato de sua irmã, é nessa conjuntura que nasce Lúcio, "o último filho de mamãe", um ano antes de a família transferir-se para Belo Horizonte. Apesar da resistência do pai e do temor que a mãe tinha de perder de vez o marido e de ser obrigada a vender a casa recém-adquirida em Curvelo, as aspirações da mãe em relação à educação dos filhos, que contava poder financiar com a costura, e o exemplo de outras famílias nas mesmas condições que haviam conseguido empregar os seus acabaram minando os receios de que acontecesse o pior. Seria a humilhação de se verem forçados a retornar a Curvelo, o que também entrava no cálculo. Enfim, o projeto de se instalarem na capital do estado teve empurrão decisivo com a proposta paterna de empresar, em moldes semi-industriais, o trabalho de costura da esposa e da cunhada.

A penúria material torna os "parentes pobres" sensíveis a um tipo de demanda que possa lhes propiciar meios de subsistência e livrá-los das obrigações inerentes a outras formas de trabalho que consideram "indignas". As "bocas" e os "bicos" consistem, em geral, em serviços de caráter pessoal que não se manifestam como trabalho, ou melhor, que acobertam a retribuição pecuniária. De fato, essa forma de trabalho apresenta dois traços peculiares: sendo ao mesmo tempo produção material e simbólica, a confecção de roupas e, em geral, de acessórios exigidos pelo estilo de vida das classes dirigentes supõe a experiência concreta dessa sociabilidade, o trato do gosto, a disposição de se colocar na posição do cliente; nesse caso, a relação de serviço é dissimulada pela prestação de conselhos, mediante a qual o artesão de luxo se torna como que um falsário credenciado em todos os domínios da aparência, detendo o monopólio e o manejo dos princípios do gosto. Essas duas características mascaram a brutalidade da relação remunerada entre o cliente que faz a encomenda e o executante do serviço. Os rituais inerentes à interação — a troca de cortesias por ocasião da encomenda ou durante as provas — ocultam o caráter mercantil da prestação de serviço e transformam-na em relação social: ao recepcionar os clientes, é preciso mostrar tato, boas maneiras, não ser inconveniente, "açucarar" refrescos e iguarias; em suma, costuma-se mobilizar nessas ocasiões disposições idênticas àquelas exigidas numa recepção mundana. E assim se constitui como especialidade (e, muitas vezes, como especialização profissional) o exercício das disposições sociais e intelectuais herdadas da convivência e da familiaridade com o estilo de vida das classes dominantes.

Os períodos de bonança — que correspondem, na representação dos filhos, à presença esporádica do pai — confirmam o padrão recorrente com que os ramos destituídos lidam com sua condição social. Contando apenas com a salvaguarda do estilo de vida de sua classe, com a qual permanecem identificados em suas atitudes, gostos e valores, a estratégia que lhes permite subsistir, fazendo de conta que poderiam voltar a ser o que já foram, consiste em dissimular todas as dimensões de sua existência social segundo os mesmos procedimentos que presidem à reforma de um vestido. Encurtando a bainha, ajustando o talhe ou acrescentando um adereço, os "parentes pobres" empenham-se em alcançar ao menor custo o máximo rendimento, o melhor efeito, ou então, o que dá no mesmo, se obstinam em preservar os vestígios de sua identidade penhorando seus trunfos mais exíguos.[38] É o único jeito de resguardar no imaginário e na prática o tão pouco que sobrou de um passado familiar de fausto, agora apropriado e vivenciado em termos rebaixados, o tempo todo sob risco de acabar em cacos, como o licoreiro na cristaleira.

> [...] Papai não mudara de temperamento. Era o sonhador de sempre, à espera de um golpe de sorte que o favorecesse à última hora [...] E a vida nós a levávamos de acordo com sua maneira de ser. Quando de visita em casa, nadávamos na fartura. Dinheiro, mesa lauta, vinhos, a maior animação; as compras se sucediam, nada nos era negado [...] repentinamente anunciava a sua partida e nós, embora o adorássemos, respirávamos aliviados. Íamos voltar à vida de inteira liberdade, embora as festas, o dinheiro e as compras se acabassem. Quanto a ele, se transformava com a proximidade da partida: voltava-lhe a animação interior e esquecia-se das queixas, conversando com mamãe, fazendo-lhe ver a necessidade de seu regresso imediato. Preci-

sava trabalhar, "a fonte produtora era uma só", à sua espera estava uma porção de bocas abertas, seus empregados [...] Vinha aí o reverso da medalha. Os meses corriam e nada de dinheiro. Escrevia, falando sobre as dificuldades lá fora, a crise, e nos aconselhando paciência. Comíamos graças à conta que ele autorizara no armazém pegado ao lado da casa, porém agora sob o regime da mais severa economia. Mamãe, que via confirmados os seus temores, apertava o mais que podia, comprando apenas o estritamente necessário [...] Muitas vezes tamanha era a falta de dinheiro, que mamãe empenhava os poucos objetos de valor que possuía em casa.[39]

Diversamente de outras categorias de intelectuais, os futuros cronistas da "casa assassinada" não puderam compensar a falência material da família com os dividendos que auferem os ocupantes de posições privilegiadas no espaço da linhagem. Muitas vezes tiveram de enfrentar os reveses provocados por estigmas físicos e sociais, que contribuíram para tornar irreversível a relegação familiar de que eram vítimas.

Eu me comportava direito: encolhido e morno, deslizava como sombra. As minhas brincadeiras eram silenciosas [...] Afastou-me da escola, atrasou-me, enquanto os filhos de seu José Galvão se internavam em grandes volumes coloridos, a doença de olhos que me perseguiu na meninice. Torturava-me semanas e semanas, eu vivia na treva, o rosto oculto num pano escuro, tropeçando nos móveis, guiando-me às apalpadelas, ao longo das paredes. As pálpebras inflamadas colavam-se. Para descerrá-las, eu ficava tempo sem fim mergulhando a cara na bacia de água, lavando-me vagarosamente, pois o contato dos dedos era doloroso em excesso [...] Sem dúvida o meu aspecto era desagradável, inspirava repugnância. E a gente da casa se impacientava. Minha mãe tinha franqueza de manifestar-me viva antipatia.[40]

Vivia um pouco afastado dos colegas, sem amigos, mas já nesse tempo a vida me ensinara rudemente os seus perigos, pois aos dez anos feri a vista direita, e perdi toda a visão, e daí o meu martírio de criança, proibida de ler, e ouvindo através da porta de meu quarto, a recomendação ansiosa: "Apague a luz, que você fica cego" [...] pois era uma criança solitária, inquieta, mas só interiormente, que não sabia brincar, e passava a maior parte do meu tempo em duas salas vazias, com os brinquedos diante de mim, a imaginar o que devia se passar com eles.[41]

Sofrendo as consequências da perda do irmão mais moço, sob a forma de censuras veladas que seus pais lhe faziam e que acabaram por culpabilizá-lo, espremido entre a irmã bastarda e a irmã legítima mais nova, o apelido de "bezerro-encourado" que os pais de Graciliano lhe impingem equiparam-no a um bezerro órfão que consegue sobreviver às custas de um estratagema. "Quando uma cria morre, tiram-lhe o couro, vestem com ele um órfão que, neste disfarce, é amamentado. A vaca sente o cheiro do filho, engana-se e adota o animal."[42] A cegueira periódica de Graciliano, também chamado de "cabra-cega", só serviu para aguçar sua suscetibilidade ante as atitudes familiares de rejeição, como que fazendo irromper na própria pele a pecha que vinha confirmar seu status de intruso.

Embora fossem idênticas as consequências trazidas pela condição de caçula, enquanto Ciro dos Anjos teve de enfrentar as desvantagens de filho extemporâneo, nascido após o irmão Benjamin (o décimo segundo), a partir do qual seus pais haviam decidido sustar a prole, Lúcio Cardoso foi objeto dos cuidados e mimos que envolvem um filho temporão, muito mais próximo de sua irmã Maria Helena do que de seus irmãos mais velhos. Além do relacionamento distante que mantém com os pais e a despeito da disparidade dos ganhos afetivos que lhe são dispensados, a condição de caçula se cristaliza desde cedo, em consequência dos interesses dos irmãos mais velhos. Com vistas a preservar as vantagens dos irmãos mais velhos quanto à utilização do capital familiar disponível, as relações no interior da fratria passam a ser escudadas por uma hierarquia velada de autoridade que exclui os menores do espaço de concorrência no âmbito doméstico. Assim, as relações de força entre irmãos atendem aos interesses dos que pretendem tirar o melhor proveito do montante e das formas de capital familiar a que cada um deles está em condições de aspirar. A irmã mais velha de Lúcio casa-se com um médico, outro irmão conclui o curso de medicina e um terceiro forma-se em direito, como primeiro passo de uma carreira de êxito na política profissional nos quadros da União Democrática Nacional (UDN) mineira. Nessas condições, a distância em relação aos pais surte efeitos sociais análogos àqueles provocados por outras modalidades de falência familiar, fazendo com que esses caçulas passem a viver a condição de cria dos irmãos mais velhos.

Conforme expressão do próprio Ciro dos Anjos, "os derradeiros da prole" nem mesmo podem se beneficiar dos investimentos em escolaridade que os mais velhos arrebatam e, a despeito de sua vontade, acabam enredados pelo universo dos valores femininos de sua classe. Como diz a irmã de Lúcio, "era isto mesmo, filho criado sem o pai em casa, não dava cousa que prestasse", ou seja, por haver incorporado as disposições inerentes às práticas femininas estava fadado a tornar-se um "filho da mãe" cuja única esfera de atividade possível no espaço da classe dirigente seria o trabalho intelectual sob alguma de suas modalidades, para onde pudesse transferir e pôr em prática os esquemas de ação e percepção que havia adquirido pelo contato prolongado com as mulheres. Inúmeras situações reforçam a identificação progressiva de Lúcio com o universo das práticas femininas, sua preferência pelas coisas de "mulher" e a distância correlata dos jogos de menino. Ao tornar-se o objeto dos cuidados e da proteção da mãe, das irmãs e das tias, acaba como que investido dos atributos socialmente definidos como femininos, a "sensibilidade", a "delicadeza", o "recato", a "discrição".

A irmã de Lúcio Cardoso relata como ele se converteu em objeto de disputa entre suas irmãs mais velhas, apartado por completo das brincadeiras entre os irmãos:

> Quando Nonô [Lúcio] nasceu, Zizina e eu já éramos grandinhas e ficamos loucas de alegria, cada qual querendo tomar conta dele. Voltávamos da aula, mal atirávamos os livros para um canto e corríamos para ver quem segurava ele primeiro. Zizinha então se julgava a própria mãe: embalava-o, cantando, dormia com ele no canto da cama, com grande inveja minha, em quem mamãe não tinha tanta confiança [...] e o garoto vinha para baixo, aos nossos cuidados, sob a vigilância de Rita, a empregada que cuidou dele desde o nascimento [...] Para nós era um encanto [...] Outras tardes saía a passear com Miltinho, o filhinho de Josefina, e Nonô. Eram ambos da mesma idade e empurrava o carrinho de vime que dr. Duque tinha mandado vir do Rio para o filho. Todo forrado de cetim rosa, Miltinho assentava-se no fundo, no lugar principal, vestido de rendas e veludo. Nonô, vinha no banquinho da frente, e fazia sucesso por onde passava. Não havia quem não parasse para admirá-lo e dissesse [...] "[...] que gracinha de criança, Nhanhá é feliz por ter um filhinho assim" [...] Quando ficou maiorzinho e começou a falar era o orgulho da casa toda. Éramos loucas por ele. Muitas tardes mamãe tomava-o no colo e descia comigo a praça da Reforma, em direção à casa de vovó. Assim que chegávamos na entrada do beco de seu Juquinha, Raimunda da farmácia aparecia na janela do escritório, chamava mamãe, tomava Nonô dos braços dela, e enchia-o de balas, caramelos e pastilhas de mel que sobravam nos vidros da farmácia. De tal maneira ele se habituou àqueles agrados que, mal nos aproximávamos do beco, já começava a fazer barulho e a chamar a atenção de Raimunda [...][43]

E Ciro dos Anjos conta sua experiência de filho preterido e submisso à autoridade de seus irmãos mais velhos:

> Desse modo, eu, o décimo terceiro filho, só me entendia com o mano Beijo, o décimo segundo, um ano acima de mim. Era natural que nos aliássemos, e sobretudo que associássemos os nossos engenhos [...] Embora coexistissem e se cruzassem esses dois mundos — o da cozinha e o da sala de jantar — não os explorou na mesma época a minha curiosidade. O de Luísa precedeu o de minha mãe, havendo o mano Benjamin e eu vivido, na primeira quadra da infância, à barra da saia da preta velha, por cujo intermédio tudo nos vinha [...] Falei em seu alheamento: era preciso que lhe puxássemos [refere-se à mãe] a manga da blusa várias vezes, para conseguirmos que reparasse no que dizíamos [...] pouco a conhecíamos. Além de Luísa, não havia outra fonte a consultar sobre os pais. Tínhamos de recorrer à própria observação e experiência, já que não puxávamos conversa com os manos mais velhos [...] A rígida hierarquia não comportava o direito de perguntar, e inflexível disciplina reinava no clã. Valdemar escondia o cigarro diante de Antonico; Artur não pilheriava na presença de Carlos; Tito não se atrevia a nos pregar peças, estando Pedro nas proximidades; e Zezé, sempre brincalhão, acautelava-se com os que o precediam na ordem da idade [...] Mais escasso, ainda, foi o meu convívio com o pai, na meninice [...] Minha primitiva ideia a seu respeito era, porém, aquela de uma entidade poderosa e distante, provavelmente justa, mas severa e inflexível, que imperava discricionariamente na casa, na loja e na fazenda.[44]

A aprendizagem das disposições femininas ocorre por meio de episódios aparentemente anódinos, como, por exemplo, a coroação da Virgem Maria, em que Lúcio assume o papel de padre, o estudo de piano, o fascínio pelo cinema, pela vida e pelas façanhas dos artistas, diversas práticas que, no limite, traduzem um rompimento quase que insensível com as categorias com que os "homens" tendem a apreender as alternativas profissionais e as posições correspondentes no espaço da classe dirigente. E o fato de Lúcio ter passado cinco anos num internato em Minas serviu apenas para tornar irreversível o sentido de sua trajetória, ao subtraí-lo do convívio com seus dois irmãos mais velhos e ao separá-lo de uma vez por todas de seu pai.

Maio era o mês mais lindo em Belo Horizonte e lá em casa o único cuidado era a hora da novena. Durante o dia, Lourdes e Nonô, ainda meninos, repetiam a coroação a que tinham assistido na véspera. Reuniam os amigos da vizinhança, teciam coroas de boninas, armando o altar em cima da mesa de engomar, na varanda dos fundos: Nonô fazia o padre, uma das meninas Nossa Senhora e as que sobravam, as coroantes. Entoavam cânticos de louvor à Virgem, desfolhando sobre ela flores do jardim lá de casa. Brincavam de coroação o mês inteiro, com o maior fervor [...] uma criança viva, ocupada sempre com brinquedos diferentes dos outros meninos. No barracão pegado à casa e que servia de depósito de coisas velhas, guardava recortes de jornais e revistas dos artistas de cinema de sua predileção [...] Quando não estava ocupado com cinema e o mês de maio já se tinha ido há muito, brincava de boneca com as meninas, escandalizando papai que por isso brigava com mamãe [...] Mais sensível, seus pressentimentos com relação àquele filho, o caçula, não a enganavam. Adivinhava nele um menino diferente dos outros, alguma coisa que ela própria não sabia o que [...] Nonô crescia realmente diferente: delicado, preferia as meninas e seus brinquedos à companhia dos garotos estouvados. Adorava cinema. Vivia debruçado sobre revistas de cinema, recortando e lendo tudo que se relacionava com os artistas [...] apesar de inteligente e sensível, não gostava da escola, onde era considerado um dos alunos mais apagados [...] Se ia conosco fazer alguma visita, não perdia nenhum detalhe da casa e dos seus moradores [...] Bem pequeno ainda, mamãe, notando sua inclinação para o piano, pois ficava horas tentando repetir no piano [...] mandou-o estudar com d. Cecília [...] Crescia sempre delicado, predileto de Tidoce, mas papai não compreendia aquele filho tão diferente dos outros, culpando mamãe pela sua educação defeituosa, com tantos mimos.[45]

Os futuros romancistas são sensíveis às vicissitudes em que os indicadores menos equívocos são manipulados, com a inversão de sua carga distintiva, como no episódio em que uma freira coloca as calças em Ciro dos Anjos com a frente para trás, como que cancelando sua virilidade e fazendo-o parecer menina:

[...] Outra lembrança infeliz: meu vexame, no dia em que Soeur Blanche me vestiu a calça com a braguilha para trás. Voltando da casinha, que ficava ao fundo do quintal, escorreguei na lama, sujei a roupa: depois de lavá-la e enxugá-la, a inexperiente mestra arrumara-me daquele jeito [...] Quanto não sonhara em entrar para o Grupo! Ali iria encontrar os bambas do futebol da várzea e do poção do padre Chaves; garotos famosos como Joaquim, filho de Manuel Barbudo, o açougueiro, peritos no empinar araras que subiam.[46]

Não se trata de invocar tendências naturais ou congênitas a esses futuros escritores, sendo numerosas as evidências que comprovam o desejo de se verem identificados com os "bambas", os "moleques", os "craques da pelada", em suma, com os rapazes de sua classe. Sentindo-se alijados das brincadeiras com as quais os meninos de sua cidade incorporam as maneiras de ser e de atuar características "daqueles que sabem soltar pipas", estão condenados às danças de roda e a outras formas de entretenimento femininas. Por outro lado, parecem propensos a mirar-se na imagem dos padres, único corpo de especialistas cujo prestígio se assentava na execução de tarefas que assumiam dimensões mágicas aos olhos de crianças do interior. A condição de herdeiros de uma posição em falso tanto no espaço da classe dirigente como no interior de sua própria família, marcada pelas constantes mudanças de emprego do pai, posição reforçada pelas diversas variantes de nomadismo familiar, não apenas estimula uma familiarização crescente com as práticas e os trabalhos das mulheres mas também os leva a se aproximar das carreiras e dos agentes que se encontram mais impregnados pelos traços constitutivos do trabalho simbólico.

A frequência a escolas de meninas ou de freiras, os estigmas físicos e sociais, o envolvimento com os padres e o fascínio que então exercem as carreiras ligadas ao culto tinham como contrapartida não apenas a mortificação que provocavam os "insucessos nos brinquedos que dependiam de força ou destreza".[47] O trabalho de coroinha, por exemplo, permitia lidar com os únicos profissionais da produção simbólica que eram então acessíveis e participar de uma atividade socialmente prestigiosa e gratificante aos olhos desses deserdados da classe dominante. Responder de pronto às deixas do celebrante, ter o porte firme e ao mesmo tempo movimentar-se em torno do altar como se estivesse deslizando, envergar com dignidade a sotaina e a sobrepeliz, manejar os objetos do culto (turíbulo, galhetas, pátena, missal, campainha), desempenhar com brilho o papel de fiel modelar na mira de toda a assistência, em suma, participar de um ritual cujas injunções impõem aos oficiantes o domínio prático de uma encenação marcada por valores estéticos, eis algumas das ocasiões em que o coroinha pode se iniciar e se exercitar nos segredos, nos desafios, nos interditos, nas manhas e nas engrenagens de um desempenho cultural que não está muito longe do trabalho intelectual.

> Seu Nuno quis transformar-me em ajudante de missa, e isto me atraiu, deixei-me sugestionar, embora ignorando que esforços a novidade exigiria de mim [...] Assim me edifiquei, a princípio moderadamente, depois excessivo e entusiasmado. Afeiçoei-me aos toques de sino, ao cheiro de incenso, decorei as frases do ritual e, de casa para a loja, da loja para a casa, ao passar diante da igreja, tirava o chapéu, rezava um padre-nosso e uma ave-maria. Nesse tempo a minha grande ambição foi dedicar-me inteiramente ao serviço de Deus e entrar no seminário. Não entrei, mas andei perto. Guardadas na memória as palavras exóticas, recebi o favor que, em orações, à noite, ajoelhado no tijolo, pedi ao céu: uma batina de casimira e um roquete de linho com renda larga.[48]

> Só aos discípulos do emérito João Braga, e no impedimento do mestre, se permitia o manejo das cordas que pendiam dos badalos. Esses meninos, a quem minha imperícia votava uma admiração plena de humildade, conheciam, a fundo, a arte de tanger e destanger, picar e repicar, correr ou dobrar sinos. Ignaro coroinha, eu nem mesmo distinguia, pelo significado, os diferentes toques, a não ser o dobre de finados [...] A tal ponto crescera a emulação entre as diferentes escolas, e a tais requintes chegaram elas [...] Sabia-se quando o insigne Braga repicava: não era possível confundi-lo com Joaquim [...] que demorava muito nos graves [...] Criara-se uma casta entre os ortodoxos, e esta efetivamente se alicerçava no mérito, podendo abrir-se ao filho do açougueiro e, entretanto, fechar-se ao enteado do presidente da Câmara [...] Se se confiavam os sinos a poucos e raros, não era o turíbulo objeto dos mesmos cuidados. Reputava-se de alta dignidade o ofício de trazê-lo e alimentá-lo de brasas e incenso; como a tarefa não pedia habilidade especial, imperava porém o pistolão: para se alcançar o posto de turiferário, mais influíam as recomendações a seu Esdras Sacristão que os bons serviços prestados à Igreja, nos duros misteres relegados por Joana Gomes a mãos seculares. De quão espinhosa era a carreira de coroinha fui advertido, desde o primeiro dia, ao me negarem rudemente uma batina, fazendo-me ver que eu pretendia começar por onde os outros terminavam. Vesti desiludido a descorada opa que me estenderam, e nunca mais sonhei com o prestígio e a pompa das vestes talares. Meu tempo de serviço encerrou-se, pois, sem que eu houvesse

galgado sequer um degrau, ou, ainda como suplente, fosse convocado para ajudar à missa [...] Para nós, de engenho remisso, havia, entretanto, a esperança de poder acompanhar o sr. bispo, quando periodicamente visitava as famílias importantes da cidade. Então, seu Esdras nos confiava uma batina, a título precário, a fim de nossa indumentária não destoar das demais. Não passavam de meia dúzia os acompanhantes, e o encargo que recebiam, além das vantagens impalpáveis da Glória, proporcionava bens temporais, concretos e imediatos. Ora se lambiscava um calicezinho de moscatel ou de porto [...] ora se ganhavam caramelos, frutas, docinhos [...] Aos graduados, que recebiam batina e sobrepeliz, conferia-se um privilégio nas novenas de maio: sem disto suspeitar, seu Esdras Sacristão os colocava em lugar estratégico para os namoros, confiando-lhes a guarda do altar lateral onde se realizavam as coroações. Ficavam, assim, os felizardos perto das meninas mais taludas, a quem incumbia reforçar o cantinho fraco dos anjos.[49]

O trecho a seguir evidencia algumas das estratégias a que recorrem os "parentes pobres" para fazer valer seu capital de relações sociais e cujo traço comum consiste em rentabilizar ao máximo qualquer investimento bem-sucedido. Agregar parentes na casa das filhas casadas, atribuir o ônus material dos filhos que se casam à família dos sogros e outros tantos expedientes, mediante os quais se explora a rede de relações e que são por vezes designados no plano da linguagem por uma série de expressões que foram se desvencilhando, ao longo do tempo, das condições sociais que as suscitaram: "tapar buraco", "fazer das tripas coração", "tapar o sol com a peneira", "quem não tem cão caça com gato" etc., adágios que denotam o equilíbrio precário da posição em falso em que essas famílias se encontram, quase sempre empenhadas em repartir os encargos materiais, "encostando" alguns de seus membros em parentes abonados, restringindo a um mínimo as despesas dos que se veem a braços com o sustento da família na maré de relegação para onde seus arrimos foram "despejados".

Mamãe e Lourdes foram para o interior de Minas, para a casa de Zizina. Ficariam lá o tempo preciso para que as finanças da família se equilibrassem e pudéssemos abrir de novo a casa, com todos reunidos. Mais uma vez o nosso lar fracassara. Papai tinha voltado de Pirapora, mais velho, cansado e sem emprego, nada podia fazer para ajudar e nem tínhamos coragem de exigir alguma coisa dele. Fausto, já com uma filha pequena e a mulher, tinha deixado a clínica em Divisa Nova para, a instância dela e dos seus parentes, fixar-se no Rio. Enquanto não tinha uma colocação que lhe permitisse esperar pela clínica particular, morava conosco. A pensão que nos dava, porém, cobria apenas as suas despesas e da família. A única fonte de renda era Dauto, empregado do Lloyd Brasileiro e percebendo um modesto ordenado. As coisas iam de mal a pior. O dinheiro não era suficiente e, como dizia mamãe, para se "tapar um buraco", abria-se outro. Vivíamos tirando daqui para botar ali e a situação era cada vez mais grave. Tristes, sem ver uma saída, chegamos a um ponto em que o conselho de família se reuniu para deliberar sobre o que se podia fazer [...] chegou-se a um acordo quanto ao mais urgente: dissolver a casa tal como era: Fausto, com a mulher e a filha, iria morar provisoriamente com o sogro na Tijuca; mamãe, Lourdes e eu, iríamos nos juntar a papai que, há cerca de um mês, fora para a casa de minha irmã e que de lá escrevia sugerindo a providência que, por fim, vínhamos de adotar; Dauto e Nonô ficariam no Rio, com as despesas reduzidas a um mínimo, amortizando as dívidas acumuladas com o dinheiro resultante da economia. Mamãe e eu não ficamos satisfeitas com a decisão tomada. Aquela ida em massa, do elemento feminino da família, para o interior, não nos convinha. Não ficávamos tranquilas quanto à nossa volta. Estávamos cansadas de andar de déu em déu, ora aqui ora acolá, sem nunca podermos ter uma casa nossa, como todo o mundo. Mal começávamos a deitar raízes num lugar, nova crise e ordem de levantar o acampamento [...] Podíamos sair por uns tempos, enquanto a situação melhorasse, mas como garantia, um de nós permanecendo para vigiar as coisas como andariam e garantir a volta a um lar finalmente estável [...] O melhor mesmo era uma de nós não arredar pé, enquanto não visse garantida a nossa volta e a continuação da casa. E foi o que decidimos, depois de muito conversar. Onde podiam dois, ficavam três. E mamãe comunicou a Dauto o nosso ponto de vista: o melhor para a continuação da casa, seria a permanência de uma das mulheres no Rio, ou do contrário papai imporia a sua decisão (a de ficar definitivamente em Viçosa onde morava a outra irmã casada). Depois de alguma relutância, acabou concordando, ficando assentado que eu ficaria. Três dias depois ele e Lourdes partiam para Viçosa, Fausto e família mudavam-se para a Tijuca e eu e Nonô, depois de vermos, não sem melancolia, sair o último móvel de Fausto, começamos a faina de procurar uma casa menor, mais barata e que acomodasse a nós e o resto da família, quando do regresso do exílio forçado.[50]

Tanto os deslocamentos no espaço da classe dirigente como a familiarização com os instrumentos e as exigências do trabalho feminino tendem com efeito a minar os laços afetivos que prendem os futuros romancistas à sua classe e da qual vão aos poucos se desgarrando. O afrouxamento desses laços decorre da impossibilidade de virem a ocupar qualquer posição ligada à propriedade ou, então, de reproduzirem as estratégias de sobrevivência material que seus pais tiveram ensejo de acionar num estágio pregresso, quando ainda contavam com um capital de relações sociais mais intato. Seja qual for a variante em que se enquadra cada um dos casos, os futuros cronistas da falência de sua própria classe encontram-se impedidos de reproduzir a posição social paterna, a não ser no espaço da reconstrução literária. Essa experiência dramática de "desclassificação" social assume, no correr da primeira infância e ao longo da adolescência, a forma de uma identificação com as mulheres. E, em vez de constituir-se no lance derradeiro do declínio, o fato de se verem relegados ao universo feminino lhes permitiu utilizar sua trajetória social como matéria-prima de narrativas literárias produzidas em bases profissionais.

AUTODIDATAS E PROFISSIONAIS DO TRABALHO LITERÁRIO

> *Aos doze anos e meses de idade eu sabia que o pouco que aprendi valia bem pouco, se valesse alguma coisa. Não fui mais a escola nenhuma, desaprendia. Faltava-me estímulo, faltava-me apoio. Até hoje não sei por que fiquei sem estudar. Que razão houve para eu não voltar à escola? Não sei. Talvez prenúncio misterioso da minha mãe, antevendo que a partir dos meus quinze anos, por pobreza e outras desgraças, eu não poderia estudar mais nunca, regularmente. À parte a hipótese, naquela época havia a considerar o fato de que meu pai era professor, tinha feito tudo para que os sobrinhos estudassem.*
>
> Luís Jardim, *O meu pequeno mundo* (*Algumas lembranças de mim mesmo*). Rio de Janeiro, José Olympio, 1976, p. 137

As quebras na continuidade da trajetória escolar de muitos dos futuros romancistas decorriam dos apertos por que passava o orçamento familiar. Enquanto alguns deles puderam se valer da ajuda financeira ou do apoio logístico de parentes e amigos da família, os demais se defrontaram desde cedo com a necessidade de prover o próprio sustento, ou então, como nos casos de Graciliano Ramos e Érico Veríssimo, tentaram por uns tempos tirar partido da reputação familiar no comércio. Por força das constantes mudanças de residência e cidade, viam-se forçados a mudar de colégio ou a depender dos préstimos das entidades mantenedoras das instituições de ensino. Alguns deles interromperam os estudos antes mesmo de concluir o secundário, outros no início do curso superior. Seja como for, a exclusão do sistema de ensino teve consequências drásticas no tocante à percepção das alternativas de carreira.

O mesmo conceito que Graciliano tinha de seu professor primário — um homem sem "lugar definido na sociedade"[51] — poder-se-ia estender ao desnorteamento que tolhia esses escritores de prenunciar seu paradeiro como "homens-feitos". Vários deles não dispunham de um diploma superior que os habilitasse a concorrer aos postos públicos destinados a acolher "parentes pobres" em situação idêntica; outros conseguiram se tornar bacharéis quando não era mais possível abrir mão dos investimentos que vinham fazendo como livres atiradores no campo da produção literária e artística. Se por uns tempos passam a atribuir a falta de perspectivas à exclusão do sistema de ensino, essa situação lhes dará condições para se aventurarem em gêneros de elevados riscos quanto às retribuições materiais e simbólicas. À medida que passaram a depender cada vez mais de suas atividades regulares nas profissões liberais, ou como assalariados da empresa privada, e até mesmo como comerciantes, mostravam-se menos sensíveis às gratificações e subsídios concedidos por instâncias externas ao mundo intelectual com vistas a tutelar a problemática das obras e direcionar as tomadas de posição dos produtores.

A irmã de Lúcio faz um balanço exaustivo das leituras que ambos faziam, relembra o fascínio que exercem os gêneros em voga e aponta os personagens com que se identificavam:

[...] lia toda uma enfiada de livros a mais disparatada possível: *Capitain, Pardaillan, Fausta vencida* de Miguel Zevacco, *O piano de Clara, O violino do diabo,*

> *Anjos da Terra*, de Perez Escrich, *Memórias de um médico*, *Visconde Bragelone*, *Vinte anos depois*, *Conde de Monte Cristo*, de Alexandre Dumas, quase tudo de Júlio Verne, todos os fascículos de Sherlock Holmes, Nick Carter e Arsène Lupin e os primeiros romances de Paul Bourget, em grande moda, da *Bibliothèque de ma fille*, *A filha do diretor do circo*, que me pôs triste por muitos dias, tudo misturado com *Recordações da casa dos mortos*, *Le crime de Sylvestre Bonnard*, *Le lys rouge*, *Crime e castigo* e muita coisa de que não me lembro [...] Gustavo, menino feioso [...] se tornara para mim numa criança bonita [...] apenas porque possuía uma assinatura d'*O Tico-Tico*, recebendo no fim do ano, um almanaque grande cheio de histórias, cada qual mais linda. Como seria feliz se pudesse ler aquele jornalzinho com calma, folheando as páginas vagarosamente, contemplando bem todos aqueles bichos coloridos, personagens meus queridos, como Zé Macaco, Faustina, Chiquinho, Cachimbon na Pandegolândia [...] Até então só conhecia a literatura francesa. Coube a Nonô, ainda adolescente, me iniciar noutros mundos [...] ampliei meus conhecimentos na literatura russa [...] Tolstoi, Tchekhov, Gogol, Turgueniev. Fizemos mais uma aquisição: os grandes romancistas ingleses, sobre os quais não tinha a menor ideia: Galsworthy, Thomas Hardy, George Elliot, Mrs. Gaskell, as irmãs Brontë [...] Moore e Joseph Conrad [...] Eram tardes em que, inteiramente livre e alegre, partia em busca de romances policiais. Foi no recreio que [...] me falou um dia [...] dos romances policiais em fascículos, Sherlock Holmes e Nick Carter [...].[52]

Em vez de serem colhidos pelos mecanismos usuais de cooptação pelos quais os "parentes pobres" eram remanejados no interior da classe dirigente, alguns desses futuros romancistas passaram a se defrontar com uma situação paradoxal quanto às possibilidades de fazer valer, no mercado de trabalho intelectual, o capital cultural que haviam acumulado. Conquanto não pudessem negociar títulos escolares legítimos que lhes facultassem o acesso às posições de refúgio no mercado público de postos, dispunham por outro lado de um capital cultural bem diversificado. Sabiam falar línguas estrangeiras, haviam incorporado as disposições culturais de suas famílias em relação ao consumo de gêneros artísticos eruditos — a ópera, a música clássica, os grandes mestres da pintura. Entretanto, esse tipo de formação cultural havia deixado de constituir por si só uma garantia para a obtenção de empregos no mercado de trabalho intelectual e artístico. Afora o conjunto de determinações ligadas à sua origem de classe e à trajetória de suas respectivas famílias, contavam com o trunfo decisivo de terem podido se familiarizar com as novas formas de produção cultural de procedência norte-americana.

A leitura das histórias em quadrinhos, dos romances policiais, dos romances de capa e espada e, em especial, a frequência ao cinema, os discos e os demais meios de comunicação, que então passaram a veicular os princípios de estruturação do discurso literário que viriam se substituir aos modelos narrativos consagrados na Europa do século XIX, foram as principais fontes de referência na nova etapa em que ingressava o processo de "substituição de importações" culturais numa formação social dependente. Se, para seus antecessores anatolianos, a cultura metropolitana era veiculada por intermédio "dos almanaques, dos manuais de viver, dos relatos de viagem, dos romances de aventura, das biografias edificantes, da história em sua forma literária ou épica, da 'etnografia' à Kipling" ou, então, pela retradução que as faculdades de direito faziam da economia, da filosofia e da sociologia europeias,[53] os futuros romancistas tiveram que adquirir a competência cultural que então se exigia daqueles agentes que assumiriam os trabalhos de adaptação, no plano interno, dos gêneros que o imperialismo começava a divulgar em veículos capazes de atingir públicos cada vez mais extensos e, eis a novidade, dotados de mecanismos próprios de legitimação que dispensavam o aval de instâncias — academias, cenáculos e demais comitês da cultura erudita — que haviam sido até então as concessionárias da consagração intelectual e artística na Europa.

As transcrições que seguem dão conta da "americanização" dos modelos culturais nos países dependentes por força da posição dominante que os Estados Unidos passaram a ocupar no contexto do sistema capitalista. Tal processo implicou transformações de peso tanto no que se refere aos gêneros de importação recente que passaram a ser produzidos no plano interno como no que diz respeito às inovações no plano da narrativa e aos padrões de relacionamento que a metrópole passou a manter com os intelectuais da periferia.

> [...] lia também os livros franceses que encontrava, principalmente os da Bonne Presse de Paris e o *Noel*, as *Lectures pour tous*, de mistura com Nick Carter, Sherlock Holmes, *Tico-Tico*, os rodapés do jornal *O São Paulo*, José de Alencar, Perez Escrich, os irmãos Grimm, Feuillet, Alexandre Dumas, condessa de Ségur, Ohnet, cônego Achmid, Régnier [...] Um dia li *Quincas Borba* e fiquei trêmulo [...] durante a facul-

dade [...] eu tinha descoberto os russos e vivia unicamente entre os heróis de Dostoievski, de Puchkin, de Gorki, de Gontcharov, Tolstoi, Leskov e tantos outros, e, ao mesmo tempo, comecei a só me vestir de preto ou de escuro. Sentia-me profundamente infeliz, e gostava muito de discutir sobre os destinos finais do homem, mas continuava certo de que era pintor.[54]

Eu precisava ler, não os compêndios escolares, insossos, mas aventuras, justiça, amor, vinganças, coisas até então desconhecidas. Em falta disso, agarrava-me a jornais e almanaques, decifrava as efemérides e anedotas das folhinhas [...] Arranjava-me lentamente, procurando as definições de quase todas as palavras, como quem decifra uma língua desconhecida. O trabalho era penoso, mas a história me prendia, talvez por tratar de uma criança abandonada. Sempre tive inclinação para as crianças abandonadas. No princípio do romance longo achei garotos perdidos numa floresta, ouvindo gritos de lobos.[55]

Entre o princípio deste século e os primeiros anos da Primeira Grande Guerra, o cinema italiano e o francês ocupavam na América Latina — e também no resto do mundo — um lugar que lhes haveria de ser um dia arrebatado pelas companhias americanas [...] preferíamos as películas de guerra e aventuras, seriados da Pathé, Gaumont, como *Zigomar*, *Judex*, *Rocambole*, *Fantomas* [...] detestávamos os filmes de amor da Cines, da Ambrosio e da Pasquali [...] vibrávamos com os filmes históricos [...] tipo *Quo vadis*.[56]

O empenho com que os modernistas fizeram avançar o processo de "substituição de importações" no campo cultural, ao privilegiar os princípios de produção introduzidos pelas correntes da vanguarda europeia, era em certo sentido uma maneira de dar continuidade à galomania de seus antecessores anatolianos. Os convites que instituições norte-americanas fazem a intelectuais brasileiros no decorrer das décadas de 1930 e 1940 embutiam motivações distintas e obedeciam a um padrão sofisticado de cooptação político-ideológica. Enquanto os intelectuais do modernismo, em vilegiatura na Europa, frequentavam os círculos oficiais e diplomáticos, prova dos laços que mantinham com a fração culta e europeizada da oligarquia nativa, o aliciamento dos romancistas se realizou por meio das universidades e do próprio governo norte-americano. As novas relações de dependência tiveram que encontrar fórmulas capazes de atrair esses intelectuais quase profissionais e persuadi-los a participar das novas modalidades de "intercâmbio cultural". Não é de estranhar, portanto, que sejam as universidades e as agências oficiais voltadas para a luta ideológica as que mais contribuíram para a "americanização" dos intelectuais dependentes.

A SITUAÇÃO PROFISSIONAL DOS ROMANCISTAS

Dentre as mudanças que irão afetar a definição social do trabalho intelectual na conjuntura das décadas de 1930 e 1940, a mais importante delas se refere à possibilidade que encontraram alguns escritores de dedicar-se à produção literária como sua principal atividade profissional. De fato, havia apenas um grupo restrito de escritores que puderam se consagrar em tempo integral à produção de obras literárias e artísticas, seja voltados predominantemente para a atividade especializada num determinado gênero — como nos casos de Érico Veríssimo, Jorge Amado, José Lins do Rego, todos eles concentrando o grosso de sua escrita nos romances que lançaram no mercado —, seja repartindo seu tempo e seus investimentos em diversos gêneros — como nos casos de Lúcio Cardoso, que estendeu seus interesses ao teatro e ao cinema, de Cornélio Pena, que chegou a firmar-se como pintor e ilustrador antes de voltar-se com exclusividade para a ficção, de Luís Jardim, que manteve suas atividades de ilustrador e capista junto à sua produção literária. Um segundo grupo, em que se incluíam, entre outros, Orígenes Lessa, Graciliano Ramos, Ciro dos Anjos, Rachel de Queiroz, José Geraldo Vieira, mantém a atividade literária, pelo menos durante um período mais ou menos prolongado, como prática subsidiária, sendo que parcela substantiva de seus rendimentos provém de atividades profissionais externas ao campo intelectual e artístico. Estão reunidos nesse segundo grupo tanto aqueles escritores que tiveram condições para prosseguir sua carreira intelectual às custas dos mecanismos clássicos de cooptação — e, portanto, graças aos postos públicos com que foram aquinhoados (Graciliano Ramos, José Lins do Rego e Ciro dos Anjos) — como os que derivavam suas condições de existência do exercício de ocupações (agências de publicidade etc.) vinculadas de modo um tanto marginal à sua competência cultural (Orígenes Lessa, José Geraldo Vieira etc.).[57]

QUADRO 6 — A PRODUÇÃO DOS ROMANCISTAS

Ano	Autor	Obra
1928	José Américo de Almeida	A bagaceira (estreia)
1930	Rachel de Queiroz	O quinze (estreia)
1931	Jorge Amado	O País de Carnaval (estreia)
	Marques Rebelo	Oscarina (estreia)
1932	Rachel de Queiroz	João Miguel
	José Lins do Rego	Menino de engenho (estreia)
	Érico Veríssimo	Fantoches (estreia)
1933	Graciliano Ramos	Caetés (estreia)
	José Geraldo Vieira	A mulher que fugiu de Sodoma (estreia)
	Jorge Amado	Cacau
	Érico Veríssimo	Clarissa
	Marques Rebelo	Três caminhos
	José Lins do Rego	Doidinho
1934	Lúcio Cardoso	Maleita (estreia)
	Graciliano Ramos	São Bernardo
	José Lins do Rego	Banguê
	Jorge Amado	Suor
1935	Cornélio Pena	Fronteira (estreia)
	José Américo de Almeida	O boqueirão
		Coiteiros
	Érico Veríssimo	Música ao longe
		Caminhos cruzados
	José Lins do Rego	O moleque Ricardo
	Jorge Amado	Jubiabá
	Marques Rebelo	Marafa
	Lúcio Cardoso	Salgueiro
1936	José Lins do Rego	Usina
	Graciliano Ramos	Angústia
	Jorge Amado	Mar morto
	Érico Veríssimo	Um lugar ao sol

Ano	Autor	Obra
1936	José Geraldo Vieira	Território humano
	Lúcio Cardoso	A luz no subsolo
1937	Ciro dos Anjos	O amanuense Belmiro (estreia)
	Octavio de Faria	Mundos mortos (estreia/ficção)
	Rachel de Queiroz	Caminho de pedras
	Orígenes Lessa	O feijão e o sonho (estreia/romance)
	José Lins do Rego	Pureza
	Jorge Amado	Capitães de areia
1938	José Lins do Rego	Pedra bonita
	Graciliano Ramos	Vidas secas
	Érico Veríssimo	Olhai os lírios do campo
	Marques Rebelo	A estrela sobe
	Lúcio Cardoso	Mãos vazias
1939	Rachel de Queiroz	As três Marias
	José Lins do Rego	Riacho doce
	Lúcio Cardoso	Histórias da Lagoa Grande
	Cornélio Pena	Dois romances de Nico Horta
	Octavio de Faria	Os caminhos da vida
1940/ 1945	José Lins do Rego	Água-mãe (1941)
		Fogo morto (1943)
	Jorge Amado	Terras do sem-fim (1942)
		São Jorge de Ilhéus (1944)
	Érico Veríssimo	Saga (1940)
		As mãos de meu filho (1942)
		O resto é silêncio (1943)
	Lúcio Cardoso	O desconhecido (1940)
		Dias perdidos (1943)
	Octavio de Faria	O lodo das ruas (1942)
		O Anjo de Pedra (1944)
	Marques Rebelo	Stela me abriu a porta (1942)
	José Geraldo Vieira	A quadragésima porta (1943)
	Ciro dos Anjos	Abdias (1945)

Com vistas a ilustrar as condições sociais que permitiram a alguns escritores se tornarem romancistas profissionais, basta apresentar a biografia de Érico Veríssimo, cujas disposições favoráveis ao trabalho intelectual coincidiram com as demandas em expansão da editora mais importante fora do eixo Rio-São Paulo (Editora Globo). Descendente de famílias de grandes proprietários rurais falidos e filho de um farmacêutico cujos conhecimentos práticos em medicina levaram-no a improvisar uma espécie de hospital no interior gaúcho, Érico tentou por uns tempos tirar partido da reputação paterna adquirindo uma farmácia, mas não teve êxito nessa atividade.

> Onde estava eu no último mês do ano de 1922? Em Cruz Alta, de volta de Porto Alegre, onde cursava o Colégio Cruzeiro do Sul como interno. Exatamente no dia em que cheguei à casa de meus sonhos, das minhas fantasias e da minha saudade, meu pai e minha mãe se separaram. Caí num estado de profunda depressão, decidi abandonar o curso ginasial inacabado e começar logo a trabalhar. E naquele resto de dezembro eu me preparei masoquisticamente para um Natal triste [...] Aceitei um emprego, com um salário ínfimo, no armazém duma firma que fornecia gêneros alimentícios para a guarnição federal da cidade [...] Tinha eu a impressão de que todos os meus sonhos e projetos se haviam desfeito em poeira [...] O meu consolo eram os livros e as minhas próprias fantasias [...] Do armazém passei para uma casa bancária, onde me entregaram um livrão de controle-geral [...] Fui mais tarde promovido a chefe da Carteira de Descontos [...] De bancário passei a boticário, sem a menor vocação para o comércio e sem saber sequer dosar papéis de calomelanos [...] Nos quatro anos e pico em que durou a minha aventura farmacêutica, lá de vez em quando eu reunia uns cobres, tomava o trem e ia passar uns dias em Porto Alegre [...] Em 1930, a farmácia foi à bancarrota [...] Estava falido, sem vintém no bolso, sem profissão certa... e noivo [...][58]

Entre 1922, pique de seu desnorteamento, e 1930, quando retorna de vez a Porto Alegre e ingressa na Editora Globo, Érico enfrentou todos os percalços a que se vê exposto um intelectual autodidata dilacerado entre a ambição de dedicar-se às práticas simbólicas e a impossibilidade objetiva de ser colhido numa posição do mercado de postos capaz de lhe propiciar as condições necessárias para encetar uma carreira intelectual segundo os padrões dominantes na época

> Subia até ao ilustre território de Mansueto Bernardi, onde ficava folheando livros franceses [...] Com o rabo dos olhos observava o ambiente, na esperança de que se encontrassem ali alguns dos escritores gaúchos de renome que eu costumava ler em livros ou nas páginas do *Correio do Povo* e do *Diário de Notícias*. O sujeito magro, sardento, anguloso, levemente encurvado, a pele transparente [...] ah! esse só podia ser Augusto Meyer [...] por quem eu tinha uma ilimitada admiração [...] Em Porto Alegre bati em muitas portas em busca dum emprego, mas sem nenhum resultado positivo. Em desespero de causa resignei-me à ideia de ser empregado público e, como me tivessem informado de que havia uma vaga na Secretaria do Interior, para lá me atirei. Fui levado à presença de Moisés Vellinho (que naquele tempo fazia crítica literária) [...] O chefe do gabinete de Osvaldo Aranha recebeu-me com grande cordialidade, e me declarou que havia lido com agrado vários contos meus [...] Para encurtar o caso, não havia vaga na secretaria [...] Aproximava-se o fim do ano, o dinheiro que eu trouxera comigo minguava e eu continuava desempregado. Uma tarde, porém, à porta da Livraria do Globo, encontrei Mansueto Bernardi, então diretor da *Revista do Globo* e que, como os jornais já haviam noticiado, preparava-se para ir dirigir a Casa da Moeda, no Rio de Janeiro, a convite de seu amigo Getúlio Vargas.[59]

Ante a inviabilidade de repetir os passos de seus modelos de excelência intelectual no plano local — tanto Mansueto como Augusto Meyer se deslocaram para o Rio de Janeiro, convocados a ocupar postos elevados nos aparelhos do Estado —, Érico arranja um emprego na *Revista do Globo*, passando a ganhar seiscentos mil-réis.

> Na realidade, nunca havia entrado numa tipografia. Não conhecia nem de vista um linotipo. Não tinha ideia de como se fazia um clichê ou se armava uma página [...] Em cima de minha mesa achavam-se os meus melhores colaboradores: a tesoura e o vidro de goma-arábica. Não havia verba para pagar colaborações. Eu tinha de encher a revista praticamente sozinho, pirateando publicações alheias, de preferência estrangeiras. Um gerente prático me havia prevenido contra o perigo de publicar

muita "literatura", pois o importante era fazer uma revista popular, com muitas figuras — retratos dos assinantes, o galante menino tal, a bela senhorita fulana, rainha do Clube Recreio de Muçum, ecos do carnaval de Cacimbinhas ou São Sepé. Publicávamos também sonetos da autoria de coronéis reformados ou coletores aposentados que acontecia serem bons fregueses da casa [...] era meu hábito mandar fazer clichê de alguns dos belos desenhos que ilustravam os contos das revistas americanas. Quando me vinham as provas desses clichês eu, invertendo o processo habitual em todas as revistas do mundo [...], inventava e escrevia às pressas contos que se adaptassem àquelas ilustrações e firmava-as com um pseudônimo estrangeiro. Gilbert Sorrow apareceu como autor da estória (pasticho de Remarque) intitulada *Lama das trincheiras*. Mais tarde um tal Dennis Kent escreveria *O navio das sombras*. E quantas vezes, para "tapar buracos" nas páginas da revista, fui poeta árabe, chinês, persa e hindu? [...] uma espécie de factótum literário. Se uma equipe anônima organiza um livro ou escreve um ensaio e precisamos de um nome para aparecer como autor dessas tarefas, convocamos Gilberto Miranda que, assim, tem sido, além de tradutor, especialista em crítica literária, modas femininas e masculinas, trabalhos manuais, política internacional, história natural, psicologia etc.[60]

No ano seguinte, inicia sua colaboração na página literária dominical do *Diário de Notícias* e do *Correio do Povo*, além de traduzir livros do inglês, tudo isso para suplementar os ganhos com a revista. Dividia seu tempo entre suas múltiplas atividades na revista e na editora, e os trabalhos que fazia em casa como tradutor e autor. Na editora e na revista, ele se incumbe de todo tipo de tarefa, incluindo leitura de originais inéditos, sugestões para aquisição de obras, montagem de novas coleções na área ficcional, contatos com autores e tradutores e assim por diante.

Em 1932, consegue editar seu primeiro romance, *Fantoches*, numa tiragem de 2500 exemplares, e, em seguida, publica *Clarissa* numa coleção de bolso bastante eclética do ponto de vista da legitimidade dos autores selecionados, com tiragem de 7 mil exemplares; conclui no mesmo ano a tradução de *Contraponto*, de Huxley, que ele mesmo havia sugerido e que seria um êxito comercial surpreendente.

Levei oito duros meses para traduzir o *Contraponto*, que foi publicado em 1935, no mesmo ano em que apareceu o meu *Caminhos cruzados* [...] Por mais ridículo e absurdo que pareça, a crítica que se fez em torno do meu romance de certo modo chamou atenção do público brasileiro sobre a obra de Huxley. Dizia-se que eu havia "imitado" o romancista inglês na minha nova obra, principalmente no que dizia respeito à construção e à intenção simultaneísta. (Esses críticos ignoravam ou esqueciam a existência do *Manhattan transfer*, de John dos Passos, que eu lera em Cruz Alta, ainda na botica, e do *Moedeiros falsos*, de André Gide, que me chegara às mãos, já em Porto Alegre, numa brochura de bolso.) [...] A coleção Nobel foi também ideia de Bertaso: uma série que incluísse não apenas autores que haviam ganho o famoso prêmio mas também outros autores de valor literário. Organizei uma lista de escritores que poderiam fazer parte dessa ilustre companhia.[61]

Já em 1935 recebe o prêmio anual de romance concedido a *Caminhos cruzados* pela Fundação Graça Aranha, escreve *A vida de Joana D'Arc* e publica *Música ao longe*, novela em que reaparece a personagem Clarissa, e com a qual concorre ao Prêmio de Romance Machado de Assis, instituído pela Companhia Editora Nacional. Entre 1936 e 1940, ano de sua primeira viagem aos Estados Unidos, convidado pelo Departamento de Estado, escreve e publica outros cinco livros: três romances (*Um lugar ao sol*, *Olhai os lírios do campo*, *Saga*), uma obra de literatura infantil (*As aventuras de Tibicuera*) e uma fantasia sobre os monstros antediluvianos (*Viagem à aurora do mundo*). A essa altura firma sua posição como escritor profissional com o êxito estrondoso de *Olhai os lírios do campo*, cuja primeira edição de 3 mil exemplares se esgota em poucas semanas, sucedendo-se no mesmo ano a segunda e a terceira edições.

Sem sombra de dúvida, sua carreira intelectual coincide na íntegra com o surto havido no mercado do livro, fazendo com que a diversidade de suas obras nesse primeiro período retrate em close as demandas que lhe fazia a Editora Globo. A rigor, torna-se quase impossível estabelecer um relato de sua trajetória intelectual, vale dizer, os gêneros em que investiu, as problemáticas que converteu em matéria ficcional, os padrões narrativos que adotou, sem referi-la às encomendas e solicitações que se via obrigado a atender: a "cozinha" da revista, os encargos como "olheiro" de autores e títulos novos a ser comprados, traduzidos e editados, e demais tarefas que lhe cabiam como conselheiro editorial.

Para desempenhar a contento os encargos de assessoria cultural com que os próprios editores estavam em larga medida autonomizando as funções estritamente intelectuais numa organização que nada mais tinha a ver com as dimensões de uma editora provinciana, era suficiente conhecer e manejar os procedimentos de fabricação então em voga nos gêneros "americanizados" com que ele havia se familiarizado. Não fossem, por outro lado, a existência da Globo em nível regional e, ainda mais, as possibilidades de levar a cabo um projeto editorial em escala nacional, em concorrência com as principais editoras do Rio e de São Paulo, é quase certo que Érico não teria tido a oportunidade de deslanchar sua capacidade produtiva na mesma medida, tornando-se, na hipótese mais otimista, um letrado provinciano.

3. Os intelectuais e o Estado

O emprego do Estado concede com que viver, de ordinário sem folga, e essa é condição ideal para bom número de espíritos: certa mediania que elimina os cuidados imediatos, porém não abre perspectivas de ócio absoluto. O indivíduo tem apenas a calma necessária para refletir na mediocridade de uma vida que não conhece a fome nem o fausto [...] Cortem-se os víveres ao mesmo temperamento, e as questões de subsistência imediata, sobrelevando a quaisquer outras, igualmente lhe extinguirão o sopro mágico [...] o escritor-homem comum, despido de qualquer romantismo, sujeito a distúrbios abdominais, no geral preso à vida civil pelos laços do matrimônio, cauteloso, tímido, delicado. A Organização burocrática situa-o, protege-o, melancoliza-o e inspira-o. Observe-se que quase toda a literatura brasileira, no passado como no presente, é uma literatura de funcionários públicos. Nossa figura máxima, aquela que podemos mostrar ao mundo [...] foi um diretor-geral de contabilidade do Ministério da Viação, Machado de Assis [...] Raul Pompeia, diretor de estatística do Diário Oficial *e da Biblioteca Nacional; Olavo Bilac, inspetor escolar no Rio; Alberto de Oliveira, diretor de instrução no estado do Rio, como também o foram*

> *José Veríssimo e Franklin Távora, respectivamente no Pará e em Pernambuco; Aluísio Azevedo, oficial-maior no estado do Rio e cônsul; Araújo Porto-Alegre, cônsul; Mário de Alencar, diretor de biblioteca na Câmara: Mário Pederneiras, taquígrafo no Senado; Gonzaga Duque, oficial da Fazenda na Prefeitura do Rio; B. Lopes, empregado nos Correios, como Hermes Fontes; Ronald de Carvalho, praticante de secretaria e depois oficial no Itamaraty; Coelho Neto, diretor de Justiça no estado do Rio; Humberto de Campos, inspetor federal de ensino; João Ribeiro e Capistrano de Abreu, oficiais da Biblioteca Nacional; Guimarães Passos, arquivista da mordomia da Casa Imperial; Augusto de Lima, diretor do Arquivo Público de Minas; Araripe Jr., oficial do Ministério do Império; Emilio de Menezes, funcionário do recenseamento; Raymundo Correia, diretor de Finanças do governo mineiro, em Ouro Preto; Luís Carlos e Pereira da Silva, da Central do Brasil; Ramiz Galvão e Constâncio Alves, respectivamente diretor e diretor de seção da Biblioteca Nacional; José de Alencar, diretor e consultor da Secretaria da Justiça; Farias Brito, secretário de Governo no Ceará; Lúcio de Mendonça, delegado de instrução pública em Campanha; Manuel Antônio de Almeida, administrador da Tipografia Nacional e oficial da Secretaria da Fazenda; Lima Barreto, oficial da Secretaria da Guerra [...]; João Alphonsus, funcionário da Secretaria das Finanças em Minas; o grande Gonçalves Dias, oficial da Secretaria de Estrangeiros... Mas seriam páginas e páginas de nomes, atestando o que as letras devem à burocracia, e como esta se engrandece com as letras [...] Há que contar com elas, para que prossiga entre nós certa tradição meditativa e irônica, certo jeito entre desencantado e piedoso de ver, interpretar e contar os homens [...] o que talvez só um escritor-funcionário, ou um funcionário-escritor, seja capaz de oferecer-nos, ele que constrói, sob a proteção da Ordem Burocrática, o seu edifício de nuvens, como um louco manso e subvencionado.*
>
> Carlos Drummond de Andrade, *Passeios na ilha*, pp. 658-9

A despeito da ampliação constante do número de postos e cargos destinados aos intelectuais nos escalões superiores do serviço público, não conviria descarnar o sentido particular da contribuição dos intelectuais ao trabalho de dominação desde fins do Império até hoje. As tarefas políticas que suscitaram o engajamento da geração de 1870 — mormente, a questão dos escravos e o encaminhamento do processo que culminou com a instauração da República — vieram suprir demandas radicalmente distintas daquelas a que seus remanescentes (entre os quais se incluíam alguns dos intelectuais mais consagrados da Primeira República, como, por exemplo, Rui Barbosa e Olavo Bilac) se empenharam em atender, por meio das ligas nacionalistas e das campanhas de mobilização da mocidade acadêmica, aos primeiros sintomas de desagregação do pacto oligárquico. Nessa mesma época, a expansão da imprensa e de outros veículos para a produção cultural (revistas ilustradas, de humor etc.) propiciou o surgimento dos primeiros intelectuais profissionais, os anatolianos, que não chegaram a tal posição apenas a título individual, como costumava ocorrer com aquelas poucas figuras de porte da geração de 1870 (Machado de Assis, José de Alencar e Bernardo Guimarães), que não encontravam dificuldades em comercializar suas obras.

Se os anatolianos eram polígrafos que se esforçavam por satisfazer a todo tipo de demanda que lhes faziam a grande imprensa, as revistas mundanas, os dirigentes e mandatários políticos da oligarquia, sob a forma de críticas, rodapés, crônicas, discursos, elogios, artigos de fundo, editoriais etc., os intelectuais recrutados pelo regime Vargas assumiram as diversas tarefas políticas e ideológicas determinadas pela crescente intervenção do Estado nos mais diferentes domínios de atividade. Durante o período "populista" (1945-64), verifica-se uma ampliação das carreiras reservadas aos intelectuais ao mesmo tempo que se intensifica o recrutamento de novas categorias de especialistas (economistas, sociólogos, técnicos em planejamento e administração etc.); muitos deles se alçaram aos postos-chaves da administração central, dos quais foram sendo excluídos outros grupos de intelectuais e especialistas que resistiram à implantação das diretrizes e dos programas adotados pela nova coalizão dominante nos últimos quinze anos em que os militares se apoderaram do controle do Estado.

Durante o regime Vargas, as proporções consideráveis a que chegou a cooptação dos intelectuais facultaram-lhes o acesso às carreiras e aos postos burocráticos em quase todas as áreas do serviço público (educação, cultura, justiça, serviços de segurança etc.). Mas, no que diz respeito às relações entre os intelectuais e o Estado, o regime Vargas se diferencia sobretudo porque define e constitui o domínio da cultura como um "negócio oficial", implicando um orçamento próprio, a criação de uma intelligentzia e a intervenção em todos os setores de produção, difusão e conservação do trabalho intelectual e artístico.

O aumento considerável do número de intelectuais convocados para o serviço público provocou um processo de burocratização e de "racionalização" das carreiras que pouco tem a ver com a concessão de encostos e prebendas com que os chefes políticos oligárquicos costumavam brindar seus escribas e favoritos. Embora seja inegável que o recrutamento dos intelectuais ao longo do período Vargas continuou, como antes, a depender amplamente do capital de relações sociais dos postulantes aos cargos — vale dizer, caudatário de "pistolões" cuja rentabilidade poderia sobrepujar aquela proporcionada pelos títulos escolares ou pelas aptidões profissionais —, cumpre admitir que o novo estágio da divisão do trabalho administrativo acabou suscitando mudanças de peso nas relações entre os intelectuais e a classe dominante. Enquanto os anatolianos contavam com as sinecuras que os dirigentes oligárquicos lhes ofertavam como paga por serviços prestados, os intelectuais do regime Vargas estavam muito mais vinculados aos figurões da elite burocrática do que aos dirigentes partidários ou às facções políticas de seus respectivos estados. Os anatolianos participavam de corpo e ânimo das campanhas eleitorais de seus mandachuvas ou de candidatos por eles indicados, ao passo que os intelectuais do regime Vargas se empenhavam com garra em ampliar, reforçar e gerir as "panelas" burocráticas de que faziam parte e só se sentiam credores de lealdade em relação ao poder central. Dessa maneira, os intelectuais contribuíram decisivamente para tornar a elite burocrática uma força social e política que dispunha de certa autonomia em face tanto dos interesses econômicos regionais como dos dirigentes políticos estaduais.

Os anatolianos eram polígrafos porque deviam satisfazer às mais diversas demandas da imprensa e dos políticos que os protegiam, mas também porque o grau incipiente de diferenciação do mercado cultural fazia com que apenas a imprensa pudesse garantir a difusão daqueles gêneros literários de baixa rentabilidade quando veiculados no varejo cultural. Apesar da quantidade apreciável de polígrafos entre os intelectuais do regime Vargas, pode-se observar que os intelectuais que se incumbiam de tarefas estritamente administrativas preferiram confinar suas pretensões intelectuais a um determinado gênero ou, então, repartiam seus investimentos entre obras literárias e textos de celebração política. Seja como for, um número considerável de intelectuais teve condições materiais e institucionais para conciliar seus encargos no serviço público com seus projetos intelectuais, meta que se revelou tanto mais viável à medida que o próprio Estado foi se tornando uma instância hegemônica de difusão e consagração de obras produzidas em tais circunstâncias.

A CONSTITUIÇÃO DE UM MERCADO CENTRAL DE POSTOS PÚBLICOS

Entre 1930 e 1945, o processo de centralização autoritária, bem como a redefinição dos canais de acesso e influência para expressão dos interesses econômicos regionais junto ao poder central, esteve ancorado na constituição de um aparato burocrático que prestou uma contribuição própria ao sistema de poder então vigente. Esse trabalho de "construção institucional" determinou a abertura de ministérios — Educação e Saúde Pública (1930), Trabalho, Indústria e Comércio (1930), Aeronáutica (1941) —, de uma série de organismos vinculados em linha direta à Presidência da República — Departamento Administrativo do Serviço Público (1938), Departamento de Imprensa e Propaganda (1939), Conselho Federal do Comércio Exterior (1934), Conselho de Imigração e Colonização (1938), Conselho Nacional de Petróleo (1938), Conselho Nacional de Águas e Energia (1939), Conselho de Segurança Nacional etc. — e de uma rede de autarquias, conselhos, departamentos e comissões especiais.

A expansão colossal da máquina burocrática ocorreu tanto no âmbito da administração direta como na esfera estratégica de espaços emergentes de negociação entre o estado-maior executivo e os diversos setores econômicos — institutos do Café, do Açúcar e do Álcool, do Mate, do Pinho, do Sal, Conselho de Planejamento Econômico etc. —, entre o governo central e outros grupos de interesse. Tais espaços dispunham, via de regra, de atribuições predominantemente consultivas e operavam como frentes de legitimação para a crescente ingerência do Estado em domínios da realidade até então sob a tutela de outras frações da classe dominante. O circuito de aparelhos sobre que se alicerçou tal processo veio propiciar as condições necessárias à cristalização de uma nova categoria social, o pessoal burocrático civil e militar.[1]

CONDIÇÕES MATERIAIS E INSTITUCIONAIS DOS FUNCIONÁRIOS PÚBLICOS

O ingresso no serviço público permitiu aos herdeiros dos ramos empobrecidos da classe dirigente resgatar o declínio social a que se viam condenados assumindo diferentes tarefas na divisão do trabalho de dominação. O funcionalismo público federal, civil e militar, recebeu um tratamento privilegiado que consistiu, no essencial, num conjunto articulado de direitos e prerrogativas estatuídos em leis especiais que envolviam os principais aspectos relativos à reprodução das condições materiais e do status da maioria dos escalões do pessoal burocrático de carreira.[2] Tornando-se o depositário de benefícios significativos, o funcionalismo público acabou convertendo-se numa das bases sociais decisivas para a sustentação política do regime. Apenas a título de ilustração, bastaria examinar o decreto 22 414, de janeiro de 1933,[3] que regula a concessão de montepio aos funcionários públicos civis da União, matéria até então regulada por um decreto de 1890.

A definição de contribuinte inclui tanto os funcionários ativos como os aposentados, adidos ou em disponibilidade. A contribuição corresponde a um dia de ordenado do cargo efetivo do funcionário, mas, para tais fins, o ordenado corresponde apenas a dois terços dos vencimentos. Nos doze primeiros meses, estarão obrigados a concorrer com mais um dia em cada mês, a título de joia. No caso de haver aumento de ordenado em função da elevação de vencimentos ou em consequência de promoção ou nomeação para cargos mais altos, cada funcionário ficará obrigado ao pagamento da diferença de joia correspondente ao aumento, embora tal reajuste não incida sobre a contribuição. Aqueles funcionários aposentados ou em disponibilidade, percebendo ordenados inferiores aos de quando se encontravam ativos, poderão continuar contribuindo na proporção do ordenado anterior, de modo a assegurar à família a pensão mais vantajosa; também poderão continuar a contribuir os funcionários demitidos a pedido, por abandono do emprego, ou a arbítrio do governo, desde que o façam no prazo de seis meses da data da demissão. Dessa prerrogativa estão excluídos apenas os funcionários demitidos a bem do serviço público ao cabo de um processo regular. As faltas não incidem sobre a arrecadação. O montante da pensão a ser concedida não guarda proporção com o volume dos vencimentos auferidos, assim como o tempo e a quantidade de trabalho não constituem, para todos os efeitos, o parâmetro de base na estipulação da pensão. A família receberá a pensão dos funcionários demitidos a arbítrio do governo ou em virtude de condenação especial por força de faltas estranhas à função pública, mesmo que não disponham de meios para continuar contribuindo. Pelo artigo 7º, os funcionários temporariamente afastados do cargo por condenação judicial, suspensão administrativa "ou outro qualquer motivo independente de sua vontade", que tenham deixado de contribuir, deverão recolher as prestações atrasadas mediante desconto pela quinta parte de seus vencimentos. No caso de o funcionário falecer antes de voltar a exercer o emprego ou de ter satisfeito a sua dívida, a família entrará no gozo da pensão com a obrigação de pagar as prestações em atraso. E os funcionários que enlouquecerem darão ensejo à concessão da pensão em vida à família.

O aspecto decisivo diz respeito à amplitude da rede de pessoas da família às quais a legislação faculta o benefício da pensão. Por ordem de prioridade, as pensões estão asseguradas, em primeiro lugar, à viúva, aos filhos menores, às filhas solteiras, legítimos, legitimados e naturais, reconhecidos e adotivos, cabendo metade da pensão à viúva e a outra metade sendo repartida aos filhos e filhas; em segundo lugar, aos filhos e filhas, seja qual for sua condição legal, devendo repartir a pensão entre si; em terceiro lugar, às filhas viúvas desamparadas, à mãe viúva ou solteira, ao pai inválido ou decrépito, dividindo-se a pensão em partes iguais pelos ascendentes e descendentes; em quarto lugar, às irmãs, solteiras e viúvas, sem nenhum outro arrimo; e enfim, na falta dos acima indicados, "a pensão será dividida igualmente pelos outros concorrentes classificados na mesma ordem". Pelo artigo 17º, fica assegurado o mesmo direito aos filhos varões maiores que sejam inválidos ou declarados interditos, bem como aos irmãos nas mesmas condições, que, nesse caso, passam a concorrer com as irmãs em partes iguais. O artigo 19º permite a acumulação de pensões de qualquer origem, até o limite de 3:600$000 anuais. A pensão extingue-se apenas com a maioridade dos pensionistas do sexo masculino, salvo nos casos de invalidez e interdição, ou com o casamento das pensionistas do sexo feminino. A lei prevê inclusive os casos em que pode ocorrer a reversão, ou seja, a pensão da viúva passa aos filhos menores e filhas solteiras, e vice-versa, ou a pensão do filho menor ou da filha solteira que vierem a falecer cabe à viúva. Pelo artigo 29º, "além da pensão, tem a família do contribuinte direito à importância de 400$000 para o funeral, paga de uma só vez ao ser apresentada a certidão de óbito".

As medidas destinadas à reorganização dos quadros administrativos, bem como as instituições que assumiriam o encargo de implementá-las — o Conselho Federal do Serviço Público Civil, o Departamento Administrativo do Serviço Público e suas extensões nos diversos estados, as Comissões de Eficiência etc. —, deram atenção especial aos requisitos destinados a garantir o êxito do processo de ampliação dos mecanismos de cooptação daqueles contingentes que viriam a ocupar os escalões superiores do estamento burocrático. Nesse sentido, basta proceder ao exame da Lei do Reajustamento, que, segundo Graham,[4] traduziu a solução a que o Poder Executivo dera preferência, dentre as alternativas de reforma administrativa que a última comissão encarregada de estudar a matéria lhe havia encaminhado.

Conviria ressaltar os aspectos dessa lei que permitem, de um lado, distinguir os grupos funcionais cooptados que monopolizaram os privilégios e, de outro, evidenciar os mecanismos institucionais que definem as formas de trabalho e o tipo de contribuição que esses mesmos grupos deveriam propiciar aos novos moldes da organização do poder. Instada a conciliar as exigências de racionalização e controle dos padrões de ingresso e promoção dos escalões burocráticos inferiores com as condições especiais em que se daria o suprimento de cargos em favor dos ramos "destituídos" a serem pinçados à cúpula do estamento, a referida lei provê fórmulas adequadas de atendimento a ambos os tipos de demanda.

Ao mesmo tempo que estabelece a exigência de um concurso público para ingresso nos quadros de carreira, a Lei do Reajustamento institui um conjunto de posições independentes, sob a designação de *cargos isolados*, cujo acesso dispensava exames e que poderiam ser preenchidos ad hoc a critério do Poder Executivo.[5] O capítulo IV, sobre o funcionalismo, estabelece a clivagem entre os funcionários de carreira e o pessoal extranumerário, cuja parcela majoritária concentrava-se nos escalões inferiores do serviço público. Essas discriminações salariais e hierárquicas motivam tensões crescentes entre os pequenos funcionários admitidos por concurso e o escalão médio de supervisores convocados em bases clientelísticas, bem como entre o pessoal de carreira e os extranumerários.

O capítulo II cria o Conselho Federal do Serviço Público Civil (cinco membros nomeados pelo presidente da República), cujas atribuições convertem-no em instância de mediação pela qual o Estado intervém no mercado de postos administrativos, científicos e culturais. Além da incumbência de organizar e gerir a realização de concursos de provas e títulos, esse conselho deve "determinar quais os cargos públicos que, além de outras exigências legais ou regulamentares, *somente possam ser exercidos pelos portadores de certificado de conclusão de curso secundário e diplomas científicos de bacharel, médico, engenheiro, perito--contador, atuário e outros*, expedidos por institutos oficiais ou fiscalizados pelo Governo Federal".

Dessa maneira, ocorre a centralização do mando político no bojo do mercado de postos públicos, na medida em que essa instância dispõe de autoridade para fixar os níveis de rentabilidade dos títulos escolares, podendo ademais restringir ou ampliar as oportunidades de emprego para as diversas categorias de profissionais diplomados. O Estado transforma-se, por essa via, na instância suprema de legitimação das competências ligadas ao trabalho cultural, técnico e científico, passando a atuar como agência de recrutamento, seleção, treinamento e promoção do público portador de diplomas superiores. Esse conselho não se define por sua capacidade de intervenção no domínio econômico, mas pelo fato de deter os instrumentos que estabelecem o grau de expansão e a margem de diferenciação desejáveis no âmbito do serviço público. Tornando-se o eixo do mercado público de postos, passa a decidir não somente no que concerne ao tamanho dos contingentes convocados mas também no que diz respeito às qualificações dos agentes a serem cooptados.

A despeito da fachada "científica" que ostentavam, as reformas administrativas resguardavam condições especiais de acesso em favor dos portadores de títulos superiores, cujo contingente havia se ampliado nos últimos anos. A posse de um diploma superior e de pistolões ou outras modalidades de capital social era o trunfo decisivo para ingresso nos quadros do funcionalismo, em especial nos escalões médios e superiores, que tendiam a monopolizar os privilégios. Inúmeros artigos da Lei do Reajustamento empenhavam-se em definir múltiplas vantagens em favor daqueles agentes cooptados que dispunham de alguma modalidade de capital social. Assim, após reiterar a vigência do princípio que impede a acumulação de cargos e vencimentos, o artigo 22º da Lei do Reajustamento abre uma exceção para "os cargos efetivos e os exercidos em comissão no magistério ou de caráter técnico-científico, desde que haja compatibilidade dos horários de serviço". O artigo 29º dispõe quanto à futura criação de um regime de tempo integral para o exercício de certos cargos técnicos, científicos e de magistério, mencionando as vantagens que daí proviriam. O artigo 38º institui uma reserva de mercado na periferia dos centros decisórios, cujas posições seriam alocadas tão somente com base em critérios clientelísticos: "As funções de secretário, chefe, oficial e auxiliar de gabinete serão exercidas em comissão, por pessoas livremente escolhidas e designadas [...]". O artigo 41º vincula a primeira investidura em cargos técnicos e administrativos à prévia habilitação em concurso de provas ou de provas e títulos, abrandando essa exigência no artigo seguinte, que abre a possibilidade de o ingresso, nesses casos, ficar a critério de uma avaliação dos títulos, a ser feita pelo Conselho Federal do Serviço Público Civil. Seria ocioso esmiuçar todas essas prerrogativas de que foi investido o conselho, que assume uma autoridade paraescolar que, por meio dos cursos que promove, dos estágios de treinamento e especialização, da montagem de seu corpo docente, de programas, bancas etc., lhe permite dispensar seus próprios títulos, cuja rentabilidade vai se acrescentar àquela que conferem os títulos escolares.

O Estatuto dos Funcionários Públicos Civis da União[6] reitera a orientação da política de pessoal adotada pela Lei do Reajustamento. E nem poderia ser de outra maneira, na medida em que se mantém o alicerce do sistema, vale dizer, a ratificação da classificação bipartida dos cargos, que se apoia no princípio das profissões e carreiras mediante o qual se instaura uma reserva no mercado de postos públicos. Os portadores de títulos superiores continuarão tendo acesso a essas funções, em especial aos cargos isolados, independentemente de concurso público de provas, cristalizando a clivagem decisiva entre dois segmentos do corpo funcional de carreira e repercutindo nas demais dimensões da vida funcional cobertas pelo estatuto.[7]

O NOVO ESTATUTO DAS PROFISSÕES LIBERAIS

Num momento em que as últimas turmas de bacharéis exercem pressões no mercado de trabalho, em busca de empregos condizentes com sua habilitação escolar, a ampliação do mercado de postos públicos destinados em princípio a esse contingente de bacharéis se faz acompanhar da ingerência do poder central no processo de regulamentação das profissões de nível superior. Os princípios corporativos que haviam permeado a intervenção do Estado com vistas ao controle da atividade política da classe operária[8] estenderam-se à montagem das associações das diversas categorias de profissionais liberais e afins. Com efeito, o período 1930-9 caracteriza-se pela ingerência do poder central na organização das ocupações de nível superior, "baixando as competentes regulamentações e vinculando as ordens ou conselhos ao Ministério do Trabalho".[9] Esse processo envolveu tanto os ramos tradicionais das profissões liberais já sedimentadas no sistema de ensino e no mercado de trabalho — a saber, direito, medicina, engenharia, farmácia, odontologia — como novas especialidades que passaram a dispor de jurisdição própria — como, por exemplo, agrônomos, veterinários, químicos e outros.

É idêntico o teor substantivo dos decretos que visavam regulamentar essas profissões. Uma parte dos artigos trata das exigências quanto à habilitação, restringindo o exercício profissional aos diplomados no país por escolas ou institutos de ensino oficiais, equiparados ou oficialmente reconhecidos, e àqueles diplomados no exterior que tenham revalidado seus diplomas. Os demais artigos empenham-se em delimitar a reserva de cargos técnicos a serem preenchidos pelos efetivos de cada categoria no âmbito dos mercados de postos público e privado. Afora a descrição das atividades, funções e atribuições privativas de uma categoria de especialistas, a legislação busca demarcar no mercado de trabalho as fronteiras que possam suscitar litígios entre profissionais de ramos conexos.

A intervenção estatal visava, de um lado, disciplinar os requisitos legais e escolares para o desempenho das profissões superiores, congelando os contingentes de rábulas e práticos, cujos direitos, não obstante, foram reconhecidos pelos regulamentos da época. De outra parte, estabeleciam-se barreiras legais à concorrência entre profissionais de áreas afins, procedendo-se à monopolização de setores e funções nos mercados público e privado de postos. Vale dizer, a diferenciação na divisão do trabalho técnico, político e cultural se fez acompanhar do reconhecimento oficial das regalias e prerrogativas a que passaram a fazer jus os contingentes de especialistas entre os quais se recrutava parcela apreciável dos futuros ocupantes de cargos públicos de nível superior.

A HIERARQUIA SALARIAL DOS ALTOS FUNCIONÁRIOS

Os membros das profissões liberais e a maioria dos intelectuais que dispunham de postos no serviço público foram alguns dos principais beneficiados pelo reescalonamento salarial empreendido na década de 1930. Enquanto uma elite diminuta, em torno de 150 altos funcionários (ministros de Estado, altos magistrados, diretores das principais instituições, dos serviços de propaganda e segurança, embaixadores etc.), ganhava entre 3500 e 7 mil cruzeiros por mês, 23% dos funcionários de carreira (em sua maioria, profissionais liberais, professores universitários, altos escalões administrativos etc.) recebia entre 1500 e 3400 cruzeiros mensais, cabendo à massa dos pequenos funcionários de carreira salários entre duzentos e novecentos cruzeiros.[10] A reforma salarial instituiu faixas especiais em favor dos profissionais liberais e dos demais portadores de títulos de nível superior; todos eles, quando não conseguiam obter postos adequados a sua competência escolar, acabavam recebendo uma remuneração semelhante àquela a que faziam jus os detentores de títulos enquadrados em postos mais elevados. Na verdade, os bacharéis em direito procuraram compensar a situação inflacionária que corroía o valor de seu diploma pelo trânsito em posições administrativas em que por vezes eram alojados por força da fluidez que caracterizava sua competência. Por isso, recebiam salários melhores do que outros profissionais de nível superior — como, por exemplo, os engenheiros e agrônomos, que, pelo fato de só poderem ocupar postos ajustados às suas qualificações e aptidões, tendiam a se distribuir pelas faixas mais elevadas, a que tinham acesso as diversas classes da carreira de oficial administrativo. Dentre os 23 padrões de vencimento que as diferentes classes de cada carreira passam a auferir, a referência L abrange a totalidade dos professores catedráticos das faculdades de direito e medicina, das escolas politécnicas e de minas, das escolas nacionais de agronomia e veterinária, incluindo ainda uma parcela dos professores catedráticos de outros estabelecimentos oficiais de ensino, uma parcela dos intendentes do domínio da União, os redatores e os chefes do Departamento de Propaganda e Difusão Cultural, uma parcela dos procuradores da República, os cônsules de primeira classe, os primeiros secretários do corpo diplomático, os adidos comerciais, uma parcela dos atuários, dos inspetores de previdência e de cargos homólogos. Essa referência constitui, portanto, o lugar geométrico para o qual convergem o ponto de partida de determinadas carreiras, o padrão único de outras carreiras especializadas e o nível mais elevado a que podem aspirar os integrantes da carreira de oficial administrativo em todos os ministérios. Distribuindo-se entre as referências H, J, K e L, os oficiais administrativos encontram-se lotados num ponto de intersecção entre os padrões de vencimento característicos das classes iniciais de carreiras a que só têm acesso os portadores de diplomas superiores e as carreiras que abrigam os efetivos dos escalões inferiores do funcionalismo, servindo a esse título de refúgio para os relegados que possuem um diploma de bacharel e o sinal de distinção conferido à "aristocracia" de burocratas que comanda os escalões inferiores.

A mera indicação das escalas de remuneração poderia fazer crer que a distribuição dos efetivos de carreira obedece a critérios objetivos e impessoais de qualificação escolar e profissional, ou seja, de estrita competência técnica. Decerto não era essa a situação, ainda mais quando se sabe que determinadas categorias funcionais, dispondo de trunfos escolares, alcançam teto salarial idêntico e até mesmo inferior àquele com que são aquinhoados os ocupantes de cargos de confiança e os assessores.

Esses resultados cobrem apenas a parte fixa dos vencimentos mensais, não tendo sido computados diversos tipos de gratificação e subsídios pecuniários nem outras modalidades de rendimentos indiretos que, desde então, já representavam cota apreciável dos rendimentos auferidos pelos escalões privilegiados. Outras vantagens — como, por exemplo, as viagens de estudo e especialização no exterior, as possibilidades de acumular cargos e vencimentos, a designação para trabalhos extraordinários, a participação em comissões e toda sorte de expedientes que complementavam os salários de base — destinam-se exclusivamente a certas categorias funcionais e encontram-se reguladas por leis especiais.

OS DOMÍNIOS RESERVADOS AOS INTELECTUAIS NO SERVIÇO PÚBLICO

> *Uma vez ou outra, alguns escritores e repórteres me têm feito perguntas sobre assuntos considerados públicos — a situação da cultura do espírito, no conflito de forças — ou sobre a minha vida literária. Procuro responder com boa vontade, mas nunca respondi coisa que, ao ser lida, me agradasse realmente. Culpa do entrevistado ou do gêne-*

ro? Não sei. Sei apenas que a minha pequena e pobre vida intelectual não encerra nenhuma verdade grande, cujo conhecimento interesse ao público. E observo ainda que tudo que eu pudesse dizer, em entrevista ou depoimento, está dito ou expresso nas minhas poesias. Elas traduzem minha experiência pessoal, refletem a minha visão e o meu conceito do mundo, e a minha atitude (se não for pretensiosa esta expressão) diante das lutas revolucionárias do nosso tempo.

Trecho da carta que Carlos Drummond de Andrade endereçou a Edgard Cavalheiro, desculpando-se por não prestar o depoimento solicitado. Transcrito em Edgard Cavalheiro, *Testamento de uma geração*. Porto Alegre, 1944, p. 280

[...] *Eu sou um homem sem biografia. Origem honrada, mas humilde. Vida honesta, mas tormentosa, de pobreza, de aventura, de sofrimento... Eis tudo. Nasci pobre e triste.*

Trecho do depoimento prestado por Peregrino Júnior a Edgard Cavalheiro, op. cit., p. 208

Embora não se possa afirmar ter havido a monopolização, por parte da fração intelectual, de certas carreiras, constata-se, não obstante, que os intelectuais tenderam a se concentrar naqueles cargos que dispunham de padrões de vencimento elevados e de uma série de regalias e vantagens na hierarquia burocrática, com exceção de alguns poucos especialistas que começaram suas carreiras ocupando as posições típicas de pequeno funcionário. Os intelectuais foram cooptados seja como funcionários em tempo parcial, seja para a prestação de serviços de consultoria e congêneres, seja para o desempenho de cargos de confiança no estado-maior do estamento, seja para assumirem a direção de órgãos governamentais, seja para preencherem os lugares que se abriam por força das novas carreiras que a extensão da ingerência estatal passou a exigir, seja, enfim, acoplando inúmeras dessas posições e auferindo rendimentos dobrados.[11] Destarte, conseguiram se inserir nos espaços privilegiados do serviço público, plenamente entrosados com os expedientes usuais de apropriação de cargos, comissões extras e prebendas que a estrutura patrimonialista de poder punha ao seu alcance. Convertendo-se na modalidade preferencial de cooptação dos intelectuais, o ingresso nas fileiras do estamento alcançou extensão considerável e passou a constituir um trunfo indispensável para o êxito nas demais instâncias do campo intelectual, inclusive naquelas instituições cuja sobrevivência não dependia a rigor dos favores e concessões do poder público.

A ELITE INTELECTUAL E BUROCRÁTICA DO REGIME

"CAMPOS, Francisco da Silva. Advogado. Dores do Indayá, MG, 18 de novembro de 1891. *Instrução:* superior: Faculdade de Direito, Universidade de Minas Gerais, 1914. *Carreira*: professor de direito público e constitucional, 1917; deputado estadual, MG, 1917; deputado federal, MG, 1921; secretário do Interior, MG, 1926-30; ministro da Educação e Saúde Pública, 1930-2; ministro da Justiça, 1932; consultor-geral da República, 1933-5; secretário de Educação, Distrito Federal, 1935-7; ministro da Justiça e do Interior, 1937-43; autor da Constituição Brasileira de 1937. *Títulos honoríficos*: prêmio Barão do Rio Branco, Universidade de Minas Gerais, 1914. *Participação*: representante brasileiro e presidente da Comissão Jurídica Interamericana. *Obras*: *A doutrina da população*, 1916; *Imposto progressivo*, 1916; *Introdução crítica à filosofia do direito*, 1916; *O animus da posse*, 1916; *Natureza jurídica da função pública*, 1917; *Pela civilização mineira*, 1930; *Ciclo de Helena*, 1932; *Pareceres*, 1933, 1935; *O Estado nacional*, 1939; *Educação e cultura*, 1940; *Antecipação à reforma política*, 1940."[12]

Um grupo "seleto" de intelectuais foi convocado para assumir cargos de cúpula do Executivo ou, então, para ocupar as principais trincheiras do poder central seja no âmbito estadual, seja no nível dos conselhos e das comissões que faziam as vezes de instâncias de negociação sob supervisão da Presidência da República. Tais cargos conferiam a seus ocupantes acesso direto aos núcleos de poder em que tinham participação efetiva no processo decisório em matérias de sua alçada. Além de contarem com o prestígio de que desfrutam os funcionários capazes de oferecer as garantias mais sólidas de legitimação, o traço característico que permite identificá-los como os mandantes do estamento consiste nas múltiplas posições e atribuições de que são investidos.

A tal ponto a atividade intelectual dessa elite se confundia com a prestação de serviços políticos que se torna ocioso discriminar as modalidades de competência e os gêneros de "saber" que asseguraram a seus integrantes o acesso às posições dominantes nos círculos de assessoria ao poder central.

Entretanto, a única maneira de diferenciar os membros dessa elite intelectual e burocrática é privilegiando o perfil de seus investimentos na atividade intelectual em detrimento do conteúdo de suas obras, tal como aparece reificado na história das ideias. Enquanto alguns deles sujeitaram seus escritos às exigências postas pelos encargos da convocação política que os trouxe ao convívio com os núcleos executivos, outros procuraram resguardar uma parte de sua produção intelectual das injunções partidárias e das demandas que lhes faziam certas facções com que colaboravam.[13] Todos eles, contudo, acabaram se tornando modelos de excelência social da classe dirigente da época à medida que suas obras se converteram em paradigmas do pensamento político no país.

O traço mais característico da contribuição dessa elite intelectual e burocrática reside nas diversas frentes em que se desdobrava sua atuação política e cultural. Alguns foram ministros de Estado, até mais de uma vez, outros constituíam a reserva especial do Executivo para o preenchimento de cargos de estrita confiança, como, por exemplo, nos conselhos consultivos;[14] quase todos monopolizavam as disciplinas básicas do curso jurídico nos estabelecimentos oficiais;[15] nos intervalos entre o desgaste produzido por uma missão e o início de um novo mandato, eram designados para os cargos honoríficos do Poder Judiciário e do Ministério Público, alguns para o Tribunal de Contas, os que mais se expunham para a consultoria-geral da República ou, então, para o consolo de uma procuradoria ou da instância suprema da Justiça Eleitoral.[16] A legitimidade intelectual e ética dessas figuras de proa assegurava-lhes, portanto, trânsito livre pelas principais instâncias do sistema de poder.

O valor social conferido à colaboração dessa elite transparece com nitidez nas recompensas com que foi brindada, sendo que as retribuições abertamente pecuniárias parecem desprezíveis se comparadas àquelas cujos lucros materiais e simbólicos derivam das eleições para a Academia Brasileira de Letras e para o Instituto Histórico e Geográfico, das designações para o desempenho de representações oficiais no exterior ou para a participação de colegiados internacionais, dos conciliábulos para a indicação do presidente da Ordem dos Advogados e outras associações corporativas, das comendas e outros sinais de deferência.[17] No mais, incumbiam-se do trivial variado em que consiste a faina cotidiana de juristas de renome que eles todos eram: pareceres, assessoria a grupos econômicos, colaboração nos principais órgãos da imprensa.

OS "HOMENS DE CONFIANÇA"

"RENAULT. Abgar de Castro Araújo. Professor. Barbacena, MG, 15 de julho de 1908. *Pais:* Leon Renault e Maria José de Castro Renault. *Casamento*: Ignez Caldeira Brant Renault. *Filhos:* Caio Márcio, Carlos Alberto, Luís Roberto. *Instrução:* superior: Faculdade de Direito, Universidade de Minas Gerais; língua e literatura inglesa; pedagogia. *Carreira*: professor, Gymnasio Mineiro, Escola Normal de Belo Horizonte; deputado estadual; secretário de Educação, MG; secretário do Interior e Justiça, MG; professor da Universidade do Distrito Federal; diretor do Colégio Universitário da Universidade do Brasil; diretor do Departamento Nacional de Educação; secretário de Educação, MG; ministro da Educação; professor da Faculdade de Filosofia, MG; professor do Colégio Pedro II; diretor do Centro Regional de Pesquisas Educacionais, MG. Membro: Academia Mineira de Letras; Instituto de Estudos Latino-Americanos; Universidade de Stanford; Sociedade Brasileira de Cultura Inglesa, Belo Horizonte. *Títulos honoríficos:* visiting professor da Universidade de Nova York; cavaleiro da Legião de Honra, França; comendador, Most Excellent Order British Empire; grão-mestre, Ordem Nacional do Mérito. *Obras: Missões da universidade; A crise no ensino secundário; Aspecto da crise no Brasil; A palavra e a ação; The termination, história e psicologia da língua inglesa*; poesias, traduções, ensaios."[18]

Outra parcela dos intelectuais foi chamada para dar conta do trabalho de assessoria no interior dos núcleos executivos, incluindo-se aí a maioria dos cargos de confiança, em geral exercidos em comissão e dando direito a uma complementação salarial, junto aos diversos ministros, à Presidência da República e aos demais órgãos vinculados à extensão dos interesses do poder central. São os chefes e auxiliares de gabinete, os secretários particulares, os assessores diretos e os ocupantes de cargos homólogos. A carreira típica dos integrantes desse grupo inclui, via de regra, a disponibilidade para assumir, interinamente, a chefia de institutos e departamentos e, sobretudo, a autoridade para fazer valer a orientação ministerial nas instâncias pelas quais o Poder Executivo multiplica seus "braços" de controle sobre a vida funcional no âmbito de cada ministério. Refiro-me à presença desses "homens de confiança", designados em portarias, nas comissões de eficiência e nas seções de segurança nacional.[19]

Se para a elite intelectual do regime é possível apreender os liames entre sua competência escolar e profissional e as modalidades de trabalho que ela assume, nesse segundo grupo o acesso às posições repousa, quase por completo, nas provas de amizade e, por conseguinte, na preservação dos anéis de interesses de que são os mais legítimos porta-vozes e os principais beneficiários.

Esse grupo de "confiança" abriga tanto os protótipos do funcionário-escritor como algumas figuras de projeção entre os próprios intelectuais. Os primeiros eram, muitos deles, escritores apagados, cronistas da vida intelectual, ou então praticantes em gêneros da chamada subliteratura, polígrafos que dispersaram seus investimentos em função de modismos e das encomendas difusas com que procuravam retribuir os favores de seus protetores no serviço público, e por todas essas razões alijados dos assentamentos da história e da crítica literária.[20] Os escritores-funcionários mantêm uma relação exatamente inversa com os chefes políticos sob cujos ditames se deixam abrigar. Situados entre os objetos de devoção da crítica militante nos aparelhos de celebração que circulam entre as "panelas" de letrados, buscam minimizar o quanto suas obras devem aos laços clientelísticos de que são beneficiários.[21] Afinal, eles são os grandes interessados em corroborar a imagem de que suas obras pouco devem às servidões do mundo temporal. Enfim, uns diferem dos outros, mas decerto não pelas razões inefáveis em que declarações a respeito de si próprios e de suas obras querem fazer crer.

OS ADMINISTRADORES DA CULTURA E CIA.

"ANDRADE, Rodrigo Melo Franco de. Advogado. Belo Horizonte, MG, 18 de agosto de 1898. *Pais*: Rodrigo Bretas de Andrade e Dalia Melo Franco de Andrade. *Casamento*: Graciema Melo Franco de Andrade. *Filhos*: Rodrigo Luís, Joaquim Pedro, Clara. *Instrução*: superior: Faculdade Nacional de Direito, 1919. *Carreira*: redator da *Revista do Brasil*, Rio de Janeiro, DF, 1926; diretor de *O Jornal*, DF, 1928; chefe de gabinete do Ministério da Educação e Saúde Pública; presidente da Comissão Nacional de Belas-Artes; diretor do Serviço do Patrimônio Histórico e Artístico Nacional, 1936-60.

Membro: Instituto Histórico e Geográfico Brasileiro; Academia Nacional de Belas-Artes de Portugal; Comitê Executivo do Conselho Internacional de Museus. *Títulos honoríficos*: doutor *honoris causa* da Escola de Belas-Artes, Universidade do Recife; cavalheiro oficial da Ordem do Mérito, República Italiana. *Obras: Velórios* (ficção), 1936; *Brasil, monumentos históricos e arqueológicos*, 1952; *Rio Branco e Gastão da Cunha*, 1953; *Artistas coloniais*, 1958."[22]

Tirante um pequeno contingente de letrados que firmaram sua reputação intelectual no âmbito de seus respectivos estados, onde por vezes ocuparam cargos de relevo nas instâncias locais de representação do poder central,[23] inúmeros intelectuais tenderam a monopolizar aqueles cargos em cujo desempenho podiam fazer valer, em alguma medida, seu cabedal de saber especializado. Nessa categoria, incluem-se tanto aqueles que ocuparam os postos de direção de instituições culturais — por exemplo, o Museu Histórico Nacional, a Biblioteca Nacional, o Serviço Nacional do Teatro, o Museu Nacional etc. — como os que se valeram de seus instrumentos de produção intelectual para o cumprimento de tarefas subalternas nas instituições de difusão cultural, de propaganda e de censura.[24] Enquanto os administradores das entidades culturais percebem salários idênticos aos de certos níveis da magistratura e do magistério superior, os redatores e censores dispõem de uma situação equivalente àquela de que desfrutam os oficiais administrativos em fim de carreira, e os responsáveis pelo aparato de censura e pela repressão cultural desfrutam da situação típica dos mais altos funcionários.

AS CARREIRAS TRADICIONAIS

"CALMON, Pedro (Pedro Calmon Moniz de Bittencourt). Advogado, professor, escritor. Amargosa, BA, 23 de dezembro de 1902. *Pais*: Pedro Calmon Freire de Bittencourt e Maria Romana Moniz de Aragão Calmon de Bittencourt. *Casamento*: Hermínia Caillet Calmon de Bittencourt. *Filhos*: Maurício e Pedro. *Instrução*: secundária: Ginásio da Bahia; superior: Faculdade de Direito da Universidade do Rio de Janeiro. *Carreira*: professor catedrático da Faculdade Nacional de Direito da Universidade do Brasil; diretor da Faculdade Nacional de Direito; professor catedrático do Colégio Pedro II; reitor da Universidade do Brasil; deputado estadual e federal, Bahia; ministro da Educação. *Membro*: Instituto Histórico e Geográfico Brasileiro; Academia Brasileira de Letras; Instituto dos Advogados do Brasil; institutos históricos e academias do país e do estrangeiro. *Títulos honoríficos*: grã-cruz da Ordem de Santiago, Portugal, e outras condecorações da Espanha, Colômbia, Equador, Peru, Chile, Paraguai etc. *Participação*: numerosos congressos de história e conferências diplomáticas. *Obras: História da civilização brasileira; História social do Brasil; História do Brasil; O rei cavaleiro; O rei filósofo; História das ideias políticas; Anchieta; História da literatura baiana; As minas de prata* etc."[25]

Todavia, a parcela majoritária dos intelectuais continuou ingressando nas antigas fileiras da burocracia civil — a saber, o magistério superior,[26] as carreiras judiciárias,[27] o corpo diplomático[28] —, que atravessavam um período de transformações em virtude das numerosas frentes de expansão que então se abriam para essas atividades. A intervenção do Estado na regulamentação dos conflitos entre patrões e operários acarretou a criação de uma nova instância judiciária, a Justiça do Trabalho; o projeto do poder central de assumir a formação escolar e ideológica das novas frações intelectuais levou à criação das faculdades de filosofia, ciências e letras, dando ensejo à introdução de novas disciplinas (sociologia, antropologia e etnografia, geografia humana, economia política, ciência política etc.) e ao recrutamento de especialistas brasileiros e estrangeiros que dispunham de remuneração equivalente àquela auferida pelos docentes dos ramos tradicionais. As faculdades de filosofia abrigavam não apenas os especialistas das ciências humanas e exatas, mas também serviram de estímulo à atividade crítica e erudita nas diversas cátedras em que o ensino literário foi segmentado. Aliás, o magistério superior era a única atividade que não constituía empecilho ao desempenho legal de outras funções públicas remuneradas, privilégio de que se valeram diversos intelectuais. A carreira diplomática, por sua vez, ainda subsistia como refúgio de letrados bissextos, poetas antiquados, memorialistas mundanos e outras categorias de intelectuais diletantes.

AS NOVAS CARREIRAS TÉCNICAS

Ademais, verifica-se a abertura de cargos especializados — técnicos de educação, de organização, assistentes e ajudantes técnicos etc. —, que são preenchidos pelos detentores de uma competência estrita em áreas do conhecimento que a essa altura não dispunham de um mercado de trabalho próprio. São os economistas, estatísticos, geólogos, cientistas sociais, educadores, que, muitas vezes, ingressam nos escalões inferiores do setor público mas que de algum modo fazem valer sua presença e ascendem na hierarquia graças à raridade de suas qualificações. Havia ainda aqueles que se incorporaram às fileiras estáveis que então se abriam no quadro permanente dos ministérios recém-criados, os inspetores de ensino, de imigração, do trabalho etc. Por fim, um contingente apreciável de intelectuais e artistas prestaram diversos tipos de colaboração à política cultural do regime Vargas, aceitando encomendas oficiais de prédios, livros, concertos, manuais escolares, guias turísticos e obras de arte, participando em comissões, assumindo o papel de representantes do governo em conferências, congressos e reuniões internacionais, em suma, prestando múltiplas formas de assessoria em assuntos de sua competência e interesse. Vários deles não chegaram a estabilizar sua posição funcional nos quadros permanentes de carreira, embora desfrutassem de posições que pareciam indiferentes às exigências do mercado ou, então, impermeáveis às servidões impostas pelo mecenato oficial.

O ESTADO COMO ÁRBITRO EM ASSUNTOS CULTURAIS

Em muitos desses postos os intelectuais prestam serviços estritamente burocráticos e que não guardam, por vezes, nenhuma relação com o trabalho intelectual como tal, que continuam a desenvolver paralelamente às suas atividades funcionais. Em outros casos, os laços entre uma e outra atividade permeiam a própria definição do trabalho intelectual. De qualquer maneira, instaura-se uma situação de dependência material e institucional que passa a moldar as relações que as clientelas intelectuais mantêm com o poder público, cujos subsídios sustentam as iniciativas na área da produção cultural, colocam os intelectuais a salvo das oscilações de prestígio, imunes às sanções de mercado, e definem o volume de ganhos de parte a parte.

Por todos esses motivos, os escritores do Estado Cartorial encontram-se numa situação contraditória perante sua produção intelectual. Operando numa conjuntura político-ideológica de complexidade muito maior se comparada àquela vivida pela geração de 1870, eles acabam negociando a perspectiva de levar a cabo uma obra pessoal em troca da colaboração que oferecem ao trabalho de "construção institucional" em curso, silenciando quanto ao preço dessa obra que o Estado subsidia de algum modo indireto. Na condição de presas da máquina do Estado e, ao mesmo tempo, desejosos de se livrarem dos cerceamentos que costumam tolher os praticantes de uma arte e uma literatura oficiais, eles resolveram esse dilema cedendo ao encanto de justificações idealistas.

O mérito dessa solução era o de manter estanques, no plano das representações, as dimensões de sua existência como escritores e como funcionários. Na medida em que não dispunham de recursos alternativos para minorar a servidão de intelectuais subvencionados, esquivaram-se de lidar com a questão das condições institucionais de que eram beneficiários. Com vistas a compatibilizar as demandas oficiais com aquelas derivadas do processo de autonomização da produção intelectual, levaram às últimas consequências as fórmulas de autoindulgência.

Diante dos dilemas de toda ordem com que se debatiam por força de sua filiação ao regime autoritário que remunerava seus serviços, buscaram minimizar os favores da cooptação lhes contrapondo uma produção intelectual fundada em álibis nacionalistas. Pelo que diziam, o fato de serem servidores do Estado lhes concedia melhores condições para a feitura de obras que tomassem o pulso da nação e cuja validez se embebia dos anseios de expressão da coletividade e não das demandas feitas por qualquer grupo dirigente. Dando sequência à postura inaugurada pelos modernistas, esses intelectuais cooptados se autodefinem como porta-vozes do conjunto da sociedade, passando a empregar como crivos de avaliação de suas obras os indicadores capazes de atestar a voltagem de seus laços com as primícias da nacionalidade. Vendo-se a si próprios como responsáveis pela gestão do espólio cultural da nação, dispõem-se a assumir o trabalho de conservação, difusão e manipulação dessa herança, aferrando-se à celebração de autores e obras que possam ser de alguma utilidade para o êxito dessa empreitada.

É nesse contexto, sem dúvida, que tomou corpo a concepção de "cultura brasileira" sob cuja chancela, desde então, se constituiu uma rede de instâncias de produção, distribuição e consagração de bens simbólicos, às custas das dotações oficiais. No tocante às ideologias quase profissionais que os produtores desenvolvem a respeito de si mesmos, do valor do que fazem e, acima de tudo, da

posição singular que ocupam no espaço da classe dirigente, foi esse o momento-
-chave na definição da autoridade de que se reveste o mandato dos incumbidos
de gerir a política cultural do regime.

Em torno desse álibi quase perfeito — ao dissimular os ganhos que auferem das encomendas oficiais —, passaram a partir de então a manipular um
sistema de queixas e louvores cujos destinatários são os mecenas do estamento burocrático e do qual podiam se servir consoante as oscilações de prestígio
de sua posição relativa nas lutas entre as facções dominantes nos centros de
poder. Se tais estratégias lhes permitiram furtar-se aos testes do mercado mais
amplo, por outro lado tiveram êxito em monopolizar as instâncias de financiamento que lhes deram o controle das concessões públicas de serviços e recursos nessa área e a autoridade intelectual para externar juízos em assuntos
culturais.

Em outras palavras, foram os artífices de um mercado paralelo de bens culturais cuja força deriva do jugo que passaram a exercer nas instâncias de consagração que vieram substituir os veredictos do mercado privado. Estando a
iniciativa governamental impossibilitada de dispensar os empreendimentos particulares no campo cultural, as cotações registradas pela bolsa de valores intelectuais em vigência no setor público passaram a repercutir no âmbito do mercado
mais amplo. Ao garantir o acesso dos autores que ungia ao plantel das grandes
editoras particulares — como, por exemplo, a José Olympio — e às principais
sinecuras com feições culturais, as autoridades do poder público converteram-
-se na instância suprema de validação e reconhecimento da produção intelectual. Assim, não é por acaso que, do total de trinta acadêmicos eleitos entre 1930
e 1945, 70% pertenciam aos altos escalões do estamento burocrático, sendo que
muitos deles garantiram sua vitória em função da rede de influências que tiveram a oportunidade de acionar, em detrimento daqueles que concorriam apenas
pelo mérito de suas obras.[29]

Mesmo que não tenha chegado a monopolizar o controle do mercado e a
contratação de serviços culturais, o poder público impôs-se não obstante como
concessionário-mor dos padrões da legitimidade intelectual. As encomendas,
os prêmios, as viagens de representação, as prebendas, tudo que ostentasse o
timbre do oficialismo passou a constituir a caução daqueles que aspiravam
ingressar no panteão da "cultura brasileira". Nas palavras de Raymundo Faoro,
"o brasileiro que se distingue há de ter prestado sua colaboração no aparelha-

mento estatal, não na empresa particular, no êxito dos negócios, nas contribuições à cultura, mas numa ética confuciana do bom servidor, com carreira administrativa e curriculum vitae aprovado de cima para baixo".[30]

Nesse sentido, a gestão Capanema erigiu uma espécie de território livre refratário às salvaguardas ideológicas do regime, operando como paradigma de um círculo de intelectuais subsidiados para a produção de uma cultura oficial. À frente do Ministério da Educação e Saúde Pública desde 1934, convocou seus conterrâneos de geração que haviam participado do surto modernista em Minas Gerais, mobilizou figuras ilustres que haviam se destacado nos movimentos de renovação literária e artística da década de 1920, no Rio Grande do Sul, na Bahia, no Pará etc., acatando os representantes que a Igreja designava e cercando-se de um grupo de poetas, arquitetos, artistas plásticos, e de alguns médicos fascinados pela atividade literária.

A exemplo do que vinha ocorrendo em outras esferas da máquina federal, a cooptação desses intelectuais não obedeceu a requisitos de ordem doutrinária, sendo inviável deslindar princípios de recrutamento alheios ao predomínio do estamento burocrático. Atuando em nome de seus interesses próprios e manejando os recursos políticos que o comando da máquina governamental lhe oferece, essa camada burocrática passa a acolher indivíduos que pouco antes se haviam filiado a movimentos e a forças políticas concorrentes. Por conseguinte, muito embora se possam reconstruir os laços que serviram à montagem dos primeiros anéis burocráticos calcados na identidade de pontos de vista quanto aos rumos que deveria tomar a reorganização do poder, seria de todo inexequível apontar a matriz ideológica vitoriosa entre os que foram convocados nessa época. Fazendo um retrospecto das principais clivagens ideológicas vigentes nas décadas de 1920 e 1930, poder-se-á constatar que quase todos os matizes do espectro foram pinçados no processo de expansão do aparelhamento estatal: militantes em organizações de esquerda, quadros da cúpula integralista, porta-vozes da reação católica, figuras pertencentes à intelectualidade tradicional e os praticantes das novas especialidades.

Passada a crise dos "anos cruciais", muito embora nenhum agrupamento ideológico ou facção partidária se destaque como beneficiário exclusivo do regime, nenhum deles tendo logrado a conversão de seus pontos de vista em ortodoxia doutrinária, os ganhos posicionais de maior vulto favoreceram os quadros a serviço do movimento integralista[31] e da reação católica, a cujos apelos foi sensível toda uma geração de bacharéis que se viu na iminência de engrossar a fileira dos "sem-trabalho" da política, diante do colapso dos grupos dirigentes na República Velha. Em ambos os casos, sua presença nos aparelhos do Estado se articula em lobbies que pressionam em prol de iniciativas de interesse de seus antigos patrocinadores ou, então, buscando amaciar os efeitos provocados pelo crescente intervencionismo estatal. Essa tendência revela-se com vigor no caso da Igreja católica, que não hesitou em preencher os lugares que o regime estava disposto a lhe conceder.[32] Diante de uma correlação de forças que lhe era bastante desfavorável se comparada à conjuntura de crise do regime oligárquico, a hierarquia eclesiástica e suas extensões leigas preferiram alocar seus quadros nas arenas de negociação onde havia maiores chances de preservar ou ampliar a margem de manobra em matérias capazes de afetar os domínios de atividade em que se concentrava o grosso dos investimentos confessionais. Por força dos prejuízos que um eventual alijamento pudesse provocar, a Igreja empenha-se em limitar as áreas de atrito com o Estado, viabilizando o trânsito de seus pontos de vista pelos setores em operação recente, cujas decisões ameaçavam de perto seus interesses estratégicos.[33]

OS EDUCADORES PROFISSIONAIS E OS PENSADORES AUTORITÁRIOS

Os autores de obras políticas inspiradas pelas correntes de pensamento filiadas aos modelos deterministas europeus do início do século XX (Ratzel, Gobineau etc.), os chamados "pensadores autoritários", e os educadores profissionais foram as únicas categorias de intelectuais convocadas pela elite burocrática em virtude da competência e do saber de que dispunham em suas respectivas áreas de atuação. Por estarem muitas vezes ocupando postos de cúpula com os quais podiam fazer valer seus pontos de vista no encaminhamento das reformas em curso ou, então, operando na qualidade de porta-vozes oficiais nos espaços de negociação que lidavam com as principais questões em pendência com os demais grupos de interesses fora do âmbito do Estado, prestaram serviços relevantes à ordenação jurídico-institucional e à sustentação do pacto de forças então vigente.

Em ambos os casos, não se pode aferir o valor de sua contribuição ao trabalho de organização do poder com base apenas nas cauções de legitimação que trazia sua presença nos aparelhos do Estado. Em particular no caso dos pensadores autoritários, o fato de pertencerem a antigas famílias dirigentes, beneficiando-se de todo tipo de vantagens e privilégios, inclusive de uma generosa rede de relações sociais, decerto contribuiu de maneira decisiva para a consagração que receberam no campo intelectual. A eficácia política de seus escritos derivou, portanto, da conjunção dos trunfos sociais que estavam em condições de acionar para converter seus pontos de vista em ortodoxia ideológica com as rupturas com as doutrinas e modelos jurídicos então dominantes.

Costuma-se incluir sob o rótulo de pensamento autoritário autores cujas trajetórias políticas não são coincidentes e cujas obras respondiam a demandas de setores diferentes da classe dirigente. Havia, pois, os precursores "anatolianos", cuja carreira política sucedeu no contexto das lutas oligárquicas, tendo revertido à produção intelectual após o período de "presença na política", como nos casos de Gilberto Amado e José Maria Bello;[34] havia os publicistas, cujos escritos de proselitismo se vinculam mais às necessidades do "partido" católico do que às demandas estamentais, como no caso de Alceu Amoroso Lima; havia ainda os jovens pensadores cujos libelos e panfletos exprimiam o projeto de se tornarem os mentores "espirituais" da classe dirigente, como, por exemplo, Octavio de Faria, Cândido Motta Filho e Afonso Arinos de Melo Franco. Mas os principais artífices do "pensamento autoritário" — Oliveira Viana, Azevedo Amaral etc.[35] — falavam em nome da elite burocrática, na crença de que a organização do poder em mãos do Estado viria substituir-se ao entrechoque de interesses privados, habilitando seus representantes a auscultar os reclamos do conjunto da sociedade. Os escritos desses pensadores propunham uma solução alternativa à crise do poder oligárquico, ou melhor, um projeto substitutivo à falência do liberalismo inscrito na carta de 1891. Mas, por outro lado, serviram também para dissuadir uma geração de bacharéis intoxicados por ideias salvacionistas de buscar esteio institucional fora dos domínios do Estado.

A maioria dos pensadores autoritários provinha de famílias de estirpe, cuja antiguidade na classe dirigente remontava aos tempos do Império ou, então, se originava de antigos ramos senhoriais ligados à propriedade da terra. Quando não descendiam de famílias havia muitas gerações especializadas no trabalho político e cultural, contando entre seus antepassados com figuras de renome nas profissões liberais, nas letras, na atividade parlamentar e no desempenho das mais altas funções públicas — como era o caso de Azevedo Amaral, Afonso Arinos de Melo Franco e Octavio de Faria —, eram filhos de fazendeiros cujas famílias se encontravam em acentuado declínio material, como nos casos de Oliveira Viana, José Maria Bello e Gilberto Amado. Dispondo de toda espécie de trunfos sociais e culturais para que pudessem levar a cabo uma trajetória escolar bem-sucedida — professores particulares, colégios de elite e a passagem de praxe pelo curso jurídico —, e pertencendo a famílias cuja sobrevivência na classe dominante implicava a repartição dos filhos pelas posições políticas, intelectuais e burocráticas, o fato de que tenham se especializado na atividade intelectual deve-se muito mais ao imperativo de reproduzirem as posições de classe que os seus vinham monopolizando do que às conveniências impostas por uma estratégia recente de reconversão.

Em suma, diversamente de outras categorias de intelectuais cooptados pelo estamento burocrático nas décadas de 1930 e 1940, as famílias de alguns dentre os pensadores autoritários estavam ligadas desde muito tempo à cúpula da elite burocrática, valendo-se de seu capital de prestígio e honorabilidade para se assenhorear das benesses concedidas pelo poder central. Os pensadores autoritários eram, na verdade, herdeiros que puderam tirar partido de uma correlação de forças extremamente favorável à produção de obras cujos reclamos reformistas coincidiam com os interesses de autopreservação da fração de classe a que pertenciam.

Quanto aos educadores profissionais, talvez se devessem buscar os princípios que regem sua trajetória nas dissensões entre a iniciativa pública e as instâncias concorrentes do Estado (a Igreja católica e as denominações protestantes, importantes investidores no sistema de instituições educacionais) em torno dos rumos que deveriam tomar as reformas do sistema de ensino. A convocação de jovens egressos dos bancos acadêmicos por parte de certos governos estaduais no correr da década de 1920 inscreve-se no esforço derradeiro de "modernização" que tentaram empreender alguns dirigentes oligárquicos. São exemplos dessa política a contratação de Lourenço Filho, Francisco Campos, Mário Casassanta, Anísio Teixeira, Fernando de Azevedo, Carneiro Leão, para levarem a cabo as reformas da instrução, respectivamente, no Ceará, em Minas Gerais, na Bahia, no Distrito Federal e em Pernambuco, bem como a designação de alguns deles para integrar o segundo escalão dos Executivos estaduais ou, então, para ensaiar os primeiros passos de uma carreira parlamentar. Por conseguinte, a profissionalização de um grupo de especialistas em problemas educacionais correu por conta de exigências postas pelo próprio sistema de poder oligárquico, que por uns tempos passou a enxergar na extensão das oportunidades de escolarização uma estratégia que poderia lhe proporcionar dividendos políticos consideráveis.

Nas condições em que se encontrava o sistema de ensino na década de 1920, o Estado não poderia estender sua tutela à esfera educacional sem negociar as reformas previstas com a Igreja católica, que era o principal investidor e concorrente nessa área. Por outro lado, numa conjuntura de escassez de pessoal qualificado para gerir tais iniciativas, as determinações impostas pela origem social se retraem perante os trunfos conferidos por uma formação escolar profissionalizante. A seleção dos agentes que passariam a integrar essa nova carreira na divisão do trabalho pedagógico não se restringiu apenas aos efetivos das famílias dirigentes, na medida em que a distribuição desses postos pinçou também profissionais de extração social modesta que conseguem, às custas de vantagens estritamente escolares, ocupar cargos a que não teriam acesso em uma conjuntura distinta de funcionamento desse mercado de trabalho especializado.

As biografias de Anísio Spínola Teixeira, um dos quatro filhos homens de um médico, senhor de terras e líder político numa região do sertão baiano, e de Manuel Bergström Lourenço Filho, filho de um comerciante português instalado numa cidade do interior paulista, revelam as duas principais vias de acesso à carreira de educador profissional. Enquanto Lourenço Filho auxiliava o pai em suas atividades como pequeno comerciante de bens culturais — "[seu pai] inaugurou, ali, o comércio de livros e a arte fotográfica, instalou uma tipografia, fundou e manteve durante trinta anos um semanário, montou um cinema"[36] —, o qual tentava compensar o acanhamento dos gastos com bens culturais de uma clientela interiorana pela diversificação de suas atividades, Anísio era entregue aos cuidados dos jesuítas, primeiro no interior e depois no Colégio Antônio Vieira, em Salvador, onde realizou o secundário.

A chance de escrever os resumos dos filmes a serem editados nos programas distribuídos no cinema local e de colaborar no jornal da cidade, ambos de propriedade do pai, a leitura das obras que estavam à venda na loja e outras experiências similares decerto contribuíram para o entusiasmo com que Lourenço Filho se aferrou aos estudos a partir do momento em que se torna aluno de um jovem professor normalista recém-formado em São Paulo. Da primeira à última série, conservou o lugar de primeiro aluno da turma; após um breve estágio no Ginásio de Campinas, inscreve-se para os exames de admissão à série inicial da Escola Normal Primária de Pirassununga, onde também manteve seu posto de melhor aluno até o último ano.[37] Enquanto Lourenço Filho cumpria os passos de uma habilitação profissional para tornar-se professor primário, a família de Anísio, pressentindo a "vocação" que os jesuítas estavam prestes a aliciar, dispõe-se a financiar seus estudos jurídicos no Rio de Janeiro, onde conclui o curso em 1922. Dois de seus irmãos haviam realizado o curso de engenharia e um terceiro faria carreira política como deputado estadual. Ao mesmo tempo que Lourenço Filho tira partido dos estímulos e das facilidades com que são contemplados os integrantes da primeira leva de postulantes a uma carreira docente profissionalizada, Anísio Teixeira se beneficia das dívidas políticas cujo resgate seu pai estava em condições de exigir. Tendo assumido o governo estadual o banqueiro Góes Calmon, "do qual era uma das colunas de sustentação" no sertão baiano, o pai de Anísio reivindica para o filho a promotoria pública de Caetité, pedido tanto mais legítimo pois Anísio se empenhara na campanha da sucessão; em lugar do posto solicitado, Góes Calmon convida-o para o cargo vitalício de inspetor-geral de ensino. Os biógrafos oficiais de Anísio costumam atribuir à sua nomeação para a direção do ensino as características de um chamado divino. Conforme o depoimento que Anísio lhes fez, "achavam os padres que o fato [...] de tão extraordinário estaria a indicar que a vontade de Deus talvez fosse que lavrasse eu no campo do apostolado leigo e não nas fileiras jesuíticas".[38] Sem se dar conta por completo da missão política que os jesuítas lhe estavam confiando, Anísio empreende sua primeira viagem à Europa para entrar em contato com os sistemas escolares da França e da Bélgica, em companhia do arcebispo e futuro cardeal d. Augusto. É quase certo que a "desistência" dos jesuítas em trazê-lo para as suas fileiras deveu-se às resistências do pai, mas não obstante sua nova missão continuava a depender quase inteiramente do aval da Igreja. De fato, os investimentos com que vinha sendo agraciado pela Igreja ligavam-se ao projeto de convertê-lo em líder católico leigo, uma espécie também em gestação em outros setores da classe dirigente em outros estados. Contando com o financiamento do Banco Econômico, do qual Góes Calmon era o diretor, sob a forma de um empréstimo de cinquenta contos que veio a ser saldado pelo pai, "vai direto à Espanha, ao santuário de santo Inácio de Loyola, onde passou três dias meditando se devia ou não entrar para a ordem. Daí segue para Roma, onde se aloja, na companhia de cerca de vinte bispos, no Colégio Pio Latino-Americano. Foi o primeiro leigo a merecer tal deferência. É recebido em audiência pessoal por Pio XI. De Roma segue para Paris, onde passa quatro meses ouvindo lições na Sorbonne".[39] Sem dúvida, essa peregrinação acabou por despertar em Anísio a consciência de estar predestinado a ser um grande reformador do ensino. Empreende uma segunda viagem de estudos ao exterior, dessa vez aos Estados Unidos, que assinala uma inflexão decisiva em sua trajetória.

Não encontrando possibilidade de continuar à testa do ensino estadual, regressa aos Estados Unidos para estudar na Universidade de Columbia; frequenta as aulas dos pedagogos de renome da época, Dewey, Kilpatrick, Bagley e, ao cabo de dez meses, obtém o mestrado em educação; em 1928, publica seu primeiro livro, *Aspectos americanos de educação*, impresso por uma tipografia da capital baiana; em 1929-30, leciona filosofia da educação na Escola Normal de Salvador; em 1931, vem para o Rio de Janeiro, sendo logo convocado por Francisco Campos, então ministro da Educação, para ocupar-se do ensino secundário; em 1931, é nomeado pelo prefeito Pedro Ernesto para a Diretoria de Educação da Prefeitura do Distrito Federal, onde permanece até 1935, sendo demitido logo após a revolta comunista, acusado de simpatizante do movimento; implanta a efêmera Universidade do Distrito Federal, afora outros empreendimentos na área educacional; em 1938, vendo-se alvo de perseguições, Anísio volta-se para atividades empresariais, tendo sido exportador de minérios na Bahia durante os anos da guerra; e só retoma sua carreira pública na área educacional após 1945.

A trajetória profissional de Lourenço Filho é o exemplo cabal de um agente especializado que deve quase tudo à escola e que por isso mesmo tende a concentrar seus investimentos na aquisição de títulos escolares. O trabalho que desenvolve e a carreira à qual se devota resultam da coincidência entre a boa vontade cultural que permeia suas disposições e os interesses do poder público em contar com um corpo de especialistas voltado para a gestão do sistema de ensino.

De posse do diploma de normalista, inicia-se no magistério primário em Porto Ferreira, conseguindo sua nomeação como substituto efetivo em abril de 1915; em 1916, transfere-se para São Paulo, onde pretende cursar os dois últimos anos da Escola Normal da praça da República, pois a lei assim o permitia; passa a trabalhar como redator do *Jornal do Comércio*, quando conhece Monteiro Lobato, que o chama para auxiliá-lo na recém-fundada *Revista do Brasil*; em 1918, matricula-se no primeiro ano da Faculdade de Medicina na esperança de galgar os postos reservados em princípio aos portadores de diplomas mais legítimos e mais rentáveis que o seu de normalista, mas acaba desistindo no segundo ano; em 1919, ingressa na Faculdade de Direito, outra tentativa de escapar ao mercado de trabalho especializado do qual se sentia cativo; no final do mesmo ano, Sampaio Dória, recém-nomeado diretor-geral da Instrução pelo governador Washington Luís, convida-o para substituir Roldão de Barros na cadeira de pedagogia e educação cívica da Escola Normal Primária, anexa à Escola Normal da capital; e, pouco antes do confronto entre Sampaio Dória e o governador a propósito da duração do curso primário, Lourenço Filho é nomeado professor de psicologia e pedagogia da Escola Normal de Piracicaba, equiparada, a exemplo das demais escolas estaduais, à Escola Normal da praça da República; a partir de 1922, por escolha da administração paulista, em atendimento à solicitação do governo cearense, é designado para dirigir a reforma do ensino público naquele estado; de volta a São Paulo em 1925, assume o cargo de professor de psicologia e pedagogia na Escola Normal de São Paulo; em 1926, publica seu primeiro livro, *Juazeiro do padre Cícero*, fruto de sua estada cearense, que recebeu o prêmio da Academia Brasileira de Letras; no mesmo ano, na Companhia Melhoramentos de São Paulo, organiza a Biblioteca de Educação, primeira do gênero no país, onde publica traduções de obras de Claparède, Piéron, Durkheim, Binet-Simon e Leon Walther; no ano seguinte, com um grupo de educadores desejosos de se tornarem empresários no setor — Sampaio Dória, Almeida Júnior etc. —, funda o Liceu Nacional Rio Branco, onde passa a dirigir a Escola Primária Experimental; em 1929, é eleito membro da Academia Paulista de Letras, gradua-se bacharel em direito e, no ano seguinte, publica o livro *Introdução ao estudo da escola nova*; no mês de outubro, é designado diretor-geral do Ensino do estado de São Paulo, cargo em que permanece até fins de 1931, marcando sua gestão por uma série de iniciativas, como, por exemplo, a reforma do ensino normal e profissional, a criação do Serviço de Psicologia Aplicada, de uma biblioteca central de educação e do Instituto Pedagógico, onde se realizaram os primeiros cursos de educação em nível superior; em 1932, é convocado para integrar os quadros de especialistas do recém-criado Ministério da Educação e Saúde Pública, prosseguindo sua carreira no âmbito federal.

JOAQUIM PIMENTA: A TRAJETÓRIA DE UM ANTIGO MILITANTE

Entre o pessoal de esquerda, alguns elementos da liderança anarquista atuante ao longo da República Velha foram atraídos aos círculos de cúpula do Ministério do Trabalho, Indústria e Comércio.[40] A cooptação desses intelectuais relacionava-se de perto às aptidões de liderança da classe operária que já haviam demonstrado em diversas oportunidades, como, por exemplo, na direção de órgãos e associações de classe, bem como na condução de greves e outros movimentos reivindicatórios. A convocação desses militantes tarimbados era um dos instrumentos de legitimação da política oficial de controle do movimento operário então em vias de implantação. Não há dúvida de que a adesão desses velhos militantes às diretrizes do projeto governamental, que consistia em outorgar concessões paternalistas aos trabalhadores, em troca do esvaziamento de seu potencial contestatório, se traduziu pela venda de sua força de trabalho político e ideológico, que haviam adquirido por intermédio de uma experiência concreta do meio operário.

É o caso de Joaquim Pimenta, que constitui uma boa mostra dos laços precários em que se assenta a delegação política que um setor da classe operária concede a um pequeno intelectual provinciano que estava fadado a converter-se num servidor da Igreja não fosse a oportunidade repentina de obter um diploma superior.

Nascido por volta de 1888 numa pequena cidade do interior cearense, Joaquim Pimenta ficou órfão de mãe com dez anos de idade. Seu pai vivia dos rendimentos que auferia de uma pequena farmácia e de receitas que aprendera a aviar com um esculápio em trânsito; além disso, tinha roçados onde plantava milho, feijão, melancia, jerimum, tudo para consumo doméstico. Sendo um dos três irmãos menores de uma prole de onze filhos sobreviventes, desde cedo

Joaquim envolve-se com os trabalhos de sacristia, dando continuidade a uma tradição familiar e sobressaindo pelo zelo que imprimiu às suas atividades como irmão da Conferência Vicentina em sua cidade natal e como professor de uma escola noturna para menores sob os auspícios da mesma instituição. Data desse período em que se destaca como líder vicentino sua iniciação em leituras sacras, que aos poucos vai abandonando, fascinado pelos princípios evolucionistas de Spencer.

> Como sacristão, era o terceiro da família; o Néo e o Zé serviram com padre Alexandre. Minhas irmãs cantavam na igreja, e entre os músicos que tocavam no coro, tinha um cunhado, um tio e três primos. Não era eu o tipo clássico do sacrista, que, à medida que se vai familiarizando com a profissão, mais indiferente ou menos cortês se torna com as imagens, que espana e acomoda nos seus nichos. Embora pecadora, a minh'alma, ardente de fé, mergulhava e perdia-se em devaneios místicos naquele seráfico ambiente de incenso e cantochão. Metido em uma batina que me dava pelos joelhos, tão justa que se me enroscava nas pernas, com o risco de rebolar pelos degraus do altar; com um roquete de linho barato, escandalosamente largo e comprido; ouvindo atrás de mim o rumor de risos mal contidos que aquela exótica paramentação provocava; quando balanceava o turíbulo, numa nuvem de fumo, ou sobraçava o missal, fazendo uma genuflexão, ao passar de um lado para outro; ou respondia, alto, em latim, a cada texto ou versículo litúrgico que o padre ia proferindo, eu me sentia, num misto de êxtase e de orgulho, uma partícula do culto, um fragmento do sacerdócio [...] ampliava o meu círculo de cultura religiosa com um curso de Bíblia por dois volumes do padre Roquette; e lia sermões de Vieira e histórias de santos e de milagres; e folheava a teologia do padre Gury e a filosofia de Soriano de Sousa, toda impregnada de tomismo; além de outros livros de educação católica, de apologética, de doutrina, que o padre trouxera do seminário.[41]

Uma iniciação tão sistemática no domínio prático e simbólico dos rituais e princípios do apostolado católico teria sido infrutífera não fosse a contrapartida em capital cultural que pôde acumular de lambujem em meio aos investimentos destinados a atraí-lo para a carreira sacerdotal.

Os meus estudos de português, francês e latim prosseguiam com certo êxito. Já me havia familiarizado com a análise gramatical e ensaiava a análise lógica. Fazia descrições que o padre ia corrigindo, uma delas sobre o levantamento, no alto da serra de Quinamuiú, de uma cruz comemorativa da passagem do século [...] Em francês já havia decorado quase toda a gramática de Halbout e estava bem avançado no volume dos temas. Traduzia para um caderno trechos das orações fúnebres de Bossuet, de sermões de Massillon, de Lacordaire, de Bourdaloue, quatro grandes luminares da oratória sacra.[42]

Tamanha diversidade de aquisições culturais lhe permitiu contudo vislumbrar as alternativas de carreira que então se abriam a um rapaz com a sua modesta condição social, muito embora não pudesse por enquanto abrir mão dos parcos rendimentos que de algum modo lhe proporcionavam os serviços prestados à Igreja como professor primário num estabelecimento privado e mestre particular em casas de famílias católicas da capital cearense.

Os únicos círculos sociais que eu frequentava eram a conferência de S. Vicente de Paulo, aos domingos, na igreja do Coração de Jesus, e um pequeno grupo de colegas do liceu, que, todos os dias, invariavelmente, de seis às nove da noite, se reuniam em um dos recantos arborizados da praça do Ferreira. Na igreja do Coração de Jesus, logo conquistei, entre os companheiros de confraria, o mais carinhoso acolhimento. Sabiam dos meus serviços à irmandade, em Tauá; testemunhavam o meu empenho em cooperar na obra de assistência aos necessitados, tendo fundado, sob os auspícios do barão de Studart, no boulevard Visconde de Rio Branco, uma pequena escola para crianças pobres; sendo eu, ainda, o distribuidor de esmolas pelos casebres de palha perdidos nos areais adjacentes à estrada de Mecejana. Tudo isso me valeu ser designado para membro do Conselho Central das Conferências, posto de que há muito me ufanava, pois, além do bispo d. Joaquim, o mesmo que me crismara [...] do conselho faziam parte, entre outros varões austeros, dois ou três desembargadores.[43]

O relato acerca de seus primeiros tempos em Fortaleza permite equacionar os dilemas com que se debatia. Tendo como trunfos os serviços prestados à Igreja, à qual continuava ligado, e as recomendações dos padres, das quais dependeu, em parte, sua aceitação no liceu, encontrava-se não obstante numa situação de virtual isolamento social, não podendo frequentar senão os grupos de jovens carolas que, como ele, barganhavam sua permanência na capital do estado em troca de pequenos trabalhos de apostolado. Sendo assim, Joaquim teve inclusive de ocultar as leituras "escabrosas" que vinha fazendo e recalcar o desagrado e o distanciamento crescentes que vinha sentindo em relação à Igreja. Graças ao patrocínio clerical e aos préstimos familiares junto aos figurões da oligarquia local, consegue os meios de subsistência para continuar estudando e acaba sendo brindado com a matrícula gratuita no primeiro ano do curso jurídico, recém-inaugurado em Fortaleza.

> Insensivelmente ia-me habituando a esse ambiente, sem que me roçasse, mesmo, o vago temor de respirar um ar viciado por "doutrinas deletérias"; também, insensivelmente, me ia esquecendo dos apologistas católicos, do *Bon sens de la foi*; de Chateaubriand e dos oradores sacros. Arrefecia o entusiasmo pelas contendas em que antes me empenhava em defesa da fé. Lia Victor Cousin, um velho tomo que o contínuo da biblioteca, generosamente, às escondidas, permitia que eu levasse para casa. Saboreava aquele novo gênero de eloquência, um tanto à Bossuet, mas com um fundo espiritualista liberto da rígida ortodoxia eclesiástica. Abandonei, aliás, sem pena, o filósofo eclético, quando, com uma curiosidade quase infantil, abri *Os primeiros princípios* de Herbert Spencer, tão comentados em aula. Longe estava de supor que tinha entre as mãos a máquina infernal que ia fazer saltar pelos ares a montanha de dogmas que eu acreditara graniticamente estratificados nas profundas e ancestrais camadas do meu ser [...] A minha passagem para as hostes do Livre Pensamento, contra o qual tanto e tão inutilmente me prevenira o bom abade Canet, operou-se, assim, sem resistências, sem choques, sem hesitações [...] Torturava-me, entretanto, um mal-estar moral que me não permitia ficar tranquilo, coerente comigo mesmo. Era que continuava a ser tido, entre os confrades de S. Vicente de Paulo, por um irmão, fiel cumpridor de seus deveres espirituais [...].[44]

Prevenido pelos seus professores da faculdade de direito quanto aos riscos em que incorreria caso levasse a público o rompimento de seus laços com a Igreja, nem assim desiste de fundar primeiro uma revista, e depois um jornal abertamente anticlerical e contrário à entrada de frades estrangeiros no Brasil. O ingresso no curso jurídico abrira-lhe novas perspectivas de trabalho.

Assim como, por ocasião de sua vinda para Fortaleza, imaginava-se trabalhando num jornal como paladino das causas da Igreja, "desancando hereges e incréus", "defendendo a religião católica, os seus milagres, o seu clero" e "investindo, implacável, contra os seus inimigos, os quais eu congregava todos na maçonaria", troca de vassalagem para exercer sua militância sem se dar conta de que a "máquina infernal" que lhe incutira a "vocação" para esse novo apostolado anti-Igreja se devia muito mais às disposições para o trabalho simbólico, que fora insensivelmente incorporado, do que às leituras "ímpias" a que esteve exposto. Em vez de a mola propulsora de sua trajetória residir no "secular conflito [...] entre a ciência e a religião, entre a razão e a fé",[45] o elemento decisivo para os rumos que tomou no espaço da classe dirigente consistiu na possibilidade de acesso ao corpo docente da mesma faculdade que o livrara do destino social que lhe estava reservado, o de tornar-se um letrado clerical ou, então, um militante semiprofissional da reação católica. Por ocasião das greves ocorridas em Recife em 1919, Joaquim Pimenta já se tornara um professor popular na Faculdade de Direito daquela cidade, divulgando os escritos marxistas. Um mês antes da eclosão do movimento grevista havia se oferecido para atuar, em caráter profissional, como intermediário das reivindicações operárias junto aos patrões. O sucesso alcançado nesse primeiro mandato lhe permitiu converter-se aos poucos no principal líder do movimento operário no âmbito local.[46] Em 1921, participa na fundação da extensão brasileira do Grupo Clarté — a "internacional" dos intelectuais sediada em Paris e liderada por Barbusse —, que esboçou o projeto de um Partido Socialista. Em 1925, Pimenta transfere-se para o Rio de Janeiro, onde aceita um cargo no Ministério da Justiça, atitude que desagrada a seus antigos companheiros de militância operária em Pernambuco. Temendo represálias do ministro que o convocara, recusa-se a conceder apoio ao capitão da Marinha Protógenes Guimarães, que vinha contando com a adesão do movimento operário para o êxito de um movimento revoltoso em andamento. Após 1930, já alcançara o status de consultor oficial de Vargas em matérias relativas à "questão social", tendo participado do comitê oficial de recepção que, no Catete, deu boas-vindas à representação operária por ocasião da parada dos trabalhadores em solidariedade ao governo provisório.

OS ESCRITORES-FUNCIONÁRIOS E OS FUNCIONÁRIOS-ESCRITORES

Muito embora a carreira da maioria dos intelectuais cooptados dependesse dos subsídios que o Estado lhes concedia, não se pode afirmar que as posições que chegaram a ocupar no interior do campo intelectual e, mais, que os preitos de consagração que suas obras receberam possam ser reduzidos, nas mesmas proporções, às benesses do mecenato governamental. De fato, as vantagens associadas à origem social e que, transformadas, ressurgem e se definem tanto pelo volume como pelas espécies de capital escolar e cultural e, de outro lado, as circunstâncias que envolveram a convocação desses intelectuais para o serviço público constituem os princípios de diferenciação pertinentes para distinguir os escritores-funcionários dos funcionários-escritores.

Augusto Meyer, Rodrigo Melo Franco de Andrade e Carlos Drummond de Andrade eram escritores-funcionários que mantinham laços de amizade com os políticos estaduais que, em Minas, haviam liderado o movimento revolucionário em 1930, sendo que alguns desses homens políticos se tornaram dirigentes de primeiro escalão no novo regime. Osvaldo Orico, Herman Lima, Peregrino Jr. etc., por sua vez, são funcionários-escritores que iniciaram suas carreiras na capital federal sem contar com o apoio de uma "panela" bem situada que pudesse lhes garantir empregos e oportunidades complementares de ganho. Enquanto os primeiros se transferiram para o Rio de Janeiro a chamado dos chefes políticos do novo regime, os outros eram migrantes sequiosos de encontrar um lugar ao sol. Em outras palavras, a convocação de Drummond, Abgar Renault e Augusto Meyer, para que preenchessem os cargos de confiança no segundo escalão do estamento, inscrevia-se numa estratégia que consistiu em esfacelar a autonomia das oligarquias estaduais pela formação de um quadro de agentes em que "o principal trunfo é o acesso ao centro dominante de poder econômico e político, o governo federal".[47]

Para confirmar a disparidade das carreiras intelectuais desses escritores, basta contrapor o ponto de partida de sua escalada nos aparelhos do Estado: Carlos Drummond de Andrade já começa como chefe de gabinete do ministro da Educação e Saúde Pública; Augusto Meyer transfere-se do Rio Grande do Sul para dirigir o Instituto Nacional do Livro, cargo do qual se afasta apenas em 1944, quando viaja aos Estados Unidos a convite do Departamento de Estado;

Osvaldo Orico inicia sua carreira de funcionário como inspetor regional de ensino; Herman Lima consegue vir para o Rio de Janeiro, removido da Delegacia Fiscal de Salvador para o Tesouro Nacional; o primeiro emprego de Peregrino Jr. no Rio é de escrevente extranumerário na Central do Brasil, fazendo em seguida o concurso para auxiliar de escrita.[48] Os funcionários-escritores, sendo quase sempre originários de estados periféricos em relação aos centros culturais e políticos, portadores de diplomas superiores de baixa conversibilidade no mercado federal de postos, iniciam sua trajetória intelectual buscando filiar-se aos remanescentes anatolianos da República Velha[49] que haviam conseguido estabilizar sua situação de emprego e, ao mesmo tempo, fazendo lances arriscados em áreas da produção cultural cuja rentabilidade ainda era uma incógnita. Por conseguinte, muito embora sua carreira pública deslanche a partir de posições nos escalões intermediários da burocracia federal, a mobilidade horizontal que caracterizou a circulação desses homens no interior da máquina governamental, aliando-se à disponibilidade relativa que uma formação cultural precária propicia, acabou lhes trazendo vantagens na prospecção de postos em novos espaços que se abriam no interior dos aparelhos do Estado.

Neto e sobrinho de professores ilustres que se haviam transferido para o Brasil para prestar serviços culturais à colônia alemã, Augusto Meyer, "um cria de imigração" segundo suas próprias palavras, teve a oportunidade de adquirir uma refinada competência cultural que não estava ao alcance de Osvaldo Orico, filho de um ferreiro que havia trabalhado na Marinha como embarcadiço. Na mesma época em que Meyer se enfastiava com os cadernos quadriculados da aula de aritmética que lhe pareciam "as grades de um cárcere", exercitando-se na aprendizagem de idiomas estrangeiros e na leitura dos clássicos da literatura, Osvaldo Orico sofria na carne as consequências da crise da borracha que, ao afetar o volume de encomendas feitas à oficina paterna, determina sua transferência de colégio em Belém do Pará. Do Instituto Amazônia, "o mais acreditado estabelecimento de ensino naquele tempo", "o pequeno orador do Instituto" vai para um grupo escolar para onde seus irmãos já haviam sido relegados.

Segundo um perfil biográfico de Augusto Meyer,

> ao deixar o Bom Conselho (colégio de freiras onde cursou o primário), matricula-se o menino no Colégio Anchieta, dos padres jesuítas, onde teve, como um dos

principais professores, o padre Werner von und Zu Muhlen, excelente mestre de francês, que já ensinara na cidade de Gand, na Bélgica, e fora amigo de Maeterlinck. Já àquele tempo obrigava o padre Werner os alunos à leitura de texto em voz alta, que eram depois comentados e analisados literariamente, espécie do que hoje se faz em nossa Faculdade de Filosofia [...] Terminado o segundo ginasial, o menino abandona o Anchieta, para frequentar o curso de seu tio, o professor Emílio Meyer, figura muito conhecida no estado, e que preparou várias gerações de rio-grandenses para os estudos superiores. Por influência desse tio, estudou Augusto com afinco o português, o inglês, o francês, o italiano e o latim. Por influência do ambiente, aprendeu muito cedo a cultivar a poesia alemã e a ler Goethe, Schiller e Heine no original; suas primeiras tentativas poéticas foram traduções de Heine. Mas logo se deixou empolgar pela literatura francesa. Uma prova disso é que, aos dez anos, já andava o menino às voltas com o *Han d'Islande*, de Victor Hugo [...] Concluídos os preparatórios, matricula-se na Faculdade de Direito, mas não chega a fazer o curso, logo compreendendo que a advocacia não é a sua vocação [...] Dos dez aos quinze anos, o rapaz dedica-se à pintura: acreditava-se uma vocação para aquela arte, e se recorda de ter pintado duas paisagens, a óleo, de Porto Alegre, chegando mesmo a expô-las.[50]

O relato de suas experiências culturais ao longo da adolescência revela as disparidades de capital cultural herdado e adquirido que estão na raiz das diferenças entre suas carreiras intelectuais e do nível de reconhecimento que obtiveram. Ao tempo em que Augusto Meyer e seus companheiros se dedicavam a "corrigir os poetas e refutar os filósofos", em que ele atuava como ilustrador oficial "das revistas fabricadas a mão que então circulavam pela praça da Matriz, entre leitores esotéricos", vacilante entre a pintura e a "mania literária", partilhando tempo, inventiva e engenhos entre colaborar como caricaturista amador na *Kodack* e fazendo publicar seus primeiros contos, Osvaldo Orico se esmerava em fazer proezas como orador das cerimônias escolares.

Estudava pintura então com o velho João Riedel, e neste momento se me debruço um pouco para dentro de mim mesmo, vejo-o de tal modo vivo, a entrar-me pelos olhos, que não sei onde meter o calendário e as águas passadas. Basta agora dizer que estudava pintura e andava a copiar aquela paisagem da tampa da caixinha de música, para mim, toda impregnada de mistério. [...] Eis-me, pois, em certos dias da semana, a sondar a nobre arte do desenho, que brincando brincando, foi a maior escola da minha vida. Muito devo aos rigores incansáveis do velho João Riedel. O desenho geométrico, a teoria da perspectiva e das sombras, e suas aplicações ao desenho acadêmico, encheram-me os dias de comoção e inquietude, atulharam grandes pastas de rijas folhas torturadas [...] Copiei traço a traço, fibrila a fibrila, com finíssima ponta de nanquim, uns dois ou três cadernos de desenho anatômico; a armatura do esqueleto, revestida aos poucos de feixes musculares, desvendava a harmonia das formas orgânicas, em que tudo converge para o mesmo equilíbrio, e a aparência tão simples da forma exterior era a manifestação de uma profunda complexidade interna, traduzida em adequação funcional, em círculo indissolúvel de ser e parecer. Comecei a trabalhar com modelo vivo. Depois de lidar muito tempo com a ponta-seca, o *fusain* e a aquarela, vi-me diante do cavalete, armado de paleta, pensando [...].[51]

Costumava eu fazer discursos decorados em nome das crianças paraenses, sempre que o general Lauro Sodré voltava à sua terra, onde era recebido como um ídolo [...] Não havia solenidade pública, abertura de cursos ou distribuição de prêmios, a que eu não comparecesse com um discurso ou com uma poesia de memória.[52]

Assim, a incorporação das disposições exigidas pelo ofício de poeta se realiza por via de uma utilização do tempo de molde a despertar aptidões para saber lidar com as emoções como matéria-prima da produção intelectual.

[...] Comecei a entrar numa sombra de nuvem, que era a primeira mocidade. Não a vejo senão pelo seu lado sombrio, quando penso na crise de pessimismo dos meus vinte anos, feita de descrença, intoxicação livresca, neurastenia, abuso do fumo, falta de hábitos disciplinados de trabalho [...] versejava em francês, enchia cadernos de apontamentos em francês [...] Era um desprendimento de tudo, uma espécie de sonambulismo lúcido o clima de aparente equilíbrio em que ele respirava, entre duas crises mais agudas. Permitia-lhe andar, falar, praticar todos os ritos da vidinha cotidiana, aparentemente viver como todo o mundo, mas, no fundo, sentia-se cada vez mais ausente, voltado para o avesso das coisas, ele mesmo revirado pelo avesso. Não é fácil descrever aquele estado de ânimo, pois caracterizava-o justamente a indefinição do Vazio numa náusea de vacuidade. Adoecera gravemente de uma dispepsia nervosa, que durou bem uns dois anos e parecia empurrar-me aos poucos para a cova.[53]

Decerto a interrupção do curso de direito esteve ligada à conjuntura de transição da adolescência à primeira mocidade, em que a ausência de rumos associada ao estado doentio se misturou às sequelas de uma crise existencial. Tudo isso tendo contribuído para "confirmar" sua "entrega" ao ofício de poeta. Ao mesmo tempo que firma sua reputação por meio das colaborações literárias que publica na imprensa de Porto Alegre, aproxima-se do grupo de letrados e políticos que se reuniam defronte à Livraria do Globo. E, ao contrário de outros intelectuais de sua geração que não encontraram meios de vencer as resistências que se interpunham às suas pretensões de ingresso na administração pública, Meyer consegue desde então compatibilizar seu trabalho intelectual com os encargos como funcionário. Tendo passado de primeiro a terceiro oficial e, mais tarde, a diretor da Biblioteca Pública do Estado, acaba recebendo o chamado de Vargas para assumir a direção do Instituto Nacional do Livro.

O retrato que Osvaldo Orico faz de Lucídio Soares, protótipo do letrado provinciano, como que antecipa o itinerário que o próprio Osvaldo teria cumprido numa conjuntura anterior do campo intelectual.[54] Nesse caso, não teria como se safar das amarras em que se viu enredado seu primeiro modelo de excelência: depois de passar uns tempos no Rio, cavando um lugar no espaço intelectual ou político da classe dirigente, acabaria aceitando um cargo de juiz no Pará ("que lhe fora oferecido sem que fosse necessário rogá-lo"), entremeando a leitura dos autos com as práticas diletantes de versejador, e de olho na cátedra de direito civil na faculdade local; iria se casar com a filha de um advogado de grande prestígio no estado e que também lecionava direito romano na mesma faculdade; fundaria revistas, animaria cenáculos de admiração mútua, faria o mensário *Efémeris* e, por fim, levaria ao prelo um livro de versos intitulado *Vida obscura*, dando o fecho à carreira viável para um homem de letras numa província distante.

Em vista da ampliação do número de postos no serviço público e dos empregos em tempo parcial na imprensa e em outros empreendimentos culturais, Osvaldo Orico conseguiu sair da província e tornar-se ao mesmo tempo um alto funcionário e um escritor "menor" cujo único título de glória era o de ter sido eleito para a Academia Brasileira de Letras. Ainda em Belém, Osvaldo ingressara no jornal *Estado do Pará* como suplente de revisor, tornando-se depois redator por intermédio de um senador seu conhecido; daí transfere-se para outro órgão recém-fundado, no qual, além de um salário maior, tem a oportunidade de ampliar o círculo de suas relações sociais. Com quase vinte anos decide tentar a vida na capital federal, onde começa trabalhando na imprensa até arranjar um lugar no corpo docente da Escola Normal, regendo a cadeira de português e literatura. Quando está prestes a desistir de fazer carreira no Rio, consegue um posto na secretaria do Museu Nacional por meio de um conterrâneo que então dirigia essa instituição, sujeitando-se a constar da folha de pagamento na qualidade de jardineiro. Graças à proteção do ministro Alfredo Pinto, pertencente à mesma roda de coestaduanos em que se apoiava, acaba sendo nomeado para a cadeira de desenho na Escola Normal, pois chegara tarde à competição pela cadeira de literatura e estética da língua, que coubera a um apaniguado com melhores pistolões. Enquanto na secretaria do Museu Nacional ganhava 120 mil-réis para datilografar os artigos feministas de Berta Lutz, o cargo docente na Escola Normal rendia por volta de 450 mil-réis mensais.

A exemplo de outros escritores às voltas com dificuldades semelhantes às suas, como Herman Lima, que inicia sua produção cultural como ilustrador e capista das revistas mundanas de grande tiragem,[55] ou, então, como Peregrino Jr., que se dispõe a assumir o trabalho de colunista social, Osvaldo Orico atua como franco-atirador que, por força dos óbices que coíbem as chances dos autodidatas, compensa uma habilitação precária para o trabalho intelectual pela diversificação de suas frentes de risco. Data desse primeiro período no Rio seu lance profissional mais certeiro. Não tendo como se livrar dos encargos subalternos característicos da "cozinha" da produção cultural, Osvaldo concentra seus investimentos no domínio da educação, área em vias de expansão e que por isso mesmo acolhia intelectuais destituídos das qualificações escolares exigidas nos ramos tradicionais do ensino superior. É nessa conjuntura de candentes debates acerca do sistema de ensino que consegue faturar o prêmio Francisco Alves — concedido pela Academia Brasileira de Letras, pelo seu trabalho a respeito dos meios de disseminar o ensino primário no país —, no valor de dez contos de réis. Ao longo dos anos, galga os diversos degraus na hierarquia do serviço público: de inspetor regional de ensino, passa a diretor da Divisão de Educação Extra-Escolar do Ministério da Educação e Saúde Pública e, afinal, ingressa na carreira de conselheiro comercial afeta ao Ministério das Relações Exteriores, sem falar dos inúmeros trabalhos, encargos e missões de representação oficial de que foi incumbido.

As memórias de Osvaldo Orico e de outros acadêmicos eleitos muito mais em razão dos serviços prestados à elite burocrática do que em virtude do valor conferido às suas obras deixam transparecer os ganhos materiais e demais vantagens que derivavam da condição subsidiada de funcionário-escritor cujos empreendimentos intelectuais seguem à risca as prescrições do mecenato oficial. Nesse sentido, o balanço que Osvaldo estabelece acerca dos altos e baixos de sua carreira não está muito longe de uma análise científica da situação dos intelectuais que viviam às custas do Estado durante o período Vargas. Além de revelar, num tom cândido que beira o cinismo, as estratégias de que se valeu para alicerçar sua posição, o trecho a seguir explicita a receita de quem desejou lograr o tento de ingressar na Academia Brasileira de Letras, retribuição máxima a que podia aspirar um trabalhador intelectual às voltas com todo tipo de desvantagens sociais.

> Não me gabo nem me louvo das dificuldades e tropeços da jornada. A única que me envaidece é a certeza de não haver empregado, para vencê-los, nenhum meio de que me possa arrepender [...] Não foram [os postos que alcançou], ademais, nem tão altos que me pudessem deslumbrar nem tão pequenos que lograssem obscurecer-me [...] Realizei a minha vocação: a de escritor. Bom ou mau, ninguém me negará este título [...] Os livros [os que escreveu] me abriram as portas da vida pública: o magistério, a diplomacia, a política. Tudo o que fui, tudo o que sou, a eles [aos livros] o devo. Não é muito, mas é o bastante para não sentir-me frustrado [...] Ainda na casa dos trinta anos, sem prestígio social ou bafejos oficiais que me garantissem o êxito, cheguei à Academia, vencendo em três décadas uma distância considerável: a que vai da bigorna de um ferreiro ao solar das eminências estelares do país.[56]

Os intelectuais cooptados pela administração federal não tiveram que pagar o mesmo preço ao Estado e ao mecenato oficial: os funcionários-escritores tiveram que se curvar às diretrizes políticas do regime, os escritores-funcionários puderam se abrigar sob a postura de uma "neutralidade" benevolente em relação ao Estado, o que lhes permitiu salvar muitas de suas obras do aceso das lutas políticas. Nas palavras do maior poeta nacional, os integrantes de ambos os grupos se comportaram como "poetas ajuizados" que, em meio a essa "mansidão subvencionada", tentaram construir "edifícios de nuvens".

Conclusões

Os resultados a que chegou este trabalho se prendem, de um lado, às dimensões privilegiadas pelo modelo de explicação adotado e, de outro, às relações históricas de causalidade que alicerçam a argumentação. Foi da conjunção entre a análise dos componentes classistas e a exigência de contextualizar as práticas intelectuais que se constituiu o perfil do objeto. Em outras palavras, a trajetória dos intelectuais aqui tratados deveu-se tanto aos efeitos provocados pela experiência de declínio de antigas famílias dirigentes como às perspectivas de expansão do mercado de trabalho político e cultural.

O capítulo 1 situou os intelectuais no âmbito das lutas e dissensões internas ao sistema político-partidário em São Paulo. As iniciativas de "construção institucional" dos grupos dirigentes tornaram o campo regional de produção cultural num dos eixos dominantes da vida intelectual no país, tendo-se firmado uma rede de instâncias de produção, difusão e consagração, cujos padrões de legitimidade perduram até hoje. No entanto, os parâmetros que passaram a nortear o trabalho intelectual parecem indissociáveis do projeto de hegemonia política então formulado pelos grupos dirigentes locais. Desde o movimento modernista até a criação da Universidade de São Paulo, os vários empreendimentos na esfera educacional e cultural foram dimensionados sob a chancela de uma "burguesia" que alimentou a esperança de reformar o sistema oligárquico sem alterar as condições de representação política do operariado e dos setores médios urbanos que poderiam lhe servir de sustentação. Nas condições da época, os elementos que viriam integrar o "estado-maior" intelectual em São Paulo não puderam se furtar às demandas de um mecenato privado propenso a subsidiar a produção de obras de vanguarda, cujo êxito não dependeu do valor comercial que porventura tivessem. Em consequência, não foi por acaso que os movimentos de renovação surgidos na literatura, nas artes plásticas, na arquitetura, coincidiram com a formulação de um projeto reformista do poder oligárquico.

Esse mesmo capítulo também abordou algumas das condições institucionais que favoreceram o recrutamento daqueles intelectuais que se engajaram na "inteligência" do movimento integralista e da reação católica, movimentos sociais que tomaram impulso ante o recuo paulista, abrigando os contingentes da "alta classe média não econômica" desejosos de tomar em suas mãos o controle do Estado, valendo-se da intensa mobilização de setores sociais que pela primeira vez faziam sentir sua presença na arena política.

A falência dos grupos dirigentes que poderiam ter empalmado a bandeira "liberal", os estigmas de separatismo e antinacionalismo que minaram suas bases de legitimidade, o impacto das eleições para a Constituinte, as ameaças que trazia a extensão dos direitos de representação às mulheres e a outros grupos sociais, a emergência dos grupos de esquerda, o grau de incerteza quanto aos rumos que tomaria o regime centralizado e quanto à extensão em que se daria a crescente ingerência estatal, a voga dos movimentos autoritários na Europa de entreguerras, configuram a conjuntura que engendrou a adesão aos movimentos radicais. No caso daqueles intelectuais que vivenciaram a derrubada do sistema oligárquico como a ruína de suas pretensões de carreira política, a crise da década de 1930 parecia confirmar seus desígnios antiliberais.

Esses movimentos de "salvação" política colheram muitos quadros intelectuais que haviam permanecido fiéis ao projeto paulista até a derradeira ofensiva em 1932. Desse ponto de vista, aqueles que se bandearam para as hostes integralistas, outros que foram engrossar as fileiras do "partido" católico e, em especial, a fração da "inteligência" que fazia a ponte entre ambos os movimentos vislumbraram nessas entidades a oportunidade de influir e moldar os rumos doutrinários do novo regime. Assim como haviam colaborado para truncar a ascensão das forças políticas vitoriosas em 1930, muitos deles se filiam à bandeira autoritária que lhes parecia o sucedâneo eficaz para o qual poderiam canalizar suas esperanças de reforma elitista e, lance certeiro, cobrar o quinhão de sua presença na coalizão de forças de que se sentiam alijados. Estou querendo chamar a atenção para o fato de que o integralismo e a reação católica se constituíram, nos chamados "anos cruciais", em esforços de mobilização caudatários da derrocada do sistema oligárquico. A despeito das peculiaridades de seus respectivos programas e das diferenças entre os setores sociais que estavam em condições de arrebanhar e mobilizar, tais movimentos se firmaram em meio ao esvaziamento da alternativa "liberal", civil e burguesa que os grupos dirigentes paulistas não conseguiram empolgar.

Pelo menos no que diz respeito às características sociais e às perspectivas de carreira da maioria dos integrantes da "inteligência" desses movimentos, a Revolução de 30 e os primeiros anos do governo provisório não apenas lhes infligiram a condição momentânea de "sem-trabalho" da política como pareciam cancelar a possibilidade de que viessem a prestar serviços aos novos "donos do poder". Estou convencido de que razões semelhantes favoreceram o recrutamento da intelectualidade católica, com a agravante de que a hierarquia eclesiástica tinha interesses e investimentos consideráveis a serem resguardados nos negócios do ensino e da cultura. Quando se levam em conta os dividendos que a Igreja vinha logrando pelo compromisso de colaborar com o poder oligárquico, a concorrência ideológica do início da década de 1930, no interior dos próprios grupos dirigentes, só veio ativar a arregimentação de quadros para o circuito de instituições sob seu controle.

Ao longo desse capítulo, salientei alguns aspectos da formação escolar e cultural que, na conjuntura da época, contribuíram para o aprofundamento da crise ideológica que grassava entre as clientelas de bacharéis. Desse prisma, a situação inflacionária no mercado de títulos, as ameaças de relegação que rondavam os portadores de diplomas e, em especial, a emergência de modalidades de trabalho político e cultural para as quais eles não se sentiam competentes e habilitados tiveram o condão de atraí-los para os movimentos de "reação". O típico intelectual do estado-maior integralista era um jovem bacharel egresso das faculdades "livres" de direito e medicina que completou os estudos convencido de que a missão política a que estava destinada sua geração definiria os rumos nacionais. Era dessa convicção e do acirramento da concorrência ideológica que se nutriam as veleidades radicais de participação. Daí a tendência de tomarem a República Velha como prova de liquidação do liberalismo, daí a disposição de se filiarem a soluções messiânicas de teor espiritualista.

Procurei avaliar o engajamento nesses movimentos à luz das alternativas então em aberto, sem pretender encarar as atitudes políticas dos integralistas de uma perspectiva maniqueísta que se compraz em situá-los no terreno do inominável. Em vez de imputar à experiência desses agentes conteúdos de sentido alheios às suas experiências ou, então, de recobrar no passado, termo a termo, clivagens que são nossas e que estavam fora de cogitação na época, a análise realizada nesse capítulo privilegiou as dimensões capazes de qualificar a crise ideológica e profissional em que se viram imersas as elites intelectuais.

O capítulo 2 examinou a expansão do setor editorial como um dos requisitos institucionais que moldaram o perfil do campo intelectual. Decerto os resultados obtidos por esse levantamento oferecem pistas fecundas para o conhecimento das tendências da demanda por bens culturais no período em apreço. O aspecto decisivo residiu no êxito comercial da literatura de ficção, gênero pelo qual sucedeu a transição dos padrões de dependência cultural e que, ao mesmo tempo, propiciou a gênese de um grupo restrito de escritores profissionais. A concentração de investimentos das principais editoras nas diversas modalidades da literatura de ficção foi o eixo dinâmico do processo de substituição de importações no setor editorial, estimulando a produção local de obras que passaram a concorrer com as traduções. A montagem de editoras comerciais de médio e grande porte, a rentabilidade da literatura de ficção e o surgimento de um núcleo de romancistas produzindo para o mercado interno compõem o tripé em que se alicerçou a infraestrutura da produção de livros.

Apesar das condições políticas adversas impostas pelo regime, por meio de uma rede de aparelhos de repressão e censura, o surto no setor editorial beneficiou-se com a transição dos polos de hegemonia externa. Embora estivessem incorporando padrões narrativos que os escritores norte-americanos haviam introduzido, os romancistas sujeitaram esse instrumental ao tratamento realista das transformações por que passava a sociedade brasileira da época, e, no limite, o êxito por eles alcançado derivou da sintonia com as demandas do público. Data desse mesmo período a publicação de uma fornada de obras que alteraram o perfil do diagnóstico acerca da realidade social e política, em geral escritas por intelectuais munidos de um instrumental analítico a par das principais correntes de pensamento que inauguraram as ciências humanas na Europa.

Tomara que a análise empreendida no capítulo venha contribuir para qualificar as mudanças por que passam as relações de dependência no plano cultural sem incorrer no vezo de privilegiar os efeitos "alienantes" porventura causados pela importação direta de sistemas de pensamento e tampouco deixando-se guiar pelos estereótipos em voga a respeito das "trevas" em que estaria submersa a produção intelectual durante o Estado Novo. As décadas de 1930 e 1940 deitaram os alicerces da infraestrutura necessária à produção de livros em escala industrial, sendo que os padrões de legitimidade que norteavam o perfil de investimentos das editoras ainda influenciam os empresários atuais do setor.

O capítulo 3 procurou dimensionar os efeitos provocados pela expansão das atividades do setor público no mercado de trabalho cativo dos intelectuais. Ao mesmo tempo que esse processo se prende à gênese de uma categoria social, o funcionalismo público de carreira que foi uma das bases em que se apoiava o regime, tive a preocupação de apontar a diversidade de situações funcionais — as modalidades de inserção e a prestação de serviços que lhes são inerentes — que permearam as práticas dos intelectuais então convocados. Foi possível averiguar as maneiras como os encargos burocráticos interferem no trabalho intelectual, condicionando o perfil de investimentos culturais dos diversos tipos de escritores, definindo os conteúdos da condição intelectual e delineando as pretensões políticas e intelectuais dos letrados conforme a posição que ocupavam na hierarquia burocrática e o vulto da colaboração que prestavam. São essas algumas das condições que permitiram ao poder público arvorar-se em árbitro da concorrência intelectual, montando instâncias próprias de consagração de autores e obras e ampliando as garantias para a continuidade da atividade cultural.

Todavia, é do confronto entre os componentes classistas e a situação prevalecente no âmbito dos mercados que regulam a distribuição dos contingentes de classe relegados à atividade intelectual que se configura o argumento central da tese. Ao afirmar que o autoritarismo político resulta de uma "reduzida capacidade social de articulação e representação de interesses em um contexto de concentração 'excessiva' de poder nas mãos do Estado", essa interpretação sugere que os mecanismos de cooptação redundam na "debilidade e dependência contínuas dos grupos sociais articulados em relação ao centro político".[1] Parece-me, portanto, que esse ponto de vista dá por assentes os interesses próprios dos grupos cooptados pela elite burocrática que, por essa via, reforçam sua presença nos centros públicos de decisão.

Sem descartar o peso dos fatores ligados à função política e organizacional, este trabalho encaminhou tais questões para o domínio das propriedades sociais dos grupos cooptados, ou seja, a ênfase incidiu sobre os componentes classistas que alicerçam de maneira coerciva as orientações ideológicas e os rumos políticos daqueles grupos que se autodesignam para o trabalho político e cultural, ou que para ele são convocados por terceiros. Assim, a concentração de poder em mãos da elite burocrática vem responder, de um lado, às novas exigências do trabalho de dominação que não tiveram atendimento adequado no nível das instituições a serviço dos grupos dominantes da "sociedade civil" e, de outro, resulta das pressões que os grupos relegados da classe dirigente fazem no sentido da extensão de oportunidades de trabalho no setor público. Esse padrão de troca entre decadência econômica e dependência patrimonial permeia a transação entre os detentores do mando político e os agentes em vias de serem incorporados ao sistema de poder, os primeiros "comprando" não apenas os serviços mas ainda a teia de servidões por meio da qual os demais são pinçados. Não obstante, a prospecção de postos públicos se daria não por necessidade de "recursos para a implementação de interesses de tipo econômico" nem "como forma de mobilidade social e ocupacional",[2] hipóteses segundo as quais os agentes propensos à cooptação proviriam de posições intermediárias na hierarquia social. Com efeito, o êxito relativo das estratégias de reconversão de que se valeram certos grupos sociais em declínio se deveu, em última análise, ao fato de terem coincidido com um momento de transformações cruciais no âmbito do mercado de trabalho político e cultural.

Nesse passo, este estudo traz alguns subsídios no sentido de esclarecer a dinâmica característica das relações internas aos grupos dirigentes na sociedade brasileira. É mediante esses mecanismos de cooptação que tais grupos têm podido resistir ao impacto de sucessivas crises econômicas e às mudanças que elas impõem à gestão política e cultural. A análise dos intelectuais permitiu revelar a imbricação entre as determinações de classe que impelem à carreira intelectual e as demandas político-ideológicas que possibilitam a absorção dos efetivos ameaçados de serem despejados da classe dirigente. O destino social de que foram vítimas os intelectuais apresenta vários traços comuns com a trajetória cumprida pelos contingentes que se encaminharam para o clero, para a carreira militar e para a política profissional. Sem sombra de dúvida, esse engendramento de pessoal político e intelectual no interior da classe dirigente constitui um requisito indispensável para que se possam discernir as peculiaridades de um sistema de dominação cujas raízes remontam à crescente disjunção entre os detentores do poder econômico e os grupos (militares, intelectuais, políticos profissionais) que foram tomando as rédeas do comando político. Na medida em que o recrutamento de pessoal político e intelectual não extravasa o espaço da classe dirigente, pinçando seus quadros nas franjas que concentram os ramos destituídos, seria impensável que esses "parentes pobres" aos quais se delegaram o mando político e a autoridade intelectual possam assumir iniciativas destinadas à extensão dos terrenos de negociação e, portanto, à incorporação dos grupos excluídos, sem que instilem nesses arranjos a marca de seus interesses. Por essa via, o trabalho se enquadra na mesma linha do diagnóstico contido em obras[3] em que a persistência dos mecanismos de cooptação, impregnando os padrões de concorrência estimulados pelos processos de urbanização e industrialização, aparece como o cerne da história das transformações políticas no Brasil contemporâneo.

Por fim, gostaria de salientar os resultados obtidos no que diz respeito às mediações institucionais que regulam o mercado de trabalho em que se insere o pessoal político e intelectual. Mesmo sem entrar no mérito da validade empírica das teses que o trabalho procura sustentar, acredito que essa questão é um dos pontos nevrálgicos para a compreensão das relações de classe no país. Como se sabe, diversos estudos têm privilegiado o papel das dimensões organizacionais inerentes ao funcionamento dos partidos, sindicatos e outras instituições da sociedade civil. A pertinência dessa linha de investigação reside, antes de tudo, no fato de ter conseguido nomear os limites dos modelos de explicação economicista, embora a fecundidade desse ponto de vista seja proporcional à preocupação de referir o arcabouço do sistema político às bases sociais em que ele se funda. Outros estudos preferem encarar o sistema partidário como um espaço de enfrentamento em que o saldo das lutas reside nos ganhos obtidos em relação ao controle dos instrumentos e recursos capazes de satisfazer as demandas das respectivas bases eleitorais. Contudo, cumpriria incorporar à análise política o exame dos terrenos de concorrência que moldam o espaço das alianças e dissensões entre as forças sociais. É no âmbito desses mercados — o sistema de ensino, a indústria cultural, o terciário político e cultural etc. — que sucede a legitimação das diferenças sociais, isto é, neles se constitui o valor desigual das formas disponíveis de capital — títulos e diplomas, postos e cargos, padrões de gosto etc. — de que se apropriam os diversos grupos e classes segundo as posições que lhes cabem na estrutura social. Enquanto prevalecer a tendência de enxergar as relações de classe como o confronto entre entidades coletivas movidas por um destino inescapável, cuida-se pouco da heterogeneidade produzida por padrões de diferenciação sutilmente inculcados pelo sistema escolar, pela indústria cultural e pelas demais instituições que se incumbem do trabalho cotidiano de veicular as linguagens que expressam as diferenças sociais sob a capa de diferenças biológicas, escolares, culturais etc. Insisto nesse ponto por acreditar que o trabalho de investigação em ciências sociais só tem sentido quando se dispõe a estourar os princípios de expropriação material e simbólica que permeiam as relações entre dominantes e dominados e cujos artifícios são fabricados pelas instituições que dependem dos produtos do trabalho de nós mesmos, intelectuais, sejam estes artistas, cientistas, escritores ou demais especialistas do ramo.

Pelo fato de haver lidado com um campo de produção cultural que dispunha de um grau restrito de autonomia em relação às demandas da classe dirigente, quase todos os grupos de escritores focalizados, com exceção dos romancistas, derivam sua identidade e o perfil de seus investimentos intelectuais das obrigações que essa filiação política lhes impõe. Seja no caso dos integrantes do "estado-maior" da oligarquia em São Paulo, seja no caso daqueles que aderiram aos movimentos de "salvação" do início da década de 1930, seja enfim no caso do grupo heterogêneo de escritores que converteu a prestação de serviços ao Estado na "rotina" com que passaram a nutrir suas "quimeras", essas alternativas de colaboração marcam uma transição na história das relações entre os intelectuais e a classe dirigente no país. Assim como os anatolianos da República Velha romperam com os padrões do trabalho intelectual tal como era praticado pela geração de Nabuco — que não conseguia, conforme sublinha em seus depoimentos, diferenciar a produção intelectual da prestação de serviços políticos —, os intelectuais aqui tratados não cingiram suas atividades aos redutos da grande imprensa e da representação parlamentar, em que se concentravam os letrados profissionais do regime oligárquico.

E por isso mesmo os intelectuais de hoje devemos muitas de nossas características às transformações institucionais em que estiveram envolvidos esses precursores, ampliando o espaço de autonomia em que operamos, forjando as imagens conflitantes que temos a respeito de nossa condição social e fazendo ver os limites que constrangem nossa contribuição.

Notas

INTRODUÇÃO (PP. 76-87)

1. Este trabalho deve muito mais à leitura de estudos a respeito da vida intelectual em outras formações sociais do que ao projeto de pôr à prova um determinado modelo teórico. A rigor, a construção do argumento obstina-se em detectar as peculiaridades da condição intelectual na sociedade brasileira, o que não deixa de ser uma resposta positiva às análises de Gramsci sobre a Itália, de Bourdieu sobre a França contemporânea, de Williams sobre os escritores ingleses, de Ringer sobre o mandarinato alemão, para indicar apenas alguns dos autores que se colocam na raiz dos problemas aqui abordados. Assim, poder-se-ia filiar este trabalho à tradição de uma história social das classes encaradas do ângulo de sua dinâmica interna, vale dizer, dos processos que dão conta tanto dos padrões de identidade e do estilo de vida como das mudanças e clivagens que presidem sua diferenciação em grupos e frações especializados.

2. Embora fosse viável apontar uma definição prévia do objeto segundo os cânones teóricos da análise materialista, estou convencido de que proezas desse gênero acabam descolando os instrumentos de análise dos materiais sobre os quais deverá investir. Como o leitor terá a oportunidade de constatar, a definição do que seja o fazer intelectual numa determinada conjuntura constitui, por si só, um dos móveis centrais que impulsionam a concorrência entre os diversos tipos de produtores em luta pela monopolização da autoridade de legislar em matéria cultural. Por outro lado, a possibilidade de solucionar de antemão esse problema implicaria lidar apenas com as representações que os intelectuais dominantes oferecem de si mesmos, logrando o tento de reduzir as relações que mantêm com seus patrocinadores e com seu público aos modelos de perfeição ética, estética e política, de que se valem no trabalho de administrar sua imagem oficial.

3. Ver Sergio Miceli, *Poder, sexo e letras na República Velha* (*Estudo clínico dos anatolianos*). São Paulo, Perspectiva, 1977, incluído neste volume (pp. 13-68).

4. Contudo, alguns dos "candidatos" às profissões intelectuais mais carentes de trunfos sociais e escolares foram por vezes bem-sucedidos nas áreas e nos gêneros mais arriscados da vida intelectual, ao passo que outros "postulantes" bem-dotados socialmente assumiram encargos intelectuais de prestígio declinante. Vale dizer, embora a probabilidade de assumir funções intelectuais de grande prestígio seja tanto maior quanto mais elevado o montante de capital social e escolar, as exigências do trabalho de dominação por vezes atraíram para as novas carreiras e profissões alguns dos agentes relativamente carentes dessas modalidades de capital.

5. Como não existem recenseamentos sobre o conjunto de escritores do período em questão, ou sequer o conjunto de escritores de uma determinada corrente ou escola, optei pelo levantamento da quase totalidade das memórias e biografias de escritores atuantes entre 1920 e 1945. Os títulos dessas obras foram compulsados em volumes de referência ou em repertórios de fontes para a história do Brasil, tendo-se procurado preencher os claros dessas listas com levantamentos em bibliotecas públicas, consulta a bibliografias, a obras de história literária e a catálogos de sebos etc. O levantamento comportou aproximadamente 110 memórias e cinquenta biografias. Os materiais biográficos coligidos em memórias e biografias foram confrontados àqueles constantes de dicionários biográficos, obras de história literária, de história das ideias, coletâneas de entrevistas e volumes de depoimentos.

6. Ver Sergio Miceli, op. cit., pp. 17-21.

1. A TRANSFORMAÇÃO DO PAPEL POLÍTICO E CULTURAL DOS INTELECTUAIS DA OLIGARQUIA (PP. 88-140)

1. "O que os comerciantes paulistas queriam, no entanto, era outra coisa. Tinham seus próprios patrimônios, e estavam interessados em controlar os mecanismos de decisão, em poder influenciar as ações governamentais no sentido de facilitar e ajudar na consecução de seus objetivos econômicos próprios e privados. Para os paulistas, a política era uma forma de melhorar seus negócios; para quase todos os outros, a política era seu negócio. E é nisso que reside a diferença e, em última análise, a marginalidade política do Estado." Num trecho adiante, completando seu argumento a respeito das razões determinantes da Revolução de 30, Simon Schwartzman sugere o móvel central do enfrentamento oligárquico: "Era, aparentemente, o momento de São Paulo firmar sua hegemonia nacional. O candidato oficial e paulista ganha as eleições, mas termina por perder o poder para Vargas" (Simon Schwartzman, *São Paulo e o Estado nacional*. São Paulo, Difel, 1975, pp. 123 e 126).

2. Ver Fernando de Azevedo, *A cultura brasileira* (*Introdução ao estudo da cultura no Brasil*), 5ª ed., em especial a terceira parte, "A transmissão da cultura" (São Paulo, Melhoramentos, 1976, pp. 140 ss.), em que se faz um retrospecto das principais iniciativas, em São Paulo, nos diversos níveis do sistema de ensino: as reformas do ensino primário e normal (1890, 1892); a criação de uma rede de escolas normais, complementares e ginásios; os diversos experimentos educacionais que tinham como centro irradiador a Escola Normal de São Paulo; a criação do Instituto

Bacteriológico (1892), da Escola Politécnica e do Museu Paulista (1893, 1895); as reformas por que passou o Instituto Agronômico; a criação da Escola de Engenharia do Mackenzie College (1896), do Instituto Butantan (1899), da Escola Superior de Agricultura em Piracicaba (1901), das primeiras escolas de comércio (a do Mackenzie e a futura Álvares Penteado), da primeira faculdade de medicina (1911), das primeiras escolas técnico-profissionais, sem falar da reforma do ensino empreendida na gestão Sampaio Dória e da formação de um grupo de educadores profissionais que chegaram a ser contratados inclusive por outros estados. A respeito das principais figuras do movimento em prol da reforma do ensino em São Paulo, consultar Fernando de Azevedo, *Figuras de meu convívio* (*Retratos de família e de mestres e educadores*), 2ª ed. São Paulo, Livraria Duas Cidades, 1973.

3. Entre 1890, quando Júlio Mesquita assume a direção de *O Estado de S. Paulo*, e 1917, a tiragem passa de 7 mil para 53 600 exemplares diários.

4. Em 1901 ocorre a primeira dissidência, motivada, entre outras razões, pela defesa cerrada que Júlio Mesquita faz da candidatura de seu sogro; a segunda dissidência encabeçada por Júlio Mesquita também eclode em virtude de dissensões quanto à composição da chapa para o governo estadual; em 1918, a facção Mesquita lidera um movimento de resistência à indicação do cônego José Valois de Castro, conhecido por suas tendências germanófilas, para uma cadeira na câmara estadual. Consultar Paulo Nogueira Filho, *Ideais e lutas de um burguês progressista* (*O Partido Democrático e a Revolução de 30*), 2 v., 2ª ed. Rio de Janeiro, José Olympio, 1965, e Paulo Duarte, *Júlio Mesquita*. São Paulo, Hucitec, 1977.

5. Em 1896, o jornal contratou Euclides da Cunha para uma série de reportagens a respeito da guerra de Canudos, de que resultaria *Os sertões*. Aliás, era o único órgão da imprensa fora da capital federal a contar com a colaboração regular de figuras intelectuais de prestígio, entre as quais José Veríssimo, Bilac, Coelho Neto, Medeiros e Albuquerque, Oliveira Lima, Artur Azevedo, Amadeu Amaral etc. "A mocidade inteligente de São Paulo fez do *Estadinho* o seu órgão oficial. Frequentavam-no ou trabalhavam Moacir Pisa, Adelmar de Paula, o Pintor, como era conhecido esse 'mirabeauzinho brasileiro', como o chamava Júlio de Mesquita Filho; Antônio Mendonça, que alternava os seus trabalhos de advocacia no escritório de Plínio Barreto, numa sala ao lado, com as vesperais jornalísticas do *Estadinho*, onde redigia também com o Pintor notas vibrantes contra a política de Araras; Alexandre Marcondes Machado, o Juó Bananere, Antônio Figueiredo, excelente cronista de esportes e excelente repórter, Otávio de Lima Castro, Pinheiro Júnior, Paulo Duarte, que se iniciava no jornalismo [...] Foi Pinheiro Júnior quem levou Monteiro Lobato para o *Estadinho* e depois, em 1919, para o *Estado*" (Paulo Duarte, op. cit., p. 79).

6. Edgard Cavalheiro, *Monteiro Lobato* (*Vida e obra*), 2 tt., 3ª ed. São Paulo, Brasiliense, 1962, p. 149. Sendo um "mensário de ciências, letras, artes, história e atualidades", a *Revista do Brasil* resultava de uma dosagem entre as contribuições literárias — trechos de novelas, contos, poesias, ensaios críticos, artigos de celebração —, as matérias institucionais — cobertura das atividades acadêmicas, de eventos culturais —, o noticiário editorial e os ensaios voltados para questões políticas, econômicas, sociais, relatos de viagem etc.

7. O catálogo da editora incluía poesias de autores simbolistas (Alphonsus de Guimaraens), parnasianos (Francisca Júlia), anatolianos (Paulo Setúbal, Medeiros e Albuquerque), de epígonos das escolas literárias até então dominantes (Ribeiro Couto, Menotti del Picchia); contos de escritores regionalistas (Roque Callage, Carvalho Ramos, Valdomiro Silveira), anatolianos (Gustavo

Barroso, Álvaro Moreyra, Humberto de Campos); romances de autores clássicos (Manuel Antônio de Almeida), de anatolianos (Paulo Setúbal, Lima Barreto, Coelho Neto), de naturalistas (Júlio Ribeiro), de estreantes e futuros modernistas (Oswald de Andrade, Menotti del Picchia etc.); obras de filologia de João Ribeiro, Assis Cintra, Agenor Silveira; obras de sociologia e educação de Oliveira Viana, Sampaio Dória e Ingenieros; ensaios e estudos de Graça Aranha, Nestor Vitor, Martim Francisco, Alcides Maia, Miguel Osório de Almeida, Gilberto Amado, Almáquio Dinis, Amadeu Amaral, Fábio Luz, Artur Mota etc.; livros técnicos e de divulgação científica, de medicina, higiene, veterinária, contabilidade, gastronomia, educação física, engenharia, história, política, viagens, incluindo a edição de clássicos da historiografia (Saint-Hilaire, Hans Staden); obras diversas em direito, psiquismo e ocultismo; livros didáticos; e, por último, as obras de literatura infantil que a Monteiro Lobato & Cia. impulsionou como um dos gêneros de maior vendagem.

8. "[...] Júlio Mesquita, nesses afastados dias com que se fechava o ano de 1915, iniciou uma pregação [...] A primeira nota, do dia 25 de dezembro, esboçava um histórico da subvenção à imprensa, iniciada no Império, que a praticava já. O governo provisório não a praticou, mas já Prudente e Campos Sales o fizeram, o último com bastante exagero. Durante o Império, entretanto, isso se realizava naturalmente, às escâncaras e principalmente para defender causas coletivas, como a abolição. Prudente a praticou da mesma forma. Campos Sales gastou mil contos com a imprensa, durante todo o seu governo [...] Hoje gastava-se por mês muito mais do que Campos Sales despendeu durante todo o seu quatriênio [...] Depois de demonstrar, no dia 30, quanto custa aos cofres públicos a corrupção da imprensa e os perniciosos efeitos políticos disso, fala da imprensa chamada amarela que foi uma reação. 'Contra a passividade louvaminheira dos jornalistas domesticados, ergueu-se a altivez feroz e não raro desbragada do que hoje se chama imprensa amarela, a imprensa de escândalo que, por sistema, acha tudo mau, vê tudo podre e substitui o argumento pelo insulto bravio, a prova pela calúnia' " (Paulo Duarte, op. cit., pp. 89-90). Por aí pode-se observar a postura assumida por uma facção partidária que enxerga a possibilidade de contribuir com um peso próprio na competição oligárquica, equidistante da oposição profissional e dos aparelhos venais.

9. "A passagem do século, assim, assinala, no Brasil, a transição da pequena à grande imprensa. Os pequenos jornais, de estrutura simples, as folhas tipográficas, cedem lugar às empresas jornalísticas, com estrutura específica, dotadas de equipamento gráfico necessário ao exercício de sua função. Se é assim afetado o plano da produção, o da circulação também o é, alterando-se as relações do jornal com o anunciante, com a política, com os leitores [...] o jornal será, daí por diante, empresa capitalista, de maior ou menor porte [...] É agora muito mais fácil comprar um jornal do que fundar um jornal; e é ainda mais prático comprar a opinião do jornal do que comprar o jornal" (Nelson Werneck Sodré, *História da imprensa no Brasil*. Rio de Janeiro, Civilização Brasileira, 1967, p. 315).

10. A composição social do conselho deliberativo da Liga Nacionalista revela a predominância da fração intelectual, incluindo os diretores das faculdades de medicina, direito, e da Escola Politécnica. A Liga constitui o prelúdio da oposição democrática, pelo menos no que diz respeito aos principais tópicos de sua plataforma e à posição social de sua cúpula e do público que pretendia mobilizar.

11. Paulo Nogueira Filho, op. cit., v. 1, pp. 66-8.

12. Além do Centro Acadêmico e do Grêmio Literário Álvares de Azevedo, fundado em 1916 e de cujas tertúlias participaram diversos integrantes do futuro núcleo modernista (Guilherme de Almeida, Ribeiro Couto, Antônio Carlos Couto de Barros etc.), a "República Destruidora", a "Catacumba" e a "plebe acadêmica" eram "panelas" para as quais os estudantes eram cooptados segundo suas características sociais: a primeira reunia os "playboys" da época, a segunda era uma espécie de sociedade secreta restrita aos membros do grêmio (eram "seres perfeitos", segundo os estatutos), cada sócio tendo como patrono um letrado ou um sábio, a terceira congregava rapazes do interior de condição social acanhada, vários deles com acentuadas inclinações pelas ideologias revolucionárias de esquerda, leitores de Marx, Dostoievski, Merejkovski, Gorki. Consultar Paulo Nogueira Filho, op. cit., v. I, p. 110, e Aureliano Leite, *Páginas de uma longa vida*. São Paulo, Martins, 1966, o primeiro pertencendo a uma família de grandes proprietários e políticos, o segundo plenamente identificado com as causas sustentadas pela "plebe acadêmica".

13. "Nesta, aparecia um 'chaveiro', bacharelando, a entregar o objeto simbólico a um colega da turma anterior promovido ao quinto e último ano do curso. Solenidade tradicional. Esse 'Grupo da Chave', naquela época, disputava, invariavelmente, a presidência do Centro Acadêmico XI de Agosto. Constituindo uma espécie de aristocracia, nos pleitos eleitorais dificilmente conseguia vencer [...] O 'Grupo da Chave' era, então, erradamente denominado 'Grupo do Estado', quer dizer, do jornal *O Estado de S. Paulo*, ou, ainda, 'Grupo dos Mesquita', isto é, dos filhos de Júlio Mesquita [...] Certo era que nem todos os elementos ligados por laços vários a *O Estado de S. Paulo* faziam parte desse 'Grupo da Chave', assim como a circunstância de pertencerem a este não acarretava, necessariamente, a integração no 'Grupo do Estado' [...]", Paulo Nogueira Filho, op. cit., v. I, pp. 65-6.

14. Tácito de Almeida, Mário de Andrade, Rubens Borba Alves de Morais e outros aderem desde o começo à oposição democrática, tendo assinado o termo de fundação de uma sociedade secreta de ação política, em agosto de 1924: "Foi a primeira tentativa de organização política efetivada pelo mesmo grupo que, ano e meio após, participava com outros núcleos e sob a inspiração e direção exclusiva do conselheiro Antônio Prado, na fundação do Partido Democrático" (Paulo Nogueira Filho, op. cit., v. I, pp. 138 ss.). Entre a ala jovem de fundadores do Partido Democrático estavam Antônio Carlos Couto de Barros, Prudente de Morais Neto, Paulo Vicente de Azevedo, sendo que o segundo deles logo assumiu encargos administrativos na máquina partidária. Paulo Nogueira Filho, Prudente de Morais Neto, Luís Aranha fizeram parte do diretório central; Alexandre Ribeiro Marcondes Machado, Antônio Carlos Couto de Barros, Caio Prado, Francisco Mesquita, Mário Pinto Serva, Tácito de Almeida, Paulo Duarte, Reinaldo Porchat foram membros do conselho consultivo. Diante dos atritos e das ameaças que os perrepistas lhes faziam, um grupo de jovens democratas assinou um compromisso pelo qual se algum correligionário caísse morto no exercício de seus direitos políticos, "[...] tomaríamos solidariamente uma iniciativa: não sobreviveria o mandante, para nós, o chefe do PRP, na capital" (Paulo Nogueira Filho, op. cit., v. I, p. 180). Entre outros, assinaram o documento, além dos já citados, Sergio Milliet, Joaquim Sampaio Vidal etc. Esse mesmo grupo encaixou alguns de seus membros (Paulo Duarte, Sergio Milliet) em postos na redação e gerência do órgão partidário, o *Diário Nacional*, lançado em julho de 1927.

15. Não foi por acaso que vários modernistas que trabalhavam no órgão oficial perrepista, o *Correio Paulistano* — Plínio Salgado, Menotti del Picchia, Cândido Motta Filho, Oswald de Andrade —, se bandearam para as organizações radicais, à direita e à esquerda, após a Revolução de

30 e a derrota de 32, quando verificam o bloqueio que suas carreiras sofreriam com o desmonte do antigo esquema situacionista.

16. Consultar Paulo Duarte, *Mário de Andrade por ele mesmo*. São Paulo, Hucitec, 1977, pp. 17 ss., e Oneyda Alvarenga, *Mário de Andrade, um pouco*. Rio de Janeiro, José Olympio, 1974. Antes de passarem aos cargos de chefia no Departamento de Cultura da Prefeitura de São Paulo, durante a gestão Mário de Andrade, Rubens Borba Alves de Morais tinha um cargo na recebedoria de rendas e Sergio Milliet, cunhado de Paulo Duarte, era bibliotecário da Faculdade de Direito de São Paulo.

17. Antes de 1932, a situação ainda não sofrera grandes modificações: "O jornal do PRP se tornou o quartel-general nosso, na 'Revolução sem Sangue'. O secretário Antônio Carlos da Fonseca e mais Agenor Barbosa, Brasil Gerson, Fausto de Almeida Prado Camargo, Francisco Pati, Genolino Amado, Hélio Silva, Hermes Lima, Alcides Cunha, João Raimundo Ribeiro, José Lannes, Vítor Azevedo, Nóbrega da Siqueira, Oswaldo Costa, formavam o corpo intelectual do órgão do PRP e alguns deles se puseram ao lado dos guerrilheiros verde-amarelos. A redação era frequentada por elementos da velha-guarda partidária, como Washington Luís [...], Júlio Prestes, Ataliba Leonel [...]" (Cassiano Ricardo, *Viagem no tempo e no espaço*. Rio de Janeiro, José Olympio, 1970, p. 41). Eis o mapeamento fixado por outro membro da mesma ala: "Dois jornais polarizavam então a opinião: o *Correio Paulistano* e *O Estado de S. Paulo*. Eram como duas capitânias de duas esquadras em combate, tremendos couraçados tendo cada um seus ágeis navios auxiliares. O *Correio Paulistano*, órgão oficial do PRP, mantinha ciosamente nas suas colunas uma quase majestática dignidade mas delegava a obra de provocação e reconhecimento então à *A Gazeta* e à *Plateia*, enquanto, sem uma vinculação política mas por suas afinidades de independência à influência do governo, movia-se, nas águas do *Estado*, o corajoso e prestigioso *Diário Popular* — 'jornal das cozinheiras', como o apelidavam, mas de forte repercussão na opinião pública, respeitado e temido pelo governo" (Menotti del Picchia, *A longa viagem, 2ª etapa — Da revolução modernista à Revolução de 1930*. São Paulo, Martins, 1972, p. 58).

18. Ver Aracy A. Amaral, *Tarsila — Sua obra e seu tempo*, 2 v. São Paulo, Perspectiva, 1975, e Oswald de Andrade, *Um homem sem profissão — Memórias e confissões, 1890-1919 (I. Sob as ordens de mamãe)*. Rio de Janeiro, José Olympio, 1954.

19. Em 1920, São Paulo já contava com cerca de vinte editoras, "representando capital entre 3500 e 4 mil contos de réis: lançando 203 títulos no ano, com tiragem global superior a 900 mil exemplares sendo ²/₃ de livros didáticos e apenas 100 mil de literatura; *Urupês* vendera 8 mil exemplares, em 1920; *Alma cabocla*, de Paulo Setúbal, 6 mil, em duas edições — tudo conforme dados da *Revista do Brasil*, em seu número 63, de março de 1921. O que não se vendia ainda era a poesia de *Pauliceia desvairada*, de Mário de Andrade, versos divulgados em 1920, mas só consagrados em livro em 1922" (Nelson Werneck Sodré, op. cit., p. 397).

20. "[...] toda a vida intelectual era dominada pela grande imprensa, que constituía a principal instância de produção cultural da época e que fornecia a maioria das gratificações e posições intelectuais. Os escritores profissionais viam-se forçados a ajustar-se aos gêneros havia pouco importados da imprensa francesa: a reportagem, a entrevista, o inquérito literário e, em especial, a crônica. [...] o êxito que alcançavam por meio de sua pena poderia lhes trazer salários melhores, sinecuras burocráticas e favores diversos" (Sergio Miceli, *Poder, sexo e letras na República Velha* [*Estudo clínico dos anatolianos*]. São Paulo, Perspectiva, 1977, pp. 15 e 74, incluído neste volume, pp. 17 e 55).

21. Edgard Cavalheiro, op. cit., pp. 96, 114-6.

22. Ibid., p. 145.

23. A primeira edição das obras completas de Monteiro Lobato data de 1946-7, divididas entre a série de literatura geral, contendo treze volumes, e a série de literatura infantil, com dezessete volumes, com o selo da Editora Brasiliense; a tradução em espanhol das obras infantis data de 1947, pela Editorial Americale, de Buenos Aires, e a segunda edição das obras completas, também da Brasiliense, data de 1950. Consultar Edgard Cavalheiro, op. cit., v. II, pp. 261 ss.

24. Em trabalho recente, Maria Cecília Spina Forjaz fornece subsídios que deixam entrever a consistência do processo de diferenciação político-partidária no final da década de 1920. Os movimentos dissidentes que irrompem no nível partidário redundaram na montagem de núcleos de oposição "democrática" no então Distrito Federal e em outros estados (Santa Catarina, Rio de Janeiro, Maranhão, Ceará, Pernambuco), aos quais se vem juntar o Partido Libertador, do Rio Grande do Sul, em março de 1928, todos eles com programas idênticos ao do Partido Democrático paulista, configurando o que a autora designou, acertadamente, de "revolução civil". Contrapondo-se ao continuísmo que o perrepismo vinha tentando lograr no plano federal, a rede de núcleos "democráticos" pretendia instaurar a hegemonia paulista por outra via, qual seja, a da reforma dos mecanismos de representação. As agremiações democráticas estaduais eram, na verdade, diretórios da sede paulista, para a qual convergiam as facções alijadas dos partidos republicanos. Sob a égide da Aliança Libertadora, todos esses partidos e agremiações se congregam para a formação de uma organização nacional capaz de abrigar os núcleos oposicionistas. "Participam das reuniões preparatórias para a fundação do Partido Democrático Nacional [...] algumas correntes políticas independentes, chefiadas pelo deputado federal Adolfo Bergamini e pelo intendente municipal Maurício de Lacerda, eminente defensor da causa tenentista e também das reivindicações políticas, econômicas e sociais dos trabalhadores urbanos" (Maria Cecília Spina Forjaz, *Tenentismo e Aliança Liberal, 1927-1930*. São Paulo, Polis, 1978, p. 50). O programa do PDN retoma os principais tópicos e bandeiras sustentados pela oposição democrática paulista. "[...] foram constituídos grupos para organizar o PDN no Pará, Piauí, Maranhão, Rio Grande do Norte, Paraíba e Ceará", e é justamente por meio dessa campanha destinada a obter o apoio das oligarquias do Norte e do Nordeste que diversos intelectuais desses estados se juntam às hostes "democráticas", entre eles Joaquim Pimenta, Evaristo de Morais, Fernandes Távora e alguns dos futuros quadros dos primórdios da política populista, como, por exemplo, Café Filho e Pedro Ernesto. Ver Paulo Nogueira Filho, op. cit., v. I, pp. 377 ss. Consultar ainda Boris Fausto, *A Revolução de 1930 — Historiografia e história*. São Paulo, Brasiliense, 1970, e, do mesmo autor, o ensaio "A crise dos anos 20 e a Revolução de 1930", in *O Brasil republicano*, Boris Fausto (org.), t. III, v. 2 ("Sociedades e instituições [1889-1930]"). São Paulo, Difel, 1977.

25. Armando de Sales Oliveira assume a interventoria em São Paulo em agosto de 1933. Desse momento até o golpe de 37, o genro de Júlio Mesquita, e, portanto, o herdeiro político da facção "liberal" da oligarquia paulista, procura juntar os diversos setores dirigentes com vistas à retomada do poder em nível federal. Em fevereiro de 1934, cria-se o Partido Constitucionalista, "partido de todos os paulistas", congregando as antigas forças democráticas e outras agremiações menores. Nas eleições de 1934, ambos os partidos concorrem em raia separada e, como era de se esperar, o Partido Constitucionalista leva a melhor, confirmando Armando de Sales Oliveira no cargo de governador. Finalmente, com o apoio de seu próprio partido e de uma ala do PRP, seu nome é lan-

çado como candidato à Presidência da República. Consultar Edgard Carone, *Oligarquias e classes sociais na Segunda República (1930-1937)*. São Paulo, Difel, 1974, pp. 283 ss., e Hélio Silva, *1932, a guerra paulista*. Rio de Janeiro, Civilização Brasileira, 1967, e v. VI, VII, VIII e IX do "ciclo de Vargas", do mesmo autor.

26. Trecho do manifesto de criação da Escola de Sociologia e Política, in L. A. Costa Pinto e Edison Carneiro, *As ciências sociais no Brasil*. Rio de Janeiro, CAPES, 1955, pp. 16-7. A respeito dessas instituições, consultar também Fernando de Azevedo, *As ciências no Brasil*, v. II. São Paulo, Melhoramentos, 1956, cap. XIV, "A antropologia e a sociedade no Brasil", e, do mesmo autor, *História da minha vida*. Rio de Janeiro, José Olympio, 1971, quinta parte. O Departamento Municipal de Cultura foi implantado durante a gestão Fábio Prado à frente da Prefeitura de São Paulo, no ano de 1935. Resultou de um projeto elaborado por um grupo de intelectuais que eram companheiros desde os primeiros tempos da oposição democrática, sob a liderança de Paulo Duarte e Mário de Andrade, o primeiro então assessor direto do prefeito e Mário, nomeado para diretor da Divisão de Expansão Cultural e do próprio departamento. Outros antigos militantes e escribas do *Diário Nacional* — Sergio Milliet, Rubens Borba Alves de Morais — seriam chamados para dirigir as demais divisões, a saber, de Bibliotecas, Educação e Recreio, Documentação Histórica e Social, Turismo e Divertimentos Públicos. Para um levantamento exaustivo a respeito dos projetos e realizações do departamento até o afastamento dessa equipe, em 1938, consultar Paulo Duarte, op. cit., em especial o texto "O lindo sonho e a dolorosa realidade", pp. 59 ss., bem como o depoimento já citado de Oneyda Alvarenga, que se incumbiu da direção da Discoteca Pública Municipal.

27. Em 1929, ocorre o rompimento definitivo de Oswald com Paulo Prado, Alcântara Machado e Mário de Andrade, em virtude de razões políticas — vale dizer, Oswald sintonizado com o sistema dominante e os demais filiados à oposição democrática. Em 1931, Tarsila do Amaral faz uma viagem à União Soviética com uma exposição de suas obras em Moscou; datam do mesmo período as inclinações esquerdistas de Oswald e seu posterior ingresso no PCB. Após a Revolução de 1930, alguns membros da ala perrepista do modernismo se engajam em movimentos autoritários de direita (Plínio Salgado) ou, então, manifestam ampla sintonia com o ideário e as tendências de um regime autoritário (Cândido Motta Filho, Cassiano Ricardo, Menotti del Picchia). A história literária faz tábula rasa dessas injunções de ordem política tanto para a constituição dos critérios de classificação de autores e obras como para uma análise compreensiva do conteúdo dessas obras. Por força dos interesses em jogo em conjunturas posteriores do campo intelectual, a história literária passou a operar com simplificações grosseiras, segundo as quais o leme da inovação recaiu sobre Oswald, Mário e, em menor medida, sobre Alcântara Machado e outros filiados à oposição democrática, ao passo que os demais foram recobertos pelos mantos da ideologia, quer dizer, do passadismo e do obscurantismo.

28. "Nós sabíamos que o departamento era o germe do Instituto Brasileiro de Cultura. Primeiro, um Instituto Paulista, que Armando Sales no governo já nos garantira. Para isso o projeto do Departamento do Patrimônio Histórico e Artístico de São Paulo, lá estava na Assembleia Legislativa [...] Depois, com Armando Sales na Presidência da República, seria o Instituto Brasileiro, uma grande fundação libertada da influência política, com sede no Rio, inicialmente instalados, além do de São Paulo, paradigma, outros núcleos em Minas, no Rio Grande do Sul, na Bahia, em Pernambuco e no Ceará. Tivéramos uma ideia genial que Armando Sales

aprovou: os institutos de cultura assistiriam com assiduidade todas as grandes cidades, com a colaboração da Universidade, porque, não comportando evidentemente essas cidades uma faculdade, teriam contato íntimo com esta, através de conferências, cursos, teatro, concertos etc. [...] o Departamento de Cultura era apenas um início. Entusiasmado com esse início, Armando de Sales Oliveira, último estadista que o Brasil teve, inscreveu-o no programa com o qual se apresentava para a Presidência da República" (Paulo Duarte, op. cit., pp. 54-60). Logo, não pairava nenhuma dúvida, no entender desses intelectuais, quanto ao significado político de sua contribuição. Ademais, alguns dos projetos aludidos, como, por exemplo, o Departamento do Patrimônio Histórico e Artístico, acabaram sendo encampados no âmbito federal após 1937, e diversos intelectuais de prestígio foram convidados a colaborar, inclusive o próprio Mário de Andrade.

29. "Mário sempre foi, de começo, absenteísta. Não era apenas apartidário, mas apolítico [...] não tivera nenhum entusiasmo pela campanha de Olavo Bilac, nem tomara partido por ocasião da Guerra de 1914-8, mas vibrou de indignação quando do torpedeamento de navios brasileiros pelo Reich [...] Foi indiferente ao primeiro 5 de julho [...] Pouco ligou à Revolução de 1924, em São Paulo, muito menos à Coluna Prestes, como não quis saber da campanha da Aliança Liberal, da qual o irmão era um dos líderes [...] Fato impressionante! Na longa correspondência que manteve com Manuel Bandeira, não há uma só palavra sobre política. A grande lição [...] Mário recebeu em 1937, com o golpe de 10 de novembro [...] É que ele dirigia o Departamento Municipal de Cultura, criado no governo de Armando de Sales Oliveira, com Fábio Prado na prefeitura. O departamento fora ideia sua. A essa obra [...] dera o melhor de si mesmo. Sem mais aquela, da noite para o dia [...] veria esboroar-se todo o seu trabalho" (Francisco de Assis Barbosa, *Retratos de família*. 2ª ed. Rio de Janeiro, José Olympio, 1968, p. 159). Esse depoimento deve, no entanto, ser matizado, levando-se em conta a colaboração que tanto ele como alguns de seus companheiros prestaram ao Partido Democrático, em cujo órgão, *Diário Nacional*, inicia uma nova seção ("Táxi"), em que escreve quase diariamente sobre os mais diversos temas. "Compromissado com a Revolução (de 1930)", com sua adesão ao Partido Democrático aos poucos arrefece seu entusiasmo "à medida que crescem as contradições de São Paulo com a Revolução e então passa ao ataque dos próceres do movimento, envolvendo-se com a propaganda revolucionária paulista, aderindo em 1932 e adotando o pseudônimo de Luís Pinho." Consultar Telê Porto Ancona Lopes, *Mário de Andrade: ramais e caminhos*. São Paulo, Livraria Duas Cidades, 1972, pp. 46, 47, 62, 63.

30. Enquanto Oswald faz sucessivas viagens à Europa, Mário realiza suas viagens de estudos e pesquisa pelo interior do país, aproveitando os materiais coligidos para diversificar suas áreas de produção intelectual, ou então servindo-se deles na sua produção literária, como, por exemplo, no caso de *Macunaíma* (1928), do qual fizera uma revisão após sua viagem à Amazônia. Também em 1928, publica o *Ensaio sobre música brasileira*, que se vale dos materiais coletados a respeito das formas musicais populares. Mais tarde, publica outros estudos sobre folclore, artes plásticas e inúmeras obras sobre temas musicais. Nessa mesma época, as obras de Oswald repartem-se entre sua produção poética e volumes de prosa, não havendo nenhuma tentativa fora dos gêneros estritamente literários. O teatro de Oswald data da década de 1930 e seus ensaios políticos e culturais são ainda posteriores, tendo sido motivados por exigências acadêmicas ao tempo dos concursos que prestou na Faculdade de Filosofia em São Paulo.

31. A respeito de Mário de Andrade, ver Francisco de Assis Barbosa, op. cit.; Oneyda Alvarenga, op. cit. Sou grato ao professor Antonio Candido pelas informações preciosas que me transmitiu a respeito do ambiente familiar de Mário de Andrade.

32. Ver as memórias dos "primos pobres": Paulo Duarte, *Memórias, I. Raízes profundas*. São Paulo, Hucitec, 1974; Cassiano Ricardo, *Viagem no tempo e no espaço*. Rio de Janeiro, José Olympio, 1970; Menotti del Picchia, *A longa viagem*, 2 v. São Paulo, Martins, 1972; Fernando de Azevedo, *História da minha vida*. Rio de Janeiro, José Olympio, 1971.

33. Cândido Motta Filho, *Contagem regressiva (memórias)*. Rio de Janeiro, José Olympio, 1972, p. 253 do capítulo "Um homem sem profissão".

34. A família Alcântara Machado estabilizou sua posição na classe dirigente por meio de cargos de cúpula na magistratura e no magistério superior. O avô de Alcântara Machado fora promotor público, lente da Faculdade de Direito, presidente da província do Paraná, membro do Conselho de Instrução Pública de São Paulo e do Conselho Superior de Ensino da República; seu pai seguiu todos os passos de uma carreira parlamentar nos níveis estadual e federal, além de ter sido também professor da Faculdade de Direito de São Paulo e seu diretor no início da década de 1930, e membro das academias Paulista (1919) e Brasileira (1931) de Letras. Dados biográficos extraídos de Luís Correia de Melo, *Dicionário de autores paulistas*. São Paulo, Comissão do IV Centenário da Cidade de São Paulo, 1954.

35. Ibid., pp. 64-7.

36. Ibid., pp. 64-7.

37. Ibid., pp. 228-30, 252, 253, 255.

38. Ibid., pp. 194-8.

39. Guilherme de Almeida foi o primeiro escritor modernista a ingressar na Academia Brasileira de Letras, em 1930, na vaga de Amadeu Amaral. O ingresso de Cassiano Ricardo e Menotti del Picchia durante o Estado Novo (respectivamente em 1937 e 1943) se explica em parte pelos serviços que vinham prestando à testa dos aparelhos ideológicos do regime. Alcântara Machado teria certamente herdado a cadeira de seu pai caso não tivesse falecido em 1935.

40. A respeito do papel desempenhado pelas faculdades de direito na formação do habitus da classe dirigente, consultar o trabalho organizado por A. Almeida Jr., *Problemas do ensino superior*. São Paulo, Companhia Editora Nacional, 1956. No que se refere à passagem das últimas gerações oligárquicas pela Faculdade de Direito de São Paulo durante a República Velha, utilizei os materiais constantes da obra de Paulo Nogueira Filho, op. cit. Ver, ainda, o trabalho recente de Alberto Venâncio Filho, *Das arcadas ao bacharelismo (150 anos de ensino jurídico no Brasil)*. São Paulo, Perspectiva, 1977, que contém um balanço crítico das transformações por que passou o ensino jurídico.

41. Ver Jorge Nagle, *Educação e sociedade na Primeira República*. São Paulo, EPU/Edusp, 1974, p. 158.

42. Em 1891, são abertas a Faculdade Livre de Direito da Bahia e a Faculdade de Ciências Jurídicas e Sociais do Rio de Janeiro, ambas por iniciativa particular, e mais a Faculdade Livre de Direito, que contou com o respaldo dos monges beneditinos no Rio de Janeiro; em 1892, cria-se a Faculdade Livre de Direito de Minas Gerais, empreendimento liderado pela família Melo Franco com subsídios do governo estadual; em 1900, foi instituída a Faculdade Livre de Direito de Porto Alegre, por iniciativa do governo estadual. Até 1930, foram criadas faculdades livres de direito no

Pará, Ceará, Amazonas, Niterói e Paraná, "sem falar de numerosas outras que apareceram e desapareceram em pouco tempo, por força das facilidades trazidas pela reforma Rivadávia Correa (1911)" (apud Alberto Venâncio Filho, op. cit., p. 201).

43. Dados extraídos do "Resumo da estatística geral do ensino no Brasil em 1932", *Diário Oficial da União*, 16 de outubro de 1934.

44. Jorge Nagle, op. cit., p. 160.

45. Lourenço Filho, "Vicente Licínio Cardoso e os estudos sociais", in *Educação*, 1959, p. 33, apud Alberto Venâncio Filho, op. cit., p. 289.

46. Consultar os perfis biográficos desses educadores in Fernando de Azevedo, *Figuras de meu convívio* (*Retratos de família e de mestres e educadores*), op. cit., pp. 67-71, 83-96.

47. A respeito desse problema, ler o capítulo "O ensino jurídico na República Velha" da obra citada de Alberto Venâncio Filho, pp. 221-69.

48. A inflação de bacharéis na Alemanha, durante o período de Weimar, assumiu contornos distintos, pondo em risco a hegemonia política e intelectual dos setores cultivados. Para uma perspectiva comparativa, consultar o trabalho magistral de Fritz K. Ringer, *The decline of the German mandarins: the German academic community (1890-1933)*, Cambridge, Mass., Harvard University Press, 1969.

49. "Ele [o integralismo] corresponde, não na forma, mas na essência, tirante o ritual fascista, à manutenção do poder pelos revolucionários de 30 saídos dos grupos dominantes, Osvaldo Aranha, este, na verdade, em rápida conversão à democracia, Gustavo Capanema e, sobretudo, Francisco Campos" (Raymundo Faoro, *Os donos do poder — Formação do patronato político brasileiro*, 2 v., 2ª ed. Porto Alegre, Globo, 1977, v. 2, p. 699).

50. Hermes Lima, *Travessia*. Rio de Janeiro, José Olympio, 1974, p. 11: "Guardo na memória do coração a doida tristeza com que me separei do meu padrinho Leopoldino José de Lima, na pequena sala de visitas do Colégio Antônio Vieira. Ele voltava para o sertão sem o seu companheiro de todo o dia em casa, na roça, nas viagens, nas conversas. Parecia que sem mim ficaria abandonado [...] Possuía algumas das melhores propriedades do município e sua fortuna tinha fama de ser a segunda da comarca".

51. Ibid., pp. 17, 18, 20, 31, 38.

52. Ibid., pp. 17, 18, 20, 22, 25, 28, 34, 35.

53. Ibid., pp. 42-6.

54. Ibid., pp. 81-2.

55. Consultar as memórias de Carlos Lacerda, "Rosas e pedras do meu caminho", *Manchete*, nᵒˢ 782-92, de 15 de abril de 1967 a 27 de junho de 1967, e de Mario Lago, *Na rolança do tempo*. Rio de Janeiro, Civilização Brasileira, 1976, tendo ambos participado do movimento estudantil da época.

56. Alceu Amoroso Lima, *Memórias improvisadas* (*Diálogos com Medeiros Lima*), pref. de Antonio Houaiss. Petrópolis, Vozes, 1973, pp. 35, 42, 148-9.

57. Ver Karl Marx, *Oeuvres philosophiques*, ed. Molitor, v. IV, p. 103. A gênese da sociologia francesa oferece um contraponto sugestivo à disputa havida nas faculdades de direito em torno dos paradigmas de explicação científica da realidade social e política. Sendo originários da primeira geração de judeus assimilados, vindos do interior do país, e filhos da pequena burguesia judaica, Durkheim, Mauss, Halbwachs e outros membros do círculo chegaram a ocupar postos elevados no sistema universitário. Esse percurso explica boa parte da orientação que imprimiram às suas

tomadas de posição políticas, mormente o éthos missionário do grupo, a crença nas virtudes do sistema republicano e o desejo otimista de construir uma república progressista. De outro lado viam-se instados a dar combate às orientações prevalecentes no âmbito da filosofia, que constituía então o espaço real de concorrência no interior do qual as tendências espiritualistas ainda dominantes tentavam resistir ao avanço dos modelos positivistas. O projeto durkheimiano é contemporâneo ao surto de filosofias anti-intelectualistas e à reação anticientífica contida nas obras dos metafísicos e de outras correntes filosóficas que marcam o recuo do positivismo. É nesse estado do campo filosófico que toma corpo a intenção de construir uma sociologia objetiva (teórica e empírica) que seja capaz de enfrentar a tradição especulativa e idealista. Para Durkheim e seguidores, a renovação científica aparecia como, no âmbito intelectual, o homólogo da vontade de reconstrução republicana, e, por conseguinte, boa parte da problemática e das formas que assumem as novas disciplinas estão ligadas ao éthos das frações em ascensão da pequena e média burguesia, na medida em que a disposição para o trabalho científico se opõe, de um lado, à relação que o letrado tradicional mantém com o produto de seu trabalho e, de outro, ao diletantismo característico da relação burguesa com a cultura. No entanto, o projeto de erigir a sociologia de Durkheim em fundamento de uma moral republicana e positiva implicava uma definição da moral em oposição às filosofias dominantes. Por essa via, a ciência dos costumes apresenta-se como alternativa aos antigos princípios absolutos. A dualidade que tal projeto encerra, ou seja, a vontade de fundar uma moral positiva contra os absolutos revelados pela consciência ou pela tradição, não consegue encobrir a intenção de reencontrar na sociedade o absoluto que veio substituir as antigas morais. Eis a razão pela qual inúmeros tópicos dessa sociologia, as reflexões acerca da anomia e dos processos de integração e as análises da divisão do trabalho encontram-se referidos ao tema ideológico da desorganização característica da sociedade moderna e à demanda por uma ideologia da concórdia entre as classes. Consultar Terry N. Clark, *Prophets and patrons, the French university and the emergence of the social science*, Cambridge, Mass., Harvard University Press, 1973, e o artigo de Jean-Claude Chamboredon, "Sociologie de la sociologie et intérêts sociaux des sociologues", *Actes de la Recherche en Sciences Sociales*, nº 2. Paris, março de 1975, pp. 2-17.

58. Hermes Lima, op. cit., p. 25.

59. A despeito da separação oficial entre o Estado e a Igreja, decretada pelo governo republicano, o Vaticano reconheceu o novo regime desde 1890, passo inicial de uma política de conciliação seguida pelos altos dirigentes católicos: em 1901, a representação diplomática do Vaticano no Rio de Janeiro é promovida à categoria de nunciatura; em 1905, o papa designa o arcebispo do Rio de Janeiro, d. Joaquim Arcoverde, como primeiro cardeal brasileiro e de toda América Latina. Ver Sérgio Lobo de Moura e José Maria Gouvêa de Almeida, "A Igreja na Primeira República", in Boris Fausto (org.), *O Brasil republicano*, t. III, v. 2 ("Sociedade e instituições [1889-1930]"). São Paulo, Difel, 1977, p. 328.

60. Laurita Pessôa Raja Gabaglia, *O cardeal Leme (1882-1942)*. Rio de Janeiro, José Olympio, 1962, pp. 238, 240 ss. Col. Documentos Brasileiros, v. 113.

61. Ver Antônio Carlos Villaça, *O pensamento católico no Brasil*. Rio de Janeiro, Zahar, 1975, pp. 97-100; Alceu Amoroso Lima, "Notas para a história do Centro Dom Vital", *A Ordem*, junho de 1958; Pe. Luiz Gonzaga da Silveira d'Elboux, S. J., *Padre Leonel Franca*. Rio de Janeiro, Agir, 1953.

62. Alceu Amoroso Lima, *Pela Ação Católica*. Rio de Janeiro, Anchieta, 1935, pp. 230-1; Antônio Carlos Villaça, op. cit., pp. 158 ss.

63. Consultar Neusa Pinsard Caccese, FESTA (Contribuição para o estudo do modernismo). São Paulo, Instituto de Estudos Brasileiros, 1971.

64. Ver, por exemplo, os seguintes artigos publicados em A Ordem: Xavier de Mattos, "A nova base da educação", julho-agosto de 1933, que constitui uma crítica ao manifesto educacional de 1932; Paulo Sá, "Posições católicas (Os católicos e o problema da educação)", julho de 1934, diatribe a respeito da degradação da moral e dos costumes; Tristão de Athayde, "Ainda o ensino religioso", setembro de 1935, em que discorre sobre as falhas na implantação do ensino religioso no Rio de Janeiro e ataca Anísio Teixeira.

65. Laurita Pessôa Raja Gabaglia, op cit., pp. 335 ss.; Alceu Amoroso Lima, op. cit. e, do mesmo autor, Pela cristianização da idade nova. Rio de Janeiro, Agir, 1946, que reúne a parte teórica do curso de Ação Católica que proferiu no Instituto Católico de Estudos Superiores em 1932, e em que define os princípios, os instrumentos, os agentes e os fins da Ação Católica, explicitando a vinculação desse organismo com a hierarquia eclesiástica e as relações que mantém com a atividade política.

66. Laurita Pessôa Raja Gabaglia, op. cit., pp. 297-8.

67. Ver Helgio Trindade, Integralismo (O fascismo brasileiro na década de 30). São Paulo, Difel, 1974, e Robert Levine, The Vargas regime (The critical years, 1934-1938). Nova York, Columbia University Press, 1970.

68. Antes de fundar, em 1932, a Sociedade de Estudos Políticos, com muitos de seus antigos companheiros da jovem guarda literário-perrepista, Plínio escreve no jornal paulista A Razão, financiado pelo mesmo Alfredo Egydio de Souza Aranha que liderara o grupo "reformista" do PRP de que ele participara. Em seguida, apoia a Legião Revolucionária, incumbindo-se de redigir o manifesto de março de 1931. Não é por acaso que o Manifesto Integralista foi publicado após a derrota paulista de 32, fazendo crer que Plínio somente se dispôs a organizar um movimento "independente" das forças políticas dominantes em São Paulo quando se deu conta do alijamento que haviam sofrido. A ambiguidade de sua identidade política transparece nas constantes oscilações que sofre seu posicionamento perante a Revolução de 1930, passando "da hostilidade à colaboração", ou seja, "depois, do fracasso de sua tentativa de influenciar a revolução, volta à atitude crítica" (Helgio Trindade, op. cit., pp. 81 ss.). "Em minha terra pertencia eu ao grupo da 'situação' que tinha, em Belo Horizonte, como chefe e orientador, o sr. Alfredo Sá, vice-presidente do estado [...]", eis a autodefinição política de Olbiano de Mello em A marcha da revolução social no Brasil. Rio de Janeiro, Ed. O Cruzeiro, 1957, p. 28. Mais tarde, alia-se à Concentração Conservadora, facção contrária à Aliança Liberal que era liderada, no plano estadual, pelo vice-presidente de Washington Luís, dr. Melo Viana. A respeito dos contatos que manteve com outros integrantes dessa facção, dos planos que então propôs com vistas a preservar o antigo regime e das manifestações com que se tentou mobilizar os proprietários rurais em Minas, consultar o relato que faz na obra acima citada, pp. 42 ss.

69. No plano estadual, as posições propriamente políticas tendiam a ser preenchidas, em medida crescente, por figuras originárias da "alta classe média não econômica", o que vinha ocorrendo desde a formação da Liga Nacionalista e que recebe confirmação quando se averigua a posição de classe dos militantes do Partido Democrático de São Paulo. Nesse sentido, é bastante semelhante a composição social da Chapa Única, que reúne os 22 candidatos paulistas às eleições da Constituinte: dezessete advogados (dos quais seis são também professores da Faculdade de

Direito), três médicos e dois engenheiros (um deles professor da Escola Politécnica). Vale dizer, no tocante à representação política dos grupos dirigentes, membros da fração intelectual acabam empalmando essas oportunidades de trabalho. É sintomático o fato de os herdeiros de antigas famílias — como, por exemplo, o irmão mais velho de Mário de Andrade, os Alcântara Machado, Cândido Motta Filho etc. — terem encontrado maneiras de se filiar de algum modo ao esquema de representação que a Chapa Única cristalizava. Por sua vez, são aqueles intelectuais que se encontram socialmente mais afastados de um convívio mais íntimo com os círculos dirigentes — e o melhor exemplo é Plínio Salgado — que procedem naquela conjuntura pós-30 à reversão radical do sentido que passam a assumir suas práticas e tomadas de posição políticas.

70. Consultar os três volumes de memórias de Gustavo Barroso: *Coração de menino*. Rio de Janeiro, Getúlio M. Costa Editora, 1939; *Liceu do Ceará*. Rio de Janeiro, Getúlio M. Costa Editora, 1940; e *Consulado da China*. Rio de Janeiro, Getúlio M. Costa Editora, 1941. A respeito de Gustavo Barroso, ver também o depoimento de um novato, seu conterrâneo e grande admirador: Herman Lima, *Poeira do tempo — Memórias*. Rio de Janeiro, José Olympio, 1967, em especial pp. 56, 58, 96, 97.

71. Informações coligidas no volume de Josué Montello, *Na casa dos 40*. São Paulo, Martins, 1967, pp. 54-6. A respeito do círculo Faria, ver o escorço biográfico de Octavio de Faria in Renard Perez, *Escritores brasileiros contemporâneos*, primeira série. Rio de Janeiro, Civilização Brasileira, 1960, pp. 307-13, e Alceu Amoroso Lima, *Memórias improvisadas (Diálogos com Medeiros Lima)*, op. cit., pp. 124-6 ss.

72. Consultar Leonídio Ribeiro, *Afrânio Peixoto*. Rio de Janeiro, Edições Condé, 1950, panegírico com mais de quatrocentas páginas com um levantamento completo das obras, edições e tiragens de um dos polígrafos de maior êxito comercial na Primeira República. Ver também a entrevista concedida pelo autor a Homero Senna, in *República das letras (20 entrevistas com escritores)*. 2ª ed. revista e ampliada. Rio de Janeiro, Gráfica Olímpica Editora, 1968, pp. 75-102.

73. A respeito de Jorge de Lima, consultar não apenas a biografia redigida por seu cunhado (Povina Cavalcanti, *Vida e obra de Jorge de Lima*. Rio de Janeiro, Ed. Correio da Manhã, 1969), mas também as memórias desse mesmo autor (*Volta à infância*. Rio de Janeiro, José Olympio, 1972).

74. "Depois dos *Poemas escolhidos* que apareceram em 1932, comecei a sentir-me insatisfeito com a minha poesia, a ansiar por novas soluções. Passei a inclinar-me, então, não mais pelo gênero de poemas que fazia, mas por outro, de fundo místico. E como não tinha compromissos de escola, senti-me inteiramente à vontade para empreender a desejada renovação, já havendo compreendido que o plano mais elevado para isso seria uma poesia que se restaurasse em Cristo, que é a mais alta Poesia, a mais alta verdade, o nosso destino mesmo, e tivesse não uma tradição regional ou nacional, mas sim a mais humana e universal das tradições, que é a bíblica. Aconteceu que, em palestra com Murilo Mendes, notei que ele estava animado do mesmo desejo" (trecho de uma entrevista que Jorge de Lima concedeu a Homero Sena, apud Povina Cavalcanti, op. cit., pp. 140-1).

75. "Deram-me este prêmio pelo romance *Calunga*. Estão gostando desse meu livro lá fora. Quando apareceu, chamaram-no de romance proletário. Eu sempre achei que isso era tolice [...] Julgaram ver neste meu livro uma queda para a esquerda, mas eu sou antes de mais nada, o poeta de *Tempo e eternidade* [...] Ora, apesar de seus cultores viverem entre operários, observando-os como os cientistas observam suas cobaias, essa literatura não tem, salvo raras exceções, a naturalidade e a força da águia do filósofo. Outra coisa será quando o operário ou o intelectual proletarizado puderem escrever suas vidas, fixar no papel, contos, romances [...], suas rebeldias triunfantes"

(Povina Cavalcanti, op. cit., p. 123). Na década de 1940, Jorge de Lima escreveu outros volumes hagiográficos, a *Vida de são Francisco de Assis* e a *Vida de santo Antônio* (1947).

76. Jorge de Lima candidatou-se quatro vezes à Academia Brasileira de Letras, perdendo em 1937 para Barbosa Lima Sobrinho, de novo em 1937 para Cassiano Ricardo, em 1944 para Peregrino Jr. e, em 1945, para Vianna Moog.

77. Demósthenes Madureira de Pinho, *Carrossel da vida (Páginas de memórias)*, apresentação de Pedro Calmon, pref. de Leonídio Ribeiro. Rio de Janeiro, José Olympio, 1974, p. 33.

78. Ibid., p. 81.

79. Ibid., p. 92.

80. Expressão cunhada por Arnon de Mello para designar os políticos da República Velha que a Revolução de 1930 relegou ao ostracismo, e título de seu livro *Os "sem trabalho" da política*. Rio de Janeiro, Pongetti, 1931.

81. "Para mim, após aquele episódio do integralismo, a minha profunda decepção do movimento, como força política, da desilusão que me causaram pessoas e ideias, senti-me tão tolhido, como se continuasse preso, porque estava em verdade preso em mim mesmo, nas hesitações e na desconfiança do meu próprio critério [...] De qualquer modo, essa decepção política, aos 22 anos de idade, destorceu-me o destino, segundo eu pensava, até ali, fadado à vida pública. Essa não me veio nunca. Talvez por culpa minha, por não querer buscá-la, por não desentocá-la onde ela se esgueirasse. De qualquer forma, não me ocorreu e isso constituiu, para mim, a grande frustração da vida [...] Como sentir-me frustrado, ante um êxito profissional indiscutível? Onde achar frustração, onde tantos acharam pretexto de inveja? Como encontrar esse vazio numa vida tão cheia? Não sei bem, mas a verdade aqui deve ser dita nua e crua. E eu já disse. Restava-me a profissão e os concursos a me desafiarem a coragem" (op. cit., p. 126).

82. Consultar Afrânio Coutinho (dir.), *Brasil e brasileiros de hoje*, 2 v. Rio de Janeiro, Editorial Sul Americana, 1961, v. II, pp. 142, 225, 517-8, 590, 600.

83. Helgio Trindade, op. cit., pp. 139, 140, 142.

84. Retomo essa hipótese no último capítulo, ao fazer um balanço dos ganhos posicionais de integralistas e católicos no interior dos aparelhos do Estado ao longo das décadas de 1930 e 1940.

85. Demósthenes Madureira de Pinho, op. cit., pp. 112-5.

2. A EXPANSÃO DO MERCADO DO LIVRO E A GÊNESE DE UM GRUPO DE ROMANCISTAS PROFISSIONAIS (PP. 141-94)

1. Brito Broca, *A vida literária no Brasil, 1900*. Rio de Janeiro, MEC/Serviço de Documentação, 1956, p. 141.

2. Medeiros e Albuquerque, *Homens e cousas da Academia Brasileira*. Rio de Janeiro, Renascença Editora, 1934, p. 135: "Tempo houve nesta cidade em que dois amigos, um português e outro brasileiro, tinham duas pequenas livrarias. Vendiam-se nelas principalmente livros velhos, em segunda mão [...] preocupados com questões de ensino, hesitando entre o comércio e o magistério, pensaram em fundir as duas livrarias. Um deles ficaria gerindo o importante estabelecimento e o outro iria fazer vida no ensino [...] quando os apuros eram mais sérios, o português, Alves, foi cha-

mado para a loja de um tio [...] Mais tarde, Alves voltou ao comércio, por conta própria, e começou a editar livros pedagógicos".

3. Brito Broca, op. cit., cap. XIV, "Editores e 'best-sellers' ", pp. 141 ss.

4. Mano Zagari era proprietário da Tipografia e Papelaria Coelho; P. Petraccone fundou em 1935 a Athena Editora, voltada para a edição de obras da literatura clássica; Nello Garavini adquiriu em 1934 a Minha Livraria Editora.

5. Henrique Pongetti, *O carregador de lembranças* (*Memórias*). Rio de Janeiro, Pongetti, 1971, pp. 73-4, 78-80, 104.

6. Ver Warren Dean, *A industrialização de São Paulo*. São Paulo, Difel, 1971, primeira parte, "Origens econômicas e sociais do empresariado (1880-1914)", cap. II, "A matriz econômica, a importação", pp. 25-50.

7. "Em primeiro lugar, por sua própria natureza, a importação requeria certo número de operações realizadas in loco [...] Uma segunda explicação da transição da importação para a manufatura reside na posição estratégica do importador na estrutura do comércio. O importador, e mais ninguém, possuía todos os requisitos do industrial bem-sucedido: acesso ao crédito, conhecimento do mercado e canais para distribuição do produto acabado [...] Mas havia outro aspecto em que a posição do importador era estratégica como industrial potencial. Um sem-número de vezes os importadores converteram suas agências de vendas em fábricas autorizadas" (Warren Dean, op. cit., pp. 26-8).

8. Henrique Pongetti, op. cit., p. 110.

9. Ibid., p. 103.

10. Ibid., pp. 153-4, 156-7.

11. Octalles Marcondes Ferreira iniciou-se no ramo editorial como sócio de Monteiro Lobato; em 1925, fundou a Companhia Editora Nacional, adquirindo a maquinaria do então falido autor de *Urupês*. Em 1932, estende suas atividades à capital federal com a empresa Civilização Brasileira S. A., que no início da década de 1940 passa a denominar-se Editora Civilização Brasileira S. A. Além dele, outros membros da família constam da diretoria ou se incluem entre os principais acionistas da filial carioca; dados extraídos de atas de assembleias da empresa, datadas respectivamente de 20 de março e 30 de maio de 1941 (*Diário Oficial da União*, 25 de março e 30 de maio). Mais tarde, na década de 1950, a direção editorial da Civilização Brasileira passou às mãos do genro de Octalles, Ênio Silveira, que começara a trabalhar no departamento editorial da Companhia Editora Nacional, depois de concluir a Escola Livre de Sociologia e após um período de estudos nos Estados Unidos. Consultar escorço biográfico in Afrânio Coutinho (dir.), *Brasil e brasileiros de hoje*, 2 v. Rio de Janeiro, Editorial Sul Americana, 1961, v. II, p. 494.

12. É o caso típico de Afrânio Peixoto. Ao longo da década de 1930, foram impressas a sexta, sétima e oitava edições de *Medicina legal*, a quarta, quinta e sexta edições de *Psicopatologia forense*, a quarta, quinta, sexta e sétima edições de *Noções de higiene*, a quinta e sexta edições de *Elementos de higiene*, a primeira edição da *História da literatura geral* e da *História da literatura brasileira*, a primeira e a segunda edições de *Martha e Maria*, todas com o selo da Livraria Alves, e mais a primeira edição de suas obras completas pela Jackson, em 25 volumes, sem falar dos romances e das obras em todos os gêneros, publicados por outras editoras; dados extraídos de Leonídio Ribeiro, *Afrânio Peixoto*. Rio de Janeiro, Edições Condé, 1950, pp. 419-26.

13. Entre outros, Edgar Rice Burroughs, M. Delly, Edgar Wallace, Will Durant, Maurois, Stefan Zweig, H. G. Wells, Gide, Darwin, além de Humberto de Campos e José Lins do Rego, definidos como autores de vendagem certa que teriam quebrado a tradição das pequenas edições de romances, conforme depoimento de um responsável pela José Olympio, in "O que se lê no Brasil", inquérito publicado pelo *Anuário Brasileiro de Literatura*. Rio de Janeiro, Irmãos Pongetti, 1938, pp. 401 ss.

14. Os dados relativos à produção de livros são resultado de um levantamento junto ao *Anuário Brasileiro de Literatura* nos anos 1939-43. As diferenças entre os totais apurados pelo *Anuário Brasileiro de Literatura* e aqueles constantes do quadro 3 se devem à exclusão dos periódicos e de alguns poucos títulos que não se enquadravam em nenhuma das rubricas. Como pretendia obter a distribuição das obras por editora e não apenas por gênero, tal como consta do resumo estatístico com que se encerra o movimento bibliográfico da fonte aqui utilizada, os títulos do registro bibliográfico anual foram compulsados e classificados segundo esses critérios. Preliminarmente, contudo, introduzi algumas modificações no sistema de classificação por gênero de que se valia o anuário, seja pela fusão de gêneros que antes apareciam isolados (romances, novelas, lendas, contos etc. — ficção), ou, ao contrário, isolando gêneros que antes estavam agrupados (direito e ciências sociais, por exemplo).

O "Movimento bibliográfico", principal seção do anuário, oferece as seguintes indicações para cada obra editada: autor, título da obra, número de volumes, de páginas, coleção, número e série da edição, preço, tamanho, formato, mês e ano do aparecimento, ilustrações etc. Exemplo: *"Prado Júnior* (Caio) — *Formação do Brasil contemporâneo. Colônia.* (17/24). 389 p., 1 mapa, il. br. Cr$ 40,00. (9/42)". Foi com base nesse tipo de registro que os quadros foram construídos, obedecendo à discriminação por gênero, por editora, ao mesmo tempo que se coligiam informações acerca do contingente de autores nacionais e estrangeiros, e a respeito dos tradutores, tiragens, coleções etc. Os quadros foram montados para cada ano, efetuando-se em seguida o cômputo para o período 1938-43. Embora estivessem disponíveis informações referentes aos anos de 1936 e 1937, decidi não incluí-los no cômputo global em virtude das lacunas observadas. Nesses anos, a seção em pauta restringia-se a um balanço acerca das atividades desenvolvidas pelas principais editoras que dela se serviam para divulgar seus futuros lançamentos e reedições. Tratava-se, a rigor, de uma seleção de títulos de apelo comercial, que por vezes se fazia acompanhar de um fac-símile da capa e de informações sucintas a respeito do conteúdo e da relevância da obra. Por conseguinte, o marco divisório era a própria editora e a seção consistia numa sequência de listas que, ao que tudo leva a crer, eram organizadas sob a forma de anúncios pagos pela editora interessada. Exemplo de um lançamento característico da seção em 1936: *"A vida começa aos quarenta* — de Walter B. Pitkin. Este livro, que nos oferece uma nova e amável filosofia de vida, causou vertiginoso sucesso nos Estados Unidos, onde as edições se sucederam. Quanto ao êxito aqui alcançado, basta dizer que no mesmo ano, com espaço de poucos meses, fizeram-se duas edições da tradução brasileira" ("Movimento bibliográfico de 1936", *Anuário Brasileiro de Literatura*. Rio de Janeiro, Irmãos Pongetti, 1937, pp. 306-7). Somente a partir de 1938 o registro dos lançamentos passou a obedecer à classificação por gêneros, seguindo à risca e uniformemente certos padrões de documentação bibliográfica.

15. Incluem-se nesses grupos alguns editores que atendem a um público cativo: a Editora Athena, especializada na difusão dos "clássicos" em literatura e filosofia; a Editorial Calvino, que

se dedicava à publicação de obras políticas de esquerda e dos "clássicos" do marxismo; a Jackson, cuja fórmula "obras completas" privilegia uns poucos autores brasileiros de ficção que aliam o reconhecimento da crítica à continuidade do prestígio junto aos leitores; a Papelaria Coelho, que só publicava praticamente obras de teatro, bem como outros editores especializados em obras médicas e jurídicas (Cultura Moderna, Livraria Scientífica etc.). Também fazem parte desse grupo alguns livreiros cujas atividades editoriais iam a reboque de seus interesses como importadores de livros estrangeiros.

16. Esse grupo comporta algumas editoras de fundação recente, como, por exemplo, a Martins, cujas atividades editoriais começam em 1940, ao lado de editoras tradicionais, como a Briguiet-Garnier, a Antunes, cuja presença no ramo se deve tanto às suas iniciativas propriamente editoriais como aos negócios que mantêm como experts na importação de livros franceses e portugueses.

17. As editoras desse grupo devem suas posições seja à concentração de recursos em áreas especializadas — é o caso da Freitas Bastos, da Saraiva e, em menor medida, das Edições e Publicações Brasil, em relação às obras jurídicas —, seja aos lançamentos de edições populares de obras de ficção estrangeiras, em geral de escritores de ampla aceitação junto ao público leitor, como nos casos da Empresa Editora Brasileira e da Editora Vecchi.

18. O *Anuário Brasileiro de Literatura* foi fundado pelos Irmãos Pongetti e depois passou às mãos da Livraria Editora Zelio Valverde. Além do "Movimento bibliográfico", continha balanços críticos a respeito dos lançamentos anuais nos diversos gêneros, uma resenha da vida literária internacional, um panorama da vida intelectual nos estados, matérias e entrevistas com editores, uma lista de endereços de intelectuais e escritores do Rio de Janeiro e dos estados, pequenos contos e novelas, poemas, anúncios de lançamentos, reedições, novas coleções, artigos sobre a vida literária, resenhas etc. O veículo centralizava informações a respeito dos editores particulares, que eram os principais interessados nesse trabalho de divulgação e quase os únicos anunciantes.

19. Ademais, no caso das edições financiadas por entidades religiosas, por exemplo, somente foram computadas aquelas obras sobre cuja filiação confessional não restava a menor dúvida, deixando de lado os títulos publicados por um selo editorial aparentemente leigo e a respeito do qual não se dispunha de outros critérios de qualificação.

20. Ver *Anuário Estatístico do Brasil*, ano v, 1939-40. Rio de Janeiro, IBGE/Conselho Nacional de Estatística, pp. 1124-6.

21. Dados extraídos de *Estatística intelectual do Brasil*, 1930, p. 41.

22. Ver *Anuário Brasileiro de Literatura*. Rio de Janeiro, Irmãos Pongetti, 1938, pp. 401 ss.

23. "Há duas camadas: a dos que só leem romances policiais e a dos que leem tudo, inclusive os romances policiais. A influência embrutecedora da novela policial na nossa adolescência ainda não foi devidamente encarada pelas nossas autoridades e pelos nossos professores [...] Ela é nefasta porque toma o lugar das obras verdadeiramente construtivas, daquelas que realmente concorrem para a formação do espírito. A novela policial atrasa a nossa cultura [...] O público, a massa, prefere a literatura de ficção, que distrai sem fazer pensar [...] Diz um dos nossos mais eminentes críticos, que este interesse vem da 'necessidade de sonho, a premência de distrair a mente na oscilação igual da vida cotidiana, a procura daquilo que eles não vivem, aquilo que está além dos limites das suas existências pacíficas e metodizadas'" (trechos das declarações prestadas por Galeão Coutinho, romancista e proprietário das Edições Cultura Brasileira, de São Paulo, e por um dos

dirigentes da Companhia Editora Nacional, também de São Paulo, ao inquérito "O que se lê no Brasil", *Anuário Brasileiro de Literatura*. Rio de Janeiro, Irmãos Pongetti, 1938, p. 407).

Às lamúrias dos editores em face do "mau gosto" que revelam as preferências dos leitores pelos gêneros "vulgares" juntam-se as reivindicações quanto ao suprimento de papel. Na época, o governo buscava proteger a produção interna, embora ainda fosse quase total a dependência em relação à matéria-prima importada. A grande maioria dos editores entrevistados é unânime em apontar a falta de qualidade do papel produzido no país: "[...] se ressente de uma calandragem incerta, desigual na metragem, no peso; e escuro; absolutamente heterogêneo e relativamente caro, em vista das franquias de que goza com a proteção oficial" (op. cit., p. 405). Entretanto, se é idêntico o diagnóstico que expressam, as soluções propostas obedecem a interesses distintos. Enquanto diversos editores insistem na necessidade de se proceder à nacionalização da indústria do papel, louvando a crescente ingerência do governo no setor, outros, em especial aqueles cuja parcela decisiva de lucros continua dependente dos negócios de importação, lançam mãos dos mesmos argumentos para justificar a necessidade da concorrência estrangeira, "como um incentivo para a nossa indústria" (op. cit., pp. 401-8).

24. O prolongamento da escolaridade feminina, a feminização de inúmeras carreiras e ocupações na divisão do trabalho pedagógico, entre outras razões, devem ter contribuído para a ampliação do público a que se endereçava a literatura de ficção. Consultar o trabalho clássico de Ian Watt, *The rise of the novel* (*Studies in Defoe, Richardson, and Fielding*). Londres, Penguin, 1966, sobretudo o capítulo inicial, intitulado "The reading public and the rise of the novel", pp. 36-61. [*A ascensão do romance: Estudos sobre Defoe, Richardson e Fielding*, São Paulo, Cia. das Letras, 2019.]

25. A respeito das mudanças ocorridas no sistema de ensino que repercutiram mais diretamente sobre o perfil do mercado do livro, consultar as obras de Jorge Nagle (*Educação e sociedade na Primeira República*. São Paulo, EPU/Edusp, 1974), Leonor Maria Tanuri ("A Escola Normal do estado de São Paulo no período da Primeira República [Contribuição para o estudo de sua estrutura didática]". Tese de doutoramento apresentada à Faculdade de Filosofia, Ciências e Letras de Marília, 1973, mimeo.) e Fernando de Azevedo (*A cultura brasileira* [*Introdução ao estudo da cultura no Brasil*], 5ª ed. São Paulo, Melhoramentos, 1976), entre outros.

26. O plantel da José Olympio abrange tanto o grupo de intelectuais orgânicos do regime, recém-cooptados pelo governo central (Azevedo Amaral, Alceu Amoroso Lima, Pontes de Miranda, Oliveira Viana, Otávio Tarquínio de Sousa), como as figuras de maior prestígio literário da leva de romancistas (Graciliano Ramos, José Lins do Rego, Rachel de Queiroz, Octavio de Faria, Ciro dos Anjos, Lúcio Cardoso, João Alphonsus), sem esquecer toda uma categoria de escritores que obtinham a chancela da casa pelo fato de pertencerem aos anéis burocráticos em operação nos aparelhos do Estado. Não custa lembrar que os discursos e escritos de Getúlio Vargas, sob o título *A nova política do Brasil*, foram publicados por essa mesma editora.

27. Vale a pena chamar a atenção para o modelo de legitimidade cultural que norteia o programa de publicações das principais editoras do período em questão. Tendo que satisfazer às demandas objetivas do público da época e, ao mesmo tempo, veicular a produção crescente das novas categorias de produtores — pensadores políticos, sociólogos, antropólogos, historiadores, folcloristas, educadores — que estavam à frente do processo de diferenciação do campo intelectual, as grandes editoras repartem seus lançamentos entre dois tipos de coleção: as coleções destinadas exclusivamente a difundir os diversos gêneros ficcionais, desde as traduções dos clássicos até as obras de literatura poli-

cial, e as coleções de estudos brasileiros, sendo que essa repartição dependia da diversificação a que chegavam os investimentos dos editores e, sobretudo, da autoridade intelectual e do poder de consagração de que dispunham. Enquanto a José Olympio dispõe da coleção Documentos Brasileiros ao lado das coleções Fogos Cruzados, Menina e Moça, O Romance para Você, a Companhia Editora Nacional desenvolve a coleção Brasiliana junto com as coleções Paratodos, Terramarear, Negra, Biblioteca das Moças, e a Martins, a Biblioteca Histórica Brasileira ao lado da coleção Excelsior.

28. Em 1942, por exemplo, a Francisco Alves, primeiro posto em livros didáticos, editou aproximadamente apenas uma tradução para cada dez livros de autores nacionais, a Melhoramentos editou duas traduções para cada doze livros de autores nacionais, proporção que se deve confrontar com os índices das editoras dependentes de obras de ficção. Nesse mesmo ano, o volume de traduções editadas pela Companhia Editora Nacional igualou o de obras de autor nacional; a Globo lançou 44 traduções e apenas 24 obras de autor nacional. Em 1943, a Freitas Bastos publicou apenas uma tradução, a Saraiva apenas duas, enquanto a Martins e a Pongetti se encontravam na mesma situação da Companhia Editora Nacional, o mesmo ocorrendo, em menor medida, com a José Olympio (43 traduções e 38 nacionais) e a Globo (41 traduções e 27 nacionais), até chegar ao extremo da Editora Vecchi, uma das mais dependentes da vendagem de obras de ficção, que imprimia tão somente um livro de autor nacional para cada lote de onze traduções.

29. Subtítulo inspirado no romance de Lúcio Cardoso, *Crônica da casa assassinada*, cujo tema central é o relato das taras e perversões a que se vê condenada uma antiga família dirigente cujos herdeiros perderam quaisquer esperanças de recuperar o antigo prestígio familiar.

30. A maioria dos escritores modernistas produziu poesia ao longo da década de 1920, e os poucos que tentaram o romance só se lançaram nesse gênero muito mais tarde, aproveitando-se do clima favorável provocado pelo êxito do romance social.

31. Belmiro Borba, pequeno funcionário público, é o personagem central de *O amanuense Belmiro* (1937), romance de Ciro dos Anjos, que busca compensar a mesmice de sua situação profissional e aliviar o convívio com as irmãs neuróticas com um diário em que registra suas veleidades literárias; bacharel Carlos de Melo, personagem de *Banguê* (1934), romance de José Lins do Rego, é o neto de um senhor de engenho decadente que, em meio a uma conjuntura adversa, não consegue preservar as terras da família; João Valério é o guarda-livros de *Caetés* (1933), de Graciliano Ramos, também às voltas com suas pretensões de literato, situação semelhante àquela vivida pelo funcionário interiorano Luís da Silva, outra criação de Graciliano Ramos, no romance *Angústia* (1936).

32. Ver o perfil biográfico de ambos in Renard Perez, *Escritores brasileiros contemporâneos*, duas séries, 47 biografias seguidas de antologia. Rio de Janeiro, Civilização Brasileira, primeira série, 1960, pp. 235-41 e 307-9, bem como as referências a respeito de Octavio de Faria contidas em depoimentos e memórias de Alceu Amoroso Lima e na biografia de Afrânio Peixoto já citada, de autoria de Leonídio Ribeiro.

33. Renard Perez, op. cit. Rio de Janeiro, Civilização Brasileira, segunda série, 1964, pp. 193-4.

34. "Curvelo se dividia em duas famílias: Vianna e Mascarenhas. Os que não eram seus membros, a elas se ligavam pelo casamento ou pela amizade, quaisquer desses tipos de relações excluindo automaticamente qualquer ligação mais profunda com a outra [...] A separação na sociedade local era completa: na igreja, nas festas, em tudo. Os Viannas tinham o seu cinema, os Mascarenhas inauguraram um para eles; os Viannas frequentavam a igreja matriz, os Mascarenhas, a igreja ve-

lha de São Geraldo, dos padres redentoristas [...] Os Mascarenhas eram gente boa, honrada, de coração largo, a sua caridade famosa entre a gente pobre. Possuidores de grande fortuna, casavam--se entre si [...] Os Viannas eram pobres, seus antepassados tendo perdido quase toda a fortuna que possuíam. Em matéria de inteligência e espírito, porém, eram bem providos. Inteligentes, vivos, críticos, não perdoavam aos adversários a sua simplicidade, glosando-os impiedosamente no seu jornal [...] Ambas eram famílias dignas, honradas, de grande tradição, vinculadas àquela terra há longos anos. Pelo lado materno pertencíamos à família Vianna, e disso nos orgulhávamos bastante" (Maria Helena Cardoso, *Por onde andou meu coração*, 2ª ed. Rio de Janeiro, José Olympio, 1968, pp. 51-2).

35. Ibid., p. 41.
36. Ibid., pp. 40-1.
37. Ibid., p. 47.
38. "Se eu não tinha roupa, isto não constituía problema. Zizina trazia um dos vestidos dela e ajeitava-o no meu corpo. Quase da mesma altura, eu mais magra apenas, aperta daqui, prega dacolá, pronto, lá estava eu vestida, apesar dos alinhavos e alfinetes" (ibid., p. 215).
39. Ibid., pp. 209-11.
40. Graciliano Ramos, *Infância (Memórias)*, 3ª ed. Rio de Janeiro, José Olympio, 1953, pp. 108, 131.
41. Cornélio Pena, *Romances completos*. Rio de Janeiro, Aguilar, 1958, pp. LVI e 1368.
42. "Devo o apodo ao meu desarranjo, à feiura, ao desengonço [...]" (Graciliano Ramos, op. cit., p. 132).
43. Maria Helena Cardoso, op. cit., pp. 220-1.
44. Ciro dos Anjos, *Explorações no tempo (memórias)*. Rio de Janeiro, José Olympio, 1963, pp. 28-9, 32, 46.
45. Maria Helena Cardoso, op. cit., pp. 272-4.
46. Ciro dos Anjos, op. cit., p. 15.
47. Ibid., p. 9.
48. Graciliano Ramos, op. cit., pp. 183-4.
49. Ciro dos Anjos, op. cit., pp. 94-7.
50. Maria Helena Cardoso, op. cit., pp. 114-5.
51. Graciliano Ramos, op. cit., pp. 180-1: "Este não tinha lugar definido na sociedade. Para bem dizer, não tinha lugar definido na espécie humana: era um tipo mesquinho, de voz fina, modos ambíguos, e passava os dias alisando o pixaim com uma escova de cabelos duros [...] mirando--se num espelho, namorando-se, mordendo a ponta da língua [...]".
52. Maria Helena Cardoso, op. cit., pp. 66, 116, 202.
53. Sergio Miceli, *Poder, sexo e letras na República Velha (Estudo clínico dos anatolianos)*. São Paulo, Perspectiva, 1977, p. 81, incluído neste volume, p. 59).
54. Cornélio Pena, op. cit., pp. LVII-LVIII.
55. Graciliano Ramos, op. cit., pp. 201-10.
56. Érico Veríssimo, *Solo de clarineta*, v. 1. Porto Alegre, Globo, 1973, pp. 104 ss.
57. A respeito da trajetória ocupacional e intelectual dos romancistas, consultar o quadro que acompanha este capítulo.
58. Érico Veríssimo, *Um certo Henrique Bertaso*. Porto Alegre, Globo, 1973, pp. 8-11, 15 e 19.

59. Ibid., pp. 15, 19-20.
60. Ibid., pp. 21, 24-5, 57-8.
61. Ibid., pp. 41-2.

3. OS INTELECTUAIS E O ESTADO (PP. 195-237)

1. Ver o trabalho de Mário Wagner Vieira da Cunha, *O sistema administrativo brasileiro (1930--1950)*. Rio de Janeiro, MEC, 1963, em especial o cap. IV, dedicado à burocracia civil e militar entre 1920 e 1940, pp. 111-45. Conforme indica o autor, em todos os estados brasileiros houve nesse período um aumento absoluto do número de funcionários civis e militares, sempre maior do que o crescimento da população.

2. Os ministérios políticos (Justiça e Negócios Interiores, Educação e Saúde Pública, Trabalho, Indústria e Comércio, Relações Exteriores) detinham 23% dos funcionários civis, sendo que a maior parcela (aproximadamente 11%) desse grupo estava sediada no Ministério da Educação; os ministérios econômicos detinham, em conjunto, 68% do total de funcionários civis, cabendo 6% ao Ministério da Agricultura, 19% ao Ministério da Fazenda e 43% ao Ministério da Viação e Obras Públicas; por fim, os restantes 9% dos funcionários civis estavam lotados nos ministérios militares existentes em 1939. Dados extraídos do *Anuário Estatístico do Brasil*, Rio de Janeiro, 1941. A parcela majoritária do pessoal extranumerário concentra-se nos ministérios econômicos (79%), cabendo 11% e 10%, respectivamente, aos ministérios políticos e militares, segundo a mesma fonte citada acima, que transcreve os resultados de um inquérito que abrange todo o pessoal extranumerário, a saber, contratados, mensalistas, diaristas e tarefeiros. A situação funcional do pessoal extranumerário regia-se então pelos preceitos contidos no decreto-lei nº 240, de 4 de fevereiro de 1938. A categoria dos contratados destinava-se ao desempenho de funções especializadas, não havendo indicação de limites salariais; os mensalistas eram admitidos "para suprir temporariamente deficiências dos quadros do funcionalismo", nas funções de menor salário; os diaristas eram admitidos para trabalhos de conservação e limpeza, sendo vedada "a admissão de diarista para funções inerentes às profissões liberais, trabalhos de escritório, de qualquer natureza". "Tarefeiro é a pessoa admitida pelo diretor da repartição para o desempenho de determinadas funções" e que percebe salário na base da produção por unidade, enquanto o pessoal para obras terá seus vencimentos por conta das verbas para tal fim, estes últimos nem mesmo se enquadrando entre as categorias de extranumerários. Pelo artigo 53º dessa lei, os extranumerários estão impedidos de receber gratificações de qualquer espécie, "em virtude da natureza e condições especiais de trabalho ou pelo desempenho de atribuições pertinentes a funcionários com vencimentos maiores que os seus salários", a menos que haja dispositivos expressos na legislação e dotação orçamentária própria. Somente os contratados e mensalistas têm direito a férias, licenças e consignações, "dentro do prazo de validade do contrato" para os primeiros e "do exercício financeiro" para os segundos. O artigo 62º veda ao pessoal extranumerário a possibilidade de sindicalizar-se.

3. Publicado no *Diário Oficial da União*, de 11 de março de 1933.

4. Trata-se da lei nº 284, de 28 de outubro de 1936, publicada no *Diário Oficial da União*, de 30 de outubro do mesmo ano, que "reajusta os quadros e os vencimentos do funcionalismo público civil da União e estabelece diversas providências". Conforme salienta Graham, a subcomissão montada com base na Comissão de Reajustamento e Reforma Tributária havia proposto diversas

sugestões para a reforma do serviço público, entre elas "a criação de dois sistemas gerais para o serviço público, dividido entre uma administração central e uma regional; o estabelecimento de um plano de classificação uniforme e a formação de uma agência central de pessoal". Após rejeitar esse relatório, o governo nomeou outra comissão para lidar com os problemas de classificação e remuneração no serviço público, a qual, por sua vez, apresentou três planos alternativos: "uma classificação de posições calcada em desempenho; um plano salarial com cinco escalões independente de promoção; e um reajuste geral baseado na criação de uma carreira ao nível de cada ministério, sendo que o pagamento estaria vinculado ao desempenho e as promoções correriam por conta da qualificação". Vargas escolheu a terceira alternativa porque ela facilitava a coexistência dos mecanismos de cooptação com uma fachada burocratizante. Ver Lawrence S. Graham, *Civil service reform in Brazil (Principles versus practice)*. Austin, University of Texas Press/Institute of Latin American Studies, 1968, p. 25.

5. Dos 1173 cargos exercidos em comissão em 1939, o Ministério da Educação e Saúde Pública detém o maior contingente (412, ou 35%), seguido pelo Ministério da Fazenda (30%), pelo Ministério da Viação e Obras Públicas (21%), os demais 14% estando distribuídos pelos outros ministérios. Tal distribuição constitui pista segura para desvendar os espaços de inserção para intelectuais, tanto mais quando se sabe que 263 cargos em comissão alocados no Ministério da Educação se concentram na referência H, a faixa característica da carreira de oficial administrativo, em que se alojam os contingentes de bacharéis que não tiveram oportunidade ou que estão aguardando a chance de obter vagas nos escalões superiores a que têm direito em virtude de seus trunfos sociais e, em menor medida, escolares.

6. Ver o decreto-lei nº 1713, de 28 de outubro de 1939.

7. Por outro lado, os incisos IV e V do artigo 120, cap. III, do estatuto estipulam as seguintes situações dentre aquelas que propiciam gratificações: "IV) Pela elaboração ou execução de trabalho técnico e científico; V) A título de representação, quando em serviço ou estudo no estrangeiro, ou quando designado, pelo presidente da República, para fazer parte de órgão legal de deliberação coletiva ou para função da sua confiança". No caso previsto no inciso IV, a gratificação seria arbitrada pelo ministro de Estado, ou dirigente dos órgãos diretamente subordinados ao presidente da República, ao passo que as gratificações pela prestação de serviços extraordinários não poderão exceder a um terço do vencimento mensal do funcionário. É em meio ao emaranhado dessas concessões que se configura a disparidade de tratamento entre os diversos escalões da hierarquia, favorecendo aqueles contingentes que dispõem dos trunfos escolares e da competência cultural para se aninhar nos espaços privilegiados e para se apropriar do máximo de vantagens.

8. Ver Kenneth Paul Erickson, *Labor in the political process in Brazil: corporatism in a modernizing nation*. Ann Arbor, Michigan, University Microfilms, 1971.

9. José Carlos Garcia Durand, "A serviço da coletividade — Crítica à sociologia das profissões", *Revista de Administração de Empresas*, v. 15, nº 6. São Paulo, Fundação Getúlio Vargas, novembro--dezembro de 1975, p. 60. Entre 1930 e 1939, foram regulamentadas treze profissões de nível superior, o que só veio a ocorrer nessa proporção na década de 1960.

10. A cúpula salarial incluía nove faixas de vencimentos, da referência O à referência X; o contingente de funcionários distribuídos entre as referências H a N comportava 11 190 funcionários, e 37 660 estavam classificados entre as referências A e G; dados extraídos das tabelas referentes ao

pessoal ordinário da administração civil federal, in *Anuário Estatístico do Brasil*. Rio de Janeiro, IBGE/Conselho Nacional de Estatística, 1941.

11. As nomeações de intelectuais para cargos públicos foram compulsadas no *Diário Oficial da União*, desde o início do governo provisório até a queda do Estado Novo. Esse levantamento abrangeu os ministérios da Justiça e Negócios Interiores, Relações Exteriores, Trabalho, Indústria e Comércio, Educação e Saúde Pública, outros órgãos diretamente vinculados à Presidência da República, como, por exemplo, o Departamento de Imprensa e Propaganda, o Conselho de Imigração e Colonização, o Departamento Administrativo do Serviço Público, tendo caráter exaustivo apenas em relação às carreiras judiciárias, ao magistério superior, ao corpo diplomático, aos cargos executivos e ao pessoal técnico e especializado desses ministérios. Foram deixados de lado os ministérios da Fazenda, Agricultura, Viação e Obras Públicas, bem como os ministérios militares. Esse critério não resultou apenas de injunções práticas — volume de verbas da pesquisa, tempo destinado à coleta de material etc., que evidentemente tiveram seu peso —, mas também da hipótese segundo a qual as diversas categorias de intelectuais tenderiam a se concentrar naqueles espaços da atividade estatal voltados aos encargos políticos e culturais. No correr da pesquisa, constatou-se a existência de uma parcela de intelectuais que se alojava em outras esferas do serviço público — alguns no Ministério da Fazenda, outros no Ministério da Agricultura, sem falar dos militares que se dedicavam à produção intelectual. Tanto por razões de ordem material como pelo fato de não se tratar de um contingente cuja ausência prejudicaria a demonstração empírica, decidi sustentar o critério inicial, mantendo esses nomes fora do alcance das "malhas" do levantamento. As diferentes posições e categorias funcionais com as quais se procurou explicitar as modalidades de inserção dos intelectuais na máquina governamental correspondem, via de regra, a padrões idênticos de remuneração e a graus homólogos de prestígio, influência, autoridade e poder no interior da hierarquia burocrática. Os nomes selecionados como exemplos dessas modalidades, seja no corpo do texto, seja em notas, assim o foram por força de uma série de critérios estritamente operacionais: a disponibilidade de dados e materiais biográficos complementares, a existência de fontes que permitissem qualificar de modo mais detido o perfil institucional de suas carreiras e a preocupação de não reincidir nos mesmos nomes a cada passo da argumentação.

12. Afrânio Coutinho (dir.), *Brasil e brasileiros de hoje*, 2 v. Rio de Janeiro, Editorial Sul Americana, 1961, v. I, p. 243.

13. Basta confrontar as obras produzidas por um Francisco Campos ou por um Levi Carneiro, escrevendo quase sempre ao sabor das circunstâncias e conveniências suscitadas por determinadas conjunturas de crise política ou, então, produzindo em regime de encomenda o elenco de justificativas que acompanham seus pareceres e projetos, com a parcela de obras de autoria de um Oliveira Viana ou de um Alceu Amoroso Lima, cujo burilamento incluía os expedientes de que se vale o trabalho erudito, compulsando referências (revistas estrangeiras, dados estatísticos, informações históricas etc.) em apoio às teses que sustentavam.

14. Foram ministros de Estado: José Américo de Almeida (Viação e Obras Públicas), Agamenon Sergio de Godoy Magalhães (Justiça e Negócios Interiores), José Carlos de Macedo Soares (Justiça, Relações Exteriores). Levi Fernandes Carneiro e Francisco José de Oliveira Viana foram membros do conselho consultivo do estado do Rio de Janeiro.

15. Levi Fernandes Carneiro (direito comercial, Rio de Janeiro), Francisco Campos (filosofia do direito, Rio de Janeiro), Agamenon Magalhães (direito público e constitucional, Recife), José Carlos de Macedo Soares (Faculdade de Ciências Econômicas e Administrativas) etc.

16. Levi Fernandes Carneiro, Francisco Campos e Temístocles Brandão Cavalcanti ocuparam o cargo de consultor-geral da República; José Américo de Almeida e Oliveira Viana foram premiados com o posto de ministro do Tribunal de Contas em fins do Estado Novo. Inúmeros membros do grupo fizeram parte da comissão encarregada de elaborar o anteprojeto da Constituição (1932), entre eles José Américo de Almeida, Francisco Campos, Temístocles Brandão Cavalcanti, Alceu Amoroso Lima, Francisco Cavalcanti Pontes de Miranda e Francisco José de Oliveira Viana.

17. Oliveira Viana, Levi Carneiro e José Carlos de Macedo Soares eram membros da Academia Brasileira de Letras e do Instituto Histórico e Geográfico Brasileiro, sendo que o segundo ocupou ainda a presidência da Ordem dos Advogados do Brasil e a vice-presidência da Federação Interamericana de Advogados. Levi Carneiro integrou a delegação brasileira à 8ª Conferência Internacional Americana, em Lima (1938), e atuou como juiz da Corte Internacional de Justiça, em Haia; Pontes de Miranda foi representante no Conselho Administrativo da Repartição Internacional do Trabalho, em Montreal (1941); e José Carlos de Macedo Soares chefiou numerosas delegações ao exterior. O Estado lhes fez também as principais encomendas de aconselhamento institucional: Levi Carneiro participou da elaboração do projeto para o Código do Processo Civil e Comercial; Francisco Campos incumbiu-se de redigir a Carta Magna de 1937; Oliveira Viana e Levi Carneiro prestaram assessoria de alto nível, respectivamente, na consultoria jurídica dos ministérios do Trabalho e das Relações Exteriores. Para outros dados a respeito da carreira desses intelectuais, consultar o repertório já citado de Afrânio Coutinho, e mais as seguintes obras: Levi Carneiro, *O livro de um advogado*. Rio de Janeiro, Coelho Branco, 1943, e *Na Academia* (*Discursos e conferências*). Rio de Janeiro, Civilização Brasileira, 1943, em especial o discurso de posse, em que faz sua profissão de fé jurídica, pp. 7-13; Andrade Lima Filho, *China Gordo, Agamenon Magalhães e sua época*. Recife, Editora Universitária, 1976; José Américo de Almeida, *A palavra e o tempo (1937-1945-1950)*. Rio de Janeiro, José Olympio, 1965; José Américo de Almeida, *Antes que eu me esqueça* (*Memórias*). Rio de Janeiro, Francisco Alves, 1976; José Rafael de Menezes, *José Américo, um homem do bem comum*. Rio de Janeiro, Tempo Brasileiro, 1967; Homero Senna, *República das letras* (*20 entrevistas com escritores*). 2ª ed. revista e ampliada. Rio de Janeiro, Gráfica Olímpica Editora, 1968, entrevista com José Américo de Almeida, pp. 205-13.

18. Afrânio Coutinho (dir.), op. cit., v. II, p. 343.

19. As comissões de eficiência foram instituídas pela Lei do Reajustamento, e deveriam operar em cada um dos ministérios, sendo compostas de cinco membros "escolhidos dentre altos funcionários federais e nomeados, em comissão, pelo presidente da República, por proposta do respectivo ministro", conforme reza o artigo 16º. Sua atribuição básica consistiria em elaborar os critérios a serem adotados numa política de pessoal, com a autoridade de sugerir transferências e promoções de funcionários. Cada membro receberia cinquenta mil-réis por sessão a que comparecesse, no limite mensal de quinhentos mil-réis. Apesar de não terem se revelado instrumentos eficazes como se supunha, a participação nessas comissões é por si só um indicador inequívoco do grau de confiança de que seus integrantes desfrutavam junto ao ministro. Entre outros, pertenceram à Comissão de Eficiência de seus respectivos ministérios Heitor Lira, Luís Avelino Gurgel do Amaral, Carlos Maximiano de Figueiredo (Relações Exteriores); Carlos Drummond de Andrade (Edu-

cação e Saúde Pública); Rubens d'Almada Horta Pôrto (Trabalho); Arthur Hehl Neiva (Justiça) etc. As seções de segurança nacional, operando também em cada um dos ministérios, foram criadas por um decreto de 1934, mas somente tiveram sua organização definitiva em 1937, sendo o órgão de ligação entre cada ministério e a Secretaria-Geral de Segurança Nacional. Nem é preciso insistir nos sentimentos de lealdade que seus membros deviam despertar na cúpula estamental. Tiveram participação nesse órgão, entre outros, Luiz Augusto do Rego Monteiro (Trabalho); José Roberto de Macedo Soares e Heitor Lira (Relações Exteriores); Rubens d'Almada Horta Pôrto (Trabalho); Fernando Magalhães (Educação) etc.

20. Os típicos funcionários-escritores são, por exemplo, João Peregrino da Rocha Fagundes Jr., oficial de gabinete do ministro da Educação e Saúde Pública, médico clínico de carreira e catedrático de biometria na Escola Nacional de Educação Física e Desportos; Gilson Amado, promotor da Justiça do Distrito Federal, que passa a servir no gabinete do ministro do Trabalho; Gregório Porto da Fonseca, secretário de Vargas durante o governo provisório, oficial reformado do Exército, autor de uma coletânea de versos (*Templo sem deuses*) e de um volume póstumo de conferências (*Heroísmo e arte*), em que cultua "Apollo e Dionisos, Fausto e Prometeu, Caliban e Ariel, D. Juan e Ashverus", e defende a guerra e as batalhas como "fonte perene de inspiração da arte"; participou da Liga de Defesa Nacional, foi amigo íntimo de Bilac, tendo recebido como prêmio pelos serviços prestados a Vargas o cargo de embaixador no Vaticano; Heitor Moniz, oficial de gabinete do Conselho Nacional do Trabalho e, mais tarde (1937), do próprio ministro do Trabalho, polígrafo e publicista do regime de 37, autor de romances históricos, biografias, crônicas, estudos literários e históricos, plaquetas de proselitismo político (*Comunismo, Alerta, brasileiros!, Os homens precisam ser mais felizes, Ação social, literária e política*); Alexandre Abadie Faria Rosa, bacharel em direito, oficial de gabinete do ministro da Justiça e, em 1938, primeiro diretor do Serviço Nacional do Teatro, onde se manteve até 1945, presidente da Sociedade Brasileira de Autores Teatrais, jornalista, crítico, teatrólogo; Luiz Fernandes Vergara, bacharel, oficial de gabinete do chefe do governo provisório e secretário da Presidência da República, servindo a Vargas por quase dezoito anos; Ernani Guaragna Fornari, jornalista, subdiretor da Biblioteca Pública do Estado do Rio Grande do Sul, inspetor federal do ensino secundário, secretário-geral do Departamento de Propaganda e Difusão Cultural do Ministério da Justiça, diretor-substituto da Divisão de Divulgação do Departamento de Imprensa e Propaganda, chefe da Comissão de Censura Cinematográfica, secretário do ministro da Justiça, jornalista e teatrólogo.

Os materiais biográficos a respeito de Gregório da Fonseca foram extraídos do discurso de posse de Levi Carneiro na Academia Brasileira de Letras (*Na Academia* [*Discursos e conferências*], op. cit., pp. 43-60); sobre Abadie Faria Rosa e Ernani Fornari, consultar José Galante de Sousa, *O teatro no Brasil* (*Subsídios para uma bibliografia do teatro no Brasil*). Rio de Janeiro, INL/MEC, 1960, pp. 243 e 465-6. Ver, em especial, o volume de autocelebração Rubens Porto. *Rubens Pôrto em 60 anos..., artigos e discursos*. Rio de Janeiro, Fundação IBGE, 1970, coletânea de artigos e discursos de autoria desse alto funcionário que iniciou sua carreira na seção de engenharia do Conselho Nacional do Trabalho, passando depois a assistente técnico do gabinete do ministro do Trabalho e a diretor da Imprensa Nacional; e mais Luiz Vergara, *Fui secretário de Getúlio Vargas* (*Memórias dos anos de 1926-1954*). Porto Alegre, Globo, 1960; Alzira Vargas do Amaral Peixoto, *Getúlio Vargas, meu pai*. Porto Alegre, Globo, 1960.

21. Entre outros, basta dar os exemplos de Carlos Drummond de Andrade, Rodrigo Melo Franco de Andrade e Augusto Meyer. Consultar Carlos Drummond de Andrade, *Confissões de Minas*, *Passeios na ilha*, bem como o estudo "As várias fases de um poeta", de Emanuel de Moraes, e "Fortuna crítica" e "Cronologia da vida e da obra", in *Obra completa*. Rio de Janeiro, Aguilar, 1964.

22. Afrânio Coutinho (dir.), op. cit., v. I, p. 71.

23. Como, por exemplo, nos casos de Ciro Versiani dos Anjos, membro (1940) e presidente (1942) do Departamento Administrativo do Estado de Minas Gerais; Mário Casassanta, membro do conselho administrativo da Caixa Econômica Federal do Estado de Minas Gerais e da Comissão Nacional do Ensino Primário (1939); Prudente de Morais Neto, diretor do conselho administrativo da Caixa Econômica de São Paulo; Manoelito de Ornellas, diretor do Departamento Estadual de Imprensa e Propaganda no Rio Grande do Sul (1943). Para ter uma ideia da figura típica do intelectual provinciano que chegava a ocupar esses postos de responsabilidade, é interessante consultar Paulo de Carvalho Neto, *Um precursor do direito trabalhista brasileiro*. Belo Horizonte, Edições da Revista Brasileira de Estudos Políticos, 1964, biografia de seu pai, Antônio Manoel de Carvalho Neto, consultor jurídico e membro do Conselho Consultivo do Estado de Sergipe durante a interventoria de Maynard Gomes.

24. Nesse grupo, incluem-se, entretanto, intelectuais cuja posição funcional é radicalmente distinta tanto do ponto de vista do trabalho que desenvolvem como no que se refere à sua proximidade dos centros de poder. Por um lado, são os ocupantes dos cargos de chefia e direção das instituições culturais propriamente ditas: Rodolpho Augusto de Amorim Garcia, diretor do Museu Histórico Nacional e, a partir de 1932, da Biblioteca Nacional; Edgard Roquette-Pinto, professor de história natural e diretor do Museu Nacional, mais tarde primeiro diretor do Instituto Nacional de Cinema Educativo, que ele próprio idealizara; Sérgio Buarque de Holanda, diretor da divisão de consulta da Biblioteca Nacional; Rubens Borba Alves de Morais, diretor da divisão de preparação da Biblioteca Nacional; Luís Camillo de Oliveira Netto, diretor da Casa Rui Barbosa, depois chefe do serviço de documentação da Secretaria de Estado do Ministério das Relações Exteriores (1942); Alcindo Sodré, diretor do Museu Imperial de Petrópolis etc. Mas também faziam parte desse grupo os censores, redatores, auxiliares e responsáveis pelo aparato de repressão cultural e ideológica, bem como os ocupantes de posições homólogas: Genolino Amado e Hélio Viana, redatores, respectivamente, do Departamento de Propaganda e Difusão Cultural do Distrito Federal (1935) e do Departamento de Propaganda e Difusão Cultural do Ministério da Justiça; Lourival Fontes, diretor-geral do Departamento de Propaganda e Difusão Cultural do Ministério da Justiça (até 1937), membro da Comissão Censitária Nacional do IBGE (1939), e diretor-geral do Departamento de Imprensa e Propaganda; José Condé e José Edmar de Oliveira Morel, ambos redatores do Departamento de Imprensa e Propaganda; Raymundo de Monte Arraes, censor na Polícia Civil do Distrito Federal (1933) e do Departamento de Imprensa e Propaganda (1940); André Carrazzoni, censor lotado no Ministério da Justiça etc. Para maiores detalhes biográficos, consultar Genolino Amado, *O reino perdido* (*Histórias de um professor de história*). Rio de Janeiro, José Olympio, 1971. Sobre a origem social dos irmãos Amado, ver as memórias de Gilberto Amado, *História da minha infância*. Rio de Janeiro, José Olympio, 1954, e *Minha formação no Recife*. Rio de Janeiro, José Olympio, 1955, bem como a análise do caso Gilberto Amado in Sergio Miceli, *Poder, sexo e letras na República Velha* (*Estudo clínico dos anatolianos*). São Paulo, Perspectiva, 1977, pp. 61-7, incluído neste volume, pp. 48-52. Monte Arraes e Carrazzoni são

exemplos típicos de escribas oficiais, especialistas na redação de panegíricos do regime e no culto bombástico de suas principais figuras. Carrazzoni é autor de uma biografia, *Getúlio Vargas*, publicada pela José Olympio em 1939, enquanto Monte Arraes escreveu, entre outras obras, "Ideias e sentimentos de Viriato Vargas", sem casa editora, 1945.

25. Afrânio Coutinho (dir.), op. cit., v. I, p. 232.

26. O magistério superior comportava tanto os docentes nas disciplinas e ramos tradicionais do direito, medicina, engenharia, como os especialistas das novas disciplinas das faculdades de filosofia, ciências e letras. No primeiro grupo se incluem, entre outros, Almir Bonfim de Andrade (direito constitucional), Pedro Calmon Moniz de Bittencourt (teoria geral do Estado), Hermes Lima (introdução à ciência do direito), Olavo Bilac Pinto (direito administrativo), Alfredo Valladão (direito judiciário) etc., todos eles catedráticos na Faculdade Nacional de Direito da Universidade do Brasil, embora alguns deles tenham investido em áreas das ciências humanas, como a sociologia e a história, que não guardavam relação direta com o conteúdo das disciplinas que lecionavam. Aliás, algumas das principais clivagens teóricas e metodológicas com que passou a operar o campo intelectual foram impostas pelas obras de vários praticantes das novas disciplinas na área das ciências sociais: Josué de Castro (geografia humana), Gilberto Freyre (sociologia), Victor Nunes Leal (política), Djacir Menezes (economia política e história das doutrinas econômicas), Artur Ramos (antropologia e etnografia), todos eles catedráticos que lecionavam na Faculdade Nacional de Filosofia da Universidade do Brasil. O setor literário da Faculdade Nacional de Filosofia permitiu a convocação de inúmeros escritores que se haviam identificado com o movimento modernista: Manuel Carneiro de Souza Bandeira, membro do conselho consultivo do Serviço do Patrimônio Histórico e Artístico Nacional, catedrático de literatura hispano-americana; Jorge Mateus de Lima, professor assistente de literatura brasileira, afora os críticos, gramáticos, filólogos e outros estudiosos da língua (Antenor Nascentes, Sousa da Silveira etc.), alguns deles tendo começado nos quadros da carreira docente do Colégio Pedro II, como foi o caso de Álvaro de Barros Lins (catedrático de literatura e história geral).

Consultar Gilberto Freyre, *Tempo morto e outros tempos* (*Trechos de um diário de adolescência e primeira mocidade, 1915-1930*). Rio de Janeiro, José Olympio, 1975; Manuel Bandeira, *Itinerário de Pasárgada*. Rio de Janeiro, Livraria São José, 1957; Stefan Baciu, *Manuel Bandeira de corpo inteiro*. Rio de Janeiro, José Olympio, 1966; Sergio Miceli, op. cit., em especial o tópico "Doença e carreira masculina interrompida", pp. 51-7 (incluído neste volume, pp. 42-7), que analisa o caso Manuel Bandeira; Renard Perez, *Escritores brasileiros contemporâneos*, duas séries, 47 biografias seguidas de antologia. Rio de Janeiro, Civilização Brasileira, segunda série, 1964, escorço biográfico de Álvaro Lins às pp. 21-9.

27. Entre outros, Rosário Fusco, presidente da 2ª Junta de Conciliação e Julgamento de São Paulo; Ivan Monteiro de Barros Lins, que passou de cargos burocráticos nos ministérios da Agricultura e do Trabalho a ministro do Tribunal de Contas do Distrito Federal; Aníbal Monteiro Machado, distribuidor dos juízos de direito das varas pares dos Feitos da Fazenda Municipal e de Acidentes do Trabalho; Carlos Sussekind de Mendonça, promotor público adjunto da Justiça do Distrito Federal e mais tarde subprocurador; Rodrigo Octavio Filho, membro substituto do Tribunal Superior Eleitoral; Otávio Tarquínio de Sousa, representante do Ministério Público no Tribunal de Contas; Adelmar Tavares, desembargador do Tribunal de Apelação do Distrito Federal etc. Consultar o escorço biográfico de Aníbal Monteiro Machado in Renard Perez, op. cit., primei-

ra série, pp. 17-26. Carlos Sussekind de Mendonça escreveu diversas obras virulentamente anticlericais, entre elas *Afirmações acatholicas em torno de vários themas*, segundo volume da série contra a Ação Católica no Brasil (1ª ed., 1930), e *O catholicismo, partido político estrangeiro*. Rio de Janeiro, Calvino Filho Ed., 1934.

28. Raul Bopp, Ronald de Carvalho, Ruy Ribeiro Couto e outros intelectuais que ingressaram no corpo diplomático estiveram ligados de algum modo ao surto literário modernista. Sotero Cosme e Theodemiro Tostes, por exemplo, participaram ativamente do movimento modernista em Porto Alegre, tendo colaborado nos principais órgãos do grupo, o segundo com poemas, ensaios e crônicas, e o primeiro como ilustrador, caricaturista e capista da revista *Madrugada*, de cuja direção editorial e artística ambos faziam parte. Ver, a esse respeito, o trabalho de Ligia Chiappini Moraes Leite, *Modernismo no Rio Grande do Sul (Materiais para o seu estudo)*. São Paulo, Instituto de Estudos Brasileiros da Universidade de São Paulo, 1972. Embora já tivessem publicado diversas obras antes de 22, Ruy Ribeiro Couto e Ronald de Carvalho também se bandearam para as hostes modernistas. Consultar Raul Bopp, *"Bopp passado-a-limpo" por ele mesmo*. Rio de Janeiro, Gráfica Tupy, 1972, pequeno volume que contém dados biográficos a respeito de sua trajetória anterior e posterior ao ingresso na carreira diplomática, e *Memórias de um embaixador*. Rio de Janeiro, Gráfica Record, 1968, uma espécie de caderno de notas sobre suas atividades e iniciativas funcionais. Além desses, a carreira diplomática abrigava ainda letrados pouco conhecidos, como, por exemplo, Osório Dutra e Luís Guimarães Filho, ambos poetas de estilo convencional, Luís Avelino Gurgel do Amaral, Heitor Lira, cujos volumes de memórias permitem reconstruir todo um período da história do Itamaraty, a concorrência para os postos mais cobiçados, o trem de vida que levavam os diplomatas, suas ambições, círculos de sociabilidade etc. Consultar Luís Avelino Gurgel do Amaral, *Traços a carvão (Reminiscências)*. Rio de Janeiro, Pongetti, 1938; *Cousas idas e vividas (Lembranças íntimas e da carreira diplomática)*. Rio de Janeiro, Livraria São José, 1959; e *O meu velho Itamarati*. Rio de Janeiro, Imprensa Nacional, 1949; Luís Guimarães Júnior, *A caminho do Egito*. Rio de Janeiro, Serviço de Documentação/MEC, 1957; Heitor Lira, *Minha vida diplomática (Coisas vistas e ouvidas, 1916-1925, Secretaria de Estado e Embaixada em Londres)*. Lisboa, Centro do Livro Brasileiro, 1972. (Outros intelectuais que teriam participação destacada em conjunturas mais recentes iniciaram no mesmo período sua carreira no Ministério das Relações Exteriores: Roberto de Oliveira Campos, Paschoal Carlos Magno, Vinicius de Morais, João Guimarães Rosa, Antonio Houaiss etc.)

29. Dos trinta eleitos para a Academia Brasileira de Letras entre 1930 e 1945, inclusive, pelo menos seis deles pertenciam à cúpula dirigente da elite civil: João Neves da Fontoura, bacharel em direito, deputado estadual (1921-8), deputado federal (1928-30, 1935-7), consultor jurídico do Banco do Brasil, embaixador do Brasil em Portugal (1943-5); o próprio Vargas, e mais os já citados Oliveira Viana, Levi Carneiro, Alceu Amoroso Lima e José Carlos de Macedo Soares. Outros doze chegaram a ocupar postos no primeiro escalão de suas respectivas áreas de atuação: Celso Vieira, bacharel em direito, auxiliar do chefe de polícia do Rio de Janeiro, diretor de gabinete do ministro da Justiça e secretário do Tribunal de Apelação; Múcio Carneiro Leão, bacharel em direito, fundador e diretor do suplemento literário *Autores e Livros*, de *A Manhã* (órgão do regime), oficial de gabinete do ministro da Fazenda (1925), fiscal-geral de loterias e agente fiscal do imposto de consumo; Clementino Fraga, médico, professor catedrático de clínica médica nas faculdades de medicina da Bahia e do Rio de Janeiro (desde 1925), diretor do Departamento Nacional de Saúde Pú-

blica (1925-30), secretário-geral de Saúde e Assistência do Rio de Janeiro (1937-40); Miguel Osório de Almeida, médico, diretor-geral da Diretoria Nacional de Saúde e Assistência Médico--Social do Ministério da Educação e Saúde Pública (1934), professor catedrático da Escola Nacional de Veterinária (até 1938), delegado brasileiro às reuniões promovidas pelo Instituto Internacional de Cooperação Intelectual e à II Conferência Panamericana de Cooperação Intelectual (Havana, 1941), diplomata; e mais os já citados Ruy Ribeiro Couto, Rodrigo Octavio Filho, Osvaldo Orico, Cassiano Ricardo, Gregório Porto da Fonseca, Peregrino Jr., Rodolpho Garcia e Pedro Calmon. Além desses, também se encontravam no serviço público Clodomir Vianna Moog, bacharel em direito, agente fiscal do imposto de consumo no Ministério da Fazenda, Barbosa Lima Sobrinho e Manuel Bandeira. Com exceção de Guilherme de Almeida, Paulo Setúbal e Antônio de Alcântara Machado, que foram eleitos para preencher a cota paulista, de Rocha Pombo, Luiz Edmundo, Pereira da Silva, Viriato Correia e Octavio Mangabeira, remanescentes de "panelas" literárias e políticas atuantes na República Velha, e de Santos Dumont, cuja eleição vinha sagrar seus feitos de pioneiro da aviação, não se pode desvincular o acesso de alguns desses intelectuais à Academia Brasileira de Letras da colaboração que vinham prestando no setor público. Aliás, em 1941, a eleição de Vargas para a vaga de Alcântara Machado resultou da iniciativa de um grupo de acadêmicos de que faziam parte, entre outros, Osvaldo Orico, Gustavo Barroso, Oliveira Viana, José Carlos de Macedo Soares, Celso Vieira, quando já haviam feito sua inscrição Basílio de Magalhães, Menotti del Picchia, Martins de Oliveira etc.

30. Raymundo Faoro, *Os donos do poder — Formação do patronato político brasileiro*, 2 v. 2ª ed. Porto Alegre, Globo, 1977, v. 2, p. 743.

31. Além dos nomes já indicados no cap. 1 e que deram prosseguimento à sua carreira no serviço público, os ganhos posicionais de integralistas se fizeram sentir em praticamente todas as frentes especializadas do mercado central de postos: Thiers Martins Moreira (ex-membro do Conselho Nacional até junho de 1936 e membro da Câmara dos Quarenta da Ação Integralista Brasileira a partir de setembro do mesmo ano), secretário do diretor-geral do Departamento Nacional de Educação, catedrático de literatura portuguesa da Faculdade Nacional de Filosofia (1942); Custódio Américo Pereira de Viveiros (ex-membro da Câmara dos Quarenta), diretor de seção do Departamento Nacional do Trabalho (desde 1932); Anor Butler Maciel (bacharel, ex-chefe provincial integralista no Rio Grande do Sul), presidente da Comissão de Salário Mínimo da 17ª região e membro (1938) da Comissão de Estudos de Negócios Estaduais (1945); Othon Leonardos (ex-membro da Câmara dos Quarenta), catedrático de geologia e paleontologia da Faculdade Nacional de Filosofia da Universidade do Brasil (1939), catedrático de geologia econômica e noções de metalurgia da Escola Nacional de Engenharia da Universidade do Brasil (1942), e membro do Conselho Nacional de Minas e Metalurgia (1944); Miguel Reale (ex-membro do Conselho Supremo da Ação Integralista, de junho de 1936 até sua dissolução), membro do Departamento Administrativo do Estado de São Paulo (1942); Luís da Câmara Cascudo (ex-membro da Câmara dos Quatrocentos), presidente da Comissão de Salário Mínimo da 6ª região, Natal, Rio Grande do Norte (1941) etc. Consultar Luís da Câmara Cascudo, *O tempo e eu (Confidências e proposições)*. Natal, Imprensa Universitária, 1968; Américo de Oliveira Costa, *Viagem ao universo de Câmara Cascudo (Tentativa de ensaio biobibliográfico)*. Natal, Fundação José Augusto, 1969; Thiers Martins Moreira, *O menino e o palacete*. Rio de Janeiro, Simões, 1954.

32. A incorporação de intelectuais católicos alcançou dimensões incomparavelmente maiores, fazendo valer a presença da Igreja em todos os setores políticos e culturais do serviço público

e, em especial, em determinadas áreas próximas dos núcleos executivos: Luiz Augusto do Rego Monteiro (membro da Ação Universitária Católica), procurador do Ministério Público na Justiça do Trabalho, membro do Conselho Nacional do Trabalho, diretor-geral do Departamento Nacional do Trabalho (1939-44), diretor da seção de segurança nacional do Ministério do Trabalho (1941-4), presidente da Comissão Elaboradora da Consolidação das Leis do Trabalho (1943), diversas missões no exterior; Hamilton de Lacerda Nogueira, fundador da revista *A Ordem* e do Centro Dom Vital, biógrafo espiritual de Jackson de Figueiredo, autor de *Ensaios de biologia* (1933), *Freud e a renovação da psicologia* (1933), *Doutrina dos temperamentos de Alberto Magno* (1938) etc., catedrático de biologia geral da Faculdade Nacional de Filosofia e de higiene da Faculdade Nacional de Medicina; Joaquim da Costa Ribeiro (membro do Centro Dom Vital e da Ação Universitária Católica), catedrático de física geral e experimental da Faculdade Nacional de Filosofia; Perilo Gomes, da primeira leva de convertidos por Jackson de Figueiredo, membro do Centro Dom Vital, autor de *Penso e creio* (1920), em que trata das relações entre a ciência e a fé, diplomata de carreira; Jônatas Archanjo da Silveira Serrano (ensaios sobre Farias Brito e Júlio Maria, diversos manuais de história), catedrático do Colégio Pedro II, membro do Conselho Nacional de Educação, da Comissão Nacional do Livro Didático etc.; Estela de Faro (dirigente católica do setor feminino e auxiliar de confiança do cardeal Leme), membro do Conselho Nacional do Serviço Social; Cecília Meirelles, Everardo Backheuser, Maria Junqueira Schmidt, Leonel Franca etc., membros de diversas comissões e conselhos nos ministérios da Educação, do Trabalho e em outros setores governamentais. Consultar Antônio Carlos Villaça, *O pensamento católico no Brasil*. Rio de Janeiro, Zahar, 1975, pp. 102-60; Alceu Amoroso Lima, *Pela Ação Católica*. Rio de Janeiro, Anchieta, 1935, pp. 223-44; *Jonathas Serrano (In Memoriam)*, diversos autores. Rio de Janeiro, Federação das Academias de Letras do Brasil, 1945, suplemento nº 54 da *Revista das Academias de Letras*; Leodegário A. de Azevedo Filho, *Poesia e estilo de Cecília Meirelles* (*A Pastora das Nuvens*). Rio de Janeiro, José Olympio, 1970; Everardo Backheuser, *O professor*. Rio de Janeiro, Agir, 1946, uma profissão de fé no magistério; padre Luiz Gonzaga da Silveira d'Elboux, S. J., *Padre Leonel Franca*. Rio de Janeiro, Agir, 1953.

33. Esse empenho transparece de modo inequívoco no âmbito dos ministérios do Trabalho e da Educação, no primeiro porque seria temerário abrir mão de qualquer parcela de influência na conformação dos mecanismos institucionais e na montagem das doutrinas que porventura viessem a inspirar o disciplinamento das práticas do operariado, no segundo porque estava em jogo o quinhão de autoridade da Igreja sobre as instâncias de recrutamento e habilitação dos diversos corpos de especialistas que compõem o estado-maior do trabalho pedagógico junto às novas gerações da classe dirigente. Em consequência, a Igreja não poderia se ausentar dessas áreas de litígio e concorrência sem pôr em risco o acesso às suas principais clientelas. Por outro lado, a questão do grau de participação dos intelectuais nas tomadas de decisão em matérias afetas aos setores em que operavam mereceria decerto um tratamento mais detido. Preferi examinar esse problema numa análise em profundidade do Conselho Nacional de Educação. Nesse estudo, procuro indicar as clivagens de interesse que permeiam as diversas alas de que se compõe esse conselho, chamando a atenção para a interferência que as filiações institucionais e doutrinárias exercem nas tomadas de posição de seus membros. Ademais, esse trabalho permite ainda avaliar o grau de autonomia de que dispunham os colegiados no campo do ensino e da cultura. Consultar Sergio Miceli, "O Conselho Nacional de Educação: esboço de análise de um aparelho de Estado (1931-1937)", in

A Revolução de 30 — Seminário internacional. São Paulo/Brasília, CPDOC/FGV/Editora da UnB, 1983, pp. 399-435, incluído neste volume, pp. 293-342.

34. Um dos melhores documentos sobre o clima intelectual e político em meio ao qual floresceu a "geração sonhada por Alberto Torres" é o volume *À margem da história da República (Ideaes, crenças e afirmações), inquérito por escriptores da geração nascida com a República.* Rio de Janeiro, Edição do *Annuario do Brasil*, 1924, inquérito sobre escritores da geração nascida com a República: A. Carneiro Leão, Celso Vieira, Gilberto Amado, Jônatas Serrano, José de Miranda, Ronald de Carvalho, Tasso da Silveira, Tristão de Athayde, Vicente Licínio Cardoso. Consultar também João Cruz Costa, *Contribuição à história das ideias no Brasil*. Rio de Janeiro, José Olympio, 1956; Gilberto Amado, *Presença na política*. Rio de Janeiro, José Olympio, 1958, e *Depois da política*. Rio de Janeiro, José Olympio, 1960; José Maria Bello, *Memórias*. Rio de Janeiro, 1958, bem como a análise de ambos in Sergio Miceli, *Poder, sexo e letras na República Velha (Estudo clínico dos anatolianos)*, op. cit., pp. 61-7, incluído neste volume, pp. 48-52; Bolivar Lamounier, "Formação de um pensamento político autoritário na Primeira República. Uma interpretação", in Boris Fausto (org.), *O Brasil republicano*, t. III, v. 2 ("Sociedade e instituições [1889-1930]"). São Paulo, Difel, 1977, pp. 343-74, em que é dissecado o modelo da *ideologia de Estado*.

35. A respeito de Azevedo Amaral, consultar os materiais biográficos contidos no volume preparado por seu irmão, Ignácio M. Azevedo do Amaral, *Reminiscências...* Rio de Janeiro, Imprensa Naval, 1958. Sobre Oliveira Viana, ver Vasconcelos Tôrres, *Oliveira Viana, sua vida e sua posição nos estudos brasileiros de sociologia*. Rio de Janeiro, Freitas Bastos, 1956. Consultar, ainda, Afonso Arinos de Melo Franco, *A alma do tempo (Formação e mocidade)*. Rio de Janeiro, José Olympio, 1961; *A escalada*. Rio de Janeiro, José Olympio, 1965; e *Planalto*. Rio de Janeiro, José Olympio, 1968; Carolina Nabuco, *A vida de Virgílio de Melo Franco*, pref. de Afonso Arinos de Melo Franco. Rio de Janeiro, José Olympio, 1962; Homero Senna, *República das letras (20 entrevistas com escritores)*, op. cit., entrevista com Afonso Arinos de Melo Franco, intitulada "Política e letras", pp. 255-69.

36. Consultar o volume *Um educador brasileiro: Lourenço Filho*. São Paulo, Melhoramentos, 1959, p. 28, livro jubilar organizado pela Associação Brasileira de Educação, com textos de José Augusto Bezerra de Medeiros (então presidente da associação), Fernando de Azevedo, A. Almeida Jr., J. Moreira de Souza, Anísio Teixeira, Clemente Mariani, Alceu Amoroso Lima, Peregrino Jr., Abgar Renault e outros.

37. Era um dos cinco novos cursos normais criados na gestão Oscar Thompson, localizados em pontos estratégicos do interior paulista: "Tinha quatro séries, como a Escola Normal Secundária, mas dedicava mais tempo à formação pedagógica, com sacrifício do latim e do inglês" (op. cit., p. 29).

38. *Anísio Teixeira: pensamento e ação*. Rio de Janeiro, Civilização Brasileira, 1960, volume organizado por um grupo de professores e educadores brasileiros, p. 171.

39. Ibid., p. 133.

40. Também pertenceram à liderança anarquista outros que vieram a prestar serviços no Ministério do Trabalho, entre eles Agripino Nazareth. Advogado baiano, colaborador da imprensa anarquista, tendo participado do plano para a derrubada do governo em 1918 e da fundação da extensão brasileira do Grupo Clarté (1921) — que chegou a alimentar o projeto de criação de um partido socialista brasileiro, que viria a se concretizar em maio de 1925, por iniciativa de Evaristo de Morais —, acabou tornando-se procurador do Departamento Nacional do Trabalho desde 1933 e membro do Conselho Administrativo do Instituto de Previdência dos Funcionários Públi-

cos da União, passando a procurador-geral por volta de 1941. Para maiores informações a seu respeito e de outras figuras seja do movimento anarquista, seja das demais organizações de esquerda, que acabaram ingressando no serviço público, consultar John W. Foster Dulles, *Anarchists and communists in Brazil (1900-1935)*. Austin, University of Texas Press, 1973, e Ronald H. Chilcote, *The Brazilian Communist Party (1922-1972)*. Nova York, Oxford University Press, 1974.

41. Joaquim Pimenta, *Retalhos do Passado (Tauá—Fortaleza)*. Rio de Janeiro, Freitas Bastos, 1945, p. 44.

42. Ibid., pp. 88 ss.

43. Ibid., p. 121.

44. Ibid., pp. 138-9, 144.

45. Ibid., p. 143.

46. Consultar John W. Foster Dulles, op. cit., pp. 95, 168, 245, 280, 412 e 455.

47. Simon Schwartzman, *São Paulo e o Estado nacional*. São Paulo, Difel, 1975, p. 133. A esse respeito, ver também as memórias de Benedicto Valladares, *Tempos idos e vividos*. Rio de Janeiro, Civilização Brasileira, 1966.

48. João Peregrino da Rocha Fagundes Jr. nasceu em 1898, na capital do Rio Grande do Norte, filho de um funcionário e professor de matemática e línguas. Frequentou a Escola Normal, auxiliou a organizar diversos jornais, transferindo-se em 1914 para o estado do Pará, onde, por interferência de um tio que era administrador do posto aduaneiro de Óbidos, consegue o cargo de remador na mesma repartição; em Belém, conclui o curso secundário, ingressando como suplente de revisor da *Folha do Norte*, passando em seguida a repórter de polícia e a redator; em 1919, inicia o curso de medicina, que logo interrompe, fixando-se na capital federal; paralelamente a um cargo público, passa a trabalhar na imprensa, aproximando-se de um círculo de boêmia intelectual, e consegue firmar sua presença primeiro por meio de uma coluna semanal em *A Notícia*, e depois como responsável pela seção do *Rio-Jornal* intitulada "Vida fútil"; entre 1924 e 1926, publica três volumes de crônicas; acaba se fixando em *O Jornal* e retoma o curso de medicina, para concluí-lo em 1929, no mesmo ano em que publica sua primeira obra de ficção, a que se seguem outras coletâneas de contos, destacando-se o volume intitulado *Pussanga*, que teve três edições em três anos. Esse livro, acrescido de outros trabalhos, foi republicado em 1936 pela José Olympio com o título *Histórias da Amazônia*; em 1938, lança *Doença e constituição de Machado de Assis*, passando então quase vinte anos sem publicar nada. Dados extraídos de Renard Perez, op. cit. primeira série, pp. 317-23. Consultar o depoimento que prestou a Edgard Cavalheiro, *Testamento de uma geração*. Porto Alegre, Globo, 1944, pp. 211-7.

49. Gustavo Barroso e Olegário Mariano foram os patronos de Herman Lima nos primeiros contatos com círculos e salões literários no Rio de Janeiro, assim como Cláudio de Souza, Celso Vieira e Fernando Magalhães foram alguns dos principais apoios ao ingresso de Osvaldo Orico na Academia Brasileira de Letras. As memórias desses funcionários-escritores relatam inúmeros episódios em que se valeram da proteção de escritores da República Velha para conseguir melhores postos no serviço público, para ter acesso aos órgãos de imprensa, para editar suas obras etc.

50. Renard Perez, op. cit., primeira série, pp. 57-8.

51. Augusto Meyer, *No tempo da flor*. Rio de Janeiro, Ed. O Cruzeiro, 1966, pp. 45-7. E, do mesmo autor, consultar o primeiro volume de suas reminiscências, *Segredos da infância*. Porto Alegre, Globo, 1949. As expressões entre aspas dos parágrafos a seu respeito foram extraídas de ambos os volumes citados.

52. Osvaldo Orico, *Da forja à Academia (Memórias dum filho de ferreiro)*. Rio de Janeiro, José Olympio, 1954, p. 46.

53. Augusto Meyer, op. cit., pp. 117-8.

54. "[...] um jovem mestre — espírito metropolitano extraviado na província — que devia exercer uma grande influência na minha formação literária [...] sobrinho de d. Amélia e Clóvis Beviláqua, fora por estes introduzido nos meios literários da metrópole. Frequentava a casa de Coelho Neto e correspondia-se com muitas figuras ilustres do Brasil [...] Com que secreto orgulho mostrava a coleção de cartas que possuía, e nas quais Coelho Neto, Clóvis, Alberto de Oliveira, Pedro Lessa, Alcides Maia e outros pleiteavam para ele um posto na imprensa, na burocracia ou na magistratura [...] o destino — ou a experiência da vida [...] — truncou a trajetória de alguns desses convivas do banquete espiritual da Amazônia [...] Dir-se-ia que Lucídio Freitas, com os ensinamentos de sua derrota, quisesse construir o meu itinerário, tal o empenho que punha em acautelar-se contra certas igrejinhas" (Osvaldo Orico, op. cit., pp. 149, 151 e 153).

55. Ver Herman Lima, *Poeira do tempo — Memórias*. Rio de Janeiro, José Olympio, 1967. Também formado em medicina pela Faculdade da Bahia, foi obrigado a trabalhar desde mocinho, por causa da falência da loja paterna. Foi feitor de estrada de rodagem no sertão de Aracati depois de inúmeros empregos em ateliê de fotografia e escritórios; tendo sido aprovado em dois concursos no Ministério da Fazenda, para escriturário e agente fiscal do consumo, acaba sendo aproveitado como escriturário na Delegacia Fiscal no Ceará (1917); depois de formado, trabalhou como médico no interior baiano; em 1931, consegue ser transferido para o Tesouro Nacional no Rio de Janeiro e, dois anos mais tarde, passa a servir como auxiliar de gabinete de Vargas; em 1937, é designado para a Delegacia do Tesouro Brasileiro em Londres, um "favor" que ele mesmo solicitou a Vargas. Publicou seu primeiro livro, uma coletânea de contos sob o título *Tigipió*, às suas custas, em 1922 e, dez anos mais tarde, edita o romance *Garimpos*.

56. Osvaldo Orico, op. cit., pp. 256 e ss. Ivan Lins, Carlos Sussekind de Mendonça, Heitor Moniz, Jônatas Serrano, Osório Dutra, Deocleciano Martins de Oliveira, por sua vez, foram relegados à Academia Carioca de Letras (fundada em 1926), remanso de intelectuais com baixa cotação na bolsa de valores da época e de funcionários-escritores dedicados aos gêneros menos compensadores do ponto de vista propriamente intelectual. Consultar *Publicações*, Academia Carioca de Letras, Rio de Janeiro, 1942. Em 1937, Martins de Oliveira foi um dos candidatos derrotados por Barbosa Lima Sobrinho para a vaga de Goulart de Andrade na Academia Brasileira de Letras, o mesmo tendo ocorrido com Osório Dutra, que perdeu para Oliveira Viana na disputa da vaga de Alberto de Oliveira. Consultar as memórias de Deocleciano Martins de Oliveira, *Procuro o menino* (obra póstuma), pref. do cardeal Brandão Vilela. Rio de Janeiro, Editora Cátedra/INL/MEC, 1976.

CONCLUSÕES (PP. 238-46)

1. Simon Schwartzman, *São Paulo e o Estado nacional*. São Paulo, Difel, 1975, p. 19.

2. Ibid., p. 22.

3. Entre outras, *Raízes do Brasil*, de Sérgio Buarque de Holanda; *Os donos do poder*, de Raymundo Faoro e, mais recentemente, *São Paulo e o Estado nacional*, de Simon Schwartzman.

Bibliografia

FONTES

1. MEMÓRIAS

ALMEIDA, José Américo de. *Antes que eu me esqueça (Memórias)*. Rio de Janeiro, Francisco Alves, 1976.
_____. *A palavra e o tempo (1937-1945-1950)*. Rio de Janeiro, José Olympio, 1965.
AMADO, Genolino. *O reino perdido (Histórias de um professor de história)*. Rio de Janeiro, José Olympio, 1971.
AMADO, Gilberto. *História da minha infância*. Rio de Janeiro, José Olympio, 1954.
_____. *Minha formação no Recife*. Rio de Janeiro, José Olympio, 1955.
_____. *Mocidade no Rio e primeira viagem à Europa*. Rio de Janeiro, José Olympio, 1956.
_____. *Presença na política*. 2ª ed. Rio de Janeiro, José Olympio, 1960.
_____. *Depois da política*. Rio de Janeiro, José Olympio, 1960.
AMARAL, Ignácio M. Azevedo do. *Reminiscências...* Rio de Janeiro, Imprensa Naval, 1958.
AMARAL, Luís Avelino Gurgel do. *Traços a carvão (Reminiscências)*. Rio de Janeiro, Pongetti, 1938.
_____. *Cousas idas e vividas (Lembranças íntimas e da carreira diplomática)*. Rio de Janeiro, Livraria São José, 1959.
_____. *O meu velho Itamarati*. Rio de Janeiro, Imprensa Nacional, 1949.
ANDRADE, Carlos Drummond de. *Obra completa*. Rio de Janeiro, Aguilar, 1964.
ANDRADE, Mário de. *Cartas a Manuel Bandeira*, pref. e notas de Manuel Bandeira. Rio de Janeiro, Edições de Ouro, 1966.

ANDRADE, Oswald de. *Um homem sem profissão — Memórias e confissões, 1890-1919* (*I. Sob as ordens de mamãe*), pref. de Antonio Candido. Rio de Janeiro, José Olympio, 1954.

ANJOS, Ciro dos. *Explorações no tempo* (*Memórias*). Rio de Janeiro, José Olympio, 1963.

AZEVEDO, Fernando de. *História da minha vida*. Rio de Janeiro, José Olympio, 1971.

BANDEIRA, Manuel. *Itinerário de Pasárgada*. Rio de Janeiro, Livraria São José, 1957.

BARROSO, Gustavo. *Coração de menino*. Rio de Janeiro, Getúlio M. Costa Editora, 1939.

_____. *Liceu do Ceará*. Rio de Janeiro, Getúlio M. Costa Editora, 1940.

_____. *Consulado da China*. Rio de Janeiro, Getúlio M. Costa Editora, 1941.

BASBAUM, Leôncio. *Uma vida em seis tempos*. São Paulo, Alfa-Omega, 1976.

BELLO, José Maria. *Memórias*. Rio de Janeiro, José Olympio, 1958.

BOPP, Raul. *"Bopp passado-a-limpo" por ele mesmo*. Rio de Janeiro, Gráfica Tupy, 1972.

_____. *Memórias de um embaixador*. Rio de Janeiro, Gráfica Record, 1968.

BRITO, Mário da Silva. *Diário intemporal*. Rio de Janeiro, Civilização Brasileira, 1970.

BROCA, Brito. *Memórias*, texto organizado, anotado e com introdução de Francisco de Assis Barbosa. Rio de Janeiro, José Olympio, 1968.

CARDOSO, Lúcio. *Diário completo*. Rio de Janeiro, José Olympio, 1970.

CARDOSO, Maria Helena. *Por onde andou meu coração*. 2ª ed. Rio de Janeiro, José Olympio, 1968.

CASCUDO, Luís da Câmara. *O tempo e eu* (*Confidências e proposições*). Natal, Imprensa Universitária, 1968.

CAVALHEIRO, Edgard. *Correspondência entre Monteiro Lobato e Lima Barreto*. Rio de Janeiro, MEC, 1955.

CAVALCANTI, Emiliano di. *Viagem da minha vida*. Rio de Janeiro, Civilização Brasileira, 1955.

CAVALCANTI, Povina. *Volta à infância*. Rio de Janeiro, José Olympio, 1972.

DUARTE, Paulo. *Prisão, exílio, luta...* Rio de Janeiro, Zelio Valverde, 1946.

_____. *I. Raízes profundas*. São Paulo, Hucitec, 1974.

_____. *II. A inteligência da fome*. São Paulo, Hucitec, 1975.

_____. *III. Selva oscura*. São Paulo, Hucitec, 1976.

FIGUEIREDO, Jackson de. *Correspondência*. Rio de Janeiro, Editora A. B. C., 1938.

FONTOURA, João Neves da. *Memórias*, 2 v. Porto Alegre, Globo, 1958-63.

FRANCO, Afonso Arinos de Melo. *A alma do tempo* (*Formação e mocidade*). Rio de Janeiro, José Olympio, 1961.

_____. *A escalada*. Rio de Janeiro, José Olympio, 1965.

_____. *Planalto*. Rio de Janeiro, José Olympio, 1968.

FREYRE, Gilberto. *Tempo morto e outros tempos* (*Trechos de um diário de adolescência e primeira mocidade, 1915-1930*). Rio de Janeiro, José Olympio, 1975.

GOMES, Eugênio. *O mundo da minha infância*. Rio de Janeiro, Gráfica Olímpica, 1969.

GRIECO, Agripino. *1. A província*. Rio de Janeiro, Conquista, 1972.

_____. *2. Rio de Janeiro*. Rio de Janeiro, Conquista, 1972.

GUIMARÃES JR., Luís. *A caminho do Egito*. Rio de Janeiro, Serviço de Documentação/MEC, 1957.

JARDIM, Luís. *O meu pequeno mundo* (*Algumas lembranças de mim mesmo*). Rio de Janeiro, José Olympio, 1976.

LACERDA, Carlos. "Rosas e pedras do meu caminho". *Manchete*, nº 782-92. Rio de Janeiro, Bloch, abril-junho de 1967.

LEITE, Aureliano. *Páginas de uma longa vida*. São Paulo, Martins, 1966.
LELLIS, Raul Moreira. *Há sol por trás das nuvens*. Rio de Janeiro, Civilização Brasileira/INL /MEC, 1975.
LESSA, Orígenes. *Não há de ser nada (Notas de um repórter entre os voluntários de Piratininga)*. São Paulo, Companhia Editora Nacional, 1932.
_____. *O. K. América: cartas de Nova York*. Rio de Janeiro, Leitura, 1945.
_____. *Ilha Grande: do jornal de um prisioneiro de guerra*. São Paulo, Companhia Editora Nacional, 1933.
LIMA, Alceu Amoroso. *Memórias improvisadas (Diálogos com Medeiros Lima)*, pref. de Antonio Houaiss. Petrópolis, Vozes, 1973.
LIMA, Herman. *Poeira do tempo — Memórias*. Rio de Janeiro, José Olympio, 1967.
LIMA, Hermes. *Travessia*. Rio de Janeiro, José Olympio, 1974.
LIMA, Jorge de. "Minhas memórias", in *Obra completa*. Rio de Janeiro, Aguilar, 1959.
LIRA, Heitor. *Minha vida diplomática (Coisas vistas e ouvidas, 1916-1925, Secretaria de Estado e Embaixada em Londres)*. Lisboa, Centro do Livro Brasileiro, 1972.
MELLO, Olbiano de. *A marcha da revolução social no Brasil*. Rio de Janeiro, Ed. O Cruzeiro, 1957.
MENDES, Murilo. *A idade do serrote*. Rio de Janeiro, Editora Sabiá, 1968.
MEYER, Augusto. *Segredos da infância*. Porto Alegre, Globo, 1949.
_____. *No tempo da flor*. Rio de Janeiro, Ed. O Cruzeiro, 1966.
MILLIET, Sergio. *Diário crítico*, v. 1 e 2. São Paulo, Brasiliense, 1944-5; e v. 3. São Paulo, Martins, 1945.
MOREIRA, Thiers Martins. *O menino e o palacete*. Rio de Janeiro, Simões, 1954.
MOTTA FILHO, Cândido. *Contagem regressiva (Memórias)*. Rio de Janeiro, José Olympio, 1972.
NABUCO, Carolina. *Oito décadas*. Rio de Janeiro, José Olympio, 1973.
NOGUEIRA FILHO, Paulo. *Ideais e lutas de um burguês progressista (O Partido Democrático e a Revolução de 1930)*, 2 v. 2ª ed. Rio de Janeiro, José Olympio, 1965.
NUTELS, Noel. *Memórias e depoimentos*, apresentação de Antonio Houaiss. Rio de Janeiro, José Olympio, 1974.
OLIVEIRA, Deocleciano Martins de. *Procuro o menino* (obra póstuma), pref. do cardeal Brandão Vilela. Rio de Janeiro, Editora Cátedra/INL/MEC, 1976.
ORICO, Osvaldo. *Da forja à Academia (Memórias dum filho de ferreiro)*. Rio de Janeiro, José Olympio, 1954.
PICCHIA, Menotti del. *A longa viagem, 1ª etapa*. São Paulo, Martins, 1970.
_____. *A longa viagem, 2ª etapa — Da revolução modernista à Revolução de 1930*. São Paulo, Martins, 1972.
PIMENTA, Joaquim. *Retalhos do passado (Tauá—Fortaleza)*. Rio de Janeiro, Freitas Bastos, 1945.
PINHO, Demósthenes Madureira de. *Carrossel da vida (Páginas de memórias)*, apresentação de Pedro Calmon, pref. de Leonídio Ribeiro. Rio de Janeiro, José Olympio, 1974.
PONGETTI, Henrique. *O carregador de lembranças (Memórias)*. Rio de Janeiro, Pongetti, 1971.
PÔRTO, Rubens. *Rubens Pôrto em 60 anos..., artigos e discursos*. Rio de Janeiro, Fundação IBGE, 1970.
QUEIROZ, Rachel de. *A donzela e a moura torta (Crônicas e reminiscências)*. Rio de Janeiro, José Olympio, 1948.
RAMOS, Graciliano. *Infância (Memórias)*. 3ª ed. Rio de Janeiro, José Olympio, 1953.
_____. *Memórias do cárcere*, 2 v. 5ª ed. São Paulo, Martins, 1965.

REGO, José Lins do. *Meus verdes anos.* Rio de Janeiro, José Olympio, 1956.
RICARDO, Cassiano. *Viagem no tempo e no espaço.* Rio de Janeiro, José Olympio, 1970.
RODRIGUES, Nelson. *Memórias.* Rio de Janeiro, Edições Correio da Manhã, 1967.
SCHMIDT, Augusto Frederico. *O galo branco.* 2ª ed. Rio de Janeiro, José Olympio, 1957.
_____. *As florestas.* Rio de Janeiro, José Olympio, 1959.
UCHOA, Mons. João de Barros. *Reminiscências de um cardinalato.* Petrópolis, Vozes, 1944.
VALLADARES, Benedicto. *Tempos idos e vividos.* Rio de Janeiro, Civilização Brasileira, 1966.
VERÍSSIMO, Érico. *Solo de clarineta,* 2 v. Porto Alegre, Globo, 1973-4.

2. PERFIS E REPERTÓRIOS BIOGRÁFICOS

ALVARENGA, Oneyda. *Mario de Andrade, um pouco.* Rio de Janeiro, José Olympio, 1974.
AMARAL, Aracy A. *Tarsila (Sua obra e seu tempo).* São Paulo, Perspectiva, 1975.
ANTIPOFF, Daniel I. *Helena Antipoff, sua vida, sua obra,* pref. de Otto Lara Rezende. Rio de Janeiro, José Olympio, 1975.
AZEVEDO, Fernando de. *Figuras do meu convívio (Retratos de família e de mestres e educadores).* 2ª ed. São Paulo, Livraria Duas Cidades, 1973.
AZEVEDO FILHO, Leodegário A. de. *Murilo Araújo e o modernismo.* Rio de Janeiro, Edições Gernasa, 1968.
_____. *Poesia e estilo de Cecília Meirelles (A Pastora das Nuvens).* Rio de Janeiro, José Olympio, 1970.
BACIU, Stefan. *Manuel Bandeira de corpo inteiro.* Rio de Janeiro, José Olympio, 1966.
BARBOSA, Francisco de Assis. *Retratos de família.* 2ª ed. Rio de Janeiro, José Olympio, 1968.
CARNEIRO, Paulo E. de Berrêdo. *Roquette-Pinto.* Rio de Janeiro, MEC, 1957.
CARRAZZONI, André. *Getúlio Vargas.* Rio de Janeiro, José Olympio, 1939.
CARVALHO NETO, Paulo de. *Um precursor do direito trabalhista brasileiro.* Belo Horizonte, Edições da Revista Brasileira de Estudos Políticos, 1964.
CAVALHEIRO, Edgard. *Monteiro Lobato (Vida e obra),* 2 v. 3ª ed. São Paulo, Brasiliense, 1962.
CAVALCANTI, Povina. *Vida e obra de Jorge de Lima.* Rio de Janeiro, Ed. Correio da Manhã, 1969.
COSTA, Américo de Oliveira. *Viagem ao universo de Câmara Cascudo (Tentativa de ensaio biobibliográfico).* Natal, Fundação José Augusto, 1969.
COUTINHO, Afrânio (dir.). *Brasil e brasileiros de hoje,* 2 v. Rio de Janeiro, Editorial Sul-Americana, 1961.
COUTO, Ribeiro. *Dois retratos de Manuel Bandeira.* Rio de Janeiro, Livraria São José, 1960.
DIAS, Fernando Correia. *João Alphonsus: tempo e modo.* Belo Horizonte, Centro de Estudos Mineiros, 1965.
DIVERSOS AUTORES. *Anísio Teixeira: pensamento e ação.* Rio de Janeiro, Civilização Brasileira, 1960.
DIVERSOS AUTORES. *Jonathas Serrano (In Memoriam).* Rio de Janeiro, Federação das Academias de Letras do Brasil, 1945, suplemento nº 54 da *Revista das Academias de Letras.*
DUARTE, Paulo. *Júlio Mesquita.* São Paulo, Hucitec, 1977.
_____. *Mário de Andrade por ele mesmo.* São Paulo, Hucitec, 1977.
ELBOUX, S. J., padre Luiz Gonzaga da Silveira d'. *Padre Leonel Franca.* Rio de Janeiro, Agir, 1953.

GABAGLIA, Laurita Pessôa Raja. *O cardeal Leme (1882-1942)*. Rio de Janeiro, José Olympio, 1962. Col. Documentos Brasileiros, v. 113.

GOMES, Paulo Emilio Salles. *Humberto Mauro, Cataguases, Cinearte*. São Paulo, Perspectiva, 1974.

LIMA, Alceu Amoroso. *Companheiros de viagem*. Rio de Janeiro, José Olympio, 1971.

LIMA FILHO, Andrade. *China Gordo, Agamenon Magalhães e sua época*. Recife, Editora Universitária, 1976.

LOPES, Telê Porto Ancona. *Mário de Andrade: ramais e caminhos*. São Paulo, Livraria Duas Cidades, 1972.

MACHADO, Alcântara. *Brasilio Machado (1848-1919)*. Rio de Janeiro, José Olympio, 1937.

MACHADO, Luís Toledo. *Antônio de Alcântara Machado e o modernismo*. Rio de Janeiro, José Olympio, 1970.

MEDEIROS, José Augusto Bezerra de et alii. *Um educador brasileiro: Lourenço Filho*. São Paulo, Melhoramentos, 1959.

MELO, Luís Correia de. *Subsídios para um dicionário dos intelectuais riograndenses*. Rio de Janeiro, Civilização Brasileira, 1944.

_____. *Dicionário de autores paulistas*. São Paulo, Comissão do IV Centenário da Cidade de São Paulo, 1954.

MENEZES, José Rafael de. *José Américo, um homem do bem comum*. Rio de Janeiro, Tempo Brasileiro, 1967.

NABUCO, Carolina. *A vida de Virgílio de Melo Franco*, pref. de Afonso Arinos de Melo Franco. Rio de Janeiro, José Olympio, 1962.

PEIXOTO, Alzira Vargas do Amaral. *Getúlio Vargas, meu pai*. Porto Alegre, Globo, 1960.

PENA, Cornélio. Escorço biográfico in *Romances completos*. Rio de Janeiro, Aguilar, 1958.

PEREZ, Renard. *Escritores brasileiros contemporâneos*, duas séries, 47 biografias seguidas de antologia. Rio de Janeiro, Civilização Brasileira, 1960 e 1964.

Presença de Villa-Lobos, 5 v. Rio de Janeiro, Museu Villa-Lobos/Departamento de Imprensa Nacional, 1965-70.

Quem é quem nas artes e nas letras do Brasil. Rio de Janeiro, Ministério das Relações Exteriores, 1966.

RIBEIRO, Leonídio. *Afrânio Peixoto*. Rio de Janeiro, Edições Condé, 1950.

SALGADO, Plínio. Revista *Panorama*, número especial. São Paulo, Panorama, 1936.

SENNA, Homero. *República das letras (20 entrevistas com escritores)*. 2ª ed. revista e ampliada. Rio de Janeiro, Gráfica Olímpica Editora, 1968.

_____. *Gilberto Amado e o Brasil*. Rio de Janeiro, José Olympio, 1968.

TATI, Miécio. *Jorge Amado (Vida e obra)*. Belo Horizonte, Itatiaia, 1961.

TÔRRES, Vasconcelos. *Oliveira Viana, sua vida e sua posição nos estudos brasileiros de sociologia*. Rio de Janeiro, Freitas Bastos, 1956.

VERÍSSIMO, Érico. *Um certo Henrique Bertaso*. Porto Alegre, Globo, 1973.

3. OBRAS DE REFERÊNCIA

AMARAL, Aracy. *Blaise Cendrars no Brasil e os modernistas*. São Paulo, Martins, 1970.

Anuário Brasileiro de Literatura. Rio de Janeiro, Irmãos Pongetti/Zelio Valverde, 1937-44.

Anuário Estatístico do Brasil. Rio de Janeiro, IBGE/Conselho Nacional de Estatística, 1939-41.

AZEVEDO, Fernando de. *A cultura brasileira (Introdução ao estudo da cultura no Brasil)*. 5ª ed. São Paulo, Melhoramentos, 1956.

_____. *As ciências no Brasil*, 2 v. São Paulo, Melhoramentos, 1956.

Balanços Gerais da União. Contadoria Geral da República.

BOSI, Alfredo. *História concisa da literatura brasileira*. São Paulo, Cultrix, 1970.

BRITO, Mário da Silva. *História do modernismo brasileiro (I. Antecedentes da Semana de Arte Moderna)*. 2ª ed. Rio de Janeiro, Civilização Brasileira, 1964.

BROCA, Brito. *A vida literária no Brasil, 1900*. Rio de Janeiro, MEC/Serviço de Documentação, 1956.

CACCESE, Neusa Pinsard. *FESTA (Contribuição para o estudo do modernismo)*. São Paulo, Instituto de Estudos Brasileiros da Universidade de São Paulo, 1971.

CARNEIRO, Edison et alii. *As ciências sociais no Brasil*. Rio de Janeiro, CAPES, 1955.

CARONE, Edgard. *Oligarquias e classes sociais na Segunda República (1930-1937)*. São Paulo, Difel, 1974.

CARPEAUX, Otto Maria. *Pequena bibliografia crítica da literatura brasileira*. 2ª ed. Rio de Janeiro, MEC, 1955.

CAVALHEIRO, Edgard. *Testamento de uma geração*. Porto Alegre, Globo, 1944.

COUTINHO, Afrânio (org.). *A literatura no Brasil*, 6 v. 2ª ed. Rio de Janeiro, Editorial Sul-Americana, 1968-70.

Dez anos de atividades editoriais de José de Barros Martins (1940-1950). São Paulo, Martins, 1950.

Diário Oficial da União, 1930-45.

DIAS, Fernando Correia. *O movimento modernista em Minas*. Brasília, Ebrasa, 1971.

Estatística intelectual do Brasil. Rio de Janeiro, Departamento Nacional de Estatística, 1930.

HILTON, Ronald (org.). *Who's who in Latin America. A biographical dictionary of notable living men and women of Latin America*, 6 v. (Brasil, v. 6). Stanford, Stanford University Press, 1945-51.

INOJOSA, Joaquim. *O movimento modernista em Pernambuco*, 3 v. Rio de Janeiro, Gráfica Tupy, 1968-9.

LEÃO, A. Carneiro et alii. *À margem da história da República (Ideaes, crenças e afirmações), inquérito por escriptores da geração nascida com a República*. Rio de Janeiro, Edição do *Annuario do Brasil*, 1924.

Lex, coletânea de legislação, 1940-1945, 6 v. São Paulo, Lex Editora, s. d.

Martins, 30 anos. Edição comemorativa do trigésimo aniversário de fundação da Livraria Martins Editora. São Paulo, Martins, 1967.

MICELI, Sergio. "O Conselho Nacional de Educação: esboço de análise de um aparelho de Estado (1931-1937)", in *A Revolução de 30 — Seminário internacional*. São Paulo/Brasília, CPDOC/FGV/Editora da UnB, 1983, pp. 399-435, incluído neste volume, pp. 293-342.

MONTELLO, Josué. *Na casa dos 40*. São Paulo, Martins, 1967.

MONTENEGRO, Tulo Hostilio. *Tuberculose e literatura (Notas de Pesquisa)*. 2ª ed. Rio de Janeiro, A Casa do Livro, 1971.

MURICY, Andrade. *Panorama do movimento simbolista brasileiro*, 2 v. 2ª ed. Rio de Janeiro, INL/MEC, 1973.

NAPOLI, Roselis Oliveira de. *Lanterna Verde e o modernismo*. São Paulo, Instituto de Estudos Brasileiros da Universidade de São Paulo, 1970.

NEME, Mário. *Plataforma da nova geração*. Porto Alegre, Globo, 1945.
NEVES, Fernão (pseudônimo de Fernando Nery). *A Academia Brasileira de Letras*. Rio de Janeiro, Publicações da ABL, 1940.
Publicações. Rio de Janeiro, Academia Carioca de Letras, 1942.
Recenseamento de 1920. Diretoria Geral de Estatística, Ministério da Agricultura, Indústria e Comércio.
Repertório Estatístico do Brasil. Situação cultural, nº 1, separata do *Anuário Estatístico do Brasil*, ano V, *1939-1940*, IBGE, 1941.
RESENDE, Enrique de. *Pequena história sentimental de Cataguases*. Belo Horizonte, Itatiaia, 1969.
SODRÉ, Nelson Werneck. *História da imprensa no Brasil*. Rio de Janeiro, Civilização Brasileira, 1966.
_____. *História da literatura brasileira* (*Seus fundamentos econômicos*). 3ª ed. Rio de Janeiro, José Olympio, 1960.
TRAVASSOS, Nelson Palma. *Nos bastidores da literatura*, pref. de Monteiro Lobato. 2ª ed. São Paulo, Editora Clube do Livro, 1974.

OBRAS GERAIS

ALBUQUERQUE, Medeiros e. *Homens e cousas da Academia Brasileira*. Rio de Janeiro, Renascença Editora, 1934.
ALMEIDA JR., A. *Problemas do ensino superior*. São Paulo, Companhia Editora Nacional, 1956.
ANTAL, Frederick. "Remarks on the method of art history", *Burlington Magazine*, fevereiro-março de 1949.
_____. *Florentine painting and its social background*. Londres, Routledge and Kegan Paul, 1948.
BACKHEUSER, Everardo. *O professor*. Rio de Janeiro, Agir, 1946.
BOURDIEU, Pierre. *A economia das trocas simbólicas*, org. e introd. de Sergio Miceli. São Paulo, Perspectiva, 1974.
_____. *Esquisse d'une théorie de la pratique*. Genebra, Droz, 1972.
_____. "L'invention de la vie d'artiste", *Actes de la Recherche en Sciences Sociales*, nº 2. Paris, Centre de Sociologie Européenne, março de 1975.
CANDIDO, Antonio. *Formação da literatura brasileira* (*Momentos decisivos*). São Paulo, Martins, 1964.
_____. *Literatura e sociedade*. São Paulo, Companhia Editora Nacional, 1965.
CARDOSO, Fernando Henrique. *Autoritarismo e democratização*. Rio de Janeiro, Paz e Terra, 1975.
CARONE, Edgard. *A Segunda República*. São Paulo, Difel, 1973.
_____. *A República Nova*. São Paulo, Difel, 1974.
_____. *A Terceira República*. São Paulo, Difel, 1976.
CARVALHO, José Murilo de. "As Forças Armadas na Primeira República", in Boris Fausto (org.). *O Brasil republicano*, t. III, v. 2 ("Sociedade e instituições [1889-1930]"). São Paulo, Difel, 1977.
CHAMBOREDON, Jean-Claude. "Sociologie de la sociologie et intérêts sociaux des sociologues", *Actes de la Recherche en Sciences Sociales*, nº 2. Paris, Centre de Sociologie Européenne, março de 1975.

CHILCOTE, Ronald H. *The Brazilian Communist Party (1922-1972)*. Nova York, Oxford University Press, 1974.

CLARK, Terry N. *Prophets and patrons, the French university and the emergence of the social science*. Cambridge, Mass., Harvard University Press, 1973.

COHN, Gabriel. *Sociologia da comunicação: teoria e ideologia*. São Paulo, Pioneira, 1973.

CUNHA, Luiz Antonio Rodrigues da. *Política educacional no Brasil: a profissionalização no ensino médio*. Rio de Janeiro, Eldorado, s. d.

CUNHA, Mário Wagner Vieira da. *O sistema administrativo brasileiro (1930-1950)*. Rio de Janeiro, MEC, 1963.

DEAN, Warren. *A industrialização de São Paulo*. São Paulo, Difel, 1971.

DULLES, John W. Foster. *Anarchists and communists in Brazil (1900-1935)*. Austin, University of Texas Press, 1973.

DURAND, José Carlos Garcia. "A serviço da coletividade — Crítica à sociologia das profissões", *Revista de Administração de Empresas*, v. 15, n⁰ 6. São Paulo, Fundação Getúlio Vargas, novembro-dezembro de 1975.

ERICKSON, Kenneth Paul. *Labor in the political process in Brazil: corporatism in a modernizing nation*. Ann Arbor, Michigan, University Microfilms, 1971.

_____. "Corporative controls of labor in Brazil", trabalho apresentado ao encontro anual da American Political Science Association, 1971, mimeo.

FAORO, Raymundo. *Os donos do poder — Formação do patronato político brasileiro*, 2 v. 2ª ed. Porto Alegre, Globo, 1977.

FARIA, L. de Castro. *Populações meridionais do Brasil — Ponto de partida para uma leitura de Oliveira Viana*. Rio de Janeiro, Museu Nacional, outubro de 1974.

FAUSTO, Boris. *A Revolução de 1930 — Historiografia e história*. São Paulo, Brasiliense, 1970.

_____. "A crise dos anos 20 e a Revolução de 1930", in *O Brasil republicano*, t. III, v. 2 ("Sociedades e instituições [1889-1930]"). 2ª ed. São Paulo, Difel, 1978, pp. 401-26.

_____. *Pequenos ensaios de história da República (1889-1945)*. São Paulo, Cebrap, 1972.

FORJAZ, Maria Cecília Spina. *Tenentismo e política (Tenentismo e camadas médias urbanas na crise da Primeira República)*. Rio de Janeiro, Paz e Terra, 1977.

_____. *Tenentismo e Aliança Liberal, 1927-1930*. São Paulo, Polis, 1978.

FRANCO, Afonso Arinos de Melo. *Introdução à realidade brasileira*. Rio de Janeiro, Schmidt, 1933.

_____. *Preparação ao nacionalismo (Carta aos que têm vinte annos)*. Rio de Janeiro, Civilização Brasileira, 1934.

GOBLOT, Edmond. *La barrière et le niveau*. Paris, Felix Alcan, 1929.

GRAHAM, Lawrence S. *Civil service reform in Brazil (Principles versus practice)*. Austin, University of Texas Press/Institute of Latin American Studies, 1968.

GRAMSCI, Antonio. *Los intelectuales y la organización de la cultura*. Trad. Raúl Sciarreta. Buenos Aires, Lautaro, 1960.

_____. *Literatura e vida nacional*. Trad. e seleção de Carlos Nelson Coutinho. Rio de Janeiro, Civilização Brasileira, 1968.

GROSS, John. *The rise and fall of the man of letters (Aspects of English literary life since 1800)*. Londres, Penguin, 1973.

HAUSER, Arnold. *Introducción a la historia del arte*. Madri, Guadarrama, 1961.

HOGGART, Richard. *The uses of literacy*. Londres, Penguin, 1956.
IGLÉSIAS, Francisco. *História e ideologia*. São Paulo, Perspectiva, 1971.
JAGUARIBE, Helio. *Desenvolvimento econômico e desenvolvimento político*. Rio de Janeiro, Fundo de Cultura, 1962.
KADUSHIN, Charles et alii. "Influential intellectual journals: a very private club", *Change Magazine*, v. 4, março de 1972.
_____. "How and where to find intellectual elite in the United States", *The Public Opinion Quarterly*, v. XXXV, nº 1, primavera de 1971.
_____. "Who are the elite intellectuals?", *The Public Interest*, nº 29, outono de 1972.
LACOMBE, Américo Jacobina. *Introdução ao estudo da história do Brasil*. São Paulo, Companhia Editora Nacional/Edusp, 1973. Col. Brasiliana, v. 350.
LAMOUNIER, Bolivar. "Formação de um pensamento político autoritário na Primeira República. Uma interpretação", in Boris Fausto (org.). *O Brasil republicano*, t. III, v. 2 ("Sociedade e instituições [1889-1930]"). São Paulo, Difel, 1977.
LEITE, Dante Moreira. *O caráter nacional brasileiro*. São Paulo, Pioneira, 1969.
LEVINE, Robert. *The Vargas regime (The critical years, 1934-1938)*. Nova York, Columbia University Press, 1970.
LEWANDOWSKI, Olgierd. "Différentiation et mécanismes d'intégration de la classe dirigeante (l'image sociale de l'élite d'après le Who's Who in France)", *Revue Française de Sociologie*, v. XV, nº 1, janeiro-março de 1974.
LIMA, Alceu Amoroso. *Pela Ação Católica*. Rio de Janeiro, Anchieta, 1935.
_____. *Pela cristianização da idade nova*. Rio de Janeiro, Agir, 1946.
_____. "Notas para a história do Centro Dom Vital", *A Ordem*, junho de 1958.
_____. "Ainda o ensino religioso", *A Ordem*, setembro de 1935.
MANHEIM, Karl. *Ensayos de sociologia de la cultura*. Madri, Aguilar, 1963.
MARCUSE, Herbert. *Culture et société*. Paris, Minuit, 1970.
MARTINS, Wilson. *História da inteligência brasileira*, v. I, 1550-1794. São Paulo, Cultrix, 1976.
MARX, Karl. *Oeuvres philosophiques*. Paris, edição Molitor, v. IV.
MATTOS, Xavier de. "A nova base da educação", *A Ordem*, julho-agosto de 1933.
MELLO, Arnon de. *Os "sem trabalho" da política*. Rio de Janeiro, Pongetti, 1931.
MERCADANTE, Paulo. *A consciência conservadora no Brasil*. 2ª ed. Rio de Janeiro, Civilização Brasileira, 1972.
MICELI, Sergio. *Poder, sexo e letras na República Velha (Estudo clínico dos anatolianos)*. São Paulo, Perspectiva, 1977, incluído neste volume, pp. 13-68.
_____. *Ideologia, aparelhos do Estado e intelectuais em Gramsci*. São Paulo, Fundação Getúlio Vargas, 1974, mimeo.
MIRANDA, Pontes de. *Anarchismo, communismo, socialismo*. Rio de Janeiro, Adersen Eds., 1933.
MOTA, Carlos Guilherme. *Ideologia da cultura brasileira (1933-1974)*. São Paulo, Ática, 1977.
MOTTA FILHO, Cândido. *Introdução à política moderna*. Rio de Janeiro, José Olympio, 1935.
MOURA, Sérgio Lobo de e ALMEIDA, José Maria Gouvêa de. "A Igreja na Primeira República", in Boris Fausto (org.). *O Brasil republicano*, t. III, v. 2 ("Sociedade e instituições [1889-1930]"). São Paulo, Difel, 1977.
NAGLE, Jorge. *Educação e sociedade na Primeira República*. São Paulo, EPU/Edusp, 1974.

PANG, Eul-Soo et alii. "The mandarins of Imperial Brazil", *Comparative Studies in Society and History*, v. 14, nº 2, março de 1972.

PINHEIRO, Paulo Sérgio. "Classes médias urbanas: formação, natureza, intervenção na vida política", in Boris Fausto (org.), *O Brasil republicano*, t. III, v. 2 ("Sociedade e instituições [1889--1930]"). São Paulo, Difel, 1977.

PONTON, Rémy. "Programme esthétique et accumulation de capital symbolique: l'exemple du Parnasse", *Revue Française de Sociologie*, v. XIV, nº 2, abril-maio de 1973.

RIESMAN, David. "The academic career. Notes on recruitment and colleagueship", *Daedalus*, v. 88, nº 1, 1959.

RINGER, Fritz K. *The decline of the German mandarins: the German academic community (1890--1933)*. Cambridge (Mass.), Harvard University Press, 1969. [*O declínio dos mandarins alemães. A comunidade acadêmica alemã. 1890-1933*. São Paulo, Edusp. 2000.]

RODRIGUES, Leôncio Martins. *Sindicato e conflito industrial no Brasil*. São Paulo, Difel, 1966.

SÁ, Paulo. "Posições católicas (Os católicos e o problema da educação)", *A Ordem*, julho de 1934.

SAES, Décio Azevedo Marques de. *O civilismo das camadas médias urbanas na Primeira República brasileira (1889-1930)*, Cadernos do Instituto de Filosofia e Ciências Humanas da Universidade de Campinas, nº 1, 1973.

SANTOS, Wanderley Guilherme dos. "A imaginação político-social brasileira", *DADOS*, nºˢ 2-3. Rio de Janeiro, IUPERJ, 1967.

_____. "Raízes da imaginação política brasileira", *DADOS*, nº 7. Rio de Janeiro, IUPERJ, 1970.

SCHWARTZMAN, Simon. *São Paulo e o Estado nacional*. São Paulo, Difel, 1975.

SCHWARZ, Roberto. *Ao vencedor as batatas (Forma literária e processo social nos inícios do romance brasileiro)*. São Paulo, Livraria Duas Cidades, 1977.

SHILS, Edward. *The intellectuals and the powers & other essays*. Chicago, The University of Chicago Press, 1972.

SILVA, Hélio. *1932, a guerra paulista*. Rio de Janeiro, Civilização Brasileira, 1967.

_____. *1937, todos os golpes se parecem*. Rio de Janeiro, Civilização Brasileira, 1970.

SIMÃO, Azis. *O sindicato e o Estado*. São Paulo, Dominus, 1966.

SOUZA, Maria do Carmo Campello de. *Estado e partidos políticos no Brasil (1930 a 1964)*, pref. de Victor Nunes Leal. São Paulo, Alfa-Omega, 1976.

TANURI, Leonor Maria. "A Escola Normal do estado de São Paulo no período da Primeira República (Contribuição para o estudo de sua estrutura didática)". Tese de doutoramento apresentada à Faculdade de Filosofia, Ciências e Letras de Marília, 1973, mimeo.

THOMPSON, E. P. "The peculiarities of the English", in Ralph Miliband e John Saville (orgs.). *The Socialist Register, 1964-*. Nova York, Monthly Review Press, s. d.

_____. "Patrician society, plebeian culture", *Journal of Social History*, v. VII, nº 4. Rutgers University, verão de 1974.

_____. *Whigs and hunters*. Londres, Allen Lane/Penguin, 1975.

_____. "Modes de domination et révolution en Angleterre", *Actes de la Recherche en Sciences Sociales*, nºˢ 2-3, junho de 1976.

TRINDADE, Helgio. *Integralismo (O fascismo brasileiro na década de 30)*. São Paulo, Difel, 1974.

VENÂNCIO Fº, Alberto. *Das arcadas ao bacharelismo (150 anos de ensino jurídico no Brasil)*. São Paulo, Perspectiva, 1977.

VENTURI, Franco. *Les intellectuels, le peuple et la révolution* (*Histoire du populisme russe au XIXe siècle*), 2 v. Trad. Viviana Paques. Paris, Gallimard, 1972.

VIANA, F. J. de Oliveira. *Problemas de política objetiva*. São Paulo, Companhia Editora Nacional, 1930.

VILLAÇA, Antônio Carlos. *O pensamento católico no Brasil*. Rio de Janeiro, Zahar, 1975.

VILLALOBOS, João Eduardo Rodrigues. *Diretrizes e bases da educação*. São Paulo, Pioneira, 1969.

WATT, Ian. *The rise of the novel* (*Studies in Defoe, Richardson, and Fielding*). Londres, Penguin, 1966. [*A ascensão do romance: Estudos sobre Defoe, Richardson e Fielding*. São Paulo, Cia. das Letras, 2019.]

WILLIAMS, Raymond. *Culture and society* (*1780-1950*). Londres, Penguin, 1966.

_____. *The long revolution*. Londres, Penguin, 1961.

O CONSELHO NACIONAL DE EDUCAÇÃO: ESBOÇO DE ANÁLISE DE UM APARELHO DE ESTADO (1931-7)*

* Artigo publicado originalmente sob o título "O Conselho Nacional de Educação: esboço de análise de um aparelho de Estado (1931-1937)", no volume *A Revolução de 30 — Seminário internacional*. São Paulo/Brasília, CPDOC/FGV/Editora da UnB, 1983, pp. 399-435.

O decreto nº 19850, de 11 de abril de 1931, que criou o Conselho Nacional de Educação (CNE), leva às últimas consequências a definição desse conselho como "órgão consultivo do ministro da Educação e Saúde Pública nos assuntos relativos ao ensino", evidenciando o caráter estrito de assessoria para o trabalho de que se poderia incumbir. Entretanto, os decretos nº 19 851 e nº 19 890, datados de 11 e 18 de abril de 1931, que dispõem, respectivamente, a respeito das reformas do ensino superior e do ensino secundário, definem uma esfera própria de jurisdição para o conselho. No capítulo II do primeiro decreto, vincula-se a concessão da equiparação das universidades estaduais e livres ao sistema federal, bem como a suspensão de tal prerrogativa, a um parecer emitido e votado pelo conselho; da mesma forma, o capítulo I do título II do segundo decreto vincula a concessão de equiparação (ou inspeção permanente) aos estabelecimentos de ensino secundário mantidos por governo estadual, municipalidade, associação ou particular a uma proposta do conselho aprovada por dois terços da totalidade dos seus membros. Nessas condições, não é de se estranhar que boa parte das sessões nos seis primeiros anos de existência do conselho tenha sido devotada ao exame dessas questões sobre as quais esse órgão dispunha de poder decisório. (Ver "Anotações acerca das fontes".)

Nas circunstâncias do período, o Estado tem interesse em contratar, em bases profissionais, os serviços de consultoria que alguns grupos de especialistas estão em condições de prestar. Em face da crise de hegemonia que afetava os procedimentos até então vigentes no processo de tomada de decisões, o recrutamento de novas categorias de agentes especializados vem atender às exigências postas ao exercício rotineiro do trabalho de dominação. Eis, portanto, uma das dimensões capazes de dar conta do perfil mais sofisticado do aparato institucional em vias de ser implantado.

Contudo, a outra dimensão desse processo não deve ser negligenciada. Estando ainda impossibilitado, na conjuntura em questão, de fazer valer seus pontos de vista naqueles setores de atividade em que sua intervenção crescente se faz sentir, o Estado, ou melhor, as facções da classe dirigente profissionalizadas no trabalho político e que assumiram o controle da máquina estatal, se vê instado, por ora, a conceder voz e voto aos porta-vozes dos grupos de interesse concorrentes. A cooptação da Igreja católica por meio de suas figuras consagradas num determinado domínio de atividade demonstra que a presença da Igreja no plano do ensino e da cultura subsiste por força de uma delegação de funções que parte das próprias famílias da classe dirigente. Quando a liderança católica antepõe a família ao Estado como agência educativa privilegiada,[1] ela não utiliza esse argumento apenas como vã ideologia a serviço dos interesses da Igreja, empenhada em concorrer nessa área com o Estado, no contexto de uma conjuntura política em que se encontram ameaçados seus investimentos materiais e simbólicos. Tal argumento expressa a delegação de funções e, portanto, de poder com que foi investida a autoridade eclesiástica para legislar no campo do ensino e da cultura. Da mesma forma, o fato de o Estado cooptar educadores profissionais está relacionado, em última análise, com o atendimento das demandas crescentes que fazem os diversos grupos de agentes incumbidos de gerir o sistema de ensino. Os conselhos não são senão arenas abertas à negociação de interesses, num momento de transição entre as formas de dominação oligárquica vigentes na República Velha e a consolidação de uma dominação burocrática de perfil autoritário.

O processo de cooptação dos intelectuais pelos aparelhos do Estado não se esgota na relação entre suas biografias e a trajetória intelectual e política que cumpriram, entre os trunfos de que dispunham e suas orientações ideológicas, nem muito menos na relação entre os princípios que norteiam sua produção intelectual e suas práticas políticas. Cumpre também apreender os diversos níveis de sua atuação no âmbito "público" e averiguar o quanto suas tomadas de posição intelectuais e políticas se devem às injunções de toda ordem que interferem no trabalho específico que desenvolvem. Por mínima que seja, a autonomia relativa de qualquer aparelho justifica uma análise de sua dinâmica interna e de seu funcionamento, nem que se chegue apenas a delimitar o alcance e os limites desta autonomia.

1. Composição institucional

A despeito dos critérios legais que deveriam orientar o preenchimento das cotas relativas às universidades federais e particulares, aos institutos federais, estaduais e particulares do ensino secundário etc., a composição efetiva do conselho se prende à filiação institucional de seus integrantes a determinados grupos de interesse — o que vai se refletir no tipo de participação e nas tomadas de posição no interior do conselho. À primeira vista, a linha de clivagem mais perceptível separa os representantes do ensino oficial dos porta-vozes do ensino particular, embora um registro mais qualificado permita identificar alguns grupos de interesse.

O primeiro deles inclui os representantes dos ramos tradicionais do ensino superior — direito, medicina, engenharia —, em geral procedentes das faculdades dominantes nesses ramos: Miguel de Oliveira Couto, catedrático da Faculdade de Medicina do Rio de Janeiro, e ex-membro do Conselho Nacional do Ensino; Raul Leitão da Cunha, catedrático da Faculdade de Medicina da Universidade do Rio de Janeiro, diretor dessa mesma faculdade a partir de 1932 e reitor da Universidade do Rio de Janeiro a partir de julho de 1934; Reinaldo Porchat, catedrático e diretor da Faculdade de Direito de São Paulo, ex-membro do Conselho Superior do Ensino e do Conselho Nacional do Ensino, reitor da Universidade de São Paulo a partir de 1934, e juiz do Tribunal Eleitoral de São Paulo; Aristides Novis, catedrático da Faculdade de Medicina da Bahia e diretor da mesma faculdade a partir de 1931; Teodoro Augusto Ramos, professor de matemática e lente da Escola Politécnica de São Paulo, futuro membro da Diretoria Nacional de Educação a partir de 1934, e futuro diretor da Faculdade de Filosofia, Ciências e Letras da Universidade de São Paulo; Samuel Libânio, catedrático da Faculdade de Medicina de Minas Gerais; Joaquim Inácio de Almeida Amazonas, catedrático da Faculdade de Direito do Recife, ex-membro do Conselho Nacional do Ensino. Por decretos de 11 de julho de 1932, de 28 de novembro de 1932 e de 24 de julho de 1933, são nomeados Luís Francisco Guerra Blessmann, catedrático da Faculdade de Medicina de Porto Alegre e diretor da mesma faculdade a partir de janeiro de 1935, em lugar do dr. Cláudio Brandão; José Olímpio da Silva, vice-reitor da Faculdade de Medicina da Bahia, em lugar do dr. Aristides Novis, e João Cesário de Andrade, também catedrático da Faculdade de Medicina da Bahia e ex-membro do Conselho Nacional de Ensino. Com essas substituições, há em média cinco representantes das faculdades de medicina oficiais federais e estaduais, dois representantes das faculdades de direito oficiais federais e um representante das escolas politécnicas. Em conjunto, os oito representantes dos ramos tradicionais correspondem a 57% do total de conselheiros, percentual que se eleva a 60% se contarmos o diretor do Departamento Nacional do Ensino (mais tarde Diretoria Nacional de Educação), cargo sucessivamente ocupado pelos professores Aloísio de Castro, Cândido de Oliveira Filho e Teodoro Ramos, todos eles pertencentes ao magistério superior nesses ramos.[1]

O segundo grupo inclui militares de altas patentes, nomeados por "livre escolha" do presidente da República, vale dizer, em atendimento a demandas por representação das Forças Armadas e das escolas militares: o marechal Espiridião Rosas, logo substituído pelo marechal Joaquim Marques da Cunha (decreto de 4 de novembro de 1931), engenheiro militar e lente da Escola Militar, o general João Simplício Alves de Carvalho e o almirante Américo Brasil Silvado, correspondendo a 21% do total de conselheiros. Com base nas intervenções e tomadas de posição nos debates, poder-se-ia dizer que representam uma linha política de inspiração "tenentista" e corporativista.

O terceiro grupo reúne os porta-vozes das novas especialidades na área educacional: o professor Carlos Delgado de Carvalho, vice-diretor do Externato do Colégio Pedro II, sociólogo e geógrafo, e o professor Isaías Alves de Almeida, de volta dos Estados Unidos, onde esteve um ano em estágio de especialização pedagógica no Teacher's College da Universidade de Colúmbia, autor de obras de feitio técnico — como, por exemplo, *Teste individual de inteligência* (1927), *Os testes e a reorganização escolar* (1930) e *Técnicos e educadores* (1933) —, futuro secretário da Educação e Saúde do estado da Bahia.[2] Ambos estavam ligados aos movimentos de reforma e modernização do ensino, à expansão das escolas normais e à difusão de novos modelos pedagógicos, perfazendo 14% do total de conselheiros.

Por último, a presença do padre Leonel Franca, líder da intelectualidade católica, militante das organizações da Igreja e autor de diversas obras de proselitismo, atuando como representante do ensino privado e confessional que, em 1929, atendia a 90% da instrução secundária.[3]

A reconstituição do conselho levada a efeito em 1935 permite antecipar algumas mudanças na sua composição, que deverão se consolidar no início de 1936, com a reforma do conselho imposta por lei parlamentar. Assim, estando a gestão do ministério em mãos de Capanema, reconstitui-se o conselho por haver terminado o mandato da maioria de seus membros: são reconduzidos Leitão da Cunha, Reinaldo Porchat, Leonel Franca, Eduardo Rabelo, Delgado de Carvalho e Samuel Libânio; são mantidos, por ainda não terem seus mandatos vencidos, Isaías Alves, Marques da Cunha, Cesário de Andrade e Josué Cardoso d'Afonseca, da Escola de Engenharia de Juiz de Fora; são nomeados pela primeira vez Aníbal Freire da Fonseca, catedrático da Faculdade de Direito do Recife, Ignácio de Azevedo do Amaral, catedrático da Escola Politécnica do Rio de Janeiro, Fábio de Barros e Alceu Amoroso Lima, "representantes, o primeiro, das diversas instituições educativas a que se refere a atual legislação, e o último, da cultura em geral". Alceu vem engrossar a ala que defende os interesses do ensino particular e, por essa via, sustentar a legitimidade da presença católica nas reformas educacionais em curso. Essa facção foi a única que veio a apresentar ganhos com a reconstituição do conselho. No que toca à ala militar, um recuo substancial ocorre com o pedido de exoneração do almirante Silvado e com o afastamento do general João Simplício; sobra apenas o marechal Marques da Cunha.

A lei parlamentar nº 174, de 6 de janeiro de 1936, veio determinar mudanças na composição do conselho, extinguindo o órgão que havia sido criado pelo decreto nº 19850, de 11 de abril de 1931. Os desentendimentos havidos entre a Câmara e o Senado, entre o Senado e o Poder Executivo, as alegações de alguns conselheiros de que uma lei ordinária não poderia "extinguir" um preceito constitucional, e o acirramento do confronto entre as diversas facções empenhadas em fazer valer seus pontos de vista nas reformas do ensino em curso, tudo isso acabou provocando infindáveis questionamentos no interior do próprio conselho[4] quanto à sua "legalidade" e quanto à "legitimidade" das convocações feitas antes que a nova lei fosse implementada. Alguns conselheiros chegaram inclusive a apresentar propostas que, invocando quase sempre argumentos de teor jurídico, pretendiam fazer com que o antigo conselho assumisse os novos encargos definidos pela Constituição. Tais demandas prolongaram-se mesmo após o estabelecimento das listas tríplices para a composição do novo conselho.

Em 1931, a composição do conselho consegue de certo modo furtar-se ao clima agitado de reivindicações, passando ao largo dos movimentos em prol das reformas do ensino então em curso. Era a época das reformas educacionais em São Paulo, no Rio de Janeiro e em Minas, e das conferências organizadas pelos educadores. A essa altura, já se encontrava inteiramente demarcada a arena de luta entre a Associação Brasileira de Educação e a Igreja católica. A associação congregava os educadores profissionais que defendiam o ensino leigo, uma crescente intervenção do Estado para centralizar a gestão do sistema de ensino, e que divulgavam novos modelos pedagógicos e instrumentos sofisticados para avaliação de desempenho. A reação da Igreja católica fazia-se sentir por meio do Centro Dom Vital e de outras organizações que buscavam incentivar a militância em favor da obrigatoriedade do ensino religioso.

Nos primeiros tempos de atuação do Ministério da Educação e Saúde, a despeito das reformas do ensino superior e secundário decretadas pelo ministro Francisco Campos, e que se inspiravam na plataforma dos grupos de educadores leigos (tendo sido o próprio ministro um dos responsáveis pelas reformas levadas a cabo em Minas), o decreto que tornava facultativo o ensino religioso poderia ser interpretado em termos de um recuo que vinha atender às reivindicações católicas. Além disso, não são os novos especialistas em educação que constituem a facção dominante no conselho criado em 1931, mas os representantes das faculdades e ramos tradicionais do ensino superior. O educador profissional cooptado Isaías Alves, por exemplo, recém-chegado dos Estados Unidos, era muito menos um militante da "educação nova" do que um difusor dos novos métodos e instrumentos pedagógicos. O padre Franca, por sua vez, sem margem de dúvida, era um dos articuladores centrais da reação católica nessa área, e já havia firmado sua liderança intelectual em obras que desempenhavam um papel importante na mobilização de jovens adeptos que viriam a constituir o núcleo leigo da reação católica.

Apoiado na lei nº 174, o presidente da República solicitava aos governadores dos estados que promovessem indicações, com base nas quais o conselho de então pudesse estabelecer as listas tríplices. Tal procedimento em relação aos institutos de ensino dos estados e às associações de educação e de imprensa não ocorreu apenas pela razão alegada, qual fosse, a "falta de elementos exatos quanto ao número desses estabelecimentos e instituições". A mediação exercida no caso pelos governadores inseria-se no sistema de correias com que o poder central passara a controlar os estados desde o esquema das interventorias.

A lei nº 174, de 6 de janeiro de 1936, determina um ponto de inflexão significativo na história do conselho no período em apreço. Seus principais artigos estipulam condições e requisitos distintos para a composição do colegiado: serão nomeados dezesseis membros, dos quais nove devem ser representantes do ensino oficial mantido pela União e pelos governos dos estados e do Distrito Federal, e mais três representantes da "cultura livre e popular". Os nove primeiros deverão representar as nove categorias do ensino oficial assim distribuídas: primário e normal (incluindo a educação física), secundário, agrícola e veterinário, técnico-industrial e comercial, politécnico, artístico, ensino de ciências médicas, de ciências sociais e de filosofia, ciências e letras. Os três representantes do ensino particular deverão corresponder aos três graus de ensino: primário, secundário e superior. A nomeação de todos os membros caberá ao presidente da República com aprovação do Senado, renovando-se a metade do conselho a cada biênio. Com a exceção de dois conselheiros, "representantes da cultura livre e popular", a serem nomeados por livre escolha do presidente da República, os demais serão escolhidos com base nas listas tríplices organizadas pelo próprio Conselho Nacional de Educação.

Do prisma da legislação, essa nova modalidade de recrutamento parece indicar a "derrota" sofrida pela trinca até então dominante no ensino superior — direito, medicina e engenharia, pela ordem — e, em contrapartida, a extensão da representação das novas áreas de ensino, tanto as que propiciam uma formação profissionalizante (as áreas do ensino técnico) como as que se destinam a formar novos quadros (os futuros egressos das faculdades de filosofia e educação), seja para o próprio sistema de ensino (professores secundários, universitários, inspetores e demais postos ligados à expansão do ensino), seja para as demais carreiras que se abrem no nível da assessoria "técnica" e política da classe dirigente (as novas profissões superiores).

No texto da lei, em vez de corresponder virtualmente às faculdades dominantes em cada ramo — como as faculdades de direito de São Paulo e do Recife, as escolas politécnicas do Rio de Janeiro e de São Paulo, as faculdades de medicina do Rio de Janeiro, da Bahia, de Minas Gerais, do Rio Grande do Sul —, esse tipo de representação direta do ensino superior reduz-se a não mais de dois representantes, vinculados às categorias de ensino médico e ensino politécnico, vedando-se uma representação direta do ensino jurídico. A designação "ensino médico" inclui também a representação das faculdades de farmácia e odontologia, que, muito embora sempre tenham tido uma posição bastante dependente das faculdades de medicina, conseguem nos primeiros seis anos de vida do conselho assegurar uma representação própria (Almada Horta, Barros Terra etc.). Amplia-se assim a representação das áreas de ensino de implantação recente sob a tutela do novo corpo de educadores profissionais, dando-se inclusive um status próprio à representação das faculdades de filosofia.

Em lugar da modalidade de indicação definida na antiga lei, a cargo das faculdades hegemônicas, cabe doravante ao próprio conselho estabelecer, por voto secreto, as listas tríplices a serem submetidas ao Poder Executivo com base no seguinte procedimento:

> Nove listas, correspondentes às categorias acima mencionadas, contendo cada uma três nomes de representantes do ensino oficial, escolhidos dentre os que forem indicados pelos conselhos estaduais de educação, ou, enquanto não existirem tais conselhos, pelas congregações dos estabelecimentos mantidos pela União e pelos governos dos estados e do Distrito Federal (artigos 3º, 5º e 13º). Dentre os representantes das cinco últimas categorias mencionadas, dois, no mínimo, devem ser professores da universidade, e dois, no mínimo, devem ser professores de estabelecimentos isolados (artigo 3º, § 2º). Três listas, correspondentes aos ensino particular,

primário, secundário e superior, contendo cada uma três nomes dentre os diretores e professores de estabelecimentos particulares, reconhecidos oficialmente, que forem indicados pelos conselhos estaduais de educação (artigo 5º). Não existindo, atualmente, esses conselhos, três listas serão organizadas pelo CNE, independentemente de qualquer indicação [...]. Duas listas correspondentes a representantes da cultura livre e popular, contendo cada uma três nomes [...] dentre os que forem indicados respectivamente pelas associações de imprensa e de educação, consideradas idôneas a partir da data da Constituição ou reconhecidas posteriormente [...]. Os outros dois nomes dessa categoria [...] serão nomeados por livre escolha do presidente da República [...] somente poderão ser indicados para a composição das referidas listas pessoas de reconhecida competência nas funções que terão de exercer, e, de preferência, experimentadas na administração do ensino e conhecedoras das necessidades nacionais [...] e que tenham capacidade e experiência no ramo ou grau de ensino que tiverem de representar [...] devendo ser especialmente mencionadas as atividades por elas exercidas.[5]

Na verdade, as coisas não se passaram bem assim, tendo os governos estaduais atuado como instâncias de mediação. Não obstante, tais mudanças traduzem, pelo menos em princípio, uma extensão dos poderes conferidos ao Conselho Nacional de Educação, que passa a exercer o papel de intermediário entre as demandas e indicações dos diferentes graus e ramos do ensino, filtrando os diversos tipos de representação previstos em lei. E o conselho não deixará de cumprir esse trabalho sem levar em conta seus próprios interesses, assegurando, na medida do possível, a continuidade da representação dos grupos que já pertenciam ao colegiado e, em especial, de suas figuras de maior projeção.

Em 10 de julho de 1936, sob a presidência do ministro Capanema, foram realizadas as eleições internas para a montagem das listas tríplices, com base nas indicações feitas para as diversas categorias de ensino previstas em lei. Estavam presentes à sessão dezessete conselheiros, a saber, professores Leitão da Cunha, Gastão Macedo, Aníbal Freire, Josué d'Afonseca, Cesário de Andrade, Eduardo Rabelo, Reinaldo Porchat, Marques da Cunha, Beni Carvalho, Paulo Lira, Isaías Alves, Delgado de Carvalho, Amoroso Lima, Barros Terra, Samuel Libânio, Azevedo do Amaral e Licínio de Almeida. Destes, apenas sete nomes encabeçaram as listas, quer dizer, o antigo conselho conseguiu preservar 41% de seus integrantes pela via eleitoral interna. A esse percentual devem-se acrescentar três figuras de proa — Samuel Libânio, Leitão da Cunha e Amoroso Lima (os dois últimos futuros reitores) —, que acabaram sendo nomeados por "livre escolha" da Presidência da República, ampliando para 58% a taxa de reprodução do antigo conselho.

Dentre os antigos e ex-membros do conselho, cujos nomes constavam das listas de indicações, onze não conseguiram se eleger e apenas quatro deles chegaram a integrar as listas tríplices. Além dos onze mais votados nas respectivas categorias — Manuel Bergström Lourenço Filho (ensino primário e normal oficial), Jônatas Archanjo da Silveira Serrano (ensino secundário oficial), Paulo de Figueiredo Parreiras Horta (ensino agrícola e veterinário), Paulo de Lira Tavares (ensino técnico-industrial e comercial), Ari de Abreu Lima (ensino politécnico), João Cesário de Andrade (ensino médico), Aníbal Freire da Fonseca (ensino de ciências sociais), Luís Camillo de Oliveira Netto (ensino artístico), Reinaldo Porchat (ensino de filosofia, ciências e letras), Isaías Alves de Almeida (ensino primário livre), Josué Cardoso d'Afonseca (ensino secundário livre) —, foram ainda nomeados o padre Leonel Franca, como representante das associações educacionais, e Jurandir Lodi, representando as associações de imprensa.

O primeiro marco de comparação é forçosamente a composição do antigo conselho. Pode-se tomar, por exemplo, a distribuição dos membros segundo o ramo de ensino em três momentos distintos, a saber, o conjunto de nomeações efetuadas entre 1931 e 1934, a reconstituição levada a cabo em 1935, com a ascensão de Capanema, e a reforma determinada pela lei nº 174. A parcela de representantes dos ramos tradicionais do ensino superior mantém-se elevada e quase constante nos dois primeiros momentos. Em 1936 essa parcela sofre um ligeiro decréscimo, muito embora se possa alegar que seu coeficiente de preservação após a reforma foi obtido às custas de uma "infiltração" em categorias afins, se não alheias, ao ensino jurídico (ou seja, ensino de ciências sociais, ensino de filosofia, ciências e letras) e por conta das indicações de "livre escolha" do presidente da República. A representação de categorias afins somadas à indicação de Josué d'Afonseca, da Escola de Engenharia de Juiz de Fora, como representante do ensino secundário livre, dá conta de quase 43% da representação obtida.

Não se pode atribuir ao acaso o fato de que a lei em questão nem mesmo preveja uma representação autônoma do ensino jurídico, a exemplo do que se instituiu para o ensino das ciências médicas e para o ensino politécnico.

Tampouco se deve estranhar a eleição de Porchat como representante do ensino de filosofia, ciências e letras, dado que, a essa altura, estando em funcionamento reconhecido a Faculdade de Filosofia, Ciências e Letras da Universidade de São Paulo, não é descabido que o reitor dessa universidade possa dispor de uma base de legitimidade para assumir esse trabalho de representação.

Embora a representação direta dos três ramos tradicionais devesse restringir-se a apenas dois representantes, ou seja, 12,5% do total de conselheiros, os 43,8% de fato alcançados mediante os expedientes apontados constituem o coeficiente real de preservação obtido pelo antigo conselho. Por sua vez, a parcela de representantes dos novos corpos de especialistas — educadores profissionais, docentes do ensino técnico e profissionalizante, cientistas sociais e burocratas da área educacional — amplia sua presença, que nos dois primeiros momentos havia girado em torno de dois representantes, para cinco representantes por ocasião da reforma, perfazendo 31,3% do total de membros do conselho. Levando em conta apenas o grupo de educadores profissionais e tecnoburocratas, excluindo os representantes das áreas de ensino profissionalizante (ensino agrícola e veterinário, ensino técnico-industrial e comercial), pois em princípio nada garante que haverá uma aliança entre eles no âmbito do conselho, verifica-se que os nomes de Lourenço Filho, Isaías Alves e Jurandir Lodi correspondem a 18,8% do total de conselheiros. A votação unânime recebida pelo primeiro representa, ao mesmo tempo, a consagração de seu trabalho como "reformador" profissional e a abertura dos aparelhos do Estado a ele e a seus pares.

Com efeito, a facção que historicamente vem conseguindo manter o seu lugar no órgão consultivo máximo do setor educacional e que mais ganhos consegue com a reforma de 1936 é a dos católicos militantes. Tendo ampliado para dois membros a presença da Igreja em 1935, conseguem aumentá-la agora para quatro representantes, o que corresponde a 25% do total de conselheiros. Além disso, é preciso considerar a posição estratégica que esse grupo vem ocupando há muitos anos na máquina burocrática interna, com Américo Jacobina Lacombe, que ocupa o cargo de secretário do conselho desde 1931. Colaborador de *A Ordem*, Américo Lacombe integra o círculo de intelectuais atuantes no Centro Dom Vital e está plenamente identificado com os programas e com o ideário da Igreja em termos de ensino.[6] O percentual de representação da Igreja é tanto mais significativo quando se sabe que, entre os porta-vozes do ensino superior tradicional, os "rachas" são muito mais frequentes, que é muito mais baixa a coesão ideológica e política entre as demais facções e, ainda mais, quando se sabe que as tomadas de posição da ala católica encontram, em seu favor, o apoio dos empresários particulares do ensino, e entre eles um dos principais é a própria Igreja e suas ordens religiosas.

Deixaram de participar do novo conselho os membros de extração militar, que por volta de 1933 chegaram a ser três, mas que com a reconstituição de 1935 já haviam sido reduzidos à presença do marechal Marques da Cunha.

2. Móveis da luta interna

A história do conselho, em ampla medida, é a do progressivo desarmamento, por parte do Estado, desse órgão como instância de negociação de assuntos pendentes na área educacional, ou seja, é a história do esvaziamento da autoridade dos grupos de interesse concorrentes ao Estado.

AUTONOMIA DO CNE VERSUS INGERÊNCIA DO PODER EXECUTIVO

A luta interna que se desenvolve no conselho tem como um de seus principais aspectos o confronto entre os defensores de sua autonomia relativa e os adeptos da progressiva extensão do poder intervencionista do governo central. A mesma oposição parece recobrir, por vezes, um antagonismo entre os conselheiros empenhados em preservar certa imagem de autonomia, vale dizer, de condições capazes de assegurar a "descentralização", e aqueles cuja atuação resulta de uma delegação direta do Executivo e que defendem que o poder central deve estar a salvo de pressões regionais. Entre os primeiros encontram-se os conselheiros que operam como porta-vozes dos estados mais fortes (como Porchat e Teodoro Ramos) ou de instâncias concorrentes ao ensino e à cultura (como o padre Leonel Franca, que atua em nome da Igreja). No segundo grupo encontram-se os educadores profissionais e os "técnicos" que ocupam cargos elevados na burocracia interna do Ministério da Educação e Saúde Pública.

Todavia, as lutas internas não impedem que, nos momentos de crise, a maioria dos membros do CNE tenda a tomar posições em bloco, reivindicando o monopólio das decisões de maior peso na área educacional e opondo-se às meras funções "consultivas" que o poder central está interessado em impingir ao conselho. Em suma, o conselho constitui um terreno em que se defrontam algumas das principais facções interessadas em afirmar sua autoridade de legislar em matéria de política educacional, uma arena de luta entre interesses favoráveis e contrários à "centralização", bem como à autonomização dos corpos de "especialistas" e dos órgãos "técnicos". É preciso lembrar, contudo, que um dos níveis básicos de atuação dos conselheiros diz respeito à defesa das demandas feitas pelas escolas e faculdades de que são representantes, ou dos estabelecimentos de ensino em que trabalham e com os quais se sentem identificados.[1] Por vezes essas clivagens se manifestam ao mesmo tempo, sendo forçoso compulsar as votações, analisando alianças e "conchavos" com vistas a detectar o tipo de interesses em jogo em cada situação concreta.

Uma das primeiras ocasiões em que se pode verificar a autonomia relativa do conselho é a sessão em que diversos conselheiros se manifestam acerca da lei de organização do ensino secundário. Em julho de 1931, por sugestão do dr. Aloísio de Castro, então presidente do Conselho Nacional de Educação, é aprovada a constituição de uma comissão que deveria estudar e regulamentar as funções dos inspetores de ensino. Em novembro do mesmo ano, é lido o parecer dessa subcomissão, com uma série de propostas. Entretanto, em outubro do mesmo ano, o governo publica o decreto nº 20496, que dispõe sobre a inspeção nos institutos de ensino secundário, não restando outra saída para o trabalho da subcomissão senão o expediente de declarar-se pronta a "regulamentar a parte relativa à inspeção do ensino superior". A publicação do referido decreto serviu de estopim para que viesse à baila a questão da "jurisdição" e "alçada" do Conselho Nacional de Educação. Sentindo-se preteridos, cingidos à função subalterna de propiciar uma validação acadêmica aos atos do Executivo, os membros do conselho tendem a adotar posições que lhes pareçam congruentes com a representação que possuem. As tomadas de posição não poderiam ser mais claras. De um lado, Delgado de Carvalho conclama o governo a mobilizar os novos especialistas, a expandir seus órgãos técnicos, a levar em conta suas contribuições para um futuro planejamento educacional. De outro, os representantes de extração militar chamam a atenção para os limites que o governo vem impondo ao alcance de atuação do conselho e aos objetivos a que se propõe.

O saldo desse debate está contido na fala incisiva com que o presidente do colegiado interrompe as intervenções, insistindo no fato de que o mesmo decreto que mobilizou os brios dos conselheiros confere, em seu artigo 731º, uma função explícita ao Conselho Nacional de Educação, qual seja, a de decidir, por exemplo, "quais as disciplinas do ensino secundário, em que a inscrição [...] poderá ser concedida", além de outras atribuições do mesmo gênero, todas elas de caráter técnico. Ficam assim apontadas quais as matérias que o Executivo considera de alçada e competência do conselho.

O debate acerca da centralização reacende-se a propósito do regime vigente de inspeção e equiparação dos estabelecimentos de ensino secundário. Embora a discussão se desenvolva em torno da oposição ensino oficial versus ensino privado, as posições se repartem entre os defensores do ensino privado — e, portanto, contrários ao movimento de centralização — e os porta-vozes da linha oficial, favoráveis ao reforço da intervenção do Estado em todas as esferas da sociedade civil. A esse respeito, pode-se examinar a segunda sessão da primeira reunião de 1933, realizada em 25 de janeiro de 1933 (ver *Diário Oficial da União* de 3 de fevereiro de 1933), quando se retoma o debate sobre o regime de inspeção dos estabelecimentos de ensino.

De início, o problema é situado com a leitura dos pareceres emitidos pelas subcomissões. Segue-se a primeira fala do padre Franca, expressando uma posição divergente da orientação contida no parecer. O núcleo do argumento levantado por ele apoia-se na defesa do princípio geral da autonomia do ensino livre, isto é, do ensino particular e confessional, procurando conciliar as prerrogativas do ensino particular com as novas exigências de controle e orientação que vêm sendo impostas pelo governo central. Dessa feita, salienta o rigor das exigências que se antepõem à equiparação solicitada pelos institutos livres e, de passagem, refere-se ao tratamento especial de que desfrutam os institutos de ensino superior mantidos pelos governos estaduais, que se encontram dispensados da exigência em pauta.

Voltando à carga após a primeira tomada de posição contrária, expressa pelo marechal Marques da Cunha, o padre Franca levanta obstáculos legais, mostrando-se contrário à possibilidade sugerida pelo parecer, no sentido de se elaborar um aviso interpretativo do decreto em questão. Padre Franca invoca um argumento formal, com o qual "acena" com a possibilidade de votar contra o parecer, na medida em que as modificações que uma ala do conselho pretende introduzir restringem a margem de manobra dos institutos particulares num grau muito maior do que o teor do próprio decreto. Em seguida, retoma sua postura inicial, tentando fazer coincidi-la com os pontos de vista de um outro parecer (a "primitiva indicação" de Leitão da Cunha), convertido em solução alternativa de mediação. Este concede o reconhecimento dos diplomas expedidos, contanto que se cumpram, nesses casos, alguns requisitos relativos ao histórico escolar — tarefa deixada a cargo das sanções do quadro de inspetores.

Pela ordem, a fala seguinte do professor João Simplício retoma o argumento formal do padre Franca, embora numa outra direção, calçando uma proposta de modificação global do decreto. Suscita o conselho a tomar a iniciativa de legislar, substituindo o decreto expedido pelo governo por um outro, "uma obra orgânica e completa". Em suas palavras, "seria, pois, preferível que o conselho chamasse a si a sua principal função. Em vez de exercer função policial, examinando relatórios — coisa que não nos deve caber, mas ficar dentro das atribuições da Diretoria de Educação —, deveria dedicar-se à orientação do ensino em nosso país". Conclama seus pares para que façam valer sua "autoridade", ou seja, para que não se deixem impingir apenas uma função consultiva e passem a disputar uma posição de maior peso no trabalho político que se realiza no domínio específico de atuação do conselho.

A intervenção seguinte, de Isaías Alves, apoia a posição do padre Franca e mostra-se contrária às conclusões do parecer, que, por conseguinte, não poderá contar com o seu voto. Ambos são membros da subcomissão de ensino secundário, vale dizer, atuam em dobradinha como porta-vozes dos empresários particulares do ensino. Daí a tendência de defenderem posições coincidentes nessas questões.

Aproveitando o caminho aberto por Isaías Alves, Leitão da Cunha faz menção de deixar de lado a discussão do conteúdo dos pareceres e, num primeiro instante, simula concordar com a posição de seus pares em favor de uma revisão radical da questão em pauta. Sua postura contribuiu muito para dar a ilusão de um consenso momentâneo, segundo o qual todos estariam de acordo pelo menos quanto à relevância do assunto, e, caso houvesse o assentimento dos demais, haveria inclusive a possibilidade de se chegar a alterar os marcos legais do decreto vigente. De passagem, Leitão da Cunha não se esquece de minimizar as consequências aventadas pelo padre Franca. Assim, "fecha" com seus pares em favor de um reforço à autonomia relativa do conselho, mas procura explicitar as bases da aliança a que adere, deixando bem claro que seus pontos de vista não coincidem com os do líder católico.

A essa altura, o que se verifica é uma conjunção de interesses favoráveis à extensão do poder do conselho. Embora possam discordar quanto aos rumos doutrinários e às consequentes soluções técnicas do problema em pauta, os conselheiros se colocam de acordo pelo menos quanto à necessidade de reforçar o poder próprio do conselho. Após alinhavar argumentos técnicos — que visam muito mais atender às exigências de um discurso bem articulado, capaz de demonstrar, ao mesmo tempo, o domínio técnico do assunto e o rigor de uma reflexão bem fundada na experiência prática —, Leitão da Cunha invoca o "consenso" e apresenta uma indicação à presidência. Nesse momento intervém Porchat, cujo parecer fora vencido. Seu apoio é o trunfo final para a aprovação da indicação feita por Leitão da Cunha. Os dois, e mais Teodoro Ramos, são integrantes da subcomissão do ensino superior.

A grande ênfase dada às exigências e aos requisitos envolvidos no processo de inspeção e equiparação dos estabelecimentos particulares prende-se, em parte, ao fato de que essas questões, como vimos, tocam de perto a autoridade e o poder do conselho. A rigor, trata-se da única matéria em que, do ponto de vista legal, a decisão final cabe ao conselho. Não obstante, mesmo no tocante ao processo de inspeção e equiparação dos estabelecimentos de ensino particulares, quase sempre as decisões mais controversas tomadas pelo CNE deixaram de ser implementadas pelo Executivo. Diversas reuniões em 1933, por exemplo, foram dedicadas a analisar a proposta de cassação da equiparação da Escola de Medicina e Cirurgia do Instituto Hahnemaniano. Chegou-se a um quase consenso em favor da cassação, apenas com os votos contrários do marechal Marques da Cunha e do general Simplício. Não obstante, o governo provisório nomeou uma comissão especial com a tarefa de reorganizar a escola, passando por cima da decisão vitoriosa no interior do conselho.

Os membros do conselho procuraram contornar a situação, conforme se pode verificar pela declaração do professor Leitão da Cunha, em resposta a um ofício remetido pela mesma escola durante a fase de litígio:

> Essa questão poderia ter sido proposta regularmente ao conselho se a Escola de Medicina e Cirurgia estivesse em condições normais, quanto às suas relações legais conosco. Não nos deveremos porém pronunciar sobre o que ele deveria fazer em tal caso enquanto não se restabelecerem as relações legais do conselho com esse estabelecimento de ensino. [...] No momento, a escola está fora de nossa alçada, porque sua situação depende do parecer de uma comissão especial, nomeada pelo governo, à revelia deste conselho.[2]

Na sessão do dia 29 de janeiro de 1934 (*Diário Oficial da União* de 1º de novembro de 1934), um dos tópicos inscritos na ordem do dia era o relatório da comissão nomeada pelo ministro para estudar as condições e o regimento interno da Escola de Medicina e Cirurgia do Instituto Hahnemaniano. O fato de que alguns dos membros presentes ainda não fizessem parte do conselho na época da tempestuosa sessão em que a proposta de cassação acabou vitoriosa facilitava a tática daqueles que procuravam minimizar a "derrota" do conselho perante o governo provisório.

Havia quem insistisse em atribuir ao professor Miguel Couto a ideia da cassação, quando na verdade não fora ele o primeiro a propor a medida, ainda que a proposta vencedora tivesse recebido sua chancela. Alegava-se ainda que o governo resolvera não cassar a equiparação por não dispor de recursos para custear o curso de emergência para os alunos da escola. Para "salvar a honra", foi dito também que o ministro veio, mais tarde, solicitar ao conselho a sugestão de medidas adequadas para enfrentar o caso de diversos estabelecimentos de ensino cujas congregações se achavam constituídas de maneira muito irregular, quando, na verdade, esse era apenas um dos elementos do "caso hahnemaniano".

Por último, Eduardo Rabelo pede adiantamento de discussão do parecer relativo ao regimento interno. Isaías Alves então intervém, defendendo o trabalho realizado pela comissão especial nomeada pelo ministro:

O SR. PRESIDENTE — Vou, primeiro, submeter à discussão a preliminar. Se fica ou não adiada a discussão do regimento.

O SR. ISAÍAS ALVES — Sr. Presidente, havendo a comissão designada pelo Sr. Ministro declarado que a escola [...] havia obedecido a todas as determinações do conselho e que, no momento atual, só existe a falha referente aos concursos, que estão realizando, não me parece que haja necessidade de adiar a discussão do regimento, porque a escola está, de acordo com o parecer da comissão, perfeitamente dentro da lei [...].

O SR. EDUARDO RABELO — Sinto muito divergir do meu ilustre colega e também da comissão, de que faz parte o eminente professor Carneiro Felipe. Não tenho certeza se ela diz que a escola está cumprindo tudo. Se diz isso, tenho umas ressalvas a fazer a propósito do próprio regimento.

O SR. CARNEIRO FELIPE — A comissão trouxe ao conselho documentos que provam que a escola vai cumprindo as determinações do conselho.

O SR. EDUARDO RABELO — Vou provar que não está cumprindo. Em parecer votado neste conselho, foi decidido que as cadeiras de homeopatia constituíssem um curso especializado. No regimento, porém, não foi obedecida essa determinação. Ainda mais, o conselho verificou que três conselheiros tinham sido eleitos por aclamação pela congregação da escola [...], que não tinha dois terços. Agora, solicitou à Faculdade de Medicina da Universidade do Rio de Janeiro a realização de sete concursos, sem falar nesses três.

O SR. ISAÍAS ALVES — Se realizar os sete concursos, ficam com quorum bastante para realizar os outros três.

O SR. EDUARDO RABELO — Ela tem que se conformar com o parecer do conselho.

O SR. ISAÍAS ALVES — O conselho determinou que fizesse concurso fora dos seus muros até atingir o quorum.

O SR. EDUARDO RABELO — Sem os três professores, não tem número. Deve realizar, fora, dez, e não sete concursos. Considera os três como líquidos, quando o conselho resolveu ao contrário.

O SR. TEODORO RAMOS — Quem elaborou o regimento interno?

O SR. EDUARDO RABELO — Não se diz. Deve ser o Conselho Técnico-Administrativo. Acho um verdadeiro absurdo decidirmos isso.

O SR. CESÁRIO DE ANDRADE — Já declarei, de outra vez, aqui, que, ao relatar o regimento, ignorava, por completo, a situação anterior da escola. Por isso que o assunto foi discutido em data muito anterior àquela em que veio o regimento.

O SR. MARECHAL MARQUES DA CUNHA — Sr. Presidente, entendo que, tendo sido encaminhado ao conselho e à respectiva comissão o regimento interno, esta tem de formular o seu parecer. Da primeira vez em que a escola [...] enviou o seu regimento, o parecer foi contrário à sua aprovação, por não estar devidamente organizado. Volta agora o mesmo ao exame da comissão e penso que deve ser discutido. Se, de fato, a escola está em situação irregular, se apresenta, em seu regimento, condições em desacordo com o que decidiu o conselho em relação, por exemplo, às cadeiras de homeopatia, cabe-nos examinar tudo isso no momento da discussão.

O SR. TEODORO RAMOS — Inicialmente, o regimento foi organizado por quem não o podia fazer, pois a congregação estava irregularmente constituída.

O SR. MARECHAL MARQUES DA CUNHA — Na ocasião em que se discutiu o primeiro parecer, a escola estava nas mesmas condições em que está hoje. No entanto, o parecer foi discutido.

O SR. GUERRA BLESSMANN — Foi dito, Sr. Presidente, que, não tendo a escola congregação regular, o regimento fora ilegalmente encaminhado ao conselho. Em julho de 1933, fui relator de um parecer sobre o regimento desse instituto, e devo declarar que viera, então, acompanhado de um ofício em que se dizia o seguinte: "Tenho a honra de enviar a V. Exa. o regimento interno da escola [...], elaborado pelo Conselho Técnico-Administrativo desta escola, ouvida a congregação, para a aprovação do Conselho Nacional de Educação, como determina o artigo 13º do decreto nº 20179, de 6 de julho de 1931". À vista disso, a comissão elaborou o parecer. Ao meu espírito, porém, surge uma dúvida: para as decisões das congregações, em alguns casos, como os concursos, são exigidos dois terços da totalidade dos seus membros, mas, para a aprovação de um regimento ou para outra medida qualquer a simples maioria não é suficiente? Para a eleição do Conselho Técnico-Administrativo basta a maioria, de modo que a única irregularidade que observo na apresentação desse regimento é ter sido simplesmente encaminhado sem a informação de que fora organizado pelo Conselho Técnico-Administrativo e aprovado pela congregação. Voto, assim, pelo adiamento da discussão, para que se saiba se o regimento foi organizado de acordo com as determinações legais, acentuando que formulei o parecer de julho porque o ofício da diretoria da escola declarava que tinha sido elaborado de acordo com a lei.[3]

Evidentemente, o alinhamento de alguns membros com a proposta da comissão especial bem como a aliança entre Rabelo, Teodoro Ramos, Cesário de

Andrade e Guerra Blessmann, pressionando em favor do adiamento da discussão do parecer, não são fatos casuais. A referência contida na argumentação de Rabelo quanto à exigência, que não fora cumprida, de as cadeiras de homeopatia se tornarem disciplinas especiais esclarece apenas quais os motivos corporativos que pesaram por ocasião da cassação. Rabelo, Cesário e Guerra Blessmann são professores das faculdades de medicina oficiais — respectivamente do Rio de Janeiro, da Bahia e do Rio Grande do Sul —, todas elas de orientação alopática e, portanto, interessadas em liquidar com um instituto livre de orientação homeopática concorrente.

Esse ponto, todavia, não dá conta do móvel central da discussão. Apenas esclarece o grau de envolvimento com a matéria dos diversos membros do conselho. Por trás das exigências legais referidas na discussão permanece o intuito de encontrar uma fórmula capaz de adiar a validação das medidas excepcionais de "normalização" tomadas pelo governo à revelia da decisão votada pela maioria do conselho. Se o sentido efetivo da fala do marechal é assumir que o conselho sofreu uma derrota, a preocupação de Guerra Blessmann é minimizar a "gravidade" da situação, antepondo elementos formais ao prosseguimento da discussão. O presidente do conselho prefere submeter à consideração do conselho o adiamento da discussão, "nos termos da proposta do professor Blessmann", e não nos termos muito menos eufemizados de Rabelo. Blessmann acaba vitorioso.

A interferência do Executivo, desconsiderando as decisões tomadas pelo conselho, ocorreu também em outras oportunidades. Em 1931, a Escola de Direito do Rio de Janeiro requereu inspeção preliminar. Esta lhe foi negada pelo parecer da Comissão de Ensino Superior do CNE em 1932, quando integravam essa subcomissão os professores Porchat, Leitão da Cunha e Teodoro Ramos. Em plenário, prevaleceu a tendência de solicitar maiores esclarecimentos ao inspetor, ainda que o referido parecer estivesse fundado em relatório de sua autoria. Colocado em votação, houve empate, e o então presidente, professor Aloísio de Castro, desempatou em favor do parecer.

Tempos depois, a escola recorreu dessa decisão, dirigindo-se diretamente ao governo provisório, que em abril de 1932 mandou que "os papéis voltassem ao ministro para nomear uma comissão idônea a fim de examinar as condições de funcionamento da escola e verificar se estava de conformidade com a lei do ensino". Dando cumprimento a esse despacho, o ministro nomeou uma comissão composta pelos srs. Alceu Amoroso Lima, Chermont de Miranda e Otávio Botafogo, cujo parecer confirmava o "acerto da decisão do CNE". Diante disso, Vargas negou provimento ao recurso. Em fevereiro de 1933, o corpo discente da escola interpôs um segundo recurso contra a decisão do CNE e pleiteou nova inspeção.

Embora estivesse a par dos impedimentos legais, conforme lhe informara o ministro, Vargas devolveu os papéis ao ministério. Nesse ínterim, um funcionário da Diretoria de Educação sugeriu a nomeação de um delegado "para proceder a rigorosa inspeção no instituto", obtendo o assentimento de outros funcionários e do próprio ministro. Este, alegando estar cumprindo determinação de Vargas, acabou designando, em março, os srs. Gilberto Paranhos, Antônio Tavares Bastos e João Teixeira de Carvalho Filho, sendo este último o inspetor cujos pareceres favoráveis à escola tinham sido repelidos pelo conselho. A nova "fiscalização" realiza-se de abril a novembro de 1933, e o resultado do relatório que a comissão responsável por ela apresenta é "uma ampla defesa da escola", buscando invalidar o relatório da primeira comissão. O parecer lido na sessão de 1º de fevereiro de 1934 sugere que o CNE confirme sua deliberação anterior, negando inspeção preliminar à escola em questão.

Esse caso qualifica muito bem os principais agentes envolvidos no andamento das matérias cujo poder decisório, em princípio, caberia ao CNE. São eles o Executivo, com todas as suas ramificações e extensões nos diversos graus da hierarquia burocrática, a começar pelo próprio ministro, funcionários, inspetores, pelegos; os institutos de ensino, cujas demandas não atendidas sempre podem tomar a via do trânsito paralelo às instâncias oficiais, produzindo os conflitos de "alçada" em torno dos quais se defrontam os diversos grupos de interesse; e corporações que dispõem de um mandato burocrático. Tais agentes, no limite, travam uma luta continuada pela extensão dos espaços políticos que ocupam e pelo reforço de seu poder.

Mas o conflito interno não se esgota nas lutas entre ramos de ensino e tipos de formação que propiciam. Para inúmeros conselheiros, e em especial no entender das mais antigas figuras da burocracia universitária (Porchat, Leitão da Cunha, Amazonas etc.), o projeto de reforçar o conselho tem como pano de fundo a estratégia de que tal instância decisória representa, naquela conjuntura política, um espaço em que repercutem os interesses dos estados mais fortes recém-alijados do poder federal. A legitimidade dessa estratégia consiste em veicular os interesses dominantes em nível estadual, traduzindo-os para a arena de luta específica em que opera o conselho, onde esse projeto se converte na defesa de uma organização estadual autônoma do sistema de ensino. E, pelo menos no caso de São Paulo, não se pode dizer que não tenham tido êxito.

O fato de a Faculdade de Filosofia, Ciências e Letras da Universidade de São Paulo ter sido fundada após a reforma do ensino superior — mas antes de sua implantação em outros estados e mesmo na então capital federal — lhe permitiu adotar um perfil institucional, com tudo que isso implica em termos de áreas de ensino, de recrutamento de docentes, de posicionamento e peso das diversas áreas (em especial, da Faculdade de Educação), e mesmo de produção intelectual e científica, que decerto teria sido distinto caso tivesse que obedecer a um modelo plasmado pelo Executivo. Quanto mais não fosse, a implantação da Faculdade de Filosofia, Ciências e Letras da Universidade de São Paulo ocorreu numa conjuntura política de transição, quando a burocracia estatal ainda não havia imposto nessa esfera seu pleno domínio da situação.

AUTONOMIA ESTADUAL VERSUS UNIFICAÇÃO "NACIONAL"

Fora o presidente do conselho que suscitara a questão na sessão de 3 de fevereiro de 1934:

> [...] estando em projeto a organização de várias universidades estaduais, como sejam as de Recife, Bahia, Porto Alegre e São Paulo, resolvi nomear uma comissão de representantes das mesmas, a fim de que se definam alguns pontos estatutários que, em função da realidade administrativa, devem ser, tanto quanto possível, padronizados a um modelo que contente a todas, principalmente no que diz respeito às variantes regionais. Vejo que as variantes admitidas pelo estatuto das universidades brasileiras não têm um mínimo nem um máximo. Decidi mais que essa comissão fosse tirada do próprio conselho.[4]

Mesmo sendo de iniciativa do presidente do conselho, homem e cargo de confiança do ministro e, por extensão, do Poder Executivo, tal proposta constituía um recuo à posição que o governo firmara desde 1931, por meio do referido estatuto, e que consolidara em disposições posteriores.

Nos termos do decreto nº 19851, eram dois os requisitos essenciais para o cargo de reitor: ser brasileiro nato e pertencer ao professorado superior. No caso das universidades estaduais, o reitor deveria ser nomeado pelo governo estadual, "devendo a escolha recair em nome constante de uma lista tríplice, organizada em votação unânime pelo Conselho Universitário", com um mandato de três anos, findos os quais poderia ser reconduzido, contanto que tivesse sido novamente incluído na lista tríplice. Pelo artigo 17º do mesmo decreto, "a escolha do reitor nas universidades equiparadas será regulada por esses estatutos, dependendo, porém, a posse efetiva no cargo, de prévio assentimento do ministro da Educação e Saúde Pública, que poderá vetar a nomeação quando o candidato não oferecer garantias ao desempenho de tão altas funções".

Quanto à administração dos institutos universitários, o parágrafo único admitia, para os institutos das universidades estaduais e livres, "variantes estabelecidas nos respectivos regulamentos, no que respeita à existência do conselho técnico-administrativo, à investidura do diretor e à constituição da Congregação". No artigo seguinte, estipulava-se que o cargo de diretor dos institutos universitários seria "nomeado pelo governo, que o escolherá de uma lista tríplice na qual serão incluídos os nomes de dois professores catedráticos, eleitos por votação uninominal pela respectiva Congregação, e o de outro professor do mesmo instituto, eleito pelo Conselho Universitário". No essencial, as negociações para a montagem das listas deveriam ocorrer no interior dos órgãos máximos da direção universitária, ou seja, caberia à cúpula do magistério superior a indicação dos detentores do poder em seu próprio domínio de atuação.

O decreto nº 22579, de 27 de março de 1933, introduziu mudanças substanciais. Em seu artigo 2º, após definir o que se deveria entender por universidades estaduais, atribuía a elaboração de seus estatutos aos conselhos universitários, podendo ser revistos pelos respectivos governos estaduais e estando sujeitos à consideração do ministro da Educação e Saúde Pública "para a sua aprovação, com as modificações e restrições que se tornarem necessárias". No caso das universidades livres, a faculdade de revisão dos estatutos caberia ao Conselho Nacional de Educação e, da mesma forma, estariam submetidos à consideração ministerial para aprovação final.

Pelo artigo 5º, as universidades estaduais e livres deveriam obedecer "às leis e aos regulamentos que estabelecem a organização e o funcionamento da

Universidade do Rio de Janeiro", enquanto não tivessem seus respectivos estatutos aprovados. Enfim, pelo inciso 1º do mesmo artigo, introduzia-se uma modificação de peso: "Nas universidades estaduais, entretanto, as nomeações do reitor e dos diretores dos institutos universitários serão de livre escolha do presidente do estado, em comissão, devendo o reitor ser brasileiro nato, pertencer ao professorado superior ou ser pessoa de notável capacidade, e os diretores, brasileiros natos, professores nos respectivos institutos ou pessoas de notável capacidade".

O que fora aberto à participação do corpo docente, por intermédio de seus órgãos internos de representação e decisão, passa ao alvitre exclusivo do governo central, por meio de seus prepostos estaduais, os interventores. Estes nem mesmo estavam obrigados a pinçar seus preferidos no corpo docente da universidade, bastando que pertencessem ao professorado superior ou que fossem "pessoas de notável capacidade". Esse decreto significava na prática uma ingerência direta, uma possibilidade de virtual intervenção do governo central no âmbito do aparelho universitário, podando as veleidades de autonomia a que o decreto de 1931 havia dado alento.[5]

O decreto nº 22579, de 27 de março de 1933, coincidia com o momento de crise aguda por que passavam algumas das principais interventorias, em face do próximo prélio eleitoral. Ele foi promulgado um mês e meio após o general Waldomiro Castilho de Lima ter conseguido passar de governador militar a interventor em São Paulo, e dois meses antes da vitória esmagadora da frente única oligárquica nas eleições para a Constituinte. Contudo, a partir de agosto de 1933, Armando de Sales Oliveira torna-se interventor paulista, tomando a peito o trabalho de reunificar as diversas frações oligárquicas e reorganizar as principais instituições estaduais, entre elas a Universidade de São Paulo. Recebera tal mandato do governo provisório, que enxergava nele o mediador capaz de "cimentar" os diversos grupos oligárquicos e passar a borracha nos acontecimentos de 1932. Nesse contexto, é quase certo que tenha exercido pressões no sentido de ampliar a autonomia política e administrativa da universidade estadual.

O decreto nº 24279, de 22 de maio de 1932, resultante das propostas encaminhadas pela subcomissão do Conselho Nacional de Educação, que havia sido acionada desde fevereiro do mesmo ano, veio sem dúvida dar corpo às demandas do novo interventor. Seu rápido encaminhamento pelos diversos escalões federais contou com o beneplácito de uma conjuntura política bastante propícia ao teor das medidas aprovadas. Afora o fato de que o novo interventor era cria dos grupos dirigentes estaduais, dentre os quais os Mesquita, seus parentes — que haviam conseguido levar a cabo o projeto de uma faculdade de filosofia, ciências e letras, no âmbito da universidade estadual —, a discussão da matéria no Conselho Nacional de Educação correu paralela aos debates travados na Assembleia Constituinte. Por todas essas razões, as medidas constantes desse último decreto se inscreviam na linha de soerguimento do ideário federalista, cujo renascer vinha, por sua vez, expressar a recomposição do bloco oligárquico. Afinal, também em fevereiro de 1934, a reunificação oligárquica se consolidava com a fundação do Partido Constitucionalista, que venceria o PRP nas eleições estaduais de outubro do mesmo ano.

O cerne da proposta resultante dos trabalhos da comissão altera precisamente o artigo 3º do decreto nº 19851 de 11 de março de 1931: "[...] o primeiro ponto em que a comissão se afastou da legislação em vigor é referente à escolha do reitor; o segundo, à escolha dos diretores das faculdades estaduais [...]".[6] Sem fazer nenhuma alusão ao decreto "intervencionista" de 1933, a comissão, com efeito, reivindicava que o reitor e os diretores devessem pertencer ao professorado superior da universidade, cujos mandatos seriam equiparados ao de três anos instituído para as universidades federais. A modificação substantiva dizia respeito ao requisito corporativo que voltava a ser exigido para o preenchimento do cargo, ainda que os órgãos internos do aparelho universitário continuassem sem ter voz ativa no processo de escolha. Em outras palavras, a exigência de "pertencer ao quadro dos professores catedráticos de qualquer dos institutos da universidade (estadual ou livre)" não devolvia ao corpo docente a iniciativa da indicação.

Eis as mudanças introduzidas no artigo 6º, parágrafo único, que relaciona os requisitos essenciais para o cargo de reitor: "*a*) ser brasileiro nato; *b*) pertencer ao quadro de professores catedráticos de qualquer dos institutos da universidade". Artigo 7º: "O reitor será de nomeação do governo estadual, que o escolherá livremente entre os professores catedráticos dos institutos", o mesmo ocorrendo com a escolha dos diretores dos diversos institutos. Nos casos das universidades livres equiparadas, a comissão propõe que tanto o reitor como os diretores de institutos sejam nomeados pela associação ou fundação mantenedora da universidade, devendo a sua escolha e o seu mandato ser regulados nos estatutos da universidade. Enfim, o parágrafo 2º do artigo 9º faculta ao governo estadual "incluir no Conselho Universitário representantes de caráter técnico e científico [...] cujo número não poderá, porém, exceder de um quinto da totalidade dos outros membros do Conselho Universitário".

De fato, o recuo do governo central em relação às posições que firmara pelo decreto nº 22 579, de 27 de março de 1933, traduz-se, de um lado, pela restrição dos *papabili* à categoria dos professores catedráticos, exigência que aparece pela primeira vez no âmbito legal e, de outro, pela extensão do poder de ingerência do governo estadual, que passa a dispor de uma representação própria no interior do Conselho Universitário, a despeito da fórmula vaga que qualifica tais representantes como de "caráter técnico e científico".

Na discussão havida no conselho, tanto o presidente em exercício como os demais integrantes da comissão, todos eles catedráticos, defenderam a primeira modificação nos seguintes termos: "A proposta exige apenas que seja brasileiro nato e pertença ao quadro de professores catedráticos de qualquer instituto da universidade. As modificações introduzidas, portanto, foram no sentido de tornar mais liberal, mais ampla, a escolha do reitor ou diretor". De fato, o ponto crucial da questão está contido na fala com que o professor Teodoro apressa a votação da proposta: "Como representante das escolas estaduais, depois de ter feito parte de uma comissão nomeada há quinze dias pelo Sr. Ministro, estou explicando em que ponto esse projeto difere da legislação vigente [...] apenas difere em dois pontos. O Sr. Ministro acaba de afirmar que haverá conveniência do conselho discutir e votar a matéria. *O Sr. Interventor no estado de São Paulo não está, absolutamente, procurando fazer pressão sobre o conselho*".[7] A proposta de regulamentação do artigo 3º do decreto nº 19 851, de 11 de abril de 1931, na parte referente às universidades estaduais e livres, é aprovada, dando origem ao decreto nº 24 279, de 22 de maio de 1934.

ENSINO "PÚBLICO" VERSUS ENSINO "PRIVADO"

Uma das modalidades com que a luta interna se manifesta é no confronto ensino público versus ensino privado, sob a capa de "prerrogativas do ensino livre", que os pareceres das subcomissões convertem em "regalias dos estabelecimentos livres", utilizando o linguajar daqueles que falam em nome do próprio

QUADRO 1 — PERFIS DE REITOR

UNIVERSIDADES ESTADUAIS

Cargo: reitor	Requisitos	Instância de indicação	Instância de nomeação	Instância de validação
Decreto nº 19 851 (11/4/1931)	a) Ser brasileiro nato b) Pertencer ao professorado superior	Conselho Universitário (lista tríplice)	Governo estadual	Não há
Decreto nº 22 579 (27/3/1933)	a) Ser brasileiro nato b) Pertencer ao professorado superior ou ser pessoa de notável capacidade	Não há	Livre escolha do presidente do estado	Não há
Decreto nº 24 279 (22/5/1934)	a) Ser brasileiro nato b) Pertencer ao quadro de professores catedráticos de qualquer dos institutos universitários	Não há	Governo estadual	Não há

UNIVERSIDADES LIVRES

Cargo: reitor	Requisitos	Instância de indicação	Instância de nomeação	Instância de validação
Decreto nº 19 851 (11/4/1931)	Os mesmos das estaduais	Estatutos próprios	Estatutos próprios	Ministro da Educação e Saúde Pública
Decreto nº 22 579 (27/3/1933)	Não faz menção	Não faz menção	Não faz menção	Não faz menção
Decreto nº 24 279 (22/5/1934)	Os mesmos das estaduais	Não há	Associação ou fundação mantenedora	Não há

Estado e, por esse expediente, buscam impor como legítimos os padrões seguidos pelos estabelecimentos "oficiais".

O peso relativo da autoridade conferida ao conselho no processo de unificação do sistema de ensino envolve o grau de autonomia de que deve dispor a rede privada de ensino. É tal a ênfase com que voltam à baila os problemas referentes aos chamados institutos livres de ensino que por vezes se tem a impressão de que o próprio conselho foi criado para se pronunciar a respeito dos parágrafos dos decretos oficiais relativos ao ensino particular. Em outras ocasiões, o interesse com que se discute essa questão enverada pela preocupação com o "nível" e a "qualidade" de ensino nesses estabelecimentos.[8]

O padre Franca, por exemplo, está quase sempre empenhado em abrandar as exigências postas ao reconhecimento e à equiparação, ao passo que o rigor na verificação das exigências técnicas e legais e o excesso de zelo da parte de outros membros do conselho deixam clara a pretensão de sujeitar esses estabelecimentos aos paradigmas que o Estado vai aos poucos instituindo. Quando está em jogo a orientação ou a "filosofia" educacional a ser tomada como exemplo, o padre Franca tende a defender os interesses do ensino "privado", de suas "regalias", associando ao ensino particular a capacidade de "iniciativa" e de "inovação". Mas, quando se depara com obstáculos legais, prefere invocar a "situação" concreta do país como empecilho para a aplicação dos modelos "oficiais". Assim, dependendo da questão em pauta, numa mesma sessão e até no curso de uma discussão, o padre Franca pode passar sem rebuços de uma posição "idealista" a uma postura que assume os ares do "realismo" mais candente.

Na décima sessão da primeira reunião, realizada em 22 de abril de 1936 (*Diário Oficial da União* de 25 de junho de 1936), a Comissão de Legislação e Consultas apresenta seu parecer a respeito de uma proposta concernente a cursos complementares, encaminhada pelo sr. Carlos Drummond de Andrade, então respondendo pelo expediente da Diretoria Nacional de Educação. Drummond sugere que, diante da impossibilidade de os estabelecimentos de ensino secundário poderem concorrer com os institutos superiores de ensino na criação e organização dos chamados cursos complementares, fato desde logo constatável pelo pequeno número de pedidos de inspeção feitos pelos primeiros, os cursos complementares "já organizados ou em vias de organização nos estabelecimentos de ensino superior da capital federal, mantidos pela União e congregados em universidades ou isolados, passem a subordinar-se imediatamente ao Colégio Pedro II, cuja congregação e diretoria exercerão sobre eles ação administrativa e didática". Os cursos complementares mantidos pelos institutos superiores isolados e equiparados seriam subordinados "à Inspetoria Geral do Ensino Secundário". Sugere a elevação em 50% das contribuições e taxas devidas pelos alunos que se matricularem nos cursos complementares das escolas superiores, para que se voltem de preferência para "o ensino secundário, ministrado pelos ginásios". Sugere ainda a "necessidade de estabelecer, a título precário, uma modalidade de curso complementar, ligada à Faculdade de Educação, Ciências e Letras, ainda não instalada".

Rejeitando a primeira parte das sugestões por não encontrar amparo legal, o autor do parecer prende-se à discussão do último ponto, que toca na principal questão pendente no âmbito do ensino superior. Refere-se, em seguida, à contradição constante da proposta de Drummond, que, de um lado, sugere medidas que visam cercear a criação dos cursos complementares nos institutos superiores; de outro, recomenda a instalação do mesmo curso nas faculdades de filosofia em vias de implantação. Algumas sessões adiante, o parecer entra em discussão. A primeira tomada de posição é expressa por Alceu Amoroso Lima.

> O SR. AMOROSO LIMA — [...] Parece-me que as considerações feitas pelo atual encarregado do expediente da Diretoria Nacional de Educação têm procedência quanto ao desvirtuamento que se observa no tocante aos cursos complementares, que devem pertencer, por sua natureza, ao ciclo secundário, constituído este, segundo determina a lei, por dois turnos: o fundamental e o complementar [...]. Há dois pontos, entretanto, que poderiam justificar um aditamento ao parecer porque não contrariam a doutrina expendida no mesmo [...] é um fato também que, atualmente, a grande maioria dos estabelecimentos de ensino secundário, mesmo preenchendo as condições exigidas por lei para instalação de seus cursos complementares, não o pode fazer porque o decreto estabelece taxas de todo o modo proibitivas e muitos e muitos institutos de vários pontos do Brasil que a princípio [...] tentaram estabelecer tais cursos, tiveram, depois, de recuar [...] havendo interesse em que, realmente, se estenda cada vez mais a possibilidade dos estabelecimentos de ensino secundário organizarem cursos complementares, para que não haja, primeiro, superlotação nas escolas superiores, e segundo, para que o ensino complementar

fique onde deve estar, isto é, nos estabelecimentos de ensino secundário, haverá, a meu ver, toda a vantagem em se alvitrar [...] a conveniência da redução das taxas cobradas para inspeção, tanto mais quanto os próprios inspetores federais junto a esses estabelecimentos podem, perfeitamente, mediante uma pequena gratificação, fiscalizar também os cursos complementares, sem haver necessidade de designação de novos funcionários [...]. Sustenta o referido diretor que o ensino complementar não deve estar, senão transitoriamente, ligado às escolas superiores, isso em benefício do próprio ensino superior, e propõe, não a criação de um curso anexo, complementar, a uma faculdade inexistente [...] mas a criação, nos próprios estabelecimentos de ensino secundário que já tiverem curso complementar nos institutos de ensino superior nas mesmas condições daquela quarta classe de curso complementar, de adaptação à futura Faculdade de Educação, Ciências e Letras, porque, se assim não o fizer, quando for criada a aludida faculdade (seja uma só, conforme estabelece o decreto nº 19 851, ou duas, como quer a proposta do Sr. Ministro, atualmente na Câmara), não haverá alunos para a mesma [...] hoje em dia, há apenas três classes: de medicina, direito e engenharia. Falta a quarta classe, que ainda não está organizada e cujo programa não está feito.

Adiante, Aníbal Freire alega dificuldades de toda ordem e atribui ao próprio ministro a decisão quanto à oportunidade de criação da quarta classe do curso complementar. Amoroso Lima retruca, suscitando o conselho a não abrir mão do direito de julgar a oportunidade de instalação dessas classes de curso complementar. Se assim o fizesse, estaria em contradição consigo mesmo, uma vez que, por várias vezes, tem feito apelos ao sr. ministro para que transforme num fato a constituição da Faculdade de Educação, Ciências e Letras.

Embora a postura de Amoroso Lima contenha reparos à proposta ministerial, ele chama a atenção de seus pares para o que está em jogo no parecer em discussão, a saber, a criação das faculdades de filosofia, ciências e letras. De qualquer maneira, as sugestões de Alceu não coincidem com as de Drummond, a não ser quanto à inadequação de os cursos complementares ficarem a cargo dos institutos superiores. Drummond sugere que passem à jurisdição administrativa e didática do estabelecimento oficial padrão (o Colégio Pedro II) e das instâncias burocráticas às quais o ensino secundário se encontra afeto. Alceu enxerga tal solução como uma ameaça de esvaziamento do ensino secundário particular e, nesse espaço, do seu principal ocupante, o ensino particular confessional.

No limite, a possibilidade de instalar as quatro classes do curso complementar constitui a melhor garantia de controle no encaminhamento dos candidatos ao ensino superior. Vale dizer, assegurar o monopólio dos cursos complementares no âmbito dos estabelecimentos de ensino secundário significa preservar a interferência da Igreja no recrutamento e na repartição dos agentes destinados ao ensino superior, mantendo assim sua presença no trabalho de formação da classe dirigente. No andamento da discussão, os interesses aparecem em contornos mais nítidos.

O SR. MARQUES DA CUNHA — [...] Sr. Presidente, com relação aos dois primeiros itens, estou inteiramente de acordo com a conclusão do parecer, rejeitando a indicação. O último item refere-se à majoração das taxas. Considero um dos maiores absurdos pensarmos em majorar taxas quando nos países mais adiantados do mundo se tende para a plena gratuidade do ensino. O México, por exemplo, vem de decretar o ensino gratuito primário, secundário e superior.

O SR. AMOROSO LIMA — Mas com uma finalidade muito perigosa: a da absorção do ensino particular.

O SR. MARQUES DA CUNHA — Mas na França a tendência para a gratuidade é a mesma [...].

O presidente do conselho passa à leitura da proposta Amoroso Lima, quando intervém o conselheiro Azevedo Amaral. Após passar em revista as dificuldades operacionais de manter os cursos complementares anexos às escolas superiores, manifesta seu apoio às sugestões de Alceu e, mais importante, investe contra a possibilidade de que os cursos complementares venham a submeter-se ao "controle didático da Congregação do Colégio Pedro II". Conclui sua fala manifestando-se favorável ao desdobramento da primitiva Faculdade de Educação, Ciências e Letras em Faculdade de Filosofia, Ciências e Letras e Faculdade de Educação, segundo o modelo instituído na Universidade de São Paulo.

A intervenção seguinte, de Leitão da Cunha, sublinha o caráter transitório das disposições legais que abriam a alternativa de os cursos complementares se organizarem anexos aos institutos superiores federais e equiparados. De maneira habilidosa, investe com esse argumento contra os princípios que vinham sendo sustentados pela proposta de Amoroso Lima.

> O SR. LEITÃO DA CUNHA — [...] A circunstância de o curso complementar funcionar num instituto superior não importa, absolutamente, em que ele se desvirtue da sua finalidade e o inconveniente resultante do aumento do número de alunos, embora a capacidade material do instituto de um modo absoluto não cresça, não há nisso uma infração do dispositivo constitucional, porque as matérias tratadas no curso complementar não são idênticas às que se estudam nos cursos superiores, e, além disso, a maioria (pelo menos é o que ocorre na Faculdade de Medicina) dos professores do curso complementar é estranha ao estabelecimento. De modo que a realização desse curso não sobrecarrega o corpo docente. Divirjo da opinião várias vezes divulgada pela imprensa de que todos os institutos de ensino secundário deveriam ter o curso complementar. Penso que somente deverão ter o curso complementar aqueles que estiverem em condições de o fazer eficientemente, quanto à instalação de material e sobretudo no que respeita à idoneidade do respectivo corpo docente. Por isso defendi no conselho a necessidade de serem iniciados, desde já, os cursos complementares nos institutos superiores. Na Faculdade de Medicina, por exemplo, ele funciona desde 1º de abril, época em que não estava instalado em colégios secundários desta capital [...]. O entretenimento do curso complementar nos institutos superiores é de caráter temporário, mas terá de durar o tempo necessário para que não se permita o atropelo do ensino em estabelecimentos secundários incapazes de o ministrar proveitosamente.

Outros conselheiros manifestam-se favoráveis à orientação sustentada por Leitão da Cunha para que continuem funcionando os cursos complementares junto às escolas superiores.

> O SR. BARROS TERRA — [...] À primeira vista, pode parecer que esses cursos deveriam ser realizados nos estabelecimentos de ensino secundário, visto como são complementares do mesmo, mas a grande verdade é que aqueles que lecionam nos institutos de ensino superior, sobretudo ensinando as cadeiras do primeiro ano, sentem a falta de preparo, exatamente nas disciplinas do ciclo fundamental, com que chegam esses alunos à faculdade. Por isso, sempre entendi que a responsabilidade do ensino dessas disciplinas que vão ser necessárias ao estudo das diferentes

matérias do curso de medicina [...] exige o lecionamento do curso complementar nas escolas superiores [...]. Como me bato, desde 1925, pela necessidade de as escolas superiores ficarem com a responsabilidade do ensino das disciplinas que constituíam o exame vestibular e que, agora, fazem parte desses cursos complementares, não posso deixar de manifestar-me no sentido de continuar-se nesse regime enquanto for isso necessário.

O SR. CESÁRIO DE ANDRADE — [...] todas as nossas atenções convergem para a cidade do Rio de Janeiro e, talvez, com um pouco de benevolência, para o estado de São Paulo. Daí a má compreensão que se tem dos intuitos dos estabelecimentos superiores que realizam cursos fundamentais. É evidente que os institutos de ensino secundário [...] está exuberantemente provado, não podem absolutamente atender a todos os estudantes que se candidatam à matrícula nos cursos superiores, por não possuírem instalações didáticas capazes de permitir o ensino eficiente das disciplinas do ciclo complementar. Ora, esse é o caso, por exemplo, da Bahia. Parece que, ali, apenas um instituto, o Ginásio do Estado, pretendeu organizar tal curso.

O SR. AMOROSO LIMA — Na Bahia houve três ou quatro colégios, que desistiram, justamente, em virtude das taxas proibitivas cobradas pelo governo.

O SR. CESÁRIO DE ANDRADE — Dessa taxa proibitiva não têm culpa os institutos superiores.

O SR. AMOROSO LIMA — Estamos prejudicando, com isso, o ensino no Brasil.

O SR. CESÁRIO DE ANDRADE — Vê-se, pois, que a mera proposta, de aumento das taxas quanto aos institutos superiores, não terá nenhum valor prático. No dia em que os estabelecimentos de ensino secundário puderem ministrar [...] é claro que as próprias faculdades nenhum interesse terão em manter esses cursos [...] e também não me parece muito razoável que os institutos de ensino superior sejam colocados em condição de inferioridade para ministrar esse ensino.

A despeito de todos os argumentos que suscita, Cesário de Andrade acaba alinhando-se à proposta Amoroso Lima. Mas a intervenção seguinte esclarece de vez o móvel efetivo da luta entre as diversas facções que se fazem representar no interior do conselho.

O SR. ISAÍAS ALVES — [...] Teórica e praticamente, julgo que os colégios secundários devem ser a sede do curso complementar. Isso é indispensável e todos já o afirmaram [...]. Quanto aos cursos complementares na Faculdade de Educação, não julgo, sejam eles absolutamente indispensáveis [...] porque, em qualquer tempo, todos os que terminaram o curso secundário fundamentalmente em 1934 poderão fazer exame vestibular à Faculdade de Educação. Nesse caso, se o governo agora iniciasse o funcionamento da faculdade, hoje mesmo poderia receber pedidos para exame de admissão ou vestibular. Nestas condições, o problema fundamental é instalar a Faculdade de Educação, como o conselho acertadamente tem aconselhado [...]. O motivo principal da minha oração era o de esclarecer de algum modo o pensamento do Sr. Diretor-Geral de Educação interino, que, realmente, desejava provocar a opinião do CNE, a fim de que o Sr. Ministro se decidisse a iniciar essa obra [...]. Esta assembleia, de acordo com as conclusões aqui sumariadas e completadas pela proposta apresentada pelo sr. conselheiro Amoroso Lima [...] ao Sr. Ministro que, sem perda de tempo, realiza a lei de 1931, e inicia a obra de educação verdadeira, na formação de professores de ensino secundário, pois que a República Argentina já diplomou centenas deles enquanto o Brasil está esperando pela criação da Faculdade de Educação, Ciências e Letras, na qual serão preparados tais professores. Estou de acordo, portanto, com as conclusões do parecer [...] e com o apêndice apresentado pelo sr. conselheiro Amoroso Lima, salientando que este é, aproximadamente, também, o pensamento do Sr. Diretor-Geral de Educação.

Enfim, o conselho aprova, por unanimidade, o parecer da comissão, bem como as emendas propostas por Alceu. Uma delas, a de reduzir as taxas de inspeção para os estabelecimentos que possuírem o curso complementar. A outra, a de que se permita o quanto antes a instalação da modalidade de curso complementar destinado à preparação e matrícula na futura Faculdade de Educação, Ciências e Letras.

Conforme se depreende dos debates já transcritos, a questão da jurisdição mais adequada para a gestão desses cursos oscilava entre a postura que defendia a continuidade desses cursos junto às escolas superiores oficiais e equiparadas e a que sustentava a necessidade de sustar tal modalidade de implantação para que os estabelecimentos de ensino secundário pudessem ter condições de assumir esse novo encargo. O que estava efetivamente em jogo era saber se o monopólio e o controle do processo de preparação, seleção e recrutamento de futuros alunos deveriam passar às mãos do ensino superior e, por essa via, às mãos do próprio corpo de especialistas num determinado ramo (direito, medicina, engenharia etc.), ou se tal mandato deveria caber aos estabelecimentos de ensino secundário, quer dizer, ao ensino privado e, por essa via, aos interesses de seus principais mentores — a Igreja católica, certas denominações protestantes e demais empresários particulares do ensino.

Todavia, quando a discussão desses tópicos envolve as condições de ingresso nas faculdades de filosofia, o espaço de dissensão tende a se ampliar, na medida em que ainda se encontra em aberto a disputa pelo poder de controle e gestão dessa nova área do ensino superior. Não se trata apenas de assegurar a presença dos interesses privados na concessão de serviços escolares, dessa feita dos cursos complementares destinados ao encaminhamento de agentes para os ramos até então dominantes do ensino superior. Tampouco se discutem quais os títulos e diplomas escolares válidos para o ingresso ou, então, as modalidades, os currículos e a formação tecnicamente adequados aos postulantes das novas áreas. Ou seja, não se trata de decidir quais os portadores de diplomas superiores que terão assegurado o direito de fazer valer o capital escolar já acumulado para o ingresso direto.

A questão de fundo pode ser qualificada em termos de luta pela reserva de um domínio cativo no mercado escolar. Do resultado dessa luta vão depender a composição social dessa nova fração da classe dirigente, a orientação ideológica e política de seus integrantes, mas acima de tudo o peso relativo dos diversos grupos de interesse com capital investido no sistema de ensino. No limite, esses móveis concretos pelos quais se batem os diversos grupos de agentes até agora identificados poderão esclarecer, em medida muito mais ampla do que se pensa, os remanejamentos em curso no âmbito da classe dirigente.

Afinal, o principal móvel que permeia a luta entre facções na área educacional diz respeito à criação da Faculdade de Educação, Ciências e Letras, já que o fato de assumir o controle dessa instituição poderá significar o controle também da instância de recrutamento, formação e consagração dos novos especialistas em condições de ocupar os cargos das carreiras recém-criadas no espaço da classe dirigente.

TOMADAS DE POSIÇÃO E FILIAÇÃO POLÍTICO-INSTITUCIONAL

Entre 1932 e 1935, a corrente dominante no interior do conselho agrupa os representantes dos ramos até então hegemônicos no ensino superior — direito, medicina, engenharia —, que são também os porta-vozes das faculdades dominantes nas suas respectivas especialidades — as faculdades de direito de Recife e de São Paulo, a Faculdade de Medicina do Rio de Janeiro, as escolas politécnicas do Rio de Janeiro e de São Paulo, cuja aliança recebe quase sempre o apoio dos membros pertencentes às faculdades "periféricas" nos mesmos ramos ou afins (farmácia e odontologia) — Minas Gerais e Rio Grande do Sul, estado do Rio de Janeiro etc. A outra corrente, que também tende a votar em bloco, agrupa os porta-vozes do ideário corporativista de feitio centralizador e inspirado por doutrinas positivistas: os militares do conselho.

Delgado de Carvalho e Isaías Alves são educadores profissionais, professores na instituição-modelo que é o Instituto de Educação do Rio de Janeiro e difusores das novas especialidades (as ciências sociais e a pedagogia de linha norte-americana, de feição psicologizante). Ambos encontram-se empenhados na ampliação da interferência e do monopólio do Estado nas diversas áreas do ensino e, portanto, se bem que por razões e ideologias distintas, identificados com as demais correntes, todas elas de acordo pelo menos com o projeto de centralização em curso, que se estende também à área educacional.

Os membros cooptados para integrar o Conselho Nacional de Educação, muito embora possam divergir quanto ao grau de autonomia que se deve conceder, por exemplo, à universidade, ao ensino particular, aos órgãos colegiados e ao corpo discente, movem-se num terreno comum: o espaço de poder sob a tutela do Estado, dentro de cujas fronteiras todos se sentem abrigados — quanto mais não fosse porque derivam daí tanto o seu sustento material, já que são todos funcionários graduados do Estado, como sua autoridade e seu prestígio.

É verdade que os conselheiros de maior peso no jogo de forças interno são as figuras consagradas em suas respectivas especialidades e representam as faculdades hegemônicas nos ramos dominantes do ensino superior da época: Porchat (direito de São Paulo), Leitão da Cunha (medicina do Rio de Janeiro), Joaquim Amazonas (direito de Recife). A autonomia de voo institucional de que esses conselheiros desfrutam lhes permite, por vezes, assumir a liderança de brecar as ingerências do governo central, que consideram descabidas em matérias de alçada do conselho. Mas é verdade também que os interesses que sustentam, caso chegassem a prevalecer, teriam se constituído em óbices à diferenciação do ensino superior cujo projeto estava em marcha com a organização das faculdades de filosofia e educação.

Assim como o padre Franca desenvolve sua atuação em defesa sistemática do ensino privado — ou melhor, das pretensões das escolas confessionais —, não é menos "paroquial" a participação dos membros do conselho cooptados nas novas "especialidades", em que se incluem tanto representantes do grupo em ascensão de educadores profissionais, adeptos das orientações "modernas" tipo Dewey, como os burocratas graduados do Ministério da Educação. Estes dispõem de uma formação especializada em algumas das novas áreas das ciências sociais, muitos deles com estágios no exterior (nos Estados Unidos, a novidade do momento), tendo participado de alguma das reformas da instrução levadas a efeito em diversos estados do Brasil no final da década de 1920 e começo da de 1930, em geral integrantes das associações de educadores profissionais da época. São militantes profissionais de uma nova espécie, cujo discurso está fundado em argumentos "técnicos", tais como os indicadores da demanda e da oferta de serviços escolares: número de alunos por série, condições mínimas para instalações escolares, material escolar, currículos, condições de recrutamento, admissão, formação e aperfeiçoamento do corpo docente, regime de avaliação etc. Falam sempre em nome da educação e lutam por uma extensão de seu espaço no âmbito do Estado.

Por sua vez, os conselheiros cujo recrutamento resultou do mandato direto de representação dos interesses da burocracia governamental, empenhada em expandir e sofisticar os núcleos do ensino superior destinados à formação de novos quadros para a classe dirigente, são os mesmos que reivindicam a criação de órgãos técnicos capazes de valorizar o trabalho especializado que estão em condições de oferecer. Por conseguinte, acaba havendo uma coincidência entre seus interesses e a interferência crescente do Executivo nos assuntos relativos ao ensino.

3. Anotações acerca das fontes

O material aqui utilizado são as atas relativas às sessões do conselho, registradas taquigraficamente na época e publicadas na íntegra no *Diário Oficial da União*. Com exceção das atas de 1933, sobre as quais há denúncias por parte dos próprios conselheiros de que teriam sido censuradas, entre 1931 e 1937 as atas foram publicadas na íntegra e com regularidade; após essa data, com a instauração do Estado Novo, a publicação torna-se menos frequente e, o que é mais importante, limita-se à transcrição dos pareceres, muitas vezes incompletos, e do resultado das votações internas, deixando de transcrever as discussões.

O material torna-se bastante precário, já que não mais se tem acesso às marcas que sinalizavam os diversos passos por que passavam os debates: a distribuição dos processos pelas subcomissões, a leitura integral dos pareceres emitidos, bem como das eventuais vozes e votos discordantes, a discussão propriamente dita em todas as suas minúcias (os encaminhamentos a favor ou contra, os aditamentos, os apartes, as interrupções, as tomadas de posição), e os demais expedientes que permitiam uma apreensão das alianças e conchavos.

A leitura dessas atas revelava as habilidades, a astúcia ou, pelo contrário, as "grossuras" com que os conselheiros manuseavam o regimento interno, levantando questões de ordem, pedindo vistas de processos, invocando barreiras legais, recorrendo a artifícios de toda ordem. Era possível perceber o "jogo de cintura" característico, envolvendo desde os sinais mais anódinos de deferência (as homenagens, as moções de louvor, os procedimentos de etiqueta, os elogios, as "farpas"), passando pela utilização dos trunfos disponíveis (a antiguidade no magistério universitário, o tempo de permanência em órgãos de direção universitária, em aparelhos do Estado), até as mais diferentes táticas para adiar uma discussão, apressá-la ou modificá-la. Nesse processo, suscitava-se a intervenção de aliados potenciais, desqualificando os argumentos contrários, interpondo proposta de mediação, pedindo regime de urgência para discussão, para votação, exigindo lealdades, cobrando e saldando dívidas e compromissos.

Assim, é possível detectar as mudanças com que um dado conselheiro costura uma tomada de posição, os recursos técnicos, retóricos, afetivos, políticos e acadêmicos com que constrói seus argumentos no plano da exposição oral, o *timing* de suas respostas contra investidas inesperadas. Revelam-se as estratégias, que consistem em dividir o partido adversário, em "cimentar" o terreno dos aliados, bem como os recuos, as críticas, as agressões e as firulas. Torna-se manifesto todo o arsenal de recursos com os quais cada conselheiro faz ver aos demais, sem alarde, sua condição objetiva, o status e a força relativa que atribui a si mesmo. Fica claro, também, como nesse embate, e com os mesmos atos e palavras, o conselheiro pode revelar as representações que possui, dizendo mais do que diria num parecer por escrito; dizendo menos do que diria numa conversa informal; completando com gestos, interjeições, impaciências, tonalidades de voz e marcação de fala os conteúdos que suas censuras conscientes conseguem silenciar. O conselheiro pode ainda simular dizer menos do que sua autoridade e competência lhe permitem, o que não passa de uma tática de dizer o que se quer sem dizer, de dizer por dizer, de dizer sem falar, de dizer sem dizer. Essa tática traduz-se também no dizer muito mais do que se diria para dizer em lugar de outro que não pode fazê-lo.

Ausentar-se da sessão é outra forma de dizer sem falar. Há também as artimanhas de "queimar" partes do conteúdo de uma proposta para não ser derrotado, votar partes de um parecer, votar apenas a conclusão, votar em separado, votar com reservas, abster-se de votar. Utiliza-se ainda o expediente de sustar o andamento de um processo, desencavando antigos pareceres, aludindo a precedentes, exigindo prazos, deixando de comparecer a uma determinada sessão, sinalizando aliados e/ou inimigos externos ao conselho, invocando a história e as tradições do conselho em relação a determinadas matérias e questões, referindo-se abertamente a interesses pessoais para melhor encobri-los, invocando instâncias, nomes e cargos alheios à discussão, recorrendo a argumentos de autoridade, de antiguidade, assumindo posturas e argumentos realistas para fazer passar questões de princípio, de poder, ou mobilizando argumentos idealistas para mascarar questões positivas e técnicas.

Seria quase infindável a descrição de todas as práticas, atos e falas que estão contidos explícita e implicitamente nas atas transcritas pelo *Diário Oficial da União*. Decerto, a riqueza desse material se perderia no momento da transcrição e da publicação, caso não se tivessem preservado as marcas capazes de sinalizar as falas nessa ou naquela direção, com o registro, por exemplo, de algo muito semelhante a marcações teatrais: " 'fulano' ausenta-se", "o ministro interrompe", "o ministro assume a direção dos trabalhos", " 'beltrano' acaba de chegar". São indicações bastante úteis para a apreensão do clima em que se desenvolvem as sessões. Tais indicações são capazes de fazer compreender até onde pode chegar um dado conselheiro em função de seu posicionamento institucional, de sua produção acadêmica, dos postos que ocupou nos aparelhos do ensino, da posição e do peso relativos das instâncias que representa, do ramo e grau de ensino a que pertence, em resumo, das propriedades sociais e institucionais que fazem dele um porta-voz mais ou menos autorizado, competente ou autônomo em relação ao Estado e ao próprio conselho.

Os interesses sociais a que um conselheiro se encontra filiado e que, em maior ou menor medida, explicam o peso e o poder relativo de sua presença no colegiado são também responsáveis pela diferenciação interna, fazendo com que a voz e o voto de cada um no interior do conselho ostentem as propriedades inerentes à posição que ocupa na hierarquia de poder, saber e competência, externa ao próprio conselho. É muito grande o peso das tomadas de posição de um Leitão da Cunha, de um Aníbal Freire (ministro da Fazenda na República Velha) ou de um Porchat, porta-vozes consagrados de disciplinas canônicas em ramos dominantes do ensino superior, inseridos de longa data nos aparelhos do Estado, ocupando posições de direção na cúpula universitária e multiposicionados no espaço da classe dirigente, dispondo de um capital de relações sociais que só se obtém ao cabo de toda uma carreira bem-sucedida na burocracia acadêmica, intelectuais orgânicos das frações e corporações da classe dirigente que representam, concentrando e monopolizando os indicadores mais inequívocos de consagração em seus respectivos domínios de atuação. É bem diverso o peso das tomadas de posição de um Almada Horta ou de um Barros Terra, representantes de faculdades "menores" e distantes dos centros acadêmicos hegemônicos[1] de ensino superior, situadas nos pontos mais baixos da hierarquia do saber acadêmico da época (farmácia, odontologia).[2]

Nesse sentido, o registro taquigráfico logrou preservar um referencial que não se liga apenas a uma dimensão discursiva, expressa na fala de seus membros convertida em texto corrido, esvaziado das propriedades inerentes à linguagem falada. Em vez de reduzir a fala aos padrões de fatura usuais de um texto convencional, do qual tivessem sido extirpadas ambiguidades e eliminados os traços da emissão oral, tal modalidade de registro como que procedeu, sem o saber, a uma transcrição do corpus em chave etnográfica, retendo certas dimensões das práticas sociais que outras formas de transcrição se dispensam de indicar.

Notas

1. Sobre o ideário católico no campo educacional, ver a obra de João Eduardo Rodrigues Villalobos, *Diretrizes e bases da educação: ensino e liberdade*. São Paulo, Pioneira, 1969, cap. I, em que estabelece um sumário das tomadas de posição da Igreja. E também os diversos artigos a respeito publicados na revista *A Ordem*, bem como o opúsculo de Leonardo van Acker, *O sr. Fernando de Azevedo, e sua sociologite aguda e do mais que lhe aconteceu*. São Paulo, Edição do Centro Dom Vital, 1936. Para uma visão geral do período, consultar Fernando de Azevedo, *A cultura brasileira*. 2ª ed. São Paulo, Companhia Editora Nacional, 1944, parte terceira, cap. IV.

1. COMPOSIÇÃO INSTITUCIONAL (PP. 298-307)

1. Entre 1931 e 1936, exerceram o cargo de diretor-geral do Departamento Nacional de Ensino (que, em 1934, com a reforma administrativa do Ministério da Educação e Saúde [MES], tornou-se Diretoria Nacional de Educação), os seguintes nomes: professor Aloísio de Castro, da Faculdade de Medicina do Rio de Janeiro, até 10 de outubro de 1932; o militar Dulcídio do Espírito Santo Cardoso, até 29 de dezembro de 1933; professor Cândido Luís Maria de Oliveira Filho, catedrático de direito judiciário civil da Faculdade de Direito da Universidade do Rio de Janeiro e por um tempo reitor dessa mesma universidade, desde 3 de janeiro de 1934; professor José Carneiro Felipe, ex-membro do Conselho Nacional do Ensino, assistente técnico do MES por alguns meses, em 1934, em caráter interino; professor Teodoro Augusto Ramos, lente da Escola Politécnica de São Paulo, ex-secretário da Educação no estado de São Paulo, inspetor-geral do ensino superior, diretor da Faculdade de Filosofia, Ciências e Letras da Universidade

de São Paulo, desde 30 de julho de 1934; Paulo de Assis Ribeiro, alto funcionário do MES, desde 29 de março de 1935.

2. Isaías Alves de Almeida, nascido em 1888, era bacharel em direito pela Faculdade de Direito da Bahia (1910); diretor do Colégio Ipiranga, na Bahia, de 1911 a 1946; membro do Conselho Nacional de Educação de 1931 até 1961; secretário da Educação e Saúde do estado da Bahia, entre 1938 e 1942; e diretor da Faculdade de Filosofia da Universidade da Bahia, entre 1942 e 1961. Dados extraídos de Afrânio Coutinho (dir.), *Brasil e brasileiros de hoje*, 2 v. Rio de Janeiro, Editorial Sul Americana, 1961, v. I.

3. A respeito dos conflitos havidos no ensino confessional entre católicos e protestantes, consultar Fernando de Azevedo, "A transmissão da cultura", terceira parte da quinta edição da obra *A cultura brasileira* (São Paulo, Melhoramentos/INL/MEC, 1976), caps. III e IV. No tocante à presença quantitativa do ensino confessional no âmbito da educação secundária, consultar *Estatística intelectual do Brasil, 1929* (Rio de Janeiro, Departamento Nacional de Estatística, 1931, v. 1), bem como as listagens publicadas, por estado, pelo Ministério da Educação e Saúde durante a década de 1930, no *Diário Oficial da União*.

Em 1933, por terem sido eleitos para a Assembleia Constituinte, os conselheiros Miguel Couto, Leitão da Cunha e general João Simplício são substituídos pelos professores Eduardo Rabelo, da cadeira de epidemiologia e profilaxia da Faculdade de Medicina da Universidade do Rio de Janeiro, onde logo depois viria a ser diretor; Almada Horta, diretor da Escola de Farmácia e Odontologia de Juiz de Fora (instituto de ensino particular); e José Carneiro Felipe, professor da Escola Nacional de Química, assistente técnico do corpo de funcionários do MES. Essas mudanças não chegam a alterar o perfil básico de composição do conselho, ainda que a presença de Carneiro Felipe se traduza, via de regra, em ganhos para as propostas encaminhadas pela burocracia interna do ministério, que nele encontra um defensor ardoroso da crescente delegação de poderes aos "técnicos" do ensino.

4. Ver a sessão de 28 de dezembro de 1936 (*Diário Oficial da União* de 28 de dezembro de 1937), na qual o conselheiro Beni Carvalho apresenta uma indicação para que o antigo Conselho Nacional de Educação "continue a funcionar [...] em tantas sessões quantas forem necessárias para elaborar o Plano Nacional de Educação, a ser submetido à apreciação do Poder Legislativo, nos termos no artigo 152º da Constituição da República", alinhavando uma série de argumentos de ordem jurídica. É interessante observar que essa indicação foi apresentada depois da fixação das listas tríplices para composição do novo conselho. Após debates que quase descambaram para a ofensa direta e para a denúncia de interesses pessoais que teriam sido lesados com a nova composição, a indicação é rejeitada por unanimidade.

5. Sessão de 20 de abril de 1936, *Diário Oficial da União*, 10 de junho de 1936.

6. Américo Jacobina Lacombe nasceu em 1909, no Rio de Janeiro, tendo sido professor secundário e um dos fundadores da Pontifícia Universidade Católica desse estado. Filho de d. Isabel Jacobina Lacombe, fundadora do Colégio Progresso, no Rio de Janeiro, "rigorosamente estruturado nos melhores padrões ingleses, vigentes no crepúsculo do Segundo Império e no alvorecer da República", bacharelou-se pela Faculdade de Direito da Universidade do Rio de Janeiro. Muito jovem, secretariou Epitácio Pessoa na chefia da delegação brasileira à Comissão Internacional de Jurisconsultos Americanos. Na época em que cursava a Faculdade de Direito, esteve associado a um grupo de estudos que, de início, teve o nome de Centro Acadêmico Jurídico Utilitário (CAJU),

mais tarde Centro de Estudos Jurídicos e Sociais, responsável pela publicação de um boletim de estudos e de uma revista de debates, ao lado de outros jovens intelectuais católicos: Vicente Chermont de Miranda, San Tiago Dantas, Octavio de Faria, Antônio Galotti, Gilson Amado, Almir de Andrade, Hélio Viana, Thiers Martins Moreira, Plínio Doyle, Deocleciano Martins de Oliveira, Clóvis Paulo da Rocha, Henrique de La Roque Almeida etc. Autor de diversos ensaios e estudos históricos, eis a trajetória que cumpriu no Ministério da Educação: por portaria de 1º de outubro de 1931, foi designado como auxiliar de gabinete do ministro; no mês seguinte, foi contratado para servir como secretário do Conselho Nacional de Educação, cargo para o qual foi confirmado por decreto de 18 de junho de 1934; por decreto de 22 de agosto de 1940, foi transferido do cargo de secretário do quadro suplementar do MES para o cargo da classe K da carreira de oficial administrativo. Dados extraídos de Afrânio Coutinho (dir.), op. cit., e de Américo Jacobina Lacombe, *Introdução ao estudo da história do Brasil*. São Paulo, Companhia Editora Nacional/Edusp, 1973), v. 350, da Coleção Brasiliana, em cuja direção sucedeu a Fernando de Azevedo.

2. MÓVEIS DA LUTA INTERNA (PP. 308-33)

1. O padre Franca tende a atuar como defensor intransigente das reivindicações das escolas confessionais católicas, e em especial do Colégio Santo Inácio, onde ele mesmo leciona; Isaías Alves faz o mesmo para os institutos particulares de ensino secundário em geral; Porchat em relação às demandas provenientes das escolas superiores de São Paulo; Cesário de Andrade em relação às escolas superiores da Bahia; e Guerra Blessmann e Samuel Libânio em relação, respectivamente, às faculdades e escolas gaúchas e mineiras.

2. *Diário Oficial da União*, 9 de maio de 1933.

3. *Diário Oficial da União*, 1º de novembro de 1934.

4. *Diário Oficial da União*, 19 de novembro de 1934.

5. A despeito do modelo corporativo em que se inspira a estrutura organizacional da universidade proposta na reforma do ensino superior, a exposição de motivos do ministro Francisco Campos, que acompanha o texto da reforma, adota com ressalvas o "critério da autonomia administrativa e didática", além de delegar, como vimos, aos próprios órgãos internos do aparelho universitário o direito de indicar os nomes para reitor e diretores de institutos. A referida exposição de motivos foi publicada no *Diário Oficial da União* de 15 de abril de 1931. Sobre o conflito de atribuições entre a União e os estados, consultar o parecer emitido por Francisco Campos a respeito do alcance dos poderes de que poderia dispor o governo provisório, contestado por Porchat e rejeitado no âmbito do CNE. Ver a sessão de 24 de abril de 1936 (*Diário Oficial da União* de 6 de julho de 1939).

6. *Diário Oficial da União*, 11 de janeiro de 1935; sessão de 20 de fevereiro de 1934.

7. Ibid., grifo meu.

8. Nenhum processo traz maiores esclarecimentos sobre essa questão do que o pedido de inspeção preliminar formulado pela Faculdade de Direito do Rio de Janeiro, pertencente à Associação Cristã de Moços. Dentre os inúmeros argumentos invocados a favor e contra a concessão — como a alegação de que as faculdades de direito privadas ameaçavam a "reserva de mercado" dos bacharéis "federais" —, o que está decididamente em jogo é o grau de ingerência do poder central,

e mesmo sua legitimidade; de maneira mais geral, quais as instâncias na esfera do Estado e da sociedade civil que estão em condições de reivindicar a tutela das instituições de ensino superior. Nesse sentido, o núcleo da discussão refere-se à convicção no parecer produzido pelo CNE de que uma sociedade civil (no caso, a Associação Cristã de Moços) "não pode manter um curso de ensino superior". Ver o *Diário Oficial da União*, dias 6, 13 e 30 de julho de 1937.

3. ANOTAÇÕES ACERCA DAS FONTES (PP. 334-7)

1. Os professores Almada Horta e Barros Terra representam, respectivamente, a Escola de Farmácia e Odontologia de Juiz de Fora (Instituto Livre de Ensino Superior) e a Faculdade Fluminense de Medicina, instituições "periféricas" às grandes escolas superiores da época. Os melhores exemplos de reivindicações de tipo "paroquial" que ocorrem no interior do conselho tiveram neles seus porta-vozes. Ver, por exemplo, a sessão de 2 de fevereiro de 1934 (*Diário Oficial da União* de 17 de novembro de 1934), quando Almada Horta consegue fazer passar uma proposta intermediária que impede a cassação da equiparação de sua escola, ou então a sessão de 17 de abril de 1936 (*Diário Oficial da União* de 5 de julho de 1936), em que Barros Terra faz a defesa de sua faculdade.

2. O curso de farmácia era o de menor duração e ocupava o grau mais baixo na hierarquia dos cursos superiores da época.

Artigos

BIOGRAFIA E COOPTAÇÃO
(O ESTADO ATUAL DAS FONTES PARA A HISTÓRIA SOCIAL E POLÍTICA DAS ELITES NO BRASIL)*

* Artigo publicado originalmente sob o título "Biografia e cooptação (O estado atual das fontes para a história social e política das elites no Brasil), *Caderno Especial, Jornal do Brasil*. Rio de Janeiro, 23 de novembro de 1980, p. 3.

Ser político [...] é tentar nobremente a redistribuição dos bens sociais, começando, é natural, por acumulá-los, pois não se pode distribuir o tão disperso, e é ser probo seguindo autocritério.

Millôr Fernandes, *Veja*, nº 634, 29 de outubro de 1980

Inúmeros trabalhos recentes acerca dos grupos dirigentes no Brasil (da lavra ou não de *brazilianists*) têm lançado mão dos chamados métodos prosopográficos tão utilizados para a reconstrução do perfil de elites em outras formações sociais.[1] Essa metodologia requer a construção da biografia coletiva de um determinado setor da classe dirigente, com base numa estratégia de exposição e análise que se vale do exame detido de casos exemplares, alçados à condição de tipos ideais, e, com base nesse corpus de evidências, de inferências qualificadas acerca do grupo ou do setor de classe na mira do pesquisador. Tais inferências devem estar lastreadas em evidências empíricas que abranjam uma quantidade representativa de casos cujas características sociais, escolares, profissionais etc. possibilitam a reconstrução de uma trajetória ou "destino de classe" para os fins de análise sociológica ou política.

Estou menos preocupado aqui em discutir a validade "teórica" ou mesmo os limites heurísticos desse tipo de abordagem;[2] preferiria discernir alguns dos determinantes sociais que regem a produção das fontes biográficas em que se apoiam os estudos de cunho prosopográfico no país. No caso brasileiro, é forçoso admitir que a mera existência desse imenso acervo documental se prende às peculiaridades do processo de formação do poder no interior da classe dirigente, quer dizer, ao fato de que os laços familiares e corporativos desempenham um papel crucial nas estratégias de acumulação e reprodução social dos diversos grupos dirigentes.

Qualquer cientista social que tenha pesquisado algum setor da classe dirigente no Brasil acaba se deparando, numa dada altura do trabalho, com a massa considerável de informações biográficas disponíveis a respeito de quaisquer setores ou frações dessa classe no país (empresários, políticos, militares, escalões decisórios da Igreja, intelectuais, a cúpula das profissões liberais, artistas etc.).

É de estranhar, pois, que esse material abundante não tenha sido processado há mais tempo, ficando via de regra circunscrito a menções fortuitas no corpo do texto ou, então, relegado a notas de rodapé, soando ora como referências pitorescas, ora como insígnia de erudição. O fato de essa tendência ter persistido até hoje mereceria, por si só, uma atenção maior. Seja como for, não se pode deslindar essa questão atribuindo a culpa a uma tradição arraigada de pensamento que prefere a amplitude das generalizações à análise circunstanciada do objeto.

A repentina viabilidade dessas fontes documentais explica-se, a meu ver, por razões distintas. A força dos interesses sociais nelas investidos contribuiu decisivamente para impedir um tratamento das informações aí acumuladas para fins científicos e não apologéticos. As possibilidades que agora se abrem ao tratamento sistemático desses materiais derivam, sem margem de dúvida, do declínio relativo de pelo menos alguns dos setores da classe dirigente retratados por essas fontes.

Não basta, pois, constatar a existência de uma farta literatura de serventia prosopográfica e transformá-la em marco inaugural de uma tradição alternativa de investigação e análise dos grupos dirigentes no país. Em diversas reuniões acadêmicas, tive a oportunidade de verificar o interesse de outros pesquisadores pelas possibilidades fecundas que o uso dessas fontes deveria em princípio propiciar. O interesse, no entanto, se faz acompanhar de uma postura algo cética quanto ao rendimento explicativo desses materiais. Cumpre atribuir essa reserva à ausência de um cuidado metodológico trivial, que consiste em tentar explicitar as condições de produção das fontes com que lidamos, no intuito de indagar em que medida as características do material coligido remetem a propriedades sociais pertinentes dos grupos sob exame.

Apesar de essa postura não constituir apenas uma questão fria de método, alguns pesquisadores que chegaram a lidar com essas fontes se sentem lesados com os parcos resultados, preferindo concluir que esse trabalho de fiandeira cabe aos historiadores e outros especialistas incumbidos de aprontar a documentação empírica necessária aos projetos "nobres" de síntese. Nesse passo, "jogam fora a criança com a água do banho". Mas do que se trata, afinal?

Com base em minha experiência de trabalho, acredito poder sustentar a afirmação de que inúmeras características dos grupos ou setores de classe só podem ser detectados pelo exame preliminar acurado das fontes que documentam a experiência de seus integrantes. Eu diria que a tarefa prévia nesse tipo de levantamento consiste em explicitar os princípios de produção das fontes utilizadas, condição indispensável à percepção de alguns dentre os principais indicadores subjetivos e objetivos capazes de permitir uma construção analítica de um perfil do grupo em questão, em termos quer de sua posição relativa na estrutura social, quer de sua contribuição para a gênese e a continuidade/ruptura do sistema de poder.

Isso significa que a história do grupo (ou seja, a história dos processos de acumulação e reprodução responsáveis por sua existência social) está na raiz da constituição das fontes documentais, determinando ainda as conjunturas propícias a investimentos nos diversos gêneros que compõem tal acervo. Ao contrário do que alguns autores querem fazer crer, as fontes impressas e aquelas manuscritas (materiais constantes de arquivos históricos e familiares) retêm a marca dos interesses, dos valores e das estratégias dos grupos sociais a que se referem.

Elas são produto de uma atividade de simbolização mediante a qual esses grupos manifestam sua existência material, política e intelectual. Antes de serem processados e transformados pelo pesquisador em provas do argumento explicativo, os materiais aí contidos são parte integral do repertório de imagens com que o grupo veicula e gere sua identidade. Parafraseando Weber, eu diria que essas fontes documentais servem tanto para exprimir certas demandas por significado e cálculos "coletivos" do grupo como também lhes dão forma e sentido.

O estado dessas fontes — quer dizer, as modalidades de mecenato, eventos propícios a investimentos na fatura dessas obras, características sociais dos produtores, propriedades internas de cada gênero etc. — constitui, por si só, uma pista fecunda para o conhecimento das relações entre os grupos dirigentes no país. Por outro lado, a diversidade de gênero encontradiça na literatura memorialística reflete as diferenças sociais pertinentes entre os setores dirigentes, mesmo em casos extremados de celebração apologética.

Levando em conta o tipo de relação entre o produtor e o objeto do relato biográfico, pode-se identificar um primeiro conjunto significativo de obras realizadas por encomenda das famílias, por iniciativa dos herdeiros e de parentes próximos ou colaterais que, por uma série de circunstâncias, são os principais interessados em cultuar a contribuição (econômica, política, intelectual, científica, qualquer que seja) do biografado, o que não deixa de ser uma estratégia de rentabilizar o capital familiar disponível.[3]

Um segundo conjunto compõe-se de obras que, a título de homenagem ou reconhecimento póstumo, coligem depoimento, discursos, escritos esparsos, artigos inéditos ou inacabados, esboços e planos de trabalho de figuras ilustres que firmaram sua reputação como militantes políticos ou administradores da cultura.[4] A edição desses volumes vem contribuir, sem dúvida, para reforçar os laços de solidariedade entre os integrantes de um círculo íntimo de companheiros de classe (no duplo sentido do termo), que teve continuidade mediante experiências comuns nas esferas política, intelectual e burocrática, dando origem a "panelas" e anéis burocráticos.

Existem, ainda, escorços biográficos que metamorfoseiam a relação assalariada entre um grande empreendedor (seja ele empresário, político, eclesiástico, militar ou intelectual) e os membros mais chegados de seu staff.[5] Os relatos biográficos também se diferenciam em função das conjunturas propícias a investimentos de celebração, como por ocasião da investidura solene em cargos de cúpula e das comemorações por tempo de serviço prestado em grandes organizações burocráticas. Há ainda os perfis biográficos produzidos por iniciativa de pretendentes à sucessão em vagas eletivas de colegiados egrégios (academias, institutos etc.), em postos de relevo e confiança, garantindo os dividendos de toda ordem (político-eleitorais, intelectuais etc.) que se podem auferir da exploração de um sobrenome, de um título, de uma legenda, de uma escola de pensamento, e assim por diante.[6]

Enfim, uma quantidade apreciável de instituições econômicas e financeiras (indústrias, bancos etc.), políticas (ministérios, câmaras, tribunais etc.) e culturais (academias, faculdades, escolas etc.) empenha-se em publicar repertórios biográficos a respeito de gerações sucessivas de seus escalões decisórios, de seus principais corpos de funcionários graduados, obras que com frequência foram encomendadas por aqueles círculos familiares que são os maiores interessados em tornar público, convertendo em crédito a ser resgatado, o legado de serviços prestados por seus integrantes nessas mesmas instituições.[7]

Seria inviável aqui estender esse tipo de considerações às memórias e aos demais gêneros que se prestam à exploração prosopográfica, como, por exemplo, diários, livros de viagem, volumes de correspondência, entrevistas e depoimentos, inquéritos políticos e literários, obras in memoriam etc., que cobrem um espectro variado de oportunidades de investimento de que se valem os grupos dirigentes, que envolvem tanto os ocupantes de posições dominantes como aqueles ameaçados de "desclassificação". A essas fontes correspondem perspectivas distintas para a reconstrução da história do grupo, de suas alianças e clivagens internas, das relações que mantêm com grupos subalternos, facultando assim a compreensão dos móveis de concorrência no espaço da classe dirigente.

Insisto quanto à necessidade desse trabalho de qualificação porque estou seguro de que o desvendamento das condições de produção dessas obras oferece algumas das "chaves" para a construção dos indicadores pertinentes à investigação das elites. Os exemplos sumários aqui referidos são inequívocos o bastante para demonstrar que a dinâmica característica das relações entre os grupos dirigentes no Brasil repercute no engendramento das fontes disponíveis.

As fontes em questão distinguem-se em função dos grupos dirigentes a que se referem e, por conseguinte, tendem a veicular uma imagem da estrutura social compatível com as modalidades de apropriação do capital por parte desses mesmos grupos. Se a "saga" dos pioneiros da elite econômica não passa de uma história enfeitada do processo de avanço da acumulação familiar, as fontes relativas aos membros das principais organizações burocráticas (os militares, os escalões decisórios da Igreja católica, os altos funcionários, os políticos profissionais, a elite das profissões liberais etc.) permitem captar as múltiplas formas de acionar o capital de relações sociais. Na verdade, essas fontes tendem a se multiplicar na medida em que passamos dos setores econômicos dominantes àqueles escalões graduados das corporações burocráticas e intelectuais, porque elas são a expressão mais refinada dos interesses daqueles grupos sociais que derivam sua força e seu prestígio de uma contribuição "intangível" (ou seja, cultural) e quase incomensurável nos termos de estalões puramente materiais.

Nesses casos, a conservação do patrimônio familiar requer a mobilização constante do capital de relações sociais, por meio do qual os membros de dinastias corporativas (nas Forças Armadas, na burocracia civil, no estamento intelectual, nas profissões liberais etc.) logram os postos mais cobiçados, os casamentos mais rentáveis e toda sorte de privilégios que lhes estão reservados. Por outro lado, podem-se distinguir aqueles setores que silenciam por completo acerca da experiência afetiva de seus integrantes, como se os interesses em torno da preservação do patrimônio impedissem quaisquer "desvios" capazes de pô-lo em risco (é o caso dos empresários e dos herdeiros de um legado político).

Essa "desvalorização" do relato personalizado de uma experiência vivida também caracteriza as fontes relativas aos escalões decisórios de instituições "nacionais" (por exemplo, as Forças Armadas e a Igreja), se bem que por motivos inteiramente distintos. Seja pelo fato de que a velocidade das carreiras e o volume de capital acumulado dependem muito mais do estado em que se encontra o mercado de oportunidades no interior dessas organizações, seja porque, à medida que avança o processo de burocratização, elas tendem a valorizar cada vez mais os créditos logrados em função de serviços prestados, os escalões graduados dessas organizações acabam tentando minimizar os trunfos e as relações externas que contribuíram para a sua escalada. Enfim, por serem os homens da classe dirigente que mais dependem das formas de capital que lhes foram creditadas em nome próprio, são os intelectuais que investem mais a fundo no trabalho de transformar suas vidas em fator decisivo para a formação de capital.

O exame sistemático dos materiais contidos nessas fontes permite, assim, construir o espaço de posições no interior da classe dirigente, tomando-se como unidade de análise e referência os núcleos de formação do poder que são os círculos familiares e de sociabilidade, e não os indivíduos isolados nem as entidades coletivas (a "classe social"), e tampouco os integrantes de uma dada carreira ou os ocupantes de uma posição de relevo.

Muito embora os agentes em carne e osso sirvam ao trabalho de qualificação dos componentes classistas, não se pode perder de vista o conjunto do setor em que os traços incorporados nesses agentes assumem seu valor, por corresponderem a certas estratégias de conservação da posição. A partir de certo grau de familiaridade com essas fontes, torna-se infrutífero insistir em operar apenas com técnicas de quantificação, agregando os portadores de uma ou de várias características sociais, uma vez que um arranjo de traços pertinentes só adquire significação pelo confronto com aqueles detectados em outros setores da classe dirigente. Passando dos traços aparentemente mais "universais" partilhados por contingentes apreciáveis da classe aos traços mais peculiares a uma determinada corporação ou "panela", características como o fato de ter cursado as faculdades que encaminham para as profissões liberais, um casamento bem-sucedido, a estreia num dado gênero literário, a nomeação para o cargo de bispo-auxiliar, e assim por diante, acabam se esvaziando (ou seja, perdendo seu valor distintivo), quando tratadas de per si ou tabuladas sem levar em conta as demais propriedades pertinentes do setor específico de classe a que se referem. Não estou sugerindo que o resgate dos laços de interesse tecidos no interior dos círculos familiares e de sociabilidade (ou seja, mercado de oportunidades matrimoniais, profissionais e de negócios etc.) deva substituir-se à descrição e análise das instituições em que os integrantes desses círculos concentram seus investimentos. Reitero apenas o fato de que esse modo de existência social dependente de laços familiares e corporativos constitui, ao mesmo tempo, uma ponte para deslindar a determinação exercida por componentes classistas, para compreender alguns processos básicos de formação do poder, bem como para detectar aquelas dimensões institucionais que resultam das pressões exercidas por esses círculos (reservas de "caça" em favor de herdeiros e protegidos, vagas asseguradas aos filhos e parentes dos membros das corporações, nomeações e prebendas, postos adquiridos como paga por serviços prestados etc.).

O exame acurado dessas fontes demonstra que o grau de rentabilidade de que dispõe um determinado círculo familiar ou de sociabilidade é tanto mais elevado na medida em que seus interesses se confundem com os interesses derivados do processo de expansão das instituições em que se abrigam. Esse tipo de estratégia de reprodução torna impossível dissociar a trajetória de qualquer membro do círculo das trajetórias cumpridas pelas gerações anteriores e pelos integrantes da mesma geração, fixando-se por essa via as possibilidades que se abrem aos herdeiros.

A imagem da classe dirigente que se desprende dessas fontes traz, por outro lado, consequências relevantes para a compreensão dos processos de formação, alocação e delegação de poder no interior da classe dirigente. Em virtude da tendência de esses círculos monopolizarem esse espaço de oportunidades e de firmarem suas posições e reservas mediante um sem-número de expedientes (casamentos, alianças políticas, sinecuras, favores etc.) que não se esgotam na análise das características das instituições em que concentram a maioria de seus interesses, a condição material, o status e o poder político de que desfrutam jamais podem ser aferidos em função da posição profissional ou da situação na hierarquia funcional das instituições em que operam, é claro, se tomarmos esses fatores condicionantes como variáveis isoladas.

O poder detido por esses círculos repousa no montante de capital social que estão em condições de mobilizar de maneira a assegurar uma estabilização de sua presença no espaço da classe dirigente. Por conseguinte, as vantagens e oportunidades de toda ordem ao alcance de qualquer integrante desses círculos se definem em função do poder de barganha e da autoridade e influência exercidos em "chave coletiva" pelos demais integrantes do círculo familiar ampliado e das redes de sociabilidade nas quais esses agentes circulam. Por essa razão, a análise de qualquer instituição política, educacional ou cultural da classe dirigente no país implica decerto tratá-la como, ao menos em parte, o produto de estratégias mais ou menos bem-sucedidas de um dado círculo da classe dirigente que logrou a institucionalização de suas fontes de recursos.

Notas

1. De *prósopon* ("caráter" ou "pessoal") mais *gráphein* ("escrever"), o termo *prosopografia* firmou-se no campo da história antiga para designar "biografia coletiva". A intenção básica é o exame dos laços familiares e das carreiras de um número considerável de pessoas numa dada sociedade, num determinado período, com vistas ao estabelecimento de inferências a respeito da estrutura social e do sistema político. Para maiores detalhes, consultar de G. W. Bowesock, "The emperor of Roman history", recensão das obras de Ronald Syme, in *The New York Review of Books*, nº 3, 6 de março de 1980, pp. 8-13.

2. Como é sabido, o método tem se revelado fecundo apenas em estudos sobre elites.

3. É o caso da obra de Paulo Tamm, *Uma dinastia de tecelões*, segunda edição de obra publicada em 1940 com o título *A família Mascarenhas e a indústria têxtil em Minas, fundadora e proprietária da Cia. Cedro e Cachoeira em Juiz de Fora*, e de muitas outras monografias que celebram os feitos de empresários destacados (Abramo Eberle, Whitaker, Matarazzo, Jafet etc.). Incluem-se ainda nesse grupo as obras de Afonso Arinos de Melo Franco sobre seu pai, sobre a principal figura pública da família de sua esposa (Rodrigues Alves), os volumes sobre João Mangabeira, A. M. de Carvalho Neto e Jorge de Lima, de autoria, respectivamente, de Francisco Mangabeira Filho, Paulo de Carvalho Neto (filho) e Povina Cavalcanti (cunhado), entre outros.

4. Meramente a título de ilustração, cito os volumes publicados em homenagem a Milton Campos (*Testemunhos e ensinamentos*. Rio de Janeiro, José Olympio, 1972) e a Luís Camillo de Oliveira Netto (*Liberdade e cultura*, organizado por sua filha Maria Luiza Penna Moreira, com prefácio de Francisco de Assis Barbosa, introdução de Carlos Drummond de Andrade, primo distante, Barreto Filho e João Camillo de Oliveira Torres, irmão).

5. Basta citar aqui as biografias de figuras ilustres do episcopado brasileiro redigidas por seus secretários e auxiliares (bispos auxiliares etc.) ou, então, os volumes dedicados a importantes líderes políticos, de autoria de seguidores e apaniguados.

6. Nesse grupo, podem-se incluir as polianteias (miscelâneas de elogios, versos, depoimentos, história de vida etc.), mandadas editar por ocasião da sagração de inúmeros bispos, muitas vezes por iniciativa dos próprios interessados, bem como os livros jubilares que festejam "o aniversário [...] de exercício de uma função, de uma instituição" (*Novo Aurélio*).

7. Consultar, por exemplo, a listagem desse tipo de fonte nas obras de Américo Jacobina Lacombe, *Introdução ao estudo da história do Brasil*. São Paulo, Companhia Editora Nacional/Edusp, 1973; José Honório Rodrigues, *A pesquisa histórica no Brasil*. 2ª ed. São Paulo, Companhia Editora Nacional, 1969; e o artigo de Roderick e Jean Barman, "The prosopography of Brazilian empire", *Latin American Research Review*, v. 13, nº 2, 1978, pp. 78-97.

SPHAN: REFRIGÉRIO DA CULTURA OFICIAL*

* Artigo publicado originalmente na *Revista do Patrimônio Histórico e Artístico Nacional*, nº 22. Rio de Janeiro, 1987, pp. 44-7.

Mesmo críticos renitentes aceitariam que a experiência de preservação do assim chamado "patrimônio histórico e artístico nacional" constitui a política cultural mais bem-sucedida na área pública deste país. E tal concordância poderia ocorrer a despeito do fato de cada um deles manifestar reservas de bom calibre quer aos conteúdos doutrinários cristalizados pela expressão entre aspas, quer no tocante à substância factual a que cada um dos termos remete.

Ainda que se possa tirar proveito intelectual de um confronto entre a proposta original formulada por Mário de Andrade e os rumos tomados na prática pelo Serviço do Patrimônio, não me parece que esse exercício possa contribuir de modo efetivo para lidarmos com os impasses com que hoje se defrontam os responsáveis pela política preservacionista em quaisquer níveis da atividade governamental. Uma reconstrução histórica caprichada dos contextos regionais em que se escoravam Mário de Andrade e Rodrigo Melo Franco de Andrade decerto matizaria essa colaboração tão fecunda de uma perspectiva institucional, mas isso não tornaria a proposta andradina politicamente viável na época de sua formulação.

A experiência social cosmopolita de um autodidata de gênio, mulato, sem profissão definida entre os homens de sua classe de origem, às voltas com uma sociedade complexa, diversificada, em ritmo alucinante de transformação, marcada pelo trinômio imigração-urbanização-industrialização, contrastava com o projeto de vida acalentado pelos herdeiros das elites mineiras, cindidos entre as lides burocráticas e o renome literário. Tanto isso não vem ao caso que os trunfos se mostraram complementares. Seja como for, a "generosidade etnográfica" da proposta andradina revelou-se descompassada das circunstâncias daquele momento, ao passo que a entronização do barroco firmou-se como a pedra de toque da política preservacionista.

Cumpre frisar esses aspectos na medida em que os conteúdos substantivos dessa política têm muito a ver com a conjuntura de sua criação. Nesse sentido, o Serviço do Patrimônio Histórico e Artístico Nacional (SPHAN) é um capítulo da história intelectual e institucional da geração modernista, um passo decisivo da intervenção governamental no âmbito da cultura e o lance acertado de um regime autoritário empenhado em construir uma "identidade nacional" iluminista no trópico dependente.

Essa geração de jovens intelectuais e políticos mineiros converteu sua tomada de consciência do legado barroco em ponto de partida de toda uma política de revalorização daquele repertório que eles mesmos mapearam e definiram como a "memória nacional". E, nesse passo, o SPHAN é também um capítulo pouco conhecido mas prestigioso da história contemporânea das elites brasileiras, ou melhor, a amostra requintada e reverenciada das culminâncias de seu universo simbólico e, ao mesmo tempo, o inventário, arrolado à sua imagem e semelhança, dos grandes feitos, obras e personagens do passado.

A política do patrimônio ostenta essa marca classista em tudo o que lhe diz respeito. Basta consultar a lista publicada dos imóveis e monumentos tombados pelo SPHAN para nos darmos conta de que se encontram ali (sobre) representados os espécimes característicos de todas as frações da classe dirigente brasileira, em seus ramos público e privado, leigo e eclesiástico, rural e urbano, afluente e decadente. O reverso desse tesouro tão apreciado é a amnésia da experiência dos grupos populares, das populações negras e dos povos indígenas, para citar apenas aqueles referidos pelo projeto andradino. No que concerne aos segmentos da cultura material selecionados, firmou-se uma opção inequívoca pelos bens de "pedra e cal", em detrimento de outras modalidades de acervo, a começar pelos materiais impressos passíveis de serem processados em arquivos e bibliotecas. Essa orientação associa-se sem dúvida ao fato de terem sido os arquitetos os principais mentores na fixação de prioridade da política preservacionista.

O encanto pelo monumental, pela ostentação da riqueza metamorfoseada em testemunho de estilos artísticos, o embevecimento pelo ornamental, a crença na existência de soluções ótimas em matéria de organização espacial e outras tantas posturas mentais parecem condizentes com o projeto de restaurar um mundo de formas cujos laços com a experiência social de seus produtores e usuários vão se esgarçando a tal ponto que passam a justificar critérios autônomos de percepção e juízo.

A modalidade técnica escolhida para o trabalho de restauração enquadra-se nessa mesma lógica de embelezamento do estilo e consequente diluição das marcas sociais. Apesar das afirmações em contrário, a tradição preservacionista no Brasil nunca conseguiu superar a orientação doutrinária consagrada por Viollet-le-Duc, defensor da chamada "reintegração estilística", que não é outra coisa senão o delírio de "purificar" o prédio em vias de restauração de quaisquer acréscimos posteriores à sua construção original. O leitor pouco versado em assuntos de patrimônio poderá comprovar isso visitando algumas das igrejas restauradas nas capitais da região Norte-Nordeste, o Paço Imperial na praça XV do Rio de Janeiro ou, então, qualquer trabalho de restauração arquitetônica guiado pela obsessão de recuperar o ambiente original, depurando-o dos vestígios das atividades ali desenvolvidas no correr de séculos. Valendo-se de plantas baixas ou de outra documentação remanescente, os técnicos passam sem mais ao desmonte dos altares da igreja, eliminando imagens e objetos de culto de épocas distintas daquela em que se deu o entalhe, em busca de arremedos de um espaço perdido e em nome de uma doutrina etnocêntrica de "limpeza visual". Mais recentemente — como, por exemplo, na restauração do Paço Imperial —, os responsáveis pela obra procuraram sinalizar com tabuletas os expurgos levados a cabo ao longo do trabalho, dando ao menos alguma informação a respeito dos usos históricos sucessivos do espaço em questão. No limite, tal postura redunda na construção de uma fantasia perfeccionista bastante dissociada da memória que podem ter os habitantes da vizinhança ou aqueles setores da comunidade cuja própria história de vida tenha alguma ligação com o espaço restaurado. Por outro lado, não se sabe bem por que a restauração de espaços arquitetônicos deva se pautar por critérios estilísticos tão puristas e não por uma orientação mais instrumental, a exemplo daquela aplicada na manutenção de outras modalidades de acervo. Salvo engano, do ponto de vista da sociedade dos vivos, os monumentos podem e devem ser preservados a título estritamente precário, indicativo e documental, não se podendo acreditar na ilusão de estarmos hoje enxergando o paço tal qual existia nos tempos de d. João VI. "Se Versalhes falasse" é uma utopia reacionária e saudosista e não uma façanha para o bico de técnicos em restauração.

A despeito do pronunciado vezo elitista pelo qual enveredou o "serviço do patrimônio", é forçoso reconhecer que seus mentores fizeram muito bem a política que pretenderam implantar, cercando-se de uma equipe competente de especialistas, organizando um corpo doutrinário de técnicas e procedimentos, obtendo aprovação para uma legislação adequada aos alvos a que se propunham, editando uma revista de categoria internacional (a mesma que hoje nos convida a esse debate franco sobre a experiência institucional que lhe deu origem) e suscitando a afirmação de lideranças da estatura de Rodrigo Melo Franco de Andrade e Aloísio Magalhães no domínio da política cultural.

Tais observações servem apenas para situar os contornos institucionais da experiência brasileira em termos de preservação do patrimônio. Seria possível esmiuçá-la com vistas a compreender as raízes históricas de por que as coisas se passaram dessa maneira. Entre inúmeros outros motivos, estou querendo sugerir que essa redoma elitista resultou de injunções associadas à relativa desimportância política das instituições culturais criadas na década de 1930 no âmbito do recém-implantado Ministério da Educação e Saúde Pública, o que por sua vez viabilizou a reserva de caça em que atuaram os intelectuais e artistas recrutados durante a gestão Capanema. A mistura de proteção política e reduzido impacto intelectual foi uma das sementes do passadismo culturalista que passou a nortear as políticas preservacionistas. Talvez os resultados tivessem sido um bocado diferentes caso a política de preservação tivesse caído em mãos de burocratas ou de folcloristas, mas nem por isso seriam mais instigantes do ponto de vista intelectual ou mais bem equacionados de uma perspectiva institucional.

Por força do tipo de formação intelectual característica da geração de modernistas recém-incorporados à máquina governamental na década de 1930,

O SPHAN acabou assumindo a feição de uma agência de política cultural empenhada em salvar do abandono os exemplares arquitetônicos considerados possuidores de valor estético significativo para uma história das formas e dos estilos da classe dirigente brasileira. O acanhamento de recursos, a escassez de pessoal especializado, a baixa visibilidade política, a imensidão do acervo a ser tombado e restaurado, todos esses constrangimentos serviram para consolidar a via doutrinária e os partidos técnicos adotados, deixando-se de equacionar a questão do público potencial para as atividades desenvolvidas, ou melhor, a questão do retorno social dos recursos aplicados na preservação do patrimônio. Quase consigo antecipar a reação de mau humor de alguns preservacionistas convictos de velha cepa diante de muitas das questões e temas aqui abordados e que eles consideram externos ao seu ofício e impertinentes à sua política.

Entretanto, a característica mais fundamental prende-se ao teor institucional e doutrinário que passou a permear o funcionamento do SPHAN no contexto das políticas culturais inauguradas pelo Estado Novo. Em primeiro lugar, a própria natureza das atividades a cargo do SPHAN contribuiu para que a agência fosse conquistando crescente autonomia de operação e gestão. A continuidade dessa posição de modesta mas efetiva independência institucional foi lograda às custas de uma definição deliberadamente restrita dos campos de operação, que desde então ficaram muito aquém da jurisdição completa que a legislação vigente autorizava. Aliás, essa definição operacional restritiva aos acervos de cultura material das elites deu margem à consolidação de instituições concorrentes e especializadas no trabalho de preservação dos patrimônios preteridos (arquivos públicos e privados, museus da imagem e do som, cinematecas, centros de documentação, centros de memória operária e sindical, entre outras). Tais rumos acabaram prejudicando o Serviço do Patrimônio tanto porque cercearam cada vez mais as possibilidades de renovação institucional como pelo fato de haverem suscitado contenciosos com instituições concorrentes, como no caso do Arquivo Nacional. Vistos de outro ângulo, esses desdobramentos revelaram-se, no entanto, bastante favoráveis ao desenvolvimento institucional na área cultural pública.

Tal sedimentação institucional foi convertendo o SPHAN numa espécie de refrigério da cultura oficial, vale dizer, numa agência a reivindicar um status puramente técnico, impermeável ao clientelismo de balcão, cujas atividades e produtos poderiam ser avaliados apenas por especialistas. Por conseguinte, afirmou-se como órgão capaz de constituir sua própria demanda no mercado cativo de bens culturais subsidiado pelo Estado, sem precisar levar em conta as preferências dos consumidores ou do público usuário potencial dos bens tombados e restaurados. Ainda que o antigo Serviço Nacional de Teatro ou o Instituto Nacional do Livro quisessem operar em condições similares, logo enfrentariam as resistências de suas clientelas (entre outras, as companhias de teatro profissional e os editores comerciais). O SPHAN não possuía outros clientes senão os arquitetos e os empreiteiros.

Tudo se passa como se a obra do SPHAN fosse uma documentação museificada cuja fruição estivesse apenas ao alcance de elites sofisticadas. Desde sua fundação até hoje, o Serviço do Patrimônio mostrou-se em geral pouco propenso a divulgar em escala adequada os frutos de sua atividade. E não se preocupou com isso sequer como estratégia para garantir um aumento de verbas. O SPHAN conseguiu ser tão bem-sucedido nesse duplo empenho de especialização e insulamento institucional que de certo modo apressou a decisão recente de cindir-se a política cultural do governo federal em duas vertentes, derivando daí as consequências boas e más de um tratamento em separado em matéria financeira, administrativa e de pessoal. Essa solução talvez pudesse lograr uma razoável sobrevida não fora a gama diversificada de reivindicações trazidas por diversos setores da comunidade e por outros movimentos sociais. Os novos interlocutores dos responsáveis pelas políticas de preservação tendem quase sempre a equacionar a questão do patrimônio em termos de uma democratização tanto do acervo como das vias de acesso e fruição e dos debates que presidem à constituição do acervo, qualquer que ele seja. Eis o *xis* da questão do patrimônio, que se poderá esclarecer melhor por meio de uma rápida aproximação comparativa com as tendências recentes de dois casos-limites, a França e os Estados Unidos.

A política do patrimônio constitui a função orçamentária mais importante da política cultural francesa, dando conta de quase 30% do conjunto das despesas públicas com atividades definidas como culturais. Operando como eixo de um complexo sistema institucional, o serviço francês do patrimônio abriga desde os monumentos e sítios históricos, passando por museus, bibliotecas e arquivos nacionais, até o trabalho de conservação e difusão dos acervos provenientes das artes e mídias contemporâneas, de áudio e vídeo. Quando se sabe que, ao longo da década de 1970, as despesas na área cultural pública beiraram 5% do orçamento nacional, o percentual mais elevado do mundo, cumpre deslindar algumas das razões responsáveis pela progressiva ambição doutrinária e institucional da política preservacionista na França, particularmente perceptíveis durante a gestão do ministro socialista Jack Lang.

No limite, a política francesa do patrimônio foi dilatando a tal ponto as fronteiras de sua jurisdição que passou a abarcar quaisquer modalidades de expressão cultural, associadas a quaisquer suportes, buscando assim "solucionar" o desafio da seleção dos estoques a serem preservados pela avassaladora "universalidade" da jurisdição institucional que vem se delineando. Ao que tudo indica, essa tendência se firmou a partir do momento em que começou a lidar com os acervos da produção cultural contemporânea nos domínios das artes plásticas e das mídias eletrônicas. Não demorou muito para que a definição operacional de acervo passasse a incorporar o registro dos experimentos científicos e tecnológicos, os laboratórios das línguas e dos dialetos vivos e cada vez mais a memória abrangente das experiências dos diversos grupos sociais e categorias profissionais, desde as frações de artistas e intelectuais até as camadas populares mais despossuídas em termos de capital material, escolar e cultural.

O conceito de patrimônio foi se antropologizando em tal proporção que passou a se mostrar sensível a toda e qualquer experiência social, como que empolgado num repente pelos arroubos de um radical humanismo burocrático. Se na prática as coisas não ocorrem exatamente assim, como era de se esperar, são esses os conteúdos que a nova política do patrimônio implementada pelo governo socialista pretende nos impingir. Seria de fato impossível imaginar que uma tal política pudesse tomar corpo numa sociedade que não contasse com um sólido respaldo social e até mesmo eleitoral a esse nível bastante elevado de comprometimento de verbas públicas. Ou, então, que a roupagem etnográfica dessa nova política preservacionista pudesse obter audiência em sociedades em que as práticas de consumo cultural não incluíssem o hábito de contingentes expressivos da população de frequentarem museus e outros espaços de familiarização com civilizações e culturas estrangeiras e radicalmente distintas da sociedade nativa. Por outro lado, não custa lembrar que tamanho empenho em termos de política cultural reflete também o peso considerável da cultura no contexto da política externa francesa, traço que não deriva apenas dos delírios de grandeza de uma ex-potência colonialista. E, por último, é preciso levar em consideração que esse montante expressivo de investimentos na preservação do patrimônio assegura um retorno considerável por meio dos incentivos proporcionados a inúmeros setores da atividade econômica, a começar pela indústria do turismo e pelos diversos ramos do artesanato de luxo.

Em vez de se guiar por avaliações predominantemente estéticas ou estilísticas, a nova política do patrimônio da dupla socialista Mitterrand-Lang buscou equacionar as questões relativas à constituição do acervo com critérios de representatividade etnográfica importados das ciências sociais. Além de operar com uma definição em que o popular tem presença garantida, um princípio ativo e assumido dessa nova postura preservacionista tem a ver com a exigência de utilização social produtiva dos bens preservados por parte de seus beneficiários e com os incentivos à instalação de novos espaços de divulgação conducentes à democratização do acesso aos acervos.

Nos Estados Unidos, ocorreu uma divisão entre a área da conservação e a da preservação, a primeira cobrindo o trabalho desenvolvido por museus, arquivos, bibliotecas e centros de documentação dos mais variados suportes, a segunda lidando, como prioridades, com o patrimônio arquitetônico e/ou ambiental, inscrevendo-se por essa via entre os objetos centrais das políticas de planejamento urbano. O trabalho de preservação encontra-se quase todo em mãos de associações e empreendimentos particulares, a maioria deles com fins lucrativos, dispondo até o momento de uma legislação protecionista ainda incipiente, se comparada à situação francesa, e no interior da qual se torna difícil discernir as principais linhas de força em face da variedade de litígios arbitrados pelos poderes municipais e locais. As experiências de preservação de alguns centros históricos servem bem para explicitar os grupos de interesse mobilizados na população e que decerto contribuíram para a deselitização inequívoca em experimentos como Williamsburg.

De qualquer maneira, tanto nos Estados Unidos como na França, as políticas e os responsáveis pelas agências (públicas e privadas) de preservação se tornaram mais permeáveis às demandas formuladas pelos movimentos sociais atingidos pelas consequências danosas das políticas preservacionistas em grandes conglomerados urbanos ou, então, mais sensíveis às reivindicações de grupos profissionais, étnicos, linguísticos e confessionais afetados por decisões de teor preservacionista por eles consideradas prejudiciais.

A ampliação da jurisdição dos acervos considerados "dignos" de preservação significou, no limite, a aceitação tácita de uma ruptura com as hierarquias até agora vigentes de legitimidade estética e cultural, tendência que correu paralela à crescente interferência de critérios etnológicos e/ou sociológicos em detrimento dos parâmetros do gosto burguês de origem europeia até bem recentemente utilizados tanto para a montagem dos acervos como para atribuição do status (cultural e monetário) dos espécimes e das coleções integrantes. Nesse passo, o movimento preservacionista nos países desenvolvidos se tornou caudatário de outros movimentos sociais em luta pela defesa do cenário urbano e do meio ambiente (e contra os projetos de "enobrecimento"/*gentrification* de bairros decadentes), pela afirmação dos direitos das minorias (étnicas, confessionais etc.) à "diferença", convertendo-se por assim dizer num recurso político nada desprezível e em condições de ser acionado com êxito pelos movimentos sociais e suas lideranças.

Quão distinta é a situação brasileira, quer no volume de recursos disponíveis, da jurisdição coberta, quer no tocante ao tamanho dos públicos atingidos ou mobilizáveis como consumidores de bens e eventos produzidos pelas agências executoras da política do patrimônio. Numa sociedade afluente com menores desigualdades econômicas e sociais, o debate em torno dos acervos a serem preservados acaba se resumindo à questão dos procedimentos estilísticos, à modalidade da preservação, e não ao objeto mesmo dessa prática de política cultural, ao que merece ser preservado. As coisas assumem tal feição pelo fato de haver um volume suficiente de recursos para atender em alguma medida, por mínima e retórica que seja, às demandas de quaisquer grupos sociais capazes de lograr sua veiculação. O mesmo não ocorre por aqui. Numa sociedade como a nossa, marcada por iniquidades de todo tipo, até a tendência de reorientar a política do patrimônio na mira dos acervos e das experiências dos grupos populares pode redundar numa folclorização sofisticada, ou então numa tentativa conceitual problemática e um tanto ambivalente de querer comprovar a existência empírica e, ainda mais, a validade simbólica, de acervos irredutíveis à lógica de sentido dos grupos dirigentes.

As próprias agências públicas de preservação, em suas reações a essas tentativas incipientes de reforma, parecem adotar uma postura algo defensiva, que acaba redundando numa política preservacionista "ultrajada" e ressentida. Em lugar de incorporar as críticas e sugestões já formuladas, a política preservacionista oficial deixa transpirar indícios preocupantes de que o último grito em matéria de preservação será o trabalho de tombar o próprio SPHAN, buscando justificar a manutenção do status quo fazendo alarde dos méritos do acervo já constituído e do trabalho acumulado. Pois bem, há motivos para comemoração e razões de preocupação.

Os dilemas com que na atualidade se defronta qualquer política de patrimônio, inclusive a brasileira, se referem quase todos à questão da democratização. Bem entendido, trata-se de democratizar o acervo, seus métodos de exposição, os meios de acesso a ele, os espaços de debate; trata-se ademais de assegurar a representatividade dos setores da comunidade e dos movimentos sociais atingidos por decisões preservacionistas. E não adianta tapar o sol com os filtros do elitismo e/ou do populismo, muitas vezes reciclados em consórcio por especialistas do belo e diletantes do pobre.

INTELECTUAIS BRASILEIROS*

* Artigo publicado na coletânea *O que ler na ciência social brasileira* (1970-1995), v. 2, *Sociologia*, Sergio Miceli (org.). São Paulo, Editora Sumaré/Anpocs/Capes, 1999, pp. 109-45.

Os últimos 25 anos foram marcados por uma fornada expressiva de obras de fôlego a respeito dos intelectuais brasileiros. Talvez se possam recuperar as linhas de força dessa nova frente de estudos e pesquisas pelo confronto dos argumentos esboçados naqueles trabalhos que mais contribuíram para moldar o espaço de debates e explicações, salientando ora a morfologia e a composição interna do campo intelectual, suas instituições e organizações, o peso relativo da categoria dos intelectuais no interior dos grupos dirigentes, ora preferindo esquadrinhar as modalidades de sua contribuição para o trabalho cultural e político. Esses trabalhos foram selecionados para uma avaliação mais detida e circunstanciada em função, é claro, de sua própria qualidade intelectual e científica, mas também por conta de serem bastante representativos de uma corrente relevante de explicação, ou melhor, por terem logrado mobilizar modelos compreensivos e empiricamente consistentes das práticas sociais, políticas e culturais dos intelectuais. Outros trabalhos de grande mérito, ancorados numa articulação provocativa de condicionantes, muitos deles considerados monografias exemplares, não foram incluídos nesta discussão porque não tinham a pretensão de elaborar modelos gerais de explicação.

Embora meus trabalhos sobre o assunto fossem tomando feição nítida e acabada ao longo do período aqui examinado, tratarei com mais vagar da tese de doutorado, publicada em 1979 — *Intelectuais e classe dirigente no Brasil (1920--1945)*[1] —, pela simples razão de que a maioria dos textos subsequentes nessa área de estudos estabelece alguma forma de diálogo com os argumentos aí desenvolvidos. No intuito de aclarar os passos desta avaliação da produção acadêmica dos cientistas sociais acerca dos intelectuais e da vida intelectual no país, talvez se possa começar por uma caracterização sucinta dos três modelos de apreensão desse objeto: *a*) o argumento sociológico com tinturas culturalistas, de minha autoria; *b*) o argumento doutrinário-politicista, formulado pelo sociólogo francês e latino-americanista Daniel Pécaut; *c*) o argumento organizacional e institucionalista, concebido pelo sociólogo e cientista político brasileiro Simon Schwartzman. A compreensão dos andaimes dessas variantes argumentativas escora-se, em ampla medida, no exame dos graus variáveis de impacto exercido pelos tipos de fonte mobilizados sobre o teor substantivo desses mesmos modelos de interpretação histórica.

A celeuma suscitada pelo meu primeiro livro deveu-se em boa medida às mediações de gênero que faziam a ponte entre a força determinante das origens sociais e a posterior reorientação desses herdeiros dos "ramos pobres" das oligarquias para as carreiras intelectuais. Em vez de adotar uma perspectiva derivada da sociologia das ideias ou do pensamento, nos termos da tradição inaugurada por Mannheim, ou, então, de buscar definir as modalidades de contribuição dos intelectuais ao trabalho político numa sociedade a braços com um tumultuado e descompassado processo de transformação, busquei elaborar um modelo de argumentação capaz de compatibilizar condicionantes ligados às origens sociais com aqueles desencadeados pelas mudanças em curso no mercado de trabalho intelectual, uns e outros tomando feição e sentido no contexto político--institucional da época.

Os três capítulos do livro cobriam os principais setores em expansão no mercado de trabalho em que concorriam os postulantes às carreiras intelectuais: partidos e instituições culturais da oligarquia paulista, frentes de mobilização político-ideológica de organizações integralistas, católicas e de esquerda, a indústria editorial impelida pelo surto do romance, o serviço público. Esse levantamento permitiu reconstruir, para cada segmento de intelectuais e escritores analisados, o agenciamento cruzado de condicionantes sociais ligados às estratégias assumidas pelas suas famílias e os fatores de impulsionamento suscitados pelas mudanças em curso nos diversos setores dos mercados de postos que lhes eram destinados. O destino social desses intelectuais ia sendo moldado em meio às circunstâncias de suas orientações e representações de gênero, expostos às marcas neles instiladas por toda sorte de estigmas, às quais se acresciam as injunções de sua posição na linhagem, na fratria, em famílias de "parentes pobres" da oligarquia, incentivados pelas oportunidades de aquisição de capital escolar e cultural, que dariam acesso preferencial àquelas posições profissionais conquistadas por força do cabedal de relações sociais. As margens de causação sociológica eram, por sua vez, ampliadas ou contraditadas em função dos processos de transformação em curso, tanto no âmbito dos mercados de trabalho intelectual como no interior das organizações (partidos, assembleias, associações patronais etc.) especializadas no trabalho político.

Afora as considerações metodológicas a respeito das fontes utilizadas, apenas o capítulo 2, centrado na expansão do mercado editorial, recuperava o tecido narrativo dos relatos memorialísticos, no intuito de construir a trajetória social e literária característica dessa geração pioneira de romancistas sociais, convertidos em cronistas profissionais da "casa assassinada", conforme o título da crônica ficcional empreendida por Lúcio Cardoso a respeito do processo de decadência de sua família. No entanto, o fato de haver utilizado exaustivamente, no processo de elaboração do perfil dos intelectuais analisados, memórias, volumes de correspondência, biografias, depoimentos, entrevistas, dicionários biográficos, como repositórios privilegiados de informações "objetivas" e representações "subjetivas", acabou como que plasmando certas feições inarredáveis na feitura do retrato sociológico de corpo inteiro desses escritores. Apenas a título de exemplo, poder-se-ia averiguar a estreita ligação entre as evidências contidas nessas fontes literárias acerca das identificações operadas por esses autores em relação às figuras centrais de sua história afetiva e familiar e a própria possibilidade de reconstruir as orientações que foram internalizando a respeito do que fossem modelos femininos ou masculinos de comportamento sexual, de padrões de gosto e sensibilidade, inclusive de carreiras profissionais. Nesse rumo, outros registros traumáticos, como, por exemplo, as experiências associadas a estigmas físicos, os sentimentos vinculados à vivência de posições em falso no espaço familiar, esses e outros transes emocionais pungentes, de sobejo impacto na história pessoal, também foram se revelando impregnados de fortíssima carga sociológica.

As fontes ajudaram ainda a pontuar os lineamentos em que se assenta a reconstrução da vida intelectual na sociedade brasileira, propiciando a inteligibilidade dos critérios, indicadores e juízos por meio dos quais os escritores avaliam seus padrões de reconhecimento e consagração, bem como os de seus pares e concorrentes. O empenho em avaliar as fontes utilizadas, em termos do sentido sociológico acurado desse manancial para os contornos adquiridos pelo argumento interpretativo, como que contribuiu de algum modo para atiçar as reações às teses expostas e orientar os rumos da recepção acadêmica e jornalística do livro. Com efeito, quase todas as fontes aí utilizadas eram sobejamente conhecidas, ao alcance dos estudiosos, sem jamais terem sido alvo de uma reflexão historiográfica ou sequer submetidas à análise sistemática empreendida nesse trabalho. Em vez de serem encaradas apenas como depositárias de informações a respeito dos escritores, proporcionando massa crítica ao anedotário de que se nutre o trabalho de canonização biográfica, característico de toda uma vertente prolixa da história e da crítica literárias, tais fontes foram apreciadas umas em relação às outras, como gestos de uma prática social significativa e, por conseguinte, guardando as marcas existenciais de seus autores ou então, no caso de biografias de autoria de terceiros, de seus objetos de reverência. As fontes foram consideradas materiais expressivos, prontos a oferecer uma restituição cifrada das condições mais gerais de gênese e operação do campo intelectual no país, propiciando uma visão compreensiva das relações de força em que se alicerça a hierarquia de legitimidades capaz de dar sentido às posições institucionais disponíveis, às práticas sociais, intelectuais e políticas de seus ocupantes e, por que não, até mesmo às obras por eles produzidas.

Mesmo as reações menos hostis às teses centrais do livro traíam certa dificuldade em admitir que os intelectuais pudessem ser objeto de uma visada sociológica. A ambição heurística do trabalho havia se cumprido, ou seja, os termos de equacionamento dos intelectuais com base nas origens e na posição social ocupada no interior dos grupos dirigentes serviram para questionar os modos de apreensão e sobretudo os sistemas classificatórios de que se valiam a história e a crítica literárias de feitio tradicional.

Poder-se-iam talvez distinguir três orientações críticas perante as propostas interpretativas do trabalho. A primeira delas resultava de dissensões teóricas no interior das ciências sociais, refletindo-se, de um lado, nas ressalvas formuladas aos tipos de materiais e de instâncias privilegiados pela análise e, de outro, nas restrições feitas às posturas metodológicas adotadas. Aqueles estudiosos resistentes à perspectiva sociológica insistiam na necessidade de dar maior atenção às obras desses escritores, como se as evidências coligidas acerca das condições sociais de sua existência pudessem comprometer ou turvar a análise centrada no valor estético do trabalho literário.

Outra forma de resistência consistia no pleito de uma estranha partição entre as diversas frentes de atuação dos intelectuais e escritores, em especial nos momentos da análise em que se explicitavam os ligamentos entre o trabalho intelectual propriamente dito e as tomadas de posição que os autores assumiam por força de seu envolvimento com facções e grupos políticos dentro e fora do serviço público. Havia ainda a postura idealista, assumida pela maioria dos jornalistas ou comentaristas de fora do mundo acadêmico: ora invocavam supostas evidências de comprometimento dos intelectuais com mandachuvas políticos para justificar suas denúncias morais contra as arbitrariedades do regime Vargas, ora preferiam converter suas próprias vivências ou as de outros contemporâneos em provas irrefutáveis de uma visada afetiva e apolítica das práticas, obras e tomadas de posição dos mesmos intelectuais.

O livro de Daniel Pécaut[2] busca minimizar o componente classista na determinação do perfil dos intelectuais em favor do privilégio às motivações políticas de sua presença na sociedade brasileira. A despeito dos laços que eles mantêm com os grupos dirigentes e de quaisquer indícios dos interesses corporativos que foram consolidando em meio às reformas empreendidas pelo regime Vargas nos domínios da educação e da cultura, a atenção de Pécaut se voltou para a aliança dos intelectuais com o Estado ou, num foco preciso, para as feições do projeto de modernização e desenvolvimento social que eles pareciam dispostos a implementar. Para tanto, o autor converteu em foco de sua argumentação os conteúdos e as ideias dos grupamentos e das lideranças intelectuais em sucessivas conjunturas políticas. A reiterada retomada de um projeto político por parte dos intelectuais, habilidosos em ajustar os contornos doutrinários de seus programas ao receituário de prioridades da coalizão de forças no poder, constitui um dos traços de sua prática social, partilhado com outros setores politicamente atuantes das elites civis e militares.

Esse envolvimento incontornável dos intelectuais pelas engrenagens da militância política, ou melhor, pelos grupamentos ou organizações políticas que competiam pelo controle do Estado, parecia se consolidar como um padrão estrutural de comprometimento que tendia a se enrijecer tanto mais por conta de um incipiente e pouco diferenciado sistema de instituições culturais. Na falta de uma vida cultural pujante, que fosse tão vigorosa a ponto de suscitar um campo próprio de concorrência, em condições de propiciar gratificações materiais e simbólicas, os intelectuais estariam quase sempre propensos a redefinir e reorientar seus investimentos e projetos na direção da atividade política. Eis a moldura interativa responsável pela subalternização da atividade intelectual, segundo as lentes dessa abordagem.

A abertura do texto enuncia de chofre os dois postulados centrais da análise. O primeiro deles liberta os intelectuais de quaisquer constrições sociais não conversíveis de pronto em pedágio político. A despeito dos seus laços com as elites, os intelectuais brasileiros se enquadrariam, como que por encanto, nos requisitos da definição de Mannheim de "uma camada social sem vínculos": livres da canga oligárquica do passado, de seu enraizamento clientelístico e dependente na estrutura social e, por esses motivos, aptos a formular e a assumir um "projeto" de comando do Estado. O segundo modo de enxergar essa vinculação matricial consiste em salientar as modalidades precisas por intermédio das quais os intelectuais vão armando múltiplas redes no interior do setor público, trampolim em que se alicerçam as instituições, os nichos organizacionais, as redes de compromisso e os anéis burocráticos que os acolhem.

De início, o autor tenta desqualificar os trabalhos elaborados conforme os parâmetros de uma "sociologia dos intelectuais", a começar pelos de minha autoria, ou, então, de uma "história das ideias" de perfil tradicional. O foco de sua análise prioriza a influência efetiva dos intelectuais no sistema político e, ao mesmo tempo, as estratégias coletivas adotadas para fazer valer seus interesses e sua contribuição como categoria social específica. De uma perspectiva histórica, tudo se passa como se tal projeto afirmativo dos intelectuais fosse se viabilizando, paulatina e dilatadamente, desde a década de 1920 até a abertura do regime militar, na década de 1970.

O argumento do livro vai adquirindo feições sem dar conta dos aspectos considerados centrais em sua conceituação de cultura política. A posição social dos intelectuais logo se esvazia de qualquer teor significativo de determinação sobre suas práticas políticas, tendência que se reforça ainda mais diante do vigor das estratégias de mobilidade social de que são beneficiários. Pelo fato de terem logrado ascender ao status de elite dirigente, os intelectuais teriam condições de se posicionar, tal como o próprio Estado, acima do social. Nessa chave, as representações dos intelectuais acerca do fenômeno político não poderiam se esquivar, no caso brasileiro, a essa tendência a um cancelamento do social. Em meio a esse diapasão destituído de uma tessitura apropriada de mediações derivadas da prática intelectual, acabam se estiolando as relações entre um campo intelectual frágil, institucionalizado em bases precárias, e uma esfera política tão adensada a ponto de fazer valer seus constrangimentos sobre as demais instâncias da formação social.

Seja como for, o equacionamento da inserção social dos intelectuais baseado em suas próprias perspectivas — como se eles mesmos pudessem dizer o que são e a que tarefas (reformistas, modernizadoras ou revolucionárias) se sentem impelidos, de que perspectivas se dispõem a falar e quais as concepções do universo político com que justificam suas tomadas de posição —, essa sucessão de posturas identitárias esvazia a credibilidade histórica dos ingredientes políticos da argumentação e converte o livro numa compilação cerebrina de opiniões e juízos dos intelectuais invocados, como se fosse possível torná-los mentores de suas racionalizações.

Em lugar de ponderar o impacto das experiências de declínio social sobre as famílias dos intelectuais, Pécaut preferiu sublinhar o sentido de missão de que estavam imbuídos, mobilizando recursos em meio a estratégias ofensivas coletivas que viriam compensar o eventual descenso individual ou familiar. Até mesmo a gênese do processo de conversão dos intelectuais em atores políticos, nas décadas de 1920 e 1930, parece então se explicar apenas em função das pressões exercidas por grupamentos políticos radicais (nacionalistas, católicos etc.). Numa fórmula, os intelectuais brasileiros constituiriam uma categoria social específica porque eles mesmos se veem como tal, quer dizer, de lambujem, como elite dirigente.

Os elementos de prova de sua demonstração empírica consistem, no mais das vezes, em ideias pinçadas em textos dos intelectuais das gerações e dos períodos examinados. A reciclagem de retalhos de textos redunda na prática em uma peculiaríssima "história das ideias", em que as opiniões dos autores são tomadas pelo valor de face, pelo sentido literal, como indícios de verdade de sua posição e de seu projeto sociais. Embrenhando-se por esses atalhos de método *bricoleur*, reitera-se a tese subjacente de que os intelectuais devem, a exemplo dos tenentes, ser considerados categorias "socialmente sem vínculos", habilitados a superar determinações particulares e prontos a agir como avalistas da unidade nacional. Na ausência de um campo intelectual dotado de hierarquias e valores autóctones, a legitimidade dos intelectuais estaria escorada nos saberes que possuíam a respeito da dinâmica das "massas cegas", da formação da cultura e da organização da atividade política.

O trabalho dos intelectuais, fazendo as vezes de corretores da demanda alheia — ou seja, advogando os pleitos da sociedade junto aos governantes e, vice-versa, atuando nos movimentos sociais como porta-vozes dos projetos do Estado —, seria bastante facilitado pela frequente coincidência de suas atitudes e intervenções com as tomadas de posição assumidas pelas elites políticas e militares. A força política dos intelectuais se reforçaria sobremaneira numa sociedade como a nossa, desprovida de atores sociais com expressão própria, independentes do Estado.

Na geração de intelectuais do pós-guerra, em especial no grupo carioca do Instituto Superior de Estudos Brasileiros (ISEB), essa vocação onipotente de liderança política teria se radicalizado e adquirido feições de um linguajar técnico. O exemplo acabado dessa mutação seria a abrangência dos conteúdos então atribuídos à noção de ideologia: explicação do real, credo político redentor, projeto voluntarista de transformação, racionalidade tecnocrática. Ou então, parafraseando o léxico da época, a elaboração ideológica teria o condão de mobilizar diagnósticos de uma "ciência nacional", que serviriam ao receituário prescrito pelo "planejamento econômico", na esperança de liberar o dinamismo das forças econômicas e emancipar o povo e a nação. O ISEB seria quase um equivalente civil da Escola Superior de Guerra, instituições que rivalizavam pela primazia no trabalho de formação das elites.

Pécaut identificou diversos momentos na história dos intelectuais à testa do ISEB, logo de saída uma elite de poder "modernizadora" que buscava se firmar como "representante" da nação, passando em seguida a pleitear o status de intelectuais militantes e "engajados" ao lado das classes populares. Ao que tudo indica, o ISEB seria uma organização particularmente bem ajustada às predefinições dos intelectuais como militantes, estando, como se sabe, apartada do espaço institucional universitário que então se formava no eixo Rio-São Paulo, e contando com poucos cientistas sociais nas instâncias de direção. No limite, as representações que os intelectuais comunistas possuíam a seu próprio respeito — enxergando-se como parte do povo e, ao mesmo tempo, como sua consciência — se mostravam bastante receptivas às teses de Pécaut, no sentido de politizar ao extremo seu argumento acerca dos intelectuais brasileiros. Decerto ele enfrentaria dificuldades quase insuperáveis ao lidar com setores e grupos da inteligência brasileira menos permeáveis à absorção de representações tão idealistas como aquelas presentes na militância partidária de esquerda ou de direita.

Ao examinar a experiência dos Centros Populares de Cultura (CPCs) no começo da década de 1960, Pécaut retomou adiante essa questão do relacionamento problemático dos intelectuais com as classes populares, ou melhor, da distância entre as camadas intelectuais e o povo visado como seu público preferencial. Todavia, nessa conjuntura histórica, não existia mais a possibilidade de idealizar o componente classista que modelara por inteiro as concepções voluntaristas de "cultura popular" com que lidavam os participantes desse movimento de renovação cultural e ativismo político. Tendo de driblar tal impasse, Pécaut não conseguiu se furtar ao reconhecimento dos CPCs como veículos de expressão da classe média universitária, distante objetiva e subjetivamente das classes populares e, não obstante, inclinada a se ver e a agir como protagonista político.

Tudo se passa como se a mesma toada argumentativa se reaprumasse a cada novo momento histórico, encontrando guarida e alento nas atividades, nas ideias e nos projetos de movimentos emergentes de vanguarda, todos eles capazes, cada um a seu modo, de manter acesa a chama de uma vocação política originária, por parte dos intelectuais. Por outro lado, Pécaut também pareceu empenhado em sinalizar os "erros" de leitura dos intelectuais a respeito dos eventos no terreno político, como se estivesse ao seu alcance deslindar, ao fim e ao cabo, um caminho acertado de diagnóstico e interpretação. Com vistas a superar essa dificuldade, ele mesmo acaba sugerindo um modelo de análise calcado em pactos de forças sociais distintas no eixo Rio-São Paulo: as corporações do Estado em sintonia com as forças sindicais na capital federal, em confronto com os setores sociais (empresariado e operariado) moldados pela industrialização que haviam dado alento a uma nova instituição universitária. A tendência obstinada à "politização" do raciocínio transparece também na contramão do argumento, a saber, na ênfase conferida ao impacto exercido sobre os intelectuais pelos partidos ou grupamentos políticos e confessionais.

As fragilidades da contribuição de Pécaut têm muito mais a ver com o conhecimento perfunctório da história intelectual brasileira do que com os partidos metodológicos ou com as perspectivas de análise adotados. Em vez de buscar lastro empírico numa investigação sistemática dos grupos e movimentos políticos e intelectuais focalizados, baseando-se em informações primárias ou de primeira mão, Pécaut coligiu a maioria de suas evidências em obras de referência, perdendo, em vários momentos da progressão narrativa, os ligamentos aos seus respectivos contextos dos fatos nomeados como determinantes. Adotou procedimento similar em relação às ideias ou às interpretações, às quais confere uma força explicativa desmedida, retalhando, como vimos, textos e livros dos pensadores citados, numa técnica expositiva algo reminiscente da montagem do "retrato do Brasil" de Paulo Prado, com base nos excertos compulsados em relatos e testemunhos dos viajantes.

Os trechos selecionados pelo autor assim o foram com vistas a escorar o teor e a direção de seus argumentos, sem que o leitor tenha acesso àqueles elementos extradiscursivos relevantes para a compreensão circunstanciada das tomadas de posição aludidas no corpo do texto. Extensos arrazoados se apoiam em "histórias das ideias" e outras obras de referência cujas interpretações são incorporadas na íntegra, sem nenhuma menção às fontes primárias pertinentes, seja do próprio autor citado nessa chave "domesticada", seja da posição de uma dada publicação ou texto no conjunto da atividade intelectual desse autor ou, então, da conjuntura intelectual ou política em que tais ideias foram tomando corpo, das condições de sua recepção nos círculos intelectuais e políticos, de sua fortuna crítica e dos demais ingredientes que dão sentido ao fazer intelectual.

Já os dois livros de autoria de Simon Schwartzman[3] privilegiam os aspectos ligados à construção propriamente institucional da atividade científica e intelectual no país. Sua história da comunidade científica procura discernir as possibilidades dos diferentes projetos disciplinares com base nas modalidades organizacionais adotadas (institutos, escolas, museus etc.). Partindo do relacionamento desses profissionais com a sociedade mais ampla, procura averiguar o montante de recursos alocados, os padrões de avaliação e de valorização do trabalho científico, as expectativas dos próprios cientistas e, ao mesmo tempo, dar conta das ligações entre a atividade intelectual e científica e o sistema educacional em que as novas instituições especializadas foram tomando lugar e se viabilizando.

Seu primeiro livro sobre o tema (*Formação da comunidade científica no Brasil*) constitui um roteiro didático e esclarecedor a respeito das variáveis privilegiadas nessa argumentação institucionalista. Após os dois capítulos de abertura — acerca do precaríssimo legado científico da experiência colonial portuguesa no Brasil, incapaz de gerar uma instituição universitária arejada —, trata da transferência da Corte e de como ela determinou o estabelecimento das primeiras instituições de tipo técnico-científico (por exemplo, o Museu Nacional e o Jardim Botânico), sem se chegar, até a República, à consolidação de um sistema organizacional adequado à atividade científica.

Com base em uma reconstrução minuciosa da história de algumas disciplinas e especialidades (geologia, astronomia, química, medicina etc.), o autor procurou averiguar o impacto setorizado das variáveis explicativas identificadas como de fortíssimo teor de constrangimento, a ponto de se mostrarem capazes de modelar o perfil institucional emergente. A presença decisiva de cientistas e pesquisadores estrangeiros, trabalhando quase sempre em instituições "fora do sistema de educação superior", associar-se-ia à ênfase crescente em pesquisa aplicada, a cujo sucesso estiveram ligadas as poucas instituições bem-sucedidas na atividade científica, fortemente dependentes de lideranças carismáticas e com sólido lastro de conexões políticas. Em meados da década de 1930, aos sinais de declínio do Instituto Manguinhos, esboçam-se as primeiras dificuldades para a continuidade do trabalho científico no Rio de Janeiro e a progressiva ascensão das instituições científicas em São Paulo, cujo alento decisivo foi dado pela criação da universidade estadual em 1934.

A década de 1930 constitui portanto um momento decisivo de inflexão, na medida em que o regime forte vigente no plano federal teria paralisado o movimento de criação de um sistema universitário centrado em uma comunidade científica organizada em bases autônomas. O bloqueio da atividade científica e o desmantelamento da instituição universitária se evidenciaram, então, quer por conta da ausência de tais preocupações na substância da reforma Francisco Campos, quer pelo encerramento das atividades da recém-fundada Universidade do Distrito Federal.

Mesmo no caso das ciências biológicas e médicas, em que a penúria de recursos públicos obrigou os pesquisadores a buscarem abrigo institucional fora da universidade, logrando o apoio privado da família Guinle ou da Fundação Rockefeller, o autor não chegou a explicitar o caráter dessas ligações, tampouco as condições que teriam propiciado o acesso e a proximidade de um grupo de cientistas bem-nascidos, dotados de um apreciável capital de relações sociais, com modalidades pouco usuais de patrocínio privado no país.

Nos termos dessa lógica organizacional e institucionalista, a criação da Universidade de São Paulo foi o marco divisório no processo histórico de formação da comunidade científica brasileira. Após um apanhado sucinto dos setores das elites paulistas responsáveis pela formulação e implementação do projeto, Simon contrasta a nova organização com o modelo de instituição universitária previsto na reforma Francisco Campos, ressaltando os veios e os traços doutrinários herdados dos modelos europeus que lhes serviram de inspiração. Não obstante, esse confronto entre os modelos carioca e paulista de fazer ciência parece se explicar apenas em parte em função do grau de proximidade dos pesquisadores com a universidade.

Enquanto em São Paulo a atividade científica vai se consolidando no interior do recém-aberto espaço universitário, a ciência carioca tomou impulso nos institutos, museus, serviços governamentais e laboratórios particulares, sem que a análise de Simon se detenha em explorar as razões que dariam conta das linhagens familiares de cientistas no Rio de Janeiro (famílias Oswaldo Cruz, Carlos Chagas, os irmãos Osório de Almeida etc.). Daí por diante, a história dessa comunidade científica, impelida pela dinâmica de uma profissionalização crescente, vai sendo cada vez mais equacionada em função de balizas predominantemente institucionais, podendo-se mapear a instauração de um campo científico baseado em uma sucessão de iniciativas de "construção institucional" (Sociedade Brasileira para o Progresso da Ciência, SBPC, 1948; Conselho Nacional de Pesquisas, CNPq, 1951; Fundação de Amparo à Pesquisa do Estado de São Paulo, FAPESP, 1960; Financiadora de Estudos e Projetos, Finep, 1971 etc.), na expansão do sistema de educação superior e nos programas de pós-graduação.

A outra contribuição nessa vertente institucionalista, desta feita em obra coletiva sob orientação de Simon Schwartzman, buscou recuperar a experiência dos intelectuais ao longo do período Vargas pelo exame das matrizes políticas e ideológicas norteadoras dos projetos educacionais e culturais da gestão Capanema, bem como das condições em que sucedeu sua implementação. Em lugar de explorar os padrões de recrutamento e ressocialização dos intelectuais e de seus mentores políticos, os autores preferiram tratar projetos e realizações na área educacional e cultural no contexto de um processo de "modernização conservadora", entendendo-se por isso a substituição de uma elite política tradicional por outra mais jovem, mais competente, dotada de um cabedal técnico atualizado, decidida a instilar maior racionalidade e eficiência no sistema político.

O foco da análise logo adquire os contornos de um enfrentamento entre representantes de instituições e anéis burocrático-políticos em competição pela chancela doutrinária dos projetos em pauta. Em vez de indagar acerca das circunstâncias que presidiram à emergência histórico-social de uma intelectualidade profissional, Simon balizou as expectativas e veleidades literárias do círculo de intelectuais da rua da Bahia, em Belo Horizonte, pelo mercado de oportunidades políticas, dentro e fora do estado. As obras literárias de um Drummond, por exemplo, acabam não encontrando chão próprio, afirmando-se como exceção "pessoal" se comparadas às trajetórias políticas de seus pares de geração.

A carreira política dessa coorte geracional converte-se então em padrão dominante de mobilidade ocupacional no interior da elite, esvaziando a vida intelectual da substância irredutível de suas próprias motivações e constrangimentos. Já no capítulo de abertura, consagrado à trajetória política de Gustavo Capanema, sua condução ao posto de ministro parece se explicar, em última análise, pelas condições do pacto celebrado entre o novo regime Vargas e a Igreja católica, em parte viabilizado pelos esforços de intermediação desenvolvidos por seu mentor Francisco Campos, em arreglo com Alceu Amoroso Lima. A parceria Capanema-Alceu, mote da argumentação central do livro, daria o tom, os princípios doutrinários, os conteúdos técnicos e os rumos políticos das principais iniciativas do ministério nos setores da educação e da cultura.

Dessa vez, constata-se uma certa politização do argumento institucionalista, buscando dar conta das possibilidades de manejo do Estado por parte da Igreja católica, cada uma das facções atuando na mediação desse acordo de interesses. Mesmo as iniciativas de outros setores intelectuais, como, por exemplo, a experiência frustrada da Universidade do Distrito Federal ou, então, as propostas de lideranças leigas prestigiosas (Anísio Teixeira e Fernando de Azevedo, entre outros), acabam sendo aferidas pelo crivo dos interesses do núcleo dominante expresso na aliança Minas Gerais-Igreja católica. As demais iniciativas alternativas, inclusive o projeto educativo das Forças Armadas, são analisadas a reboque da aliança principal. A tese central do livro empenhou-se assim em qualificar os esforços desenvolvidos pela alta hierarquia eclesiástica e leiga da Igreja católica, desejosa de ampliar os espaços de influência no interior daqueles setores governamentais capazes de intervir nos domínios de atividades (educação, saúde, filantropia, cultura etc.) em que se concentravam os investimentos confessionais.

Não estou questionando a relevância e o peso da Igreja católica na montagem do campo intelectual brasileiro nas décadas de 1930 e 1940. Entretanto, conviria distinguir entre o privilégio do papel da Igreja como protagonista político, impondo-se nesse caso como variável explicativa decisiva, e o mero reconhecimento de sua presença e de seu impacto como um condicionante organizacional entre outros de estatura similar. Enquanto a primeira abordagem transforma a Igreja católica em alicerce do campo intelectual em processo de constituição, a argumentação institucionalista confere-lhe status idêntico àquele concedido às outras instâncias em competição pela primazia de legitimidade cultural. Examinando a questão apenas nesses termos, como se fora matéria de mera preferência teórico-metodológica, corre-se o risco de deixar de lado outra ordem de considerações. O fato de conceder um papel protagonista a uma instância organizacional tão complexa como a Igreja católica (ou a quaisquer grupos de interesse possuidores de lastro, luz e voz institucional própria) talvez se explique, em alguma medida, pela tendência a confinar o papel dos intelectuais no impacto político e institucional por eles exercido, em detrimento das instâncias e frentes de atuação pelas quais transitam os produtos do trabalho intelectual (revistas, editoras etc.).

De outra parte, tão ou mais importantes do que essas constrições de ordem metodológica, derivadas da óptica analítica assumida, são as injunções resultantes do tipo de material empírico utilizado. O fato de a obra em questão estar lastreada em materiais compulsados nos arquivos dos próprios líderes das facções políticas e ideológicas envolvidas torna a leitura interpretativa das evidências como que pré-orientadas pelas esferas de jurisdição organizacional no interior das quais se movimentam os personagens, protagonistas e coadjuvantes, relegando a segundo plano outras dimensões de sua experiência familiar, afetiva, educacional e política.

Um teste banal dos tipos de "armadilha" contidos nessas fontes arquivísticas é o próprio sentido das experiências vivenciadas pelos personagens, como, por exemplo, o episódio das atribulações enfrentadas por Mário de Andrade para dar um prumo a sua vida pessoal, literária e funcional, na cidade do Rio de Janeiro. As cartas citadas mencionam as variações de humor, algumas tomadas de posição, suas preferências em matéria de cargos públicos no interior do Ministério da Educação, deixando em suspenso, como não poderia deixar de ser, outros aspectos relevantes de suas dificuldades de adaptação na capital federal.

O esquema narrativo da argumentação é bastante similar em relação aos principais tópicos enunciados, tomando como ponto de partida o posicionamento da Igreja e de suas lideranças perante qualquer litígio ou contencioso, buscando, na sequência, reconstruir as opiniões dos demais grupos ou facções concorrentes, tal como ocorreu, por exemplo, em relação às políticas do Estado Novo concernentes à família, à juventude, às mulheres ou à nacionalidade.

Outros quatro livros publicados nos últimos anos trouxeram uma contribuição significativa e inovadora aos paradigmas de análise já comentados, ora recuperando dimensões da atividade intelectual que não haviam merecido tratamento adequado, como, por exemplo, as revistas de cultura, ora buscando restituir a lógica interna de constituição de uma categoria de especialistas, como no caso dos estudiosos do folclore, ora, enfim, procurando reconstruir os múltiplos e complexos laços de sociabilidade que envolvem os integrantes de um grupo de intelectuais. Esses trabalhos empenharam-se em moldar uma análise em que esses objetivos se misturavam em dosagem variável, numa tentativa original de flagrar os intelectuais em meio às circunstâncias de seu ambiente de origem, juntando a isso a compreensão dos veículos sob sua responsabilidade ou das obras de sua autoria.

O livro *Guardiães da razão — Modernistas mineiros* (1994), de Helena Bomeny,[4] examinou a atuação da primeira geração de modernistas mineiros no ambiente urbano de Belo Horizonte, em ritmo de construção como a nova capital do estado nas duas primeiras décadas do século XX, contrastando os anseios cosmopolitas e universalistas desses jovens escritores e políticos com as constrições inescapáveis da experiência de vida na província de perspectivas limitadas.

O primeiro capítulo vai sendo armado com um enfoque socioestrutural que logo adiante é deixado de lado. Nesse passo, a autora qualifica a composição interna da elite mineira, apoiando-se nas teses do historiador Amilcar Martins a respeito do papel subalterno do setor exportador estadual, como que tentando delinear um terreno seguro de comparação com o que se passa na mesma época em São Paulo. As ligações dos grupos modernistas em ambos os estados com suas respectivas elites dirigentes seriam pois o alicerce explicativo para entender os sentidos da interação e das diferenças de postura intelectual e política entre intelectuais mineiros e paulistas da primeira geração modernista.

Antes mesmo de chegar a extrair o máximo de rendimento analítico e explicativo desse contraditório relacionamento entre intelectuais e setores oligárquicos, a autora logo introduz uma segunda articulação no argumento, ao explorar uma definição da nova capital mineira como "espaço neutro", idealizado no contexto de uma trabalhosa engenharia política sobre um tumultuado pano de fundo de tensões e profundas rivalidades intraoligárquicas, envolvendo as distintas e inconciliáveis regiões do estado. Tendo a capital sido projetada com uma finalidade administrativa e cultural, os intelectuais mineiros teriam de encontrar meios de compatibilizar projeto literário e participação política nesse ambiente urbano, derivando desse repto um cabedal próprio de prestígio e influência. Os desafios postos a essa geração de modernistas, no sentido de conciliar literatura e política, também repercutiriam na bandeira temática de "política e cultura", tão característica do perfil de suas revistas e de seus suplementos literários.

Baseando-se no diálogo mantido entre Mário de Andrade e Carlos Drummond de Andrade, a autora explora os pontos de aproximação e tensão entre modernistas mineiros e paulistas, contrastando o horizonte provinciano e paroquialista dos primeiros, imersos nesse cultivo da "mineiridade" como estilo de conduta, jeito de ser e categoria de pensamento, com a convicção paulista de um novo ideário da história e da sociedade brasileira, ancorada em posturas científicas de apreensão, classificação e análise. Aplicando ao desdobramento da carreira política e intelectual de Drummond as mesmas constrições que alicerçavam o itinerário de seu mentor e protetor político, Gustavo Capanema — numa clara alusão à abordagem de Simon Schwartzman —, o texto situou o poeta-funcionário numa encruzilhada, prensado entre as exigências de uma obra de criação pessoal e a prestação de serviços políticos. Drummond teria sofrido na pele as consequências dos conchavos negociados por Capanema, ressaltando-se a aliança com a Igreja católica, sem dispor de recursos políticos que lhe garantissem o espaço de autonomia indispensável à feitura de sua obra literária. Ele não teria tido outra saída senão participar do "ministério da geração mineira", envolvido por inteiro com os projetos políticos nas áreas de educação e cultura.

Em retrospecto, o trabalho de Helena Bomeny explorou diversos veios de argumentação sem se comprometer a fundo com nenhum deles. Tratava-se, à primeira vista, de uma discussão acerca dos teores de "modernidade" arraigados no universo político e ideológico da primeira geração de modernistas mineiros, junção de escritores e políticos, ou melhor, de escritores-funcionários e políticos-escribas. A análise logra seu intento ao aquilatar esse estoque de ideias, modelos, projetos, em função do impacto exercido pela construção da nova capital do estado, pelas relações conturbadas que os modernistas mineiros mantinham com seus colegas e contemporâneos paulistas, pelas interferências de suas atividades políticas sobre sua produção literária.

Todavia, em vez de deslindar todo esse caldo de cultura, em cuja trama se mesclavam ingredientes derivados de diferentes instâncias da experiência social — expansão urbana, projeto literário, trabalho jornalístico, militância política, credos reformistas etc. —, a autora preferiu encaminhar o fecho de sua argumentação a uma direção teórica mais ambiciosa e, ao que tudo leva a crer, imprópria ao manejo das variáveis mencionadas. No limite, pretendia-se confrontar as realizações práticas desses intelectuais com os teores de racionalidade e de "modernidade" requeridos pelos padrões usuais das teorias concernentes ao processo de racionalização no mundo ocidental. Postos nessa enrascada, aplica-se-lhes um diagnóstico idêntico àquele receitado nas grandes explicações da sociologia histórica (Barrington Moore Jr., Bendix etc.) para as intelectualidades elitistas e titubeantes das chamadas "revoluções pelo alto". Assim mesmo, o desfecho do livro não deixa de provocar espanto, diante do descompasso entre as dimensões salientadas pela análise e a altitude da generalização visada pelo trabalho. A autora concluiu o livro afirmando que os intelectuais modernistas mineiros possuíam uma mentalidade conservadora, tão característica ao arreglo das elites tradicionais que teriam perpetrado a "modernização conservadora" da Revolução de 30.

O livro de Angela de Castro Gomes, *História e historiadores — A política cultural do Estado Novo*,[5] examina duas publicações ligadas aos serviços de propaganda do regime Vargas — o suplemento *Autores e Livros*, do jornal *A Manhã*, e a revista *Cultura Política* —, com vistas à recuperação da "cultura histórica" do período, ou seja, quem estava sendo considerado historiador, o que era então entendido como saber histórico e o lugar da história no discurso do Estado Novo.

Os vinte "historiadores" consagrados entre 1941 e 1945 pelo suplemento *Autores e Livros*, nascidos no último terço do século XIX e falecidos nas décadas de 1920 e 1930, eram, em sua maioria, bem-nascidos e bem-educados, originários de famílias pertencentes às frações políticas e não aos setores proprietários. O retrato sociológico do grupo se faz em cores berrantes, borrando diferenças esclarecedoras e, com bastante prejuízo, deixando de explorar o caráter de suas ligações com os grupos dirigentes, ou melhor, a repercussão de pelo menos algumas dessas características nos gêneros e modelos de produção intelectual em que se especializaram ou na marca da inequívoca independência intelectual que permeava os projetos coletivos da geração de 1890.

Afora a exceção de Rocha Pombo, indicada no texto — aliás, a contrapelo dos indicadores biográficos disponíveis a seu respeito —, o grupo analisado inclui alguns poucos intelectuais de origens modestas que lograram um caminho pessoal de autonomia social e profissional às custas de compadrio e de outras formas de clientelismo. Talvez fosse profícuo examinar tais trajetórias e averiguar o desfecho dessas experiências atípicas, em vez de desbastar a variedade de ocorrências com vistas à obtenção de um perfil sociológico uniforme. Foi justo essa geração de intelectuais-jornalistas — tão caudatários de suas atividades na imprensa num momento de restritas oportunidades de publicação — que fundou a Academia Brasileira de Letras em 1897, fazendo com que algumas de suas figuras de proa pudessem se converter em modelos de excelência do trabalho intelectual.

Além de haver propiciado aos profissionais da atividade intelectual parâmetros internos originais, essa mesma geração alcançou um patamar de maior independência em relação aos padrões de legitimidade importados dos países centrais. A maioria desses historiadores desenvolveu uma carreira política expressiva, tornando indissociável a atividade intelectual do seu desempenho como ministros, governadores, parlamentares e diplomatas. Tais padrões vinham atender às necessidades de justificação das práticas político-ideológicas dos intelectuais atuantes no Estado Novo, não sendo de surpreender que tenham reverenciado esses precursores de uma tradição de dependência insubordinada em relação aos detentores do poder político.

Se "a ideia que o suplemento deseja passar é justamente a da compatibilidade entre esses desempenhos [...] sem mácula para a condição de intelectual", talvez se devesse refletir acerca do teor normativo que inspira esse modelo de inteligibilidade do trabalho intelectual na sociedade brasileira. Disfarçado numa roupagem de vistoso relativismo, esse modelo foi em alguma medida incorporado pela autora. As obras "históricas" produzidas pela maioria desses historiadores foram quase sempre redigidas no aceso da luta política, não se podendo invocar tal circunstância para inventar uma tradição nacional do ofício de historiador. O esforço de construção social e intelectual desse panteão nativo de sumidades da historiografia enquadrava-se num projeto de propaganda política, dimensão silenciada quase por completo pela análise.

Já a propaganda veiculada pela revista *Cultura Política* assumia um tom mais escancarado de proselitismo. A montagem dessa "cultura" épico-nativista se fez por meio da seção "História", para a qual escreviam intelectuais de pouco renome e destituídos de uma obra inovadora. Os colaboradores habituais eram quase todos professores secundários, membros dos institutos históricos e geográficos estaduais, funcionários públicos de certa nomeada e militares intelectualizados, categorias em oferta prolixa no mercado de "bicos" culturais na capital do país. Os exemplos transcritos no livro confirmam o quanto estavam dispostos a redigir matérias ajustadas às diretrizes pautadas pelos responsáveis editoriais.

Minhas restrições ao modelo de análise e argumentação adotado têm a ver principalmente com certas posturas de método que foram moldando o teor e a direção das conclusões. A primeira delas se prende ao fato de se haver procedido com as fontes selecionadas para análise como se fossem textos de uma dicção culta, para cujo esclarecimento não se faz menção seja às características sociais do público-alvo, seja a uma etnografia, ainda que sumária, das trajetórias de seus mentores. Esse cardápio de sociologia dietética traria subsídios indispensáveis à compreensão do objeto, permitindo, por exemplo, correlacionar as dimensões já mencionadas de sua inserção social, educacional, profissional e institucional aos padrões recorrentes da cantilena autoritário--preservacionista do regime.

Por outro lado, a despeito da relutância da autora em admitir os textos selecionados como indicativos de uma política orientada pelos interesses do governo Vargas, talvez temendo a pecha de desatenção à "majestade" da obra intelectual, teria sido preciso deslindar os procedimentos adotados por esses intelectuais-funcionários para a versão culturalista e folclórica da sociedade brasileira aí veiculada.

As duas publicações analisadas deram sua contribuição ao esforço publicitário desencadeado nos meios de comunicação de massa emergentes pelos serviços do Departamento de Imprensa e Propaganda (DIP), sujeitando obras, autores e conceitos "históricos" a um tratamento diluidor, de forma que pudessem atender a funções eminentemente práticas de convencimento e persuasão. A despeito das discordâncias, o livro em pauta é um trabalho admirável de interpretação que, no limite, dispensaria o recurso a fatores externos àqueles equacionados por sua consistente argumentação.

O livro de Luís Rodolfo Vilhena, *Projeto e missão — O movimento folclórico brasileiro (1947-1964)*,[6] examinou a ascensão e o declínio do movimento que abrigava essa nova categoria de "intelectuais de província", os folcloristas. Após dialogar com estudos recentes nas áreas do pensamento social brasileiro e da história das ciências sociais, os capítulos pares reconstroem os caminhos de institucionalização do movimento, e os ímpares exploram as polêmicas que envolveram folcloristas e sociólogos da escola paulista.

O ponto alto do trabalho é a reconstituição do processo de construção institucional e política do movimento folclórico, mostrando as oscilações de prestígio e influência ao longo dos sucessivos governos do pós-guerra, os espaços institucionais criados na administração pública federal e estadual e, em meio a tudo isso, a formação de uma rede nacional de folcloristas dotada de uma hierarquia, de uma subcultura intelectual e, inclusive, de uma ativa e poderosa liderança. Ao carregar nas tintas das causas responsáveis pelo desmoronamento institucional do movimento, Vilhena correu o risco de despolitizar seu objeto de análise, relegando a segundo plano a fragilidade dos trunfos intelectuais dos folcloristas.

A perda de terreno e o consequente esvaziamento do movimento têm muito mais a ver com a natureza das suas bandeiras em prol de uma cultura popular "incontaminada", num momento de expansão acelerada da indústria cultural. Os focos de tensão entre os folcloristas e os cientistas sociais universitários auxiliam a desvendar o debilitamento intelectual e o progressivo isolamento político do movimento folclórico.

Num momento de afirmação de modelos sociológicos nucleados nas conexões entre as formas de organização da sociedade e suas expressões nos domínios da atividade política e simbólica, o embaço analítico dos folcloristas prendia-se ao enfoque delirantemente culturalista dos seus objetos e não às instâncias por eles privilegiadas. Esse desacerto entre tradições teóricas e disciplinares estava ancorado em concepções distintas quanto à fecundidade explicativa da estrutura social. Por exemplo, em vez de se limitar a enxergar os folguedos como manifestações "mestiçadas", Bastide preferia interpretar o cateretê e a dança da santa cruz como formas de catequese dos jesuítas junto aos indígenas de suas missões ou, então, definia os folguedos de influência africana como estratégias de dominação de senhores de escravos e do clero, empenhados em incentivar as manifestações musicais dos negros para "manter a rivalidade entre nações". Em lugar de realçar os aspectos de congraçamento comunitário, como faziam os folcloristas, Bastide mostrou que o folclore não misturava nem as cores nem as classes, numa sociedade fortemente estratificada como a nossa.

Vilhena também examinou as estratégias de que se valeram as lideranças do movimento com a finalidade de convertê-lo numa política cultural preservacionista das manifestações de "cultura popular". Essa incapacidade de incorporar as transformações desencadeadas pela expansão da indústria cultural, resistindo a qualquer indício de reprodutibilidade técnica, tornou os folcloristas defensores de uma arte popular tradicional, cultuando a "aura" de um passado arcaico a que estariam associados o "espontaneísmo" e a "pureza" da criação coletiva e anônima de cultura. Esse universo doutrinário acabou orientando os folcloristas para uma política preservacionista extremada, podendo-se mencionar entre seus projetos os museus de artesanato, os festivais e grupos de brincantes, os estudos e inquéritos sobre folguedos.

Vilhena iniciou a caracterização dos folcloristas com uma análise do éthos interiorizado pelos participantes do movimento, ou seja, com base naqueles traços em que eles mesmos se reconheciam. O elemento central de coesão derivava de um sentimento de missão, que permeava o engajamento nesse campo de estudos e militância. O clima de camaradagem, de hospitalidade, por ocasião de seus encontros, nutria-se de sentimentos idênticos àqueles partilhados pelos "homens simples". O modelo vivo do movimento folclórico consistia nas práticas caipiras de auxílio mútuo dos lavradores e indígenas brasileiros. Essa primeira caracterização por uma recuperação das suas representações e valores, enfatizando a subcultura doutrinária, não impediu que o autor esboçasse um perfil sociológico de sua tríplice inserção, a saber, no espaço dos grupos dirigentes, no interior dos mercados de trabalho cultural e político.

A parcela majoritária dos secretários das comissões estaduais de folclore eram advogados ou médicos de profissão, com incursões pela imprensa, docência e política, quase todos polígrafos com uma produção intelectual intermitente, dedicando-se à pesquisa folclórica de maneira bastante irregular. Na maioria dos estados, o serviço público era o principal mercado de trabalho para um contingente expressivo de folcloristas. As ligações estreitas de muitos deles com os institutos históricos e as academias de letras estaduais completavam as amarras institucionais desses "intelectuais de província", a meio caminho entre o exercício de seus pendores literários e as exigências de rigor científico cobradas em seu trabalho etnográfico.

O livro *Destinos mistos — Os críticos do Grupo Clima em São Paulo (1940--1968)* (1998),[7] de Heloisa Pontes, empreendeu a reconstrução da trajetória de vida e trabalho da turma de intelectuais e amigos que fundaram a revista *Clima* na década de 1940, em que se incluíam alguns modelos de excelência da crítica cultural no país: Antonio Candido (literatura), Decio de Almeida Prado (teatro),

Paulo Emílio Salles Gomes (cinema), Lourival Gomes Machado (artes plásticas), Ruy Galvão de Andrada Coelho (sociologia) e Gilda de Mello e Souza (estética). Após um capítulo introdutório em que examina o universo de ideias e influências que estavam contribuindo para modelar a construção do objeto e os métodos de análise daquela geração emergente de críticos da "cultura brasileira", em suas principais manifestações e gêneros — valendo-se para tanto de uma leitura atenta da obra premiada de Lourival Gomes Machado, *Retrato da arte brasileira* —, a autora efetua um histórico adensado das condições que presidiram à criação da revista *Clima*: os esquemas de financiamento, a divisão do trabalho editorial, a hierarquia interna do grupo, as relações com a conjuntura política interna (crise e deterioração da ditadura Vargas) e externa (últimos anos da Segunda Guerra Mundial), os núcleos temáticos cobertos pelo veículo.

Esses variados tópicos de aproximação acabam por se traduzir em pontos de vista complementares, num esforço de apreensão diferenciada do perfil intelectual da revista, ou melhor, de sua posição no universo das revistas literárias e de cultura, do impacto e da originalidade de suas propostas inovadoras na área da crítica de cultura, frente instigante do trabalho intelectual na época. É por meio dessas mediações que se viabiliza a intenção de conhecer as expectativas, as mentalidades, as alternativas de carreira e de produção intelectual que então foram se abrindo aos integrantes da turma idealizadora de *Clima*.

O exame caprichado da substância intelectual da revista, objeto do terceiro capítulo, constitui, aliás, um dos pontos altos do trabalho. Em vez de se limitar a um rastreamento dos núcleos temáticos ou, então, de se contentar com o mapeamento das tomadas de posição intelectuais ou políticas desses jovens intelectuais ambiciosos, a autora procura entender a divisão do trabalho intelectual em função das diretrizes impostas pela liderança exercida no interior do grupo e, numa passagem esclarecedora, esmiúça as relações de gênero travadas naquele círculo de sociabilidade.

Ao mesmo tempo que evidencia os temas então considerados "nobres", na prática quase monopolizados pelos homens, trazendo à baila lances repletos de sinais excludentes que se efetivam a despeito de qualquer intento deliberado, Heloisa vai destrinchando os mecanismos de relegação a que estavam sujeitas muitas jovens intelectuais de talento, com frequência impossibilitadas de se desgarrar, com alguma autonomia, das diretrizes e dos projetos impostos pelos homens da turma. Esse foco prioritário da análise, voltado para a contribuição intelectual das mulheres, trouxe ao centro daquele experimento renovador de produção cultural as realizações autorais de Gilda de Mello e Souza, quer em seus escritos como ficcionista, quer nos frutos intelectuais característicos de suas atividades como professora universitária.

O perfil social, intelectual e mesmo institucional desse grupo de universitários congregados em torno da revista *Clima* elucida-se de modo ainda mais completo por conta do contraste, quase contraponto, entre a trajetória de seus integrantes e a sofrida experiência de vida de Florestan Fernandes, o jovem e brilhante sociólogo dessa geração que se alçou à posição de catedrático e líder inconteste de toda uma escola de pensamento e pesquisa implantada na Universidade de São Paulo sob seu comando e orientação.

O "confronto" analítico entre o sociólogo de origem social modesta e os rapazes e moças bem-nascidos, cultos, sofisticados e cosmopolitas do Grupo Clima introduz um ingrediente provocativo na construção de um argumento sociológico calibrado pela compaixão etnográfica, em cujos andamentos narrativos e explicativos se reconhece a inspiração de autores tão diversos como Norbert Elias e Raymond Williams. Os contrastes derivados dessas trajetórias típico-ideais permitem identificar, de um lado, as matrizes e os modelos de crítica cultural adotados pelos integrantes do Grupo Clima e, de outro, as características da dicção autoral que estavam em condições de assumir naquela conjuntura do campo intelectual, tão condicionada pelas exigências do trabalho acadêmico, tal como se manifesta nas etapas sucessivas de uma carreira universitária.

O contraponto mencionado introduz no coração do argumento sociológico, burilado em suas múltiplas faces e aspectos, a força irreprimível de uma dinâmica institucional conducente à transformação das condições de acesso à vida intelectual e, por conseguinte, a mutações profundas nas instâncias institucionais especializadas, a começar pela consolidação da própria universidade. Salvo engano, para além do registro macro-histórico, a autora valeu-se desse contraponto para deslindar, em filigrana, o embate de energias sociais concorrentes em meio a esses fluxos de mudança social e intelectual. Talvez se possa formular alguma reserva diante dos poucos trechos em que se manifesta a excessiva empatia da autora em relação aos integrantes do círculo Clima, fazendo com que, por vezes, ela pareça ter se deixado impregnar, no plano heurístico, pelas representações racionalizadoras contidas em depoimentos e entrevistas referidos no texto. Ou seja, a mesma sintonia afetiva que propicia a imersão sensível, capaz de garantir uma leitura fecunda das informações coletadas, pode, a partir de certo momento, borrar certos matizes da visada analítica.

Qualquer um dos trabalhos aqui discutidos poderia servir à demonstração do amplo espectro de modelos de análise, nos domínios das ciências sociais e humanidades, a que estão expostos os estudiosos brasileiros de uma sociologia histórica da vida intelectual. Pierre Bourdieu, Norbert Elias, Raymond Williams, Robert Darnton, Carlo Ginzburg, Arnold Hauser, Howard Becker, Fritz Ringer, Wolf Lepenies, E. P. Thompson, Georges Duby, Carl Schorske, entre as principais influências teóricas nesse período, são autores de ensaios seminais e monografias exemplares a respeito de intelectuais e artistas em outras formações sociais, ora analisando autores, obras e correntes de pensamento, ora buscando apreender as mentalidades e o imaginário cultural de um período em particular, ora focalizando a gênese e o desenvolvimento dos intelectuais, artistas e cientistas como categorias sociais, ora, enfim, apreendendo os padrões de criação e diferenciação das atividades intelectuais, artísticas e científicas, por meio da emergência de novas disciplinas, de modelos estéticos ou científicos contestatários, de paradigmas inovadores de análise e interpretação. A qualidade do trabalho de qualquer um desses autores comprova os ganhos heurísticos trazidos pela confluência de uma gama diversificada de disciplinas e tradições intelectuais — desde a sociologia e a antropologia, passando pela história social, intelectual e das mentalidades, pela crítica literária, pela filosofia, até as diversas orientações teóricas no interior da história da arte —, bem como pelo reconhecimento das vantagens metodológicas associadas à exploração de fontes, modelos, conceitos e abordagens, de enfoques disciplinares complementares.

Notas

1. Sergio Miceli, *Poder, sexo e letras na República Velha* (*Estudo clínico dos anatolianos*). São Paulo, Perspectiva, 1977; *Intelectuais e Classe Dirigente no Brasil (1920-1945)*. São Paulo, Difel, 1979.
2. Daniel Pécaut, *Os intelectuais e a política no Brasil* (*Entre o povo e a nação*). São Paulo, Ática, 1990.
3. Simon Schwartzman, *Formação da comunidade científica no Brasil*. São Paulo/Rio de Janeiro, Companhia Editora Nacional/Financiadora de Estudos e Projetos, 1979; Simon Schwartzman, Helena Maria Bousquet Bomeny, Vanda Maria Ribeiro Costa, *Tempos de Capanema*. Rio de Janeiro/São Paulo, Paz e Terra/Edusp, 1984.
4. Helena Bomeny, *Guardiães da razão, modernistas mineiros*. Rio de Janeiro, Editora da UFRJ/Tempo Brasileiro, 1994.
5. Angela de Castro Gomes, *História e historiadores: A política cultural do Estado Novo*. Rio de Janeiro, Editora da Fundação Getúlio Vargas, 1996.
6. Luís Rodolfo Vilhena, *Projeto e missão, O movimento folclórico brasileiro, 1947-1964*. Rio de Janeiro, Funarte/Editora da Fundação Getúlio Vargas, 1997.
7. Heloisa Pontes, *Destinos mistos — Os críticos do Grupo Clima em São Paulo (1940-1968)*. São Paulo, Companhia das Letras, 1998.

Bibliografia sumária

ABDENUR, Elizabeth Franca. "Os 'ilustrados' e a política cultural em São Paulo: o Departamento de Cultura na gestão Mário de Andrade (1935-1938)", dissertação de mestrado em história. Campinas, Universidade Estadual de Campinas, 1993.

ABREU, Regina. *A fabricação do imortal — Memória, história e estratégias de consagração no Brasil*. Rio de Janeiro, Rocco, 1996.

ALMEIDA, Maria Hermínia Tavares de. "Dilemas da institucionalização das ciências sociais no Rio de Janeiro", in Sergio Miceli (org.). *História das ciências sociais no Brasil*. São Paulo, Vértice/Idesp, 1989, v. 1, pp. 188-216.

ARANTES, Paulo Eduardo. *Um departamento francês de ultramar — Estudos sobre a formação da cultura filosófica uspiana (Uma experiência nos anos 60)*. Rio de Janeiro, Paz e Terra, 1994.

ARAÚJO, Ricardo Benzaquen de. *Guerra e paz — Casa-grande & senzala e a obra de Gilberto Freyre nos anos 30*. Rio de Janeiro, Editora 34, 1994.

ARRUDA, Maria Arminda do Nascimento. "A modernidade possível: cientistas e ciências sociais em Minas Gerais", in Sergio Miceli (org.), op. cit., pp. 234-315.

_____. "A sociologia no Brasil: Florestan Fernandes e a 'Escola Paulista' ", in Sergio Miceli (org.), op. cit. São Paulo, Editora Sumaré/FAPESP, 1995, v. 2, pp. 107-231.

BALBACHEVISKY, Elizabeth. "Atos e estratégias institucionais: a profissão acadêmica no Brasil", tese de doutorado em ciência política. São Paulo, Universidade de São Paulo, 1995.

BEIRED, José Luís B. "Autoritarismo e nacionalismo: o campo intelectual da nova direita no Brasil e na Argentina", tese de doutorado. São Paulo, Universidade de São Paulo, 1996.

BOMENY, Helena. *Guardiães da razão — Modernistas mineiros*. Rio de Janeiro, Editora da UFRJ/Tempo Brasileiro, 1994.

BONELLI, Maria da Glória. "No mundo das ciências sociais", in Sergio Miceli (org.), op. cit., v. 2, pp. 397-440.

CARDOSO, Irene de Arruda Ribeiro. *A universidade da comunhão paulista: o projeto de criação da Universidade de São Paulo*. São Paulo, Cortez, 1981.

CARVALHO, Maria Alice Rezende de Carvalho. *O quinto século — André Rebouças e a construção do Brasil*. Rio de Janeiro, Revan/IUPERJ/UCAM, 1998.

CHALHOUB, Sidney e PEREIRA, Leonardo Affonso de M. (orgs.). *A história contada — Capítulos de história social da literatura no Brasil*. Rio de Janeiro, Nova Fronteira, 1998.

CHIARELLI, Tadeu. *Um Jeca nos vernissages: Monteiro Lobato e o desejo de uma arte nacional no Brasil*. São Paulo, Edusp, 1995.

CONTIER, Arnaldo Daraya. "Brasil novo: música, nação, modernidade (os anos 20 e 30)", tese de doutorado em história. São Paulo, Universidade de São Paulo, 1988.

CORRÊA, Marisa. *As ilusões da liberdade — A escola Nina Rodrigues e a antropologia no Brasil*. Bragança Paulista, Editora da Universidade de São Francisco, 1998.

_____. *História da antropologia no Brasil (1930-1960). Testemunhos: Emílio Wilems, Donald Pierson*. São Paulo, Vértice/Revista dos Tribunais/Editora da Unicamp, 1987.

_____. "A antropologia no Brasil (1960-1980)", in Sergio Miceli (org.), op. cit., v. 2, pp. 25-106.

ELEUTÉRIO, Maria de Lourdes. "De esfinges a heroínas: a condição da mulher letrada na transição do fim do século", tese de doutorado em sociologia. São Paulo, Universidade de São Paulo, 1997.

FABRIS, Annateresa. *O futurismo paulista — Hipóteses para o estudo da chegada da vanguarda no Brasil*. São Paulo, Perspectiva/Edusp, 1994.

_____. (org.). *Modernidade e modernismo no Brasil*. Campinas, Mercado de Letras, 1994.

_____. (org.). *Monumento a Ramos de Azevedo, do concurso ao exílio*. Campinas, Mercado de Letras/FAPESP, 1999.

FERNANDES, Ana Maria. *A construção da ciência no Brasil e a SBPC*. Brasília, Editora da UnB/Anpocs/CNPq, 1990.

FORJAZ, Maria Cecília Spina. "Cientistas e militares no desenvolvimento do CNPq (1950-1985)", *Boletim Informativo e Bibliográfico (BIB)*, nº 28. Rio de Janeiro, IUPERJ/Anpocs, 1989.

FRESTON, Paul. "Um império na província: o Instituto Joaquim Nabuco em Recife", in Sergio Miceli (org.), op. cit., v. 1, pp. 316-58.

GALVÃO, Maria Rita. *Burguesia e cinema: o caso Vera Cruz*. Rio de Janeiro, Civilização Brasileira, 1981.

GOMES, Angela de Castro. *História e historiadores: a política cultural do Estado Novo*. Rio de Janeiro, Editora da FGV, 1996.

_____. *Essa gente do Rio... — Modernismo e nacionalismo*. Rio de Janeiro, Editora da FGV, 1999.

LAHUERTA, Milton. "Elitismo, autonomia, populismo: os intelectuais na transição dos anos 40", dissertação de mestrado em ciência política. Campinas, Universidade Estadual de Campinas, 1992.

LIMONGI, Fernando. "Educadores e empresários culturais na fundação da USP", dissertação de mestrado em ciência política. Campinas, Universidade Estadual de Campinas, 1988.

_____. "Mentores e clientelas da Universidade de São Paulo", in Sergio Miceli (org.), op. cit., v. 1, pp. 111-87.

LIMONGI, Fernando. "A Escola Livre de Sociologia e Política em São Paulo", in Sergio Miceli (org.), op. cit., v. 1, pp. 217-33.

LUCA, Tania Regina de. "A *Revista do Brasil*: um diagnóstico para a nação", tese de doutorado em história. São Paulo, Universidade de São Paulo, 1996.

MICELI, Sergio. *Poder, sexo e letras na República Velha (Estudo clínico dos anatolianos)*. São Paulo, Perspectiva, 1977, incluído neste volume, pp. 13-68.

_____. *Intelectuais e classe dirigente no Brasil (1920-1945)*. São Paulo, Difel, 1979, incluído neste volume, pp. 69-292.

_____. "Condicionantes do desenvolvimento das ciências sociais no Brasil", in Sergio Miceli (org.), op. cit., v. 1, pp. 72-110.

_____. "O cenário institucional das ciências sociais no Brasil" e "A Fundação Ford e os cientistas sociais no Brasil, 1962-1992", in Sergio Miceli (org.), op. cit., v. 2, pp. 7-24, 341-95.

_____. *A desilusão americana — Relações acadêmicas entre Brasil e Estados Unidos*. São Paulo, Editora Sumaré, 1990.

_____. *Imagens negociadas — Retratos da elite brasileira (1920-1940)*. São Paulo, Companhia das Letras, 1996.

MORSE, Richard M. *O espelho de Próspero — Cultura e ideias na América*. São Paulo, Companhia das Letras, 1988.

_____. *A volta de McLuhanaíma — Cinco estudos solenes e uma brincadeira séria*. São Paulo, Companhia das Letras, 1990.

MOTTA, Carlos Guilherme. *Ideologia da cultura brasileira*. São Paulo, Ática, 1981.

NEIBURG, Federico. *Os intelectuais e a invenção do peronismo — Estudos de antropologia social e cultural*. São Paulo, Edusp, 1997.

OLIVEIRA, Ana Luiza Martins Camargo de. "Revistas em revista — Imprensa e práticas culturais em tempos de República (1890-1922)", tese de doutorado em história. São Paulo, Universidade de São Paulo, 1998.

OLIVEIRA, Lúcia Lippi de (org.). *Estado Novo: ideologia e poder*. Rio de Janeiro, Zahar, 1982.

_____. "As ciências sociais no Rio de Janeiro", in Sergio Miceli (org.), op. cit., v. 2, pp. 233-307.

ORTIZ, Renato. *A moderna tradição brasileira — Cultura brasileira e indústria cultural*. São Paulo, Brasiliense, 1988.

PÉCAUT, Daniel. *Os intelectuais e a política no Brasil (Entre o povo e a nação)*. São Paulo, Ática, 1990 (trad. do original francês *Entre le peuple et la nation: les intellectuels et la politique au Brésil*. Paris, Maison des Sciences de l'Homme, 1989).

PEIRANO, Mariza G. S. "The anthropology of anthropology: the Brazilian case", tese de doutorado em antropologia. Cambridge, Mass., Universidade de Harvard, 1981.

PEIXOTO, Fernanda Arêas. *Diálogos brasileiros: uma análise da obra de Roger Bastide*. São Paulo, Edusp, 2000.

_____. "Estrangeiros no Brasil: a missão francesa na Universidade de São Paulo", dissertação de mestrado em antropologia. Campinas, Universidade Estadual de Campinas, 1991.

_____. "Franceses e norte-americanos nas ciências sociais brasileiras (1930-1960)", in Sergio Miceli (org.), op. cit., v. 1, pp. 410-59.

PONTES, Heloisa. *Destinos mistos — Os críticos do Grupo Clima em São Paulo (1940-1968)*. São Paulo, Companhia das Letras, 1998.

PONTES, Heloisa. "Retratos do Brasil: editores, editoras e 'coleções Brasiliana' nas décadas de 30, 40 e 50", in Sergio Miceli (org.), op. cit., v. 1, pp. 359-409.

____. "Brasil com Z: a produção estrangeira sobre o país, editada aqui, sob a forma de livro, entre 1930 e 1938", in Sergio Miceli (org.), op. cit., v. 2, pp. 441-77.

RUBINO, Silvana. "Clubes de pesquisadores: a Sociedade de Etnologia e Folclore e a Sociedade de Sociologia", in Sergio Miceli (org.), op. cit., v. 2, pp. 479-521.

SCHWARCZ, Lilia Moritz. *O espetáculo das raças — Cientistas, instituições e questão racial no Brasil (1870-1930)*. São Paulo, Companhia das Letras, 1993.

____. "O nascimento dos museus brasileiros (1870-1910)", in Sergio Miceli (org.), op. cit., v. 1, pp. 20-71.

SCHWARTZMAN, Simon. *Formação da comunidade científica no Brasil*. Rio de Janeiro/São Paulo, Companhia Editora Nacional/Finep, 1979.

____. (org.). *Estado Novo, um autorretrato*. Brasília, Editora da UnB, 1983.

____. (org.). *Universidades e instituições científicas no Rio de Janeiro*. Brasília, CNPq, 1982.

SCHWARTZMAN, Simon, BOMENY, Helena Maria Bousquet e COSTA, Vanda Maria Ribeiro. *Tempos de Capanema*. Rio de Janeiro/São Paulo, Paz e Terra/Edusp, 1984.

SEVCENKO, Nicolau. *Literatura como missão — Tensões sociais e criação cultural na Primeira República*. São Paulo, Brasiliense, 1983.

____. *Orfeu extático na metrópole: São Paulo, sociedade e cultura nos frementes anos 20*. São Paulo, Companhia das Letras, 1992.

SORJ, Bernardo. "Estratégias, crises e desafios das ciências sociais no Brasil", in Sergio Miceli (org.), op. cit., v. 2, pp. 309-39.

TRIGO, Maria Helena Bueno. "Espaços e tempos vividos: estudo sobre os códigos de sociabilidade e relações de gênero na Faculdade de Filosofia da USP (1934-1970)", tese de doutorado em sociologia. São Paulo, Universidade de São Paulo, 1997.

VELLOSO, Monica Pimenta. *Os intelectuais e a política cultural do Estado Novo*. Rio de Janeiro, CPDOC/FGV, 1987.

____. *Modernismo no Rio de Janeiro*. Rio de Janeiro, Editora da FGV, 1996.

VILA NOVA, Sebastião. *Donald Pierson e a Escola de Chicago na sociologia brasileira: entre humanistas e messiânicos*. Lisboa, Vega, 1998.

VILHENA, Luís Rodolfo. *Projeto e missão — O movimento folclórico brasileiro, 1947-1964*. Rio de Janeiro, Funarte/Editora da FGV, 1997.

WERNECK, Humberto. *O desatino da rapaziada — Jornalistas e escritores em Minas Gerais*. São Paulo, Companhia das Letras, 1992.

Depoimento

A CONSTRUÇÃO DO TRABALHO INTELECTUAL*

* Texto do memorial para o concurso de professor titular em sociologia, Departamento de Sociologia, Faculdade de Filosofia, Letras e Ciências Humanas, Universidade de São Paulo, 1992, pp. 2-10.

Tentarei reconstruir, com um pouco de método, uma boa dose de lembrança e alguma emoção, minha experiência do trabalho intelectual. Embora possa reconhecer na primeira fase diversos elementos formadores da trajetória, tenho a impressão de que não havia ainda se sedimentado uma vivência por inteiro do que seja o trabalho intelectual propriamente dito em sociologia.

Na dissertação de mestrado, publicada no início da década de 1970, a análise do processo de fabricação da cultura na televisão se voltava para as mensagens a serem decifradas em suas dimensões visual e social, a primeira delas impulsionando uma recuperação mais densa e matizada dos significados sociais. Apesar da boa receptividade ao trabalho na imprensa e entre os colegas, ficara insatisfeito com o argumento um tanto singelo com que busquei organizar as evidências coligidas. Fui me dando conta de que a leitura sociológica do material extraído das gravações se apoiava quase o tempo todo em informações externas à mensagem mesma que era o objeto central de estudo. Enquanto isso, buscava recuperar os significados embutidos no discurso televisivo, seguindo assim, literalmente, o receituário prescrito pelos defensores da análise semiológica e demais famílias de pensamento fascinadas pela lógica interna dos discursos. A despeito das limitações inerentes a esse tipo de abordagem, as maiores dificuldades eram minhas, consistindo, primeiro, numa tosca elaboração da dimensão iconográfica e, segundo, numa incipiente competência para lidar com recursos de uma análise estrutural e comparativa. Por força de tudo isso, estava dessa feita muito mais propenso a me bandear para o outro lado do processo de produção de cultura, ou seja, a tomar como objeto de investigação uma categoria social que fosse também produtora profissional de bens simbólicos.

E assim foi tomando corpo a pesquisa acerca dos intelectuais nas décadas de 1920, 30 e 40. De início, eu sabia muito mais o que não queria fazer, ou melhor, identificava as linhas de argumentação que me pareciam esquemáticas. Para tomar apenas um exemplo que acabou tendo certo impacto na montagem da explicação, estava (e continuo hoje) convencido de que a cobertura apologética algo orquestrada do movimento modernista, em especial a canonização das principais lideranças, escamoteava o perfil social de seus integrantes e, em consequência, se mostrava incapaz de captar as marcas dessa experiência no conteúdo de suas obras. Queria portanto me livrar dos esquemas implícitos nas diversas correntes da história e da crítica literárias. Em meio a essa atitude de recusa à adoção das versões eruditas e "humanistas" disponíveis acerca da vida intelectual brasileira do período, acabei enveredando por caminhos de prospecção que não havia de início identificado. Passei a acreditar que a exploração de veios inéditos de material traria subsídios instigantes a respeito dos intelectuais. Tratava-se de uma expectativa um tanto no atacado, sem que eu tivesse maior precisão quanto a como monitorar as pepitas e os pepinos porventura dispersos no material a ser investigado. Com tais disposições acabei definindo duas trilhas de garimpo cujos cruzamentos me pareciam àquela altura bastante problemáticos: o levantamento exaustivo da inserção dos intelectuais no setor público federal no período 1930-45 e a leitura das memórias e biografias dos intelectuais.

Na medida em que rechaçava as perspectivas macrossociais encampadas pelos modelos dominantes da historiografia e do ensaísmo literários, esse trabalhoso levantamento das nomeações me pareceu então ostentar os emblemas de um lastro empírico irrecusável, sobre o qual se poderia apoiar uma análise do relacionamento que os diferentes setores e categorias intelectuais passaram a manter com seus mentores políticos. Os resultados iniciais nessa direção foram bastante desanimadores. A canseira requerida pela apuração das nomeações para cargos públicos por meio do *Diário Oficial da União* não dava mostras de conduzir a lugar algum, todo esse esforço não encontrando de imediato uma contrapartida analítica satisfatória. A uma dada altura, entretanto, que correspondia aos meados da década de 1930, começou a adquirir uma feição característica o processo de constituição de redes de proteção e amizade, frequentemente amalgamadas por jovens lideranças emergentes, tornando possível rastrear em bases sistemáticas os setores de trabalho e intervenção que então se abriam aos novos quadros daquela geração de intelectuais.

Entre 1972 e 1974, a equipe coligiu o grosso das informações a respeito da participação dos intelectuais no setor público e ajudou a realizar o tratamento estatístico de fontes como o *Anuário Brasileiro de Literatura*, que se revelou uma das peças de resistência para a construção do capítulo dedicado ao surto do romance e à expansão do setor editorial. Quando cheguei a Paris em meados de 1974 para realizar meus estudos de doutorado, sob a orientação de Pierre Bourdieu, estava começando a leitura das memórias de Humberto de Campos e de alguns dos romancistas da década de 1930 (Graciliano Ramos, Érico Veríssimo, Lúcio e Maria Helena Cardoso, José Lins do Rego, entre outros). À medida que avançava na absorção das informações contidas nesses gêneros, fui me dando conta de que o perfil familiar, afetivo, educacional e profissional dos intelectuais do período, que aos poucos ia ganhando contornos surpreendentes com base nessas leituras, era muitíssimo distinto do retrato encontradiço nas fontes tradicionais. A rigor não havia nenhuma inverdade nessas fontes, apenas silenciavam ou nem mesmo consideravam merecedoras de tratamento algumas informações cruciais em suas histórias de vida, como, por exemplo, o fato de muitos deles serem órfãos de pai, de outros tantos apresentarem um elenco diversificado de estigmas de toda ordem (físicos, emocionais etc.) ou, então, de terem um convívio tão íntimo e contagiante com o mundo das mulheres da elite ou a seu serviço. Esses e outros traços da experiência de vida dos intelectuais sob exame foram aos poucos dando rosto a uma versão ainda "selvagem" do que mais tarde seria o argumento central da tese a respeito dos laços que esses intelectuais mantinham com transes característicos das famílias em declínio da elite brasileira.

Na época, eu estava empolgado pelo desvendamento de inúmeros traços sociais que foram compondo um retrato até então desconhecido desses intelectuais. Esse material empírico fervilhante iria em seguida suscitar o desafio de lhe infundir um sentido interpretativo mais abrangente, em condições de discriminar padrões dotados de um maior poder de generalização, em torno dos quais se pudesse enganchar a riquíssima variedade de eventos detectados.

Após alguns meses de estada em Paris, meu orientador sugeriu que eu preparasse um roteiro exploratório com vistas a organizar os materiais coligidos segundo uma certa linha de argumentação. Fiquei excitado com a perspectiva de obter alguma reação ao que reputava "minhas descobertas" analíticas e, ao mesmo tempo, receoso pelo fato de que a maioria desses enlaces não tivesse sido até então utilizada em trabalhos de outros pesquisadores do grupo mais ligado ao mestre. Achava que tinha o ouro mas temia que fosse considerado uma espécie de contrabando. Transmiti minha preocupação aos assistentes, que nem se mostraram entusiásticos nem me desencorajaram de todo. Resolvi bancar o lance e exibir aquele lado menos "nobre" do material levantado.

A reação do "patrão" foi a melhor possível, quase de entusiasmo na escala dos costumes locais. Prossegui na mesma batida, às voltas com a leitura das memórias e biografias, buscando completar as lacunas de informação com os dados disponíveis em repertórios biobibliográficos, em dicionários especializados, em histórias literárias e políticas regionais e estaduais, construindo dessa maneira um teste das minhas hipóteses, tendo como grupo de controle uma quantidade maior de intelectuais do que o contingente de autores de memórias e de biografados. A proposta para que eu redigisse um artigo exploratório (que seria publicado na revista que então se iniciava, *Actes de la Recherche en Sciences Sociales*) forçou como que um teste completo do argumento que estava se armando, dessa vez tendo como objeto de análise um conjunto de escritores pré-modernistas designados no texto como anatolianos, em função das influências sofridas do modelo francês.

A redação desse artigo permitiu ensaiar algumas aproximações comparativas que mais tarde se revelaram fecundas para a maturação da visada sociológica sobre as elites brasileiras. O trabalho a respeito dos pré-modernistas propiciou o ensejo de pôr à prova a justeza do modelo de explicação que então se esboçava, no interior do qual constrições sociofamiliares se juntavam a experiências decisivas de intimidade com o universo feminino dos grupos dirigentes e a oportunidades subvencionadas de treinamento e socialização nas profissões intelectuais, num quadro de fundo marcado pelas instituições e demais condicionantes característicos de um mercado de bens culturais numa sociedade periférica. Esse misto de experimento-artigo teve também alguns inesperados desdobramentos de longo prazo.

O primeiro deles é, pelo menos em princípio, de ordem metodológica. A completa explicitação do perfil de carreira dos anatolianos estimulou uma comparação com alguns líderes do movimento tenentista, cujos feitos e trajetórias vinha acompanhando por intermédio de trabalhos de colegas. Tal passo mostrou-se decisivo tanto do ponto de vista metodológico como de uma perspectiva teórica mais abrangente acerca dos contornos e da própria natureza da estrutura social brasileira. A aproximação com os tenentes dilatou o espaço sob observação no interior da classe dirigente, permitindo contrastar as carreiras intelectuais com as posições econômicas dominantes bem como com as demais ocupações políticas. A essa altura, por exemplo, o esforço comparativo em relação aos tenentes colocou também na linha de mira os integrantes da corporação eclesiástica, alicerçando ainda mais o que então começou a firmar-se como uma análise setorial da estrutura social brasileira, reconstruída com base no espaço da classe dirigente. Propiciou ainda uma perspectiva mais compreensiva dos conteúdos e representações vigentes quanto ao trabalho intelectual, agora reinserido num espectro bem mais diferenciado e complexo de alternativas profissionais. Não foi difícil transitar daí para captar os lineamentos do sistema de relações entre as diversas frações da classe dirigente, tanto do ponto de vista de sua dinâmica interna (redes de proteção e de sociabilidade, alianças matrimoniais e políticas, relações de parentesco e de compadrio etc.) como das perspectivas de seu relacionamento com os setores sociais subalternos.

O passo decisivo, entretanto, consistiu no tratamento das fontes utilizadas. Não se pretende discutir apenas o grau de veracidade ou de fidedignidade contido nos suportes da documentação disponível, aspecto bastante secundário conforme veio a revelar o avanço da investigação, mas sobretudo os princípios de produção social dessas mesmas fontes. Trata-se de flagrar os lances de toda uma prática social que encontra seu ponto de sedimentação numa linguagem expressiva, ou melhor, que acaba impregnando o relato ou a representação discursiva que dela é testemunho. A percepção desse vínculo tenso e indissolúvel entre os gêneros-suportes das evidências documentais relativas às categorias sociais sob exame, a modelagem das informações e o conteúdo substantivo dessa mesma experiência social desencadeou intensa emoção, que ficou associada ao sentimento de algo assimilável à descoberta no trabalho científico. Essa vivência iria se repetir outras vezes no futuro, fazendo com que eu a tornasse quase uma metáfora da própria criação intelectual. Aliás, embora os resultados desse transe no processo de investigação tivessem decerto que desaguar num relato conceitual e expressivo, em meio ao qual se buscava preservar algumas categorias "nativas" da documentação, mas disciplinadas por uma linguagem objetivante ao extremo, fui resistindo cada vez mais à tentação de forjar um menu conceitual descolado do varejo empírico.

Essa experiência constituía, por outro lado, antídoto poderoso contra uma atitude cognitiva de linhagem positivista. Ela permitia reconhecer como desafio central no processo de investigação a captação da lógica social que preside à própria produção da documentação selecionada, em vez de se deixar seduzir por quaisquer dados passíveis de ostentar o status temível de evidência "nua e crua", de princípio absoluto de transparência e verdade. Assim, quando um cientista social não logra discernir os determinantes que envolvem a produção social das fontes de que se nutre o arcabouço de seu argumento, a arrumação dos dados explícitos nelas contidos, por melhor que seja o arranjo técnico dessas evidências, é incapaz de recuperar seu significado mais completo. Aprendi esse ensinamento tanto porque pude averiguar sua rentabilidade no plano da análise como pelo fato de que sua absorção fora pontuada pela emoção da descoberta.

A apreensão das fontes documentais com que estava lidando para reconstruir a trajetória dos intelectuais foi aos poucos se desdobrando, de um lado, numa captação de informações a respeito das experiências cruciais na raiz do encaminhamento para a carreira intelectual e, de outro, numa explicitação do próprio campo intelectual brasileiro com base nos princípios sociais que presidem à produção dos gêneros utilizados como fontes. A coleta de informações a respeito daquelas experiências sociais que pareciam decisivas no encaminhamento dos futuros intelectuais — a começar pela vivência do declínio econômico e social da família de origem, passando pelas interferências da sexualidade na modelagem das representações associadas tanto à aprendizagem dos universos de sociabilidade em que se moviam como à internalização das orientações indispensáveis às profissões masculinas e femininas, até o momento de ingresso no mercado de postos ao alcance dos setores dirigentes — permitiu construir um modelo de explanação no interior do qual se cruzavam condicionantes vinculados à origem social e familiar, por sua vez inextricavelmente enredados nas relações de gênero características das elites, e outras séries de constrições institucionais resultantes da operação dos diversos mercados (de diplomas escolares, de postos e posições profissionais, de instâncias de produção, de difusão e consagração cultural etc.) indispensáveis ao balizamento por inteiro da vida intelectual.

Estava constatando na prática do trabalho de investigação que era possível construir uma linha de argumentação na qual interviriam aquelas dimensões (e eventos) da experiência social — origem familiar, sexualidade, casamento, situação material, orientações e comportamento político, ideias e valores — que frequentemente eram trabalhadas em separado, servindo a interpretações que me pareciam insatisfatórias, seja porque elegiam um domínio da realidade social em detrimento dos demais, seja porque tendiam a levar às últimas consequências o primado das obras e/ou das ideias.

Na verdade, à medida que ia redigindo o capítulo relativo aos romancistas profissionais da década de 1930, fui percebendo que o relato típico-ideal que estava empenhado em elaborar em torno de suas histórias de vida não deixava de ser, ao mesmo tempo, um decalque da experiência social tratada em suas obras de ficção. Nesse sentido, embora não tivesse a pretensão de substituir uma análise interna (temática ou estilística) dos romances desse grupo de escritores, o retrato sociológico permitia deslindar interferências sociais decisivas para a elaboração da matriz ficcional, logrando recuperar o nervo temático e, mais fundo, a própria dicção da fala romanesca, cravada pelo tom melancólico e saudosista de narradores egressos de "mundos mortos" ou em processo de extinção.

Por ocasião da defesa da tese de doutoramento na Universidade de São Paulo (USP) e, mais adiante, em função das críticas e resenhas que marcaram a recepção do livro, fui me convencendo de que talvez a maior resistência ao argumento que elaborara a respeito dos intelectuais brasileiros tinha a ver com seu retrato de corpo inteiro, dissecados nas repercussões sociais e simbólicas de sua sexualidade, revirados em suas mazelas e expedientes, flagrados nos espaços de sociabilidade em que de fato se moviam e de onde extraíam a matéria-prima de suas obras e tomadas de posição. Ainda que se pudesse sinalizar o desconforto com o tratamento dado no texto aos efeitos sobre o trabalho intelectual intermediados pela sexualidade, o marco divisório não era outro senão a postura (favorável ou não) diante de um extremado tratamento sociologizante que deixava pouco lugar tanto às ideias e obras dos intelectuais como a suas tomadas de posição e aos seus feitos políticos. Quer dizer, os intelectuais tinham sido analisados com prismas que faziam ruir os discursos bem (ou mal) intencionados dos críticos e louvaminheiros especializados em cantar em verso e prosa sua "missão" para a "redenção" do mundo social. E nisso residia o pulsar do desconforto.

Logo em seguida, o convite formulado por Boris Fausto para que eu redigisse uma análise a respeito dos políticos brasileiros na conjuntura da redemocratização pós-Estado Novo permitiria testar o modelo de argumentação confrontado a uma outra fração dirigente. O exame das fontes disponíveis logo foi evidenciando a necessidade de explorar as relações dos políticos com os grupos econômicos com vistas inclusive a mapear sua inserção no sistema partidário e doutrinário, em vez de tomar tal filiação como um dado "natural" da realidade. Embora tenha se restringido ao tratamento dos quadros e sobretudo das lideranças nacionais de duas dentre as mais importantes agremiações partidárias do período 1945-64 — o Partido Social Democrático (PSD) e a União Democrática Nacional (UDN) —, esse texto possibilitou a identificação de alguns elementos decisivos na conformação da divisão do trabalho de dominação no interior dos grupos dirigentes, a começar pela força das ligas de interesse envolvendo a nata das profissões liberais, revelando os nichos do mercado cativo para a reprodução das elites corporativas, as sucessivas gerações de famílias especializadas no desempenho desses encargos políticos e culturais, passando pelo papel e valor das estratégias matrimoniais, até as condições econômicas e institucionais que presidem à constituição de dinastias e clãs políticos regionais e estaduais. Retomava-se assim o fio do argumento já testado em relação aos intelectuais, buscando-se redimensionar o peso dos componentes ligados à origem social, nesse caso mediados muitas vezes pelos trunfos assegurados pelo casamento, e recuperar a malha de condicionantes institucionais que estão na raiz do encaminhamento para a carreira política e parlamentar.

Faltaria ainda abordar a investigação acerca da elite eclesiástica brasileira, fruto de quase três anos de trabalho com fontes que me eram até então de todo desconhecidas, os resultados logrados pela história das ciências sociais e, enfim, oferecer algumas indicações do projeto recém-iniciado de uma história social das artes plásticas no Brasil.

O achado principal da pesquisa concernente aos bispos tem a ver com os ganhos de conhecimento trazidos pelo manuseio sistemático das fontes. Tal como procurei frisar em outras ocasiões, o obstáculo mais temível com que se defronta um pesquisador novato em matéria eclesiástica é a fartíssima e quase inesgotável massa de documentação já produzida a respeito. Ao cabo de algumas semanas de trabalho, tem-se a sensação de que jamais se chegará a nenhum lugar e, pior, de que a história de cada agente, prática ou instituição parece tão entrelaçada a tudo o mais que não se logrará uma compreensão das formas e dos gêneros discursivos acerca da organização eclesiástica e seu estado-maior.

A rigor, o rumo de toda a investigação relativa à elite episcopal foi desenhado em função da revelação dos princípios sociais que regem a produção dos diferentes gêneros em cujo interior se encontram as evidências pertinentes a respeito dos integrantes do comando organizacional. O próprio avanço da explicação permaneceu sustado enquanto eu não conseguia mapear o diferencial de informação contido em gêneros a um tempo tão distintos e tão próximos. A identificação das linhas de clivagem que demarcam uns dos outros foi permitindo recompor as assimetrias sociais e institucionais, dando relevo e substância à própria hierarquia organizacional. O momento-chave de todo o processo de investigação consistiu no desvendamento das marcas de transição e dos ligamentos entre os gêneros-suportes e o sistema construído das posições diferenciais no interior do comando organizacional. O resgate por inteiro de cada trajetória episcopal se baseou numa reconstrução que cruzava fontes que continham informações complementares, quais sejam, a biografia edificante redigida por algum dos protegidos, a polianteia publicada por ocasião de uma festa jubilar, o testamento quase sempre formulado após décadas de exercício do poder episcopal, as histórias eclesiásticas e esses instrumentos estratégicos de combate que são as cartas pastorais.

A história social dos cientistas e das ciências sociais no país foi sendo construída com base em uma tríplice indagação, que incidia: *a*) sobre as relações que os cientistas sociais mantinham com os grupos dirigentes, quer em termos de sua origem social, quer no que respeita às características econômicas e políticas dos mecenas dessas novas disciplinas intelectuais, quer no tocante à impregnação desses componentes no interior das instituições então em vias de constituição, quer, enfim, no relacionamento que essa nova categoria de produtores intelectuais mantinha com a atividade política; *b*) sobre as relações que as novas disciplinas e seus praticantes mantinham com o sistema acadêmico e universitário já instalado, em especial com as faculdades de medicina e direito que até então abrigavam a parcela dominante do pensamento social; *c*) sobre as modalidades de inserção da ciência social emergente no contexto mais amplo do mercado de instituições e empreendimentos voltados para a produção, a difusão e a consagração de obras e bens culturais.

O parágrafo acima sinaliza algumas orientações teóricas na área da sociologia da cultura. Essa familiarização com os autores das monografias clássicas (Ringer, Williams, Bourdieu, Venturi, Schorske etc.) para uma sociologia da vida intelectual modelou a relação com as fontes cuja voz se fez ouvir ao mesmo tempo que ia se dando o equacionamento dos contornos centrais do argumento com que toda a equipe passou a operar, cada um de nós buscando ajustamentos e prismas vantajosos, motivados pelas injunções e achados de seu trabalho particular.

Uma das experiências mais estimulantes para o conjunto da equipe de pesquisadores prendia-se às condições mutantes em que se manifestava a figura do informante, dando a ver a cada um que esse papel podia e mesmo devia coexistir com o de analista. O fato de inúmeras pistas e informações preciosas terem surgido em ocasiões informais, muitas vezes vindo à tona da conversa de modo súbito e algo surpreendente, foi tornando menos cindida e especializada a divisão entre a condição de observador e aquela de entrevistado ou informante, fazendo com que cada um dos pesquisadores fosse passando de uma para outra conforme o tema em pauta, o momento cronológico, os personagens em jogo ou, então, o que dá no mesmo, instados a assumir um papel de informante por força da idade, da experiência acumulada como pesquisador, da rede de relações em que se encontra inserido — em suma, movendo-se nesse sistema de relações que constitui o próprio objeto da investigação e, ao mesmo tempo, um estado pregresso da história intelectual da qual hoje fazemos parte como praticantes, profissionais e, quem sabe, futuros informantes de outra turma de observação. Essa possibilidade de trânsito foi se revelando um desafio de autoanálise sociológica, evidenciando na prática do processo de trabalho as condições de constituição e de cristalização dessas máscaras sociais que vão aderindo ao rosto de cada participante do jogo e cujos contornos como que refletem a história inteira de seus êxitos e derrotas, dando assim uma feição complexa, matizada e personalizada, a cada uma das posições envolvidas nessa experiência.

Por força dessa percepção de que o discurso proferido por qualquer informante constituía um mito de invenção do (seu) passado, um ajuste de contas, uma enxurrada de paixões, revelando a verdadeira batalha de interpretações em meio às quais tais personagens se lançam ao trabalho incessante de amoldar a história do campo intelectual aos seus próprios interesses, ajustando a versão dos lances, eventos e lutas às perspectivas de sua inserção, a sociologia das ciências sociais que estávamos fazendo acabou revelando na prática da investigação parcela expressiva dos condicionantes — econômicos, sociais, políticos, institucionais e doutrinários — que configuram os andaimes de construção do trabalho intelectual dos "outros" e, por conseguinte, de cada um de nós.

A história das ciências sociais operou portanto como uma espécie de jogo de cabra-cega em que o lenço vedava, a cada rodada de coleta de depoimentos, o cacife analítico do informante, em troca de sua intimidade com a cena original, rompendo-se assim o traçado rígido do intérprete que se vê forçado a incorporar as emoções do depoente, por assim dizer como que também ajustando em si mesmo a venda do lenço cognitivo, cegueira momentânea que será progressivamente alvejada pelos desejos, fantasmas e alucinações dos informantes convocados a revelar suas maquinações, a abrir o jogo com todas as suas marcações e rasteiras. Ronda em cujo interior todos acabam, em algum momento e dadas certas circunstâncias, ocupando ora a posição de observador, ora vendo-se grampeado à situação de informante.

Queria fechar este memorial salientando o quanto a ambição teórica de cada fase do trabalho intelectual acaba infundindo um certo direcionamento a tudo o mais, desde a seleção de arquivos e séries estatísticas a serem levados em consideração, passando pelos personagens em torno dos quais se fará a pontuação da narrativa analítica, até as marcas do objeto impressas e reconhecíveis nas fontes. Muito embora tenha enfatizado aqui os embates entre um cientista e seus materiais de trabalho, buscando também salientar as ambiguidades que demarcam a condição de intérprete das práticas sociais, tal postura parece indissociável de uma concepção teórica sedimentada pela exigência de uma sociologia da sociologia como único instrumento de combate às complacências e aos confortos do elenco disponível de verdades prontas a respeito do mundo social.

Enfim, devo admitir que, por conta de minha experiência com os procedimentos do método prosopográfico, jamais poderia imaginar quão sutis e veladas são as armadilhas com que se deixam enredar os falantes compulsórios de qualquer segmento da vida intelectual, como que confirmando os laços entre biografia, sociedade e produção científica. Só que desta vez eu vesti a pele da fonte, sem volta.

Índice onomástico

Abreu, Capistrano de, 91, 196
Achmid, cônego, 185
Albano, José, 15, 65n
Alencar, José de, 54, 90, 112, 158, 185, 196, 197
Alencar, Mário de, 196
Almeida Jr., A., 225, 278n
Almeida, Guilherme de, 104, 108, 111, 112, 113, 251n, 256n, 276n
Almeida, Henrique de La Roque, 340n
Almeida, Isaías Alves de, 300, 301, 304, 305, 306, 311, 313, 314, 329, 332, 339n, 340n
Almeida, José Américo de, 85, 188, 270n, 271n
Almeida, Licínio de, 304
Almeida, Manuel Antônio de, 196, 250n
Almeida, Miguel Osório de, 250n, 276n
Almeida, Tácito de, 104, 251n
Alvarenga, Oneyda, 254n
Alves, Constâncio, 196
Alves, Francisco, 141, 142
Amado, Genolino, 252n, 273n
Amado, Gilberto, 18, 24, 47, 49, 52, 54, 59, 84, 220, 221, 250n, 273n, 278n
Amado, Gilson, 272n, 340n
Amado, Jorge, 162, 164, 187, 188, 189
Amaral, Amadeu, 249n, 250n, 256n
Amaral, Antônio José Azevedo, 220, 221, 265n, 278n, 327
Amaral, Ignácio Manuel de Azevedo do, 300, 304
Amaral, Luís Avelino Gurgel do, 271n, 275n
Amaral, Tarsila do, 96, 254n
Amazonas, Joaquim Inácio de Almeida, 299, 317, 332
Andrade, Almir de, 274n, 340n
Andrade, Carlos Drummond de, 74, 75, 88, 89, 196, 208, 231, 271n, 273n, 324, 325, 326, 383, 386
Andrade, Goulart de, 280n
Andrade, João Cesário de, 299, 300, 304, 305, 314, 316, 329, 340n
Andrade, Jorge, 75
Andrade, Mário de, 91, 95, 97, 103, 104, 105, 108, 114, 132, 160, 251n, 252n, 254n, 255n, 256n, 260n, 359, 385, 386
Andrade, Oswald de, 16, 95, 96, 97, 103, 108, 114, 250n, 251n, 254n, 255n

Andrade, Rodrigo Melo Franco de, 212, 231, 273n, 359, 362
Anjos, Augusto dos, 15
Anjos, Ciro dos, 75, 85, 155, 164, 174, 176, 177, 187, 188, 189, 265, 266n, 273n
Aranha, Alfredo Egydio de Souza, 259n
Aranha, José Pereira da Graça, 142, 146, 250n
Aranha, Luís, 251n
Aranha, Osvaldo, 190, 257n
Arantes, Altino, 107
Araripe Jr., Tristão de Alencar, 196
Arraes, Raymundo de Monte, 273n
Assis, Machado de, 15, 54, 64n, 90, 131, 142, 146, 159, 192, 195, 197
Athayde, Tristão de, 259n, 278n
Augusto, cardeal d., 223
Azevedo, Aluísio, 146, 196
Azevedo, Artur, 249n
Azevedo, Fernando de, 85, 105, 108, 221, 278n, 340n, 384
Azevedo, Paulo Vicente de, 251n
Azevedo, Vítor, 252n

Backheuser, Everardo, 277n
Bagley, William Chandler, 224
Bandeira, Manuel, 16, 18, 43, 44, 45, 46, 75, 255n, 274n, 276n
Barata, Agildo, 18, 39
Barbosa, Agenor, 252n
Barbosa, Rui, 67n, 122, 197
Barbusse, Henri, 230
Barreto, Lima, 15, 18, 24, 33, 34, 35, 36, 47, 56, 159, 163, 196, 250n
Barreto, Paulo, 57
Barreto, Plínio, 249n
Barros Terra, Antônio, 303, 304, 328, 337, 341n
Barros, Antônio Carlos Couto de, 251n
Barros, Fábio de, 300
Barros, João Alberto Lins de, 18, 39
Barros, Roldão de, 225
Barroso, Gustavo, 133, 134, 250n, 276n, 279n
Bastide, Roger, 391

Bastos, Antônio Tavares, 317
Batista, Pedro Ernesto do Rego, 224
Becker, Howard, 395
Bello, José Maria, 18, 24, 51, 52, 54, 85, 91, 220, 221
Bendix, Reinhard, 388
Bergamini, Adolfo, 253n
Bernardi, Mansueto, 139, 190
Bertaso, Henrique, 142, 192
Beviláqua, Clóvis, 280n
Bilac, Olavo, 54, 55, 67n, 141, 195, 197, 249n, 255n, 272n, 274n
Binet, Alfred, ver Binet-Simon
Binet-Simon, 225
Blessmann, Luís Francisco Guerra, 299, 315, 316, 340n
Bomeny, Helena, 386, 387
Bopp, Raul, 275n
Bossuet, Jacques Bénigne, 228, 229
Botafogo, Otávio, 317
Bouglé, Célestin Charles Alfred, 59
Bourdaloue, Louis, 228
Bourdieu, Pierre, 247n, 395, 407, 414
Boutroux, Émile, 59
Brandão, Cláudio, 299
Briguiet, Ferdinand, 141
Broca, Brito, 64n, 141
Brontë, irmãs, 184
Buchner, Luiz, 58
Burroughs, Edgar Rice, 263n

Café Filho, João, 253n
Caiuby, Alarico, 113
Callage, Roque, 249n
Calmon, Góes, 137, 223
Calmon, Miguel, 137
Calmon, Pedro, 213, 274n, 276n
Camargo, Fausto de Almeida Prado, 252n
Campos Sales, Manuel Ferraz de, 250n
Campos, Carlos de, 95, 107, 111
Campos, Francisco, 209, 221, 224, 257n, 270n, 271n, 301, 340n, 382, 383

Campos, Humberto de, 18, 24, 27, 30, 34, 36, 46, 54, 57, 59, 146, 196, 250n, 263n, 407
Campos, Milton, 355n
Campos, Roberto de Oliveira, 275n
Candido, Antonio, 392
Capanema, Gustavo, 74, 257n, 300, 304, 305, 383, 387
Cardoso, Dulcídio do Espírito Santo, 338n
Cardoso, Lúcio, 75, 86, 155, 162, 164, 167, 174, 175, 187, 188, 189, 265, 266n, 373, 407
Cardoso, Maria Helena, 169, 407
Cardoso, Vicente Licínio, 36, 117, 278n
Carneiro, Cecilio, 155
Carneiro, Levi, 138, 270n, 271n, 272n, 275n
Carrazzoni, André, 273n
Carvalho Filho, João Teixeira de, 317
Carvalho Neto, Antônio Manoel de, 273n, 355n
Carvalho Ramos, Hugo de, 249n
Carvalho, Beni, 304, 339n
Carvalho, Carlos Delgado de, 299, 300, 304, 309, 332
Carvalho, João Simplício Alves de, 299, 300, 311, 312, 339n
Carvalho, Ronald de, 16, 132, 196, 275n, 278n
Casassanta, Mário, 221, 273n
Cascudo, Luís da Câmara, 276n
Castro, Aloísio de, 299, 309, 316, 338n
Castro, José Valois de, 249n
Castro, Josué Apolonio de, 274n
Castro, Otávio de Lima, 249n
Cavalcanti, Temístocles Brandão, 271n
Cendrars, Blaise, 98
Cervantes, Miguel de, 154
César, Abelardo, 113
Chan, Charlie, 147
Cintra, Francisco de Assis, 250n
Claparède, Édouard, 225
Coaracy, Vivaldo, 18, 24, 36, 39
Coelho Neto, Henrique Maximiano, 196, 249n, 250n, 280n
Coelho, Ruy Galvão de Andrada, 393

Condé, José, 273n
Conrad, Joseph, 184
Correia, Raymundo, 196
Correia, Viriato, 276n
Cosme, Sotero, 275n
Costa, Oswaldo, 252n
Cousin, Victor, 229
Couto, Miguel de Oliveira, 298, 313, 339n
Couto, Ruy Ribeiro, 16, 249n, 251n, 275n, 276n
Cunha, Alcides, 252n
Cunha, Euclides da, 142, 249n
Cunha, Joaquim Marques da, 299, 300, 304, 307, 311, 312, 315, 327
Cunha, Raul Leitão da, 298, 300, 304, 311, 312, 313, 316, 317, 327, 328, 332, 336, 339n

d'Afonseca, Josué Cardoso, 300, 304, 305
D'Annunzio, Gabriele, 142
Dantas, San Tiago, 138, 340n
Darnton, Robert, 395
Darwin, Charles, 263n
Del Picchia, Menotti, 16, 95, 96, 97, 108, 113, 134, 249n, 251n, 254n, 256n, 276n
Delly, M., 147, 263n
Dewey, John, 129, 224, 333
Dias, Gonçalves, 196
Dickens, Charles, 154
Dinis, Almáquio, 250n
Disney, Walt, 147
Dória, Sampaio, 91, 123, 225, 250n
Dostoievski, Fiodor, 154, 185, 251n
Doyle, Conan, 136
Doyle, Plínio, 340n
Dreiser, Theodore, 161
Duarte, Paulo, 84, 95, 104, 105, 108, 249n, 251n, 252n, 254n
Duby, Georges, 395
Dumas, Alexandre, 136, 147, 154, 183, 185
Dumont, Santos, 276n
Duque, Gonzaga, 196

Durant, Will, 263n
Durkheim, Émile, 59, 121, 127, 225, 257n, 258n
Dutra, Osório, 275n, 280n

Eberle, Abramo, 355n
Edmundo, Luiz, 276n
Elias, Norbert, 394, 395
Elliot, George, 184
Ernesto, Pedro, 253n
Espinas, Georges, 59

Fagundes Jr., João Peregrino da Rocha, 208, 231, 232, 236, 261n, 272n, 276n, 278n, 279n
Falk, Lee, 147
Faoro, Raymundo, 217, 257n
Faria, Octavio de, 135, 161, 162, 164, 188, 189, 220, 221, 265, 266n, 340n
Farias Brito, Raimundo, 196, 277n
Faro, Estela de, 277n
Fausto, Boris, 412
Felipe, José Carneiro, 314, 338n, 339n
Fernandes, Florestan, 394
Fernandes, João Batista Ribeiro de Andrade, 196, 250n
Ferreira, Octalles Marcondes, 262n
Feuillet, Octave, 185
Figueiredo, Antônio, 249n
Figueiredo, Carlos Maximiano de, 271n
Figueiredo, Jackson de, 91, 277n
Flaubert, Gustave, 154
Fonseca, Aníbal Freire da, 300, 304, 305, 326, 336
Fonseca, Antônio Carlos da, 252n
Fonseca, Gregório Porto da, 272n, 276n
Fontainha, Guilherme, 139
Fontes, Hermes, 18, 36, 54, 55, 196
Fontes, José Martins, 65n
Fontes, Lourival, 273n
Fontoura, João Neves da, 275n
Forjaz, Maria Cecília Spina, 253n

Fornari, Ernani Guaragna, 272n
Fouillée, Alfred, 59
Fraga, Clementino, 275n
Franca, Leonel, padre, 47, 132, 277n, 300, 302, 305, 308, 310, 311, 312, 324, 333, 340n
France, Anatole, 60, 62, 63, 122, 131, 154
Francisco, Martim, 250n
Franco, Afonso Arinos de Melo, 84, 220, 221, 355n
Freitas, Lucídio, 280n
Freyre, Gilberto, 85, 91, 274n
Frischauer, Paul, 147
Fusco, Rosário, 274n

Galotti, Antônio, 340n
Galsworthy, John, 184
Galvão, Ramiz, 196
Garavini, Nello, 142, 262n
Garcia, Carlos, 107
Garcia, Rodolpho Augusto de Amorim, 273n, 276n
Garnier, Baptiste-Louis, 141
Gaskell, Elizabeth Cleghorn, mrs., 184
Gautier, Théophile, 154
Gerson, Brasil, 252n
Gide, André, 154, 192, 263n
Ginzburg, Carlo, 395
Gobineau, Arthur, conde de, 59, 219
Goethe, Johann Wolfgang von, 154, 233
Gogol, Nikolai Vassilievitch, 184
Gomes, Angela de Castro, 388
Gomes, Maynard, 273n
Gomes, Paulo Emílio Salles, 393
Gomes, Perilo, 277n
Gontcharov, Ivan Aleksandrovich, 185
Gorki, Maksim, 185, 251n
Graham, Lawrence S., 202, 268n
Gramsci, Antonio, 247n
Grieco, Agripino, 65n, 146
Grimm, irmãos, 185
Guimaraens, Alphonsus de, 249n
Guimarães Filho, Luís, 275n

Guimarães, Bernardo, 158, 197
Guimarães, João Alphonsus de, 196, 265
Guimarães, Protógenes, 230
Guyau, Jean-Marie, 59

Haeckel, Ernst, 58
Halbout, José Francisco, 228
Halbwachs, Maurice, 257n
Hardy, Thomas, 184
Hauser, Arnold, 395
Heine, Heinrich, 233
Hemingway, Ernest, 154
Holanda, Sérgio Buarque de, 91, 273n
Honold, Lulu, 145
Horler, Sydney, 147
Horta, Paulo de Figueiredo Parreiras, 305
Houaiss, Antonio, 275n
Hugo, Victor, 136, 233
Huxley, Aldous, 191

Jafet, Nami, 355n
Jardim, Luís, 182, 187
João VI, dom, 362
Júlia, Francisca, 249n

Kennedy, Margaret, 154
Kilpatrick, William Heard, 224

Lacerda, Maurício de, 253n
Lacombe, Américo Jacobina, 306, 339n
Lacordaire, Jean Baptiste Henri Dominique de, 228
Laemmert, família, 141
Laforgue, Jules, 60, 63
Lang, Jack, 365
Lannes, José, 252n
Le Bon, Gustave, 59
Le Play, Frederico, 126, 127
Leal, Victor Nunes, 274n
Leão, Antônio Carneiro, 221, 278n

Leão, Múcio Carneiro, 275n
Leonardos, Othon, 139, 276n
Leonel, Ataliba, 112, 113, 252n
Leoni, Raul de, 15, 65n
Lepenies, Wolf, 395
Leskov, Nikolai, 185
Lessa, Orígenes, 164, 166, 187, 188
Lessa, Pedro, 280n
Lewis, Sinclair, 154
Libânio, Samuel, 299, 300, 304, 340n
Lima Sobrinho, Barbosa, 261n, 276n, 280n
Lima, Alceu Amoroso, 91, 124, 126, 132, 135, 137, 220, 265n, 266n, 270n, 271n, 275n, 278n, 300, 304, 316, 325, 326, 327, 329, 330, 383
Lima, Ari de Abreu, 305
Lima, Augusto de, 196
Lima, Herman, 231, 232, 236, 279n
Lima, Hermes, 120, 122, 123, 124, 126, 252n, 274n
Lima, Jorge de, 132, 135, 136, 260n, 261n, 274n, 355n
Lima, Waldomiro Castilho de, 320
Lins, Álvaro de Barros, 274n
Lins, Ivan Monteiro de Barros, 274n, 280n
Lira, Heitor, 271n, 272n, 275n
Lira, Paulo, 304
Liszt, Franz von, 142
Lobato, Monteiro, 15, 65n, 91, 98, 100, 146, 225, 249n, 253n, 262n
Lobo, Hélio, 91
Lodi, Jurandir, 305, 306
Lopes, B., 196
Lourenço Filho, Manuel Bergström, 221, 222, 223, 224, 225, 305, 306
Ludwig, Emil, 147
Luís, Washington, 107, 109, 225, 252n, 259n
Lutz, Berta, 236
Luz, Fábio, 250n

Macedo, Gastão, 304
Macedo, Joaquim Manuel de, 54
Machado Neto, Brasílio, 104, 107

Machado, Alexandre Ribeiro Marcondes, 249n, 251n
Machado, Aníbal Monteiro, 274n
Machado, Antônio de Alcântara, 96, 104, 108, 112, 113, 254n, 256n, 276n
Machado, José de Alcântara, 107
Machado, Lourival Gomes, 393
Magalhães, Adelino, 15, 65n
Magalhães, Agamenon Sergio de Godoy, 270n, 271n
Magalhães, Aloísio, 362
Magalhães, Basílio de, 91, 276n
Magalhães, Fernando, 272n, 279n
Magno, Paschoal Carlos, 275n
Maia, Alcides, 250n, 280n
Mangabeira, João, 355n
Mangabeira, Octavio, 276n
Mann, Thomas, 154
Mannheim, Karl, 372, 376
Mariani, Clemente, 278n
Mariano, Olegário, 57, 65n, 67n, 91, 279n
Marinetti, Filippo Tommaso, 98
Marques Rebelo, Eddy Dias da Cruz, *dito*, 164, 188, 189
Martins, Amilcar, 386
Martins, Fran, 155
Marx, Karl, 59, 127, 251n
Massillon, Jean Baptiste, bispo, 228
Matarazzo, Francisco, 355n
Maughan, Somerset, 154
Maurois, André, 147, 263n
Mauss, Marcel, 257n
Medeiros e Albuquerque, José Joaquim de Campos da Costa de, 54, 57, 249n
Medeiros, José Augusto Bezerra de, 278n
Meirelles, Cecília, 277n
Mello, Arnon de, 261n
Mello, Olbiano de, 133, 259n
Melo Viana, Fernando de, 259n
Melo, Carlos, 160
Memória, Archimedes, 139
Mendes, Murilo, 136, 260n
Mendonça, Antônio, 249n

Mendonça, Carlos Sussekind de, 274n, 280n
Mendonça, Lúcio de, 196
Menezes, Djacir, 274n
Menezes, Emilio de, 55, 196
Merejkovski, Dmitri, 251n
Mesquita Filho, Júlio de, 249n
Mesquita, Francisco, 251n
Mesquita, Júlio, 94, 101, 249n, 250n, 251n, 253n
Meyer, Augusto, 85, 190, 231, 232, 233, 235, 273n
Milliet, Sergio, 96, 251, 252n, 254n
Miranda, Francisco Cavalcanti Pontes de, 265, 271n
Miranda, Gilberto, 191
Miranda, José de, 278n
Miranda, Rodolfo, 107, 112
Miranda, Vicente Chermont de, 316, 340n
Moniz, Heitor, 272n, 280n
Monteiro, Luiz Augusto do Rego, 272n, 277n
Moog, Clodomir Vianna, 261n, 276n
Moore Jr. Barrington, 388
Morais Neto, Prudente de, 251n, 273n
Morais, Evaristo de, 138, 253n, 278n
Morais, Prudente de, 107, 250n
Morais, Rubens Borba Alves de, 96, 251n, 252n, 254n, 273n
Morais, Vinicius de, 275n
Moreira, Thiers Martins, 138, 276n, 340n
Morel, José Edmar de Oliveira, 273n
Mota, Artur, 250n
Motta Filho, Cândido, 85, 96, 104, 106, 107, 108, 113, 134, 220, 251n, 254n, 260n

Nabuco, Joaquim, 15, 66n, 146
Nascentes, Antenor, 274n
Nava, Pedro, 84
Nazareth, Agripino, 278n
Neiva, Arthur Hehl, 272n
Nietzche, Friedrich, 59
Nogueira Filho, Paulo, 251n
Nogueira, Hamilton de Lacerda, 277n

Nordau, Max, 58
Novis, Aristides, 299

Octavio Filho, Rodrigo, 274n, 276n
Ohnet, Georges, 185
Oliveira Filho, Cândido Luís Maria de, 299, 338n
Oliveira Lima, Manuel de, 249n
Oliveira Netto, Luís Camillo de, 273n, 305, 355n
Oliveira, Alberto de, 195, 280n
Oliveira, Armando de Sales, 101, 113, 253n, 254n, 255n, 320
Oliveira, Deocleciano Martins de, 276n, 280n, 340n
Orico, Osvaldo, 231, 232, 233, 235, 236, 237, 276n, 279n
Ornellas, Manoelito de, 273n

Paranhos, Gilberto, 317
Paranhos, Ulysses, 138
Pareto, Vilfredo, 123, 125, 127
Passos, Guimarães, 196
Passos, John dos, 161, 191
Pati, Francisco, 252n
Paula, Adelmar de, 249n
Pécaut, Daniel, 372, 375, 377-80
Pederneiras, Mário, 196
Pedro Ernest, *ver* Batista, Pedro Ernesto do Rego
Peixoto, Afrânio, 65n, 91, 135, 146, 262n, 266n
Pena, Cornélio, 160, 162, 164, 167, 187, 188, 189
Penna, Belisario, 139
Pereira da Silva, João Manuel, 196, 276n
Pérez Escrich, Henrique, 121, 154, 183, 185
Pessoa, J. G. Frota, 117
Petracone, P., 142, 262n
Piéron, Henri, 225
Pimenta, Joaquim, 165, 226, 230, 253n
Pimentel, Figueiredo, 145

Pinheiro Jr., José Martins, 249n
Pinheiro Machado, José Gomes, 50, 66n
Pinho, Demósthenes Madureira de, 135, 137, 138
Pinto, Alfredo, 236
Pinto, Sobral, 132
Pio XI, papa, 224
Pisa, Moacir, 249n
Pompeia, Raul, 195
Pongetti, família, 142, 144, 146
Pontes, Heloisa, 392
Porchat, Reinaldo, 251n, 298, 300, 304, 305, 306, 308, 312, 316, 317, 332, 336, 340n
Pôrto, Rubens d'Almada Horta, 272n, 303, 337, 339n, 341n
Porto-Alegre, Araújo, 196
Prado, Antônio, 251n
Prado, Caio, 251n
Prado, Decio de Almeida, 392
Prado, Fábio, 109, 254n, 255n
Prado, Paulo, 254n, 380
Prestes, Júlio, 107, 252n
Prestes, Luís Carlos, 18
Puchkin, Aleksandr Sergueievitch, 185

Queiroz, Rachel de, 162, 164, 166, 167, 187, 188, 189, 265

Rabelo, Eduardo, 300, 304, 313, 314, 315, 316, 339n
Ramos, Artur, 274n
Ramos, Graciliano, 75, 85, 155, 158, 162, 164, 166, 182, 187, 188, 265, 266n, 407
Ramos, Teodoro Augusto, 299, 308, 312, 314, 315, 316, 338n
Ráo, Vicente, 96
Ratzel, Friedrich, 219
Reale, Miguel, 276n
Régnier, Henri de, 185
Rego, José Lins do, 75, 85, 164, 187, 188, 189, 263n, 265, 266n, 407

Renault, Abgar de Castro Araújo, 211, 278n
Rezende, Leônidas de, 124, 126
Ribeiro, João Raimundo, 252n
Ribeiro, Joaquim da Costa, 277n
Ribeiro, Júlio, 141, 250n
Ribeiro, Leonídio, 132
Ribeiro, Paulo de Assis, 339n
Ribot, Théódule Armand, 59
Ricardo, Cassiano, 16, 74, 85, 95, 104, 108, 113, 252n, 254n, 256n, 261n, 276n
Ringer, Fritz K., 247n, 395, 414
Rocha Pombo, José Francisco da, 276n, 388
Rocha, Clóvis Paulo da, 340n
Rodrigues Alves, Francisco de Paula, 66n, 355n
Rodrigues, Francisco de Paula, monsenhor, 107
Rodrigues, Nelson, 75
Romanes, George John, 59
Roquette-Pinto, Edgard, 273n
Rosa e Silva, Francisco de Assis, 66n
Rosa, Alexandre Abadie Faria, 272n
Rosa, João Guimarães, 275n
Rosas, Espiridião, 299
Ruck, Bertha, 147

Sá, Alfredo, 259n
Sabatini, Rafael, 147
Saint-Hilaire, Auguste de, 250n
Salgado, Plínio, 91, 95, 96, 108, 114, 133, 251n, 254n, 260n
Sax Rohmer, Arthur Sarsfield Ward, *dito*, 147
Schiller, Friedrich, 233
Schmidt, Maria Junqueira, 277n
Schorske, Carl E., 395, 414
Schwartzman, Simon, 248n, 372, 380, 382, 383, 387
Ségur, Sophie, condessa de, 185
Serggi, 59
Serrano, Jônatas Archanjo da Silveira, 18, 24, 277n, 278n, 280n, 305
Serva, Mário Pinto, 91, 251n

Setúbal, Paulo, 18, 24, 43, 46, 47, 91, 249n, 252n, 276n
Silva, Álvaro Moreyra da, 65n, 68n, 250n
Silva, Duarte Leopoldo e, d., 107
Silva, Hélio, 252n
Silva, José Olímpio da, 299
Silva, Luís da, 160, 266n
Silvado, Américo Brasil, 299, 300
Silveira, Agenor, 250n
Silveira, Ênio, 262n
Silveira, Sousa da, 274n
Silveira, Tasso da, 278n
Silveira, Valdomiro, 249n
Simon, Théodor, *ver* Binet-Simon
Siqueira, Nóbrega da, 252n
Soares, José Carlos de Macedo, 270n, 271n, 275n
Soares, José Roberto de Macedo, 272n
Soares, Lucídio, 235
Sodré, Alcindo, 273n
Sousa, Otávio Tarquínio de, 265, 274n
Souza, Cláudio de, 279n
Souza, Gilda de Mello e, 393, 394
Souza, J. Moreira de, 278n
Spencer, Herbert, 58, 227, 229
Staden, Hans, 250n
Steinbeck, John, 154
Stendhal, Henri Beyle, *dito*, 154

Tavares, Adelmar, 274n
Tavares, Paulo de Lira, 305
Távora, Fernandes, 253n
Távora, Franklin, 196
Távora, Juarez, 18, 39, 40
Tchekhov, Anton Pavlovitch, 184
Teixeira, Anísio, 221, 222, 223, 259n, 278n, 384
Thompson, E. P., 395
Tolstoi, Lev Nikolaievitch, conde, 154, 184, 185
Topinard, Paul, 59
Tostes, Theodemiro, 275n
Turgueniev, Ivan Sergueievitch, 184

Valério, João, 160, 266n
Valladão, Alfredo, 274n
Valverde, Belmiro de Lima, 138
Vargas, Getúlio, 78, 190, 230, 235, 248n, 265, 269n, 272n, 275n, 276n, 280n, 317
Vaz, Juvenil da Rocha, 138
Vecchi, Arturo Rognoni, 142
Venâncio Filho, Francisco, 117
Venturi, Franco, 414
Vergara, Luiz Fernandes, 272n
Veríssimo, Érico, 75, 164, 167, 182, 186, 187, 188, 189, 407
Veríssimo, José, 196, 249n
Verne, Júlio, 183
Viana, Francisco José de Oliveira, 91, 220, 221, 250n, 265, 270n, 271n, 275n, 278n, 280n
Viana, Hélio, 273n, 340n
Vidal, Joaquim Sampaio, 251n

Vieira, Celso, 275n, 278n, 279n
Vieira, José Geraldo, 161, 164, 187, 188, 189
Vilhena, Luís Rodolfo, 390, 391, 392
Vitor, Nestor, 250n
Viveiros, Custódio Américo Pereira de, 276n
Voltaire, 154

Wallace, Edgar, 147, 263n
Walther, Leon, 225
Wells, H. G., 263n
Whitaker, José Maria, 355n
Williams, Raymond, 247n, 394, 395, 414

Zagari, Mano, 142, 262n
Zevacco, Miguel, 183
Zweig, Stefan, 154, 263n

Índice remissivo

afilhados, 34
agregados, 34
alta classe média não econômica, 239, 259n
anatoliano(s), 54, 56, 57, 59, 60, 91, 98, 186, 197, 198, 220, 232, 245, 408
aparelhos
    de celebração, *ver* celebração, aparelhos de
    do Estado, 219, 220, 231, 261n, 265n, 296, 306, 335, 336
    ideológicos, 256n
autoridade
    estética, 16
    intelectual, 16, 155, 157, 217, 266n

bens
    culturais, 60, 76, 80, 98, 222, 241
    simbólicos, 32, 146, 216; *ver também* campo especializado de produção de bens simbólicos; mercado interno de bens simbólicos

biografia(s), 17, 20, 22, 26, 33, 36, 65n, 66n, 83, 86, 109, 164, 248n, 274n, 296, 356n, 373, 406, 408, 413, 416
    coletiva, 347, 355n

camadas intelectuais, 379
campo, 16, 17, 20, 60
    científico, 382
    cultural, 217
    da produção
        cultural, 79
        e difusão cultural, 78
    de produção
        cultural, 77, 83, 238, 245
        ideológica, 93
        interno, 60, 61
    do poder, 24, 60, 81
    dominado, 59
    especializado de produção de bens simbólicos, 25

filosófico, 258n
intelectual, 16, 17, 51, 61, 64n, 67n, 79,
84, 86, 91, 98, 124, 126, 128, 150, 161, 209,
220, 235, 241, 265n, 274n, 371, 374, 377,
378, 384, 394, 410, 415
   e artístico, 187
literário, 44, 64n, 98, 128, 159
poético, 44
capital, 23, 41, 44, 61, 146, 245, 248n, 351, 352
cultural, 60, 83, 106, 146, 184, 227, 233
de prestígio e honorabilidade, 221
de relações, 24, 32, 46, 50
e conhecimentos, 118
   sociais, 23, 30, 40, 46, 50, 53, 79, 80,
   104, 105, 114, 124, 146, 162, 164, 166,
   168, 180, 181, 198, 336, 352, 382
   e de honorabilidade, 23
econômico, 32, 40, 104, 169
econômico e social familiar, 40
escolar, 83, 104, 331
escolar e cultural, 81, 231, 373
espécies de, 169
familiar, 41, 174, 350
material, 23
material, escolar e cultural, 365
social, 23, 83, 103, 105, 203, 354
social e cultural, 81
social e escolar, 248n
carreira(s), 18, 22, 32, 34, 35, 44, 45, 50, 52,
53, 59, 81, 86, 94, 108, 109, 112, 114, 118,
159, 164, 165, 178, 183, 198, 206, 208,
224, 226, 228, 236, 248n, 270n, 303, 331,
336, 352, 353, 355n, 409
burguesas, 34
de homem, 51
de relegação, *ver* relegação, carreira de
de romancista, 159
dirigentes, 24, 82, 93
docente, 223
dominante, 51

eclesiástica, 24, 25, 34, 82, 105, 137
intelectuais e políticas, 133
intelectual(is), 22, 24, 36, 47, 53, 76, 81,
84, 128, 187, 189, 192, 233, 243, 372, 409,
410
judiciárias, 214, 270n
jurídica, 43
literária, 24, 30, 47
masculina, *ver* masculina, carreira
militar, 24, 25, 34, 36, 37, 39, 82, 111, 244
política, 50, 51, 55, 93, 114, 119, 121, 220,
223, 239, 383, 389
   e parlamentar, 412
políticas e intelectuais, 111
profissionais, 80, 373
pública, 121, 224, 232
religiosa, 47
sacerdotal, 227
simbólicas, 50
subalternas, 118, 163
tradicionais, 118
universitária, 394
categorias intelectuais, 406
celebração, 216
aparato de, 16
aparelhos de, 17, 212
trabalho de, 44, 55
círculo(s), 354
de sociabilidade, 393
dirigentes, 260n
familiar ou de sociabilidade, 353
familiares e de sociabilidade, 352
intelectuais e políticos, 380
classe(s), 23, 25, 32, 82, 102, 134, 163, 170,
172, 174, 181, 182, 245, 247n, 348, 353
de origem, 24, 32, 35, 50, 51, 163, 359
destino de, 160, 347
   dirigente(s), 35, 40, 76, 77, 80, 81, 83,
   91, 92, 93, 97, 101, 105, 106, 126, 144,
   161, 162, 163, 166, 171, 184, 200, 210,

220, 223, 243, 245, 256n, 277n, 296,
303, 327, 331, 333, 336, 348, 352, 354,
363, 409
　espaço da, 24, 26, 33, 92, 107, 111,
119, 133, 163, 169, 175, 176, 178, 181,
217, 230, 244, 331, 336, 351, 354
　espaço intelectual ou político da, 235
　facções profissionalizadas da, 296
　frações da, 77, 360
　polo intelectual da, 40
　setor(es) da, 347, 348, 353
dominadas, 163
dominante(s), 79, 81, 104, 114, 115, 133,
146, 166, 172, 178, 198, 199, 221
　estrutura de, 93
　fração de, *ver* fração de classe
　futuro de, 119
　grupos ou setores de, 349
　habitus de, *ver* habitus de classe
　média, *ver* alta classe média não econômica
　partido de, 134
　populares, 379
　posições de, *ver* posições de classe
　relações de, *ver* relações de classe
　relegação de, *ver* relegação de classe
　setor de, 347, 353
　social, 353
clientelismo, 388
compadre, 33
compadrio, 22, 388, 409
competência, 32, 120, 140, 146, 170, 206, 214, 219
　cultural, 104, 162, 185, 187, 232, 269n
　escolar, 206
　　e profissional, 212
　intelectual, 124
　técnica, 207
condição social e material, 120
consagração, 17, 21, 57, 84
　instâncias de, *ver* instâncias de consagração

　intelectual e artística, 185
　mecanismos de, 17
　processo de, 17
cooptação, 79, 94, 95, 119, 124, 140, 184, 186,
187, 197, 202, 209, 216, 218, 226, 242,
243, 269n, 296
cronistas da casa assassinada, 160, 173, 373

decadência econômica, 243
declínio, 17, 22, 26, 32, 167, 238
　familiar, 24, 26, 163, *ver também* famílias em declínio
　material, 221
　político, 52
　social, 163, 200, 377
　　e econômico, 106, 410
　trajetória em. *Ver* trajetória em declínio
degradação social, *ver* social, degradação
demandas políticas e simbólicas, 40
dependência patrimonial, 243
desclassificação, 166, 351
　social, *ver* social, desclassificação
dilapidação, 27
　social, *ver* social, dilapidação
disposições, 25, 33, 36
divisão do trabalho, *ver* trabalho, divisão do
doença, 24, 34, 43, 44, 45, 46, 47
dominação, 23, 25, 169
　oligárquica, 67n
　trabalho de, *ver* trabalho de dominação
donos do poder, 240

elite(s), 347, 351, 360, 363, 364, 376, 378, 382,
383, 386, 407, 408, 411
　burocrática, 243
　de poder, 379
　dirigente(s), 377, 386
　eclesiástica, 412
　episcopal, 413
　intelectuais, 241

429

    política, 383
    políticas e militares, 378
    tradicionais, 388
espaço
    da classe dirigente, *ver* classe dirigente, espaço da
    familiar, 374
    social, *ver* social, espaço
espécies, 41
estigma(s), 36, 105, 164, 373, 407
    corporais, 22, 24
    físicos, 373
        e sociais, 173, 178
estilo de vida, 32
estratégias, 23, 76, 81, 120
    de mobilização, 41
    de reconversão, *ver* reconversão, estratégias de
    de reprodução, 106
    de risco, 124
    de sobrevivência, *ver* sobrevivência, estratégias de
éthos, 258n, 392

facção(ões), 55, 91, 92, 94, 130, 134, 300, 301, 306, 309, 329, 331, 375, 384
    acadêmicas, 93
    dirigentes, 119
    dissidentes, 77
    dominante(s), 217, 301
    oligárquica, *ver* oligárquica, facção
    partidária, 90, 95, 218
    políticas, 198
        e ideológicas, 385
falência, 49
    biológica, 36
    do pai, 36
    econômica, 25, 30, 49, 51
        social e afetiva, 167
    familiar, 174
    material, 22, 36, 105, 162, 173

família(s)
    de origem, 40, 41, 410
    dirigentes, 93, 101, 104, 119, 145, 220, 222, 238
    dominantes, 32, 169
    em declínio, 23, 82
feminilidade, 25
feminino(as), 24, 25
    modelos, 373
    práticas, 175
    profissões, *ver* profissões masculinas e femininas
    regiões, 26
    trabalho(s), 23, 24, 32, 50, 181
    valores, 24, 82, 174
feminização, 32, 162, 166, 169
    social
        processo de, 26
filho
    "da mãe", 175
    único, 39
fonte(s), 20, 82, 83, 109, 120, 139, 164, 248n, 263n, 270n, 295, 348, 351, 352, 353, 356n, 372, 373, 374, 380, 390, 395, 407, 409, 412, 413, 415
    biográficas, 348
    documentais, 349
fração(ões), 25, 65n, 92, 258n, 331, 336, 348, 409
    culta, 81, 186
    da classe dirigente, *ver* classe dirigente, frações da
    de classe, 221
    dirigente(s), 22, 412
    dominante(s), 65n, 92
    econômicas dominantes, 77
    intelectual e política, 104
    intelectual(is), 81, 82, 106, 123, 208, 214, 260n
    intelectualizada, 96
    não econômica, 133

oligárquicas, 135, 320
política e intelectual, 105
políticas, 388
fratria, 22, 105, 162, 164, 174

gosto, 32, 171
burguês, 146
dominante, 170
grupo(s), 245
cooptados, 243
de classe, *ver* classe, grupos ou setores de
dirigente(s), 78, 82, 89, 90, 95, 96, 102, 132, 134, 166, 216, 219, 238, 239, 240, 243, 260n, 347, 348, 350, 351, 367, 371, 374, 388, 392, 408, 412, 413
dirigentes oligárquicos, 127
dominantes, 135, 162, 243
econômicos, 412
oligárquicos, 55, 133, 320
políticos, 375
populares, 360, 367
relegados, 243
sociais, 163, 349, 352

habitus, 24, 26, 32, 51, 256n
de classe, 32
handicaps, 18, 22, 24, 40, 108, 164
héxis corporal, 25
homem(ns)
de confiança, 211
sem profissão, 103, 105, 106, 114

instância(s), 51, 56, 57, 115, 183, 185, 209, 384
de consagração, 57, 64n, 217, 242
de difusão e consagração, 79, 90, 199
de financiamento, 217
de legitimação, 203

de produção
cultural, 91, 93, 98
difusão
e consagração, 238
e legitimação, 149
distribuição e consagração, 216
ideológica, 90
e cultural, 94
de reconhecimento, 98
de recrutamento e formação, 126
de recrutamento, formação
e consagração, 331
de validação e reconhecimento da produção intelectual, 217
institucionais especializadas, 394
políticas, 150
e religiosas, 79
intelectual(is), 17, 56, 60, 64n, 76, 77, 78, 79, 81, 83, 85, 92, 94, 95, 96, 102, 105, 118, 128, 132, 133, 135, 160, 162, 173, 185, 186, 189, 196, 197, 198, 206, 207, 209, 211, 212, 213, 214, 215, 216, 218, 231, 236, 237, 238, 239, 242, 243, 245, 253n, 254n, 255n, 260n, 265n, 269n, 270n, 273n, 275n, 277n, 296, 306, 352, 360, 362, 365, 371, 373, 374, 375, 377, 378, 379, 383, 384, 385, 386, 387, 388, 389, 392, 393, 395, 406, 407, 410, 411, 412
autoridade, *ver* autoridade intelectual
campo, *ver* campo intelectual
carreira, *ver* carreira intelectual
católicos, 47, 128, 276n
competência, *ver* competência intelectual
comunistas, 379
consagração, *ver* consagração intelectual
consagrados, 20, 85
de província, 390, 392
dominados, 17
dominantes, 61, 247n
fração, *ver* fração intelectual
fracassados, 86

-funcionários, 390
legitimidade, *ver* legitimidade intelectual
leigos, 128
mercado, *ver* mercado intelectual
militantes, 379
modelo, *ver* modelo intelectual; modelo de excelência intelectual
orgânicos, 336
posições, *ver* posições intelectuais
produção, *ver* produção intelectual
profissional, 54
profissões, *ver* profissões intelectuais
provinciano, 273n
trabalho, *ver* trabalho intelectual
trajetória, *ver* trajetória intelectual
intelectualidade(s), 218, 240, 388
profissional, 383
"inteligência", 239
inteligência brasileira, 379
intelligentzia, 61, 130, 198
católica, 162
irmãos de criação, 40

legitimidade intelectual, 217
linhagem, 22, 105, 162, 173
lucros, 24, 32
materiais e simbólicos, 210

masculino(as)
carreira(s), 24, 162
dominante(s), 34, 41, 46, 111
modelo(s), 32, 47, 93, 373
papéis, 26
polo dominante, 24
posições dominantes e, 47
profissões, *ver* profissões masculinas e femininas
valores, 24, 110
mecenas, 83, 97, 217, 413
mecenato, 80, 81, 96, 215, 350

governamental, 231
oficial, 237
privado, 239
memórias, 17, 20, 21, 33, 39, 44, 47, 65n, 83, 86, 109, 164, 248n, 351, 373, 406, 408
mercado(s), 76, 162, 215, 217, 242, 245, 412
cultural, 198
de bens culturais, 77, 79, 144, 150, 217, 364, 408
de difusão e consagração cultural, 411
de diplomas, 115
escolares, 80, 411
superiores, 115, 116
de instâncias de produção, 411
de instituições, 414
de livros, 157
de oportunidades, 352
matrimoniais, profissionais e de negócios, 353
políticas, 383
de postos, 23, 76, 117, 118, 119, 120, 124, 189, 373, 410
administrativos, 80
administrativos, científicos e culturais, 203
central, 276n
e posições profissionais, 411
federal, 232
intelectuais, 120
políticos e culturais, 114
público, 184, 203
público e privado, 205
públicos, 118, 203, 204
de títulos, 118, 240
de trabalho, 76, 117, 118, 204, 205, 215, 222, 225, 242, 244, 372, 392
cultural e político, 392
intelectual, 79, 184, 372, 373
intelectual e artístico, 184
político e cultural, 133, 238, 243
do livro, 76, 79, 80, 98, 148, 159, 192, 265n
editorial, 80, 82, 148, 373
escolar, 331

intelectual, 124
internacional, 159
interno, 147, 241
    de bens simbólicos, 147
local, 121
privado, 217
modelo(s)
    femininos, *ver* femininos, modelos
        de excelência, 54, 159, 235, 389, 392
        intelectual, 60, 190
        social, 210
    intelectual, 60
    masculino, *ver* masculino, modelo
montante, 41

nomadismo, 166
    da família, 167
    familiar, 166, 167, 178

oligárquica(os)
    dominação, *ver* dominação oligárquica
    facção(ões), 50, 54, 55, 100
    famílias, 22
    grupos, *ver* grupos oligárquicos
    posição, *ver* posição oligárquica
    setores, *ver* setores oligárquicos
orfandade, 43, 44
origem
    classe de, *ver* classe de origem
    de classe, 184
    famílias de, *ver* famílias de origem
    social e familiar, 411
Os sem trabalho da política, 261n
os sem-trabalho da política, 138, 219, 240

padrinho(s), 24, 34, 35, 120
padrões de gosto, 144
"panela(s)", 350, 353

parentes pobres, 22, 23, 24, 31, 32, 41, 50, 53, 81, 111, 119, 160, 163, 166, 170, 171, 172, 180, 183, 184, 244, 373
parentesco, 22, 409
pistolões, 121, 203, 236
poder
    econômico, 24, 34
    elite de, *ver* elite de poder
    político, 24
    sexual, 24
posição(ões), 17, 23, 24, 40, 53, 59, 60, 76, 81, 83, 105, 106, 107, 111, 114, 124, 126, 135, 163, 352, 378
    burocráticas, 166
    culturais, 110
    de classe, 221, 259n
    de consolo, 166
    de força, 90
    de mando, 50
    de refúgio, 26, 184
    dirigentes, 51, 106
    dominada(s), 24, 51
    dominante(s), 17, 22, 61, 185, 210, 351, 409
    em falso, 23, 53, 59, 160, 163, 178, 180, 373
    homólogas, 33
    inferior, 24
    institucionais, 374
    intelectual(is), 17, 162
    interna, 59
    na fratria, 373
    na linhagem, 373
    oligárquica, 50
    profissionais, 373
    social(is), 23, 32, 33, 44, 133, 162, 163, 374, 377
        de reserva, 37
práticas
    culturais, 17
    femininas, *ver* femininas, práticas
    políticas, 17
    simbólicas, *ver* simbólicas, práticas
pré-modernismo, 15, 16
primo(s) pobre(s), 103, 105, 106, 114

produção
    cultural, 77, 79; *ver também* campo da produção cultural; instâncias de produção cultural
        instância de, 17
        ideológica, 51, 115
        intelectual, 17
profissões
    intelectuais, 81, 82, 83, 106, 248n, 408
        reconversão às, *ver* reconversão às profissões intelectuais
        masculinas e femininas, 410

ramos
    declinantes, 163
    destituídos, 163, 172, 202, 244
    empobrecidos, 200
    pobres, 372
    senhoriais, 220
reconversão(ões), 23, 24, 30, 36, 38, 43, 50, 144, 166
    às profissões intelectuais, 106
    estratégia(s) de, 23, 53, 81, 133, 161, 221, 243
relações
    de classe, 245
    de força, 51, 59, 89, 126, 133, 163, 174, 374
    de gênero, 411
    de sentido, 163
relegação, 24, 39, 41, 49, 162, 166, 180, 240, 393
    carreira de, 51
    de classe, 106
    espaços sociais de, 26
    familiar, 173
    trabalho de, 51
reprodução, 32
    estratégias de, *ver* estratégias de reprodução

setores
    de classe, *ver* classe
    dirigentes, 350, 410
    intelectuais, 384, 406
    oligárquicos, 386
    proprietários, 388
    sociais, 380
        subalternos, 409
sexualidade, 410, 411
simbólico(as)
    bens, *ver* bens simbólicos
    carreira, *ver* carreiras simbólicas
    demandas políticas e, *ver* demandas políticas e simbólicas
    lucros materiais e, *ver* lucros materiais e simbólicos
    práticas, 189
    trabalho. *Ver* trabalho simbólico
sobrevivência
    estratégias de, 119
social e profissional
    desclassificação, 118
social(is)
    capital, *ver* capital social
    castração, 25
    categoria(s), 377, 406, 409
    classe, *ver* classe social
    condição, *ver* condição social e material
    declínio, *ver* declínio social
    degradação, 111, 163
    desclassificação, 81, 105, 163, 167, 170, 182
    dilapidação, 18, 108
        dos pais, 164
    espaço, 51, *ver também* relegação, espaços sociais de
    estigmas físicos e, *ver* estigmas físicos e sociais
    estrutura, 245, 409
    feminização, *ver* feminização social, processo de
    grupo, *ver* grupos sociais

intimidação, 163
mutilação(ões), 22, 44, 46
origem, 83, 108, 164, 412, 413, *ver também* origem social e familiar
posição, *ver* posição social
propriedades, 17
rebaixamento, 23, 82, 106
setores, *ver* setores sociais
trajetória, *ver* trajetória social
trunfos, *ver* trunfos sociais

temporões, 162
tomada(s) de posição, 103, 128, 130, 183, 277n, 298, 307, 309, 325, 331, 335, 338n, 375, 377, 378, 380, 411
    estéticas e políticas, 35, 60
    ideológicas, 162
    intelectuais e políticas, 297
    intelectuais ou políticas, 393
    políticas, 258n, 260n
trabalho, 24, 171, 212, 224, 273n, 297
    acadêmico, 394
    científico, 258n, 381
    cultural e político, 371
    cultural, técnico e científico, 203
    da mãe, 27
    de celebração, *ver* celebração, trabalho de
    de dominação, 16, 17, 23, 51, 54, 78, 82, 166, 197, 243, 248n, 296, *ver também* trabalho, divisão do
    de homem, 51
    de relegação, *ver* relegação, trabalho de
    de representação política, 162
    divisão do, 258n
        administrativo, 198
        de dominação, 34, 40, 51, 60, 92, 200, 412
        editorial, 393
        intelectual, 84, 393
        pedagógico, 222
        político e cultural, 120
        técnico, político e cultural, 205

    do pai, 27
    doméstico, 32
    feminino, *ver* feminino, trabalho
    força de
        político e ideológico, 226
    intelectual, 16, 25, 38, 52, 60, 66n, 81, 82, 85, 98, 99, 107, 118, 148, 166, 175, 186, 187, 215, 235, 236, 238, 242, 245, 375, 385, 389, 393, 405, 409, 411, 415, *ver também* trabalho, divisão do
        e artístico, 198
    intelectual e/ou político, 106
    literário, 32, 39, 44, 160
    mercado de; *ver* mercado de trabalho
    pedagógico, 277n; *ver também* trabalho, divisão do
    político, 23, 24, 50, 60, 66n, 94, 103, 296, 311, 372, 373. *Ver também* trabalho, divisão do
        e cultural, 101
        -ideológico, 67n
        técnico e cultural, 92
    político e cultural, 140, 221, 240, 243
    político e intelectual, 118
    simbólico, 32, 82, 83, 178, 230
    simbólico (socialmente definido como), 25
trajetória(s), 17, 24, 25, 33, 36, 39, 44, 45, 50, 51, 133, 160, 162, 166, 168, 176, 184, 221, 224, 226, 230, 238, 244, 347, 354, 388, 390, 392, 394, 409, 410
    em declínio, 39
    episcopal, 413
    escolar, 161, 182, 221
    familiar, 22
    individuais, 65n
    intelectual, 16, 51, 192, 232
    intelectual e política, 296
    ocupacional, 166
    políticas, 220, 383
    profissional, 53, 83, 224

sociais e intelectuais, 21
  social(is), 15, 22, 26, 182
    e literária, 373
trunfo(s), 18, 22, 39, 47, 53, 80, 82, 108, 114, 134, 164, 172, 296, 352, 360, 412
  escolares, 207, 269n
    e culturais, 79
  familiar, 41
  políticos, 91
  posicionais, 36
  sociais e escolares, 248n, 269n

  sociais e políticos, 51
  social(is), 120, 220
    e culturais, 105, 221
tutor(es), 24, 37, 38, 39

valor(es), 349, 411
  econômico, 25
  femininos, *ver* femininos, valores
  masculinos, *ver* masculinos, valores
virilidade, 25
  oficial, 25

1ª EDIÇÃO [2001] 4 reimpressões

ESTA OBRA FOI COMPOSTA PELA PÁGINA VIVA EM MINION E IMPRESSA
PELA GRÁFICA PAYM EM OFSETE SOBRE PAPEL PÓLEN NATURAL DA SUZANO S.A.
PARA A EDITORA SCHWARCZ EM MAIO DE 2023

A marca FSC® é a garantia de que a madeira utilizada na fabricação do papel deste livro provém de florestas que foram gerenciadas de maneira ambientalmente correta, socialmente justa e economicamente viável, além de outras fontes de origem controlada.